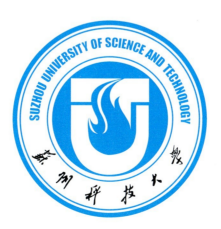

▲ 教育部党组成员、副部长翁铁慧一行莅临学校调研指导工作。教育部高校学生司副司长吴爱华，江苏省教育厅党组成员、副厅长顾月华，苏州市人民政府副市长曹后灵陪同调研。

▲ 中共苏州市委副书记、市长李亚平来学校调研思想政治工作。

▲ 苏州市委宣传部与学校举行共建"苏州新时代文明实践研究院"签约揭牌仪式。

▶ 学校与中国农业银行苏州分行举行党建共建签约仪式，学校党委书记张庆奎致辞。

▲ 苏州市副市长曹后灵一行来学校调研疫情防控工作。

▲ 学校领导带队检查校园防疫工作。

▲ 学校召开新型冠状病毒肺炎疫情防控工作领导小组会议。

▲ 学校举行2020年春季学期学生开学返校模拟演练,苏州市教育局副局长项春雷、狮山横塘街道主任王骏莅临现场观摩指导。

▲ 学校召开2020年度省属高校综合考核述职测评大会，会上进行了现场民主测评和评议。

▲ 学校召开"不忘初心、牢记使命"主题教育总结大会。

▲ 学校举行庆祝中国共产党成立99周年暨表彰会。

▲ 学校召开第四届第三次教职工代表大会。

▲ 学校举办系列活动，庆祝第 36 个教师节。

▲ 学校召开研究生教育工作会议。

▲ 学校召开意识形态工作研判会议。

▲ 学校召开课程思政建设工作总结大会。

▲ 学校成立党外知识分子联谊会。

▲ 学校召开新提任干部集体谈话会。

▲ 学校领导调研走访新组建学院。

▲ 学校召开"十四五"事业发展规划编制工作组会议。

▲ 学校举行苏州科技大学上善环境科技奖励基金颁奖仪式。

▲ 学校召开一流本科专业建设推进会。

▲ 学校党委书记张庆奎以"在疫情防控中坚定制度自信"为题,为2020级新生讲授"开学第一课"。

▲ 校长陈永平以"从疫情防控取得重大战略成果谈坚定'四个自信'"为题,为本科生讲授"形势与政策"课。

▲ 学校与12所高校共同发起成立"长三角高水平行业特色大学联盟"。

▶ 学校承办江苏智库学者沙龙"长三角一体化与美丽江苏建设"吴江专场，学校党委书记张庆奎致辞。

▲ 学校承办国家自然科学基金工程热物理与能源利用学科"十四五"战略规划研讨会。

▼ 学校举行学习贯彻党的十九届五中全会精神报告会。报告会由江苏省委宣讲团成员、江苏省人民政府参事、中国世界经济学会副会长徐康宁担任主讲。

▲《光明日报》江苏记者站站长郑晋鸣来校做"学四史,守初心"主题讲座。

▲ 国家"万人计划"教学名师、南京航空航天大学副校长施大宁教授受邀来校做课程思政专题报告。

◀ 学校城市发展智库（高级研究院）副院长宋青教授出席由江苏省委书记娄勤俭主持召开的经济社会领域专家学者座谈会并发言。

▲ 学校李长明教授入选科睿唯安2020年度高被引科学家榜单。

First Name	Last Name	Category	Primary Affiliation
Paul	Allen	Agricultural Sciences	Teagasc, Ireland
Francisco J.	Barba	Agricultural Sciences	Universidade de Vigo, Spain
Lillian	Barros	Agricultural Sciences	Instituto Politecnico de Braganca, Portugal
Maurizio	Battino	Agricultural Sciences	Marche Polytechnic University, Italy
Soottawat	Benjakul	Agricultural Sciences	Prince of Songkla University, Thailand
Bhesh R.	Bhandari	Agricultural Sciences	University of Queensland, Australia
Torsten	Bohn	Agricultural Sciences	Luxembourg Institute of Science & Technology, Luxembourg
Declan J.	Bolton	Agricultural Sciences	Teagasc, Ireland
Paula	Bourke	Agricultural Sciences	University College Dublin, Ireland
Nigel P.	Brunton	Agricultural Sciences	Teagasc, Ireland
Philip C.	Calder	Agricultural Sciences	University of Southampton, United Kingdom
Patrice D.	Cani	Agricultural Sciences	Universite Catholique Louvain, Belgium
Kenneth G.	Cassman	Agricultural Sciences	University of Nebraska System, United States
Artemi	Cerda	Agricultural Sciences	University of Valencia, Spain
Baohua	Li	Cross-Field	Tsinghua University, China Mainland
Changming	**Li**	**Cross-Field**	**Suzhou University of Science & Technology, China Mainland**
Chang-Zhi	Li	Cross-Field	Zhejiang University, China Mainland
Chuan-You	Li	Cross-Field	Institute of Genetics & Developmental Biology, CAS, China Mainland
Chun	Li	Cross-Field	Tsinghua University, China Mainland
Chunzhong	Li	Cross-Field	East China University of Science & Technology, China Mainland
De-Zhu	Li	Cross-Field	Kunming Institute of Botany, CAS, China Mainland
Gao-Ren	Li	Cross-Field	Sun Yat Sen University, China Mainland
Hai	Li	Cross-Field	Nanjing Tech University, China Mainland
Heng	Li	Cross-Field	Dana-Farber Cancer Institute, United States
Huaming	Li	Cross-Field	Jiangsu University, China Mainland

▲ 学校学生在美国数学建模竞赛中获一等奖。

▲ 学校学生在2020中美青年创客大赛总决赛中获优胜奖。

▲ 学校学生在第二届"全国大学生结构设计信息技术大赛"中获得佳绩。

▲ 学校跆拳道队在2020年江苏省大学生跆拳道锦标赛上获得团体冠军。

▲ 学校举行 2020 级新生开学典礼,校长陈永平致辞。

▲ 学校举行2020届学生毕业典礼暨学位授予仪式，校长陈永平致辞。

苏州科技大学年鉴

—— 2021 ——

张庆奎　姜朋明　**主编**

苏州大学出版社

图书在版编目(CIP)数据

苏州科技大学年鉴.2021/张庆奎,姜朋明主编;苏州科技大学党委办公室,苏州科技大学校长办公室编.—苏州:苏州大学出版社,2022.5
 ISBN 978-7-5672-3819-0

Ⅰ.①苏… Ⅱ.①张… ②姜… ③苏… ④苏… Ⅲ.①苏州科技大学—2021—年鉴 Ⅳ.①G649.285.33-54

中国版本图书馆 CIP 数据核字(2022)第 080407 号

苏州科技大学年鉴 2021

张庆奎 姜朋明 主编

责任编辑 王 娅

苏州大学出版社出版发行
(地址:苏州市十梓街1号 邮编:215006)
镇江文苑制版印刷有限责任公司印装
(地址:镇江市黄山南路18号润州花园6-1号 邮编:212000)

开本 787 mm×1 092 mm 1/16 印张 26.5 插页 10 字数 645 千
2022 年 5 月第 1 版 2022 年 5 月第 1 次印刷
ISBN 978-7-5672-3819-0 定价:88.00 元

若有印装错误,本社负责调换
苏州大学出版社营销部 电话:0512-67481020
苏州大学出版社网址 http://www.sudapress.com
苏州大学出版社邮箱 sdcbs@suda.edu.cn

《苏州科技大学年鉴2021》编委会名单

主　　编　张庆奎　　姜朋明

执行主编　田晓明　　朱明珠

副 主 编　程　勇　　黄　凯　　程　熙

编　　委　(以姓氏笔画为序)

马晓燕　　王东田　　王永芳　　叶金平

孙士俊　　孙红军　　李　萍　　李依群

吴惠芳　　何湘江　　陆道平　　范凌云

宫向阳　　夏　阳　　唐柏鉴　　章　鸣

董巍峰

目 录

◎ **学校综述** ··· 1

 学校概况（2021 年 3 月）·· 3
 苏州科技大学 2020 年党政工作总结 ··· 5

◎ **重要文献** ··· 9

 苏州科技大学 2020 年度党政工作要点 ·· 11
 党委书记张庆奎在中共苏州科技大学委员会三届七次全体会议上的工作报告 ········· 16
 党委书记张庆奎在省委组织部领导来校调研汇报会上的讲话 ································· 25
 党委书记张庆奎在 2020 年全面从严治党工作会议上的讲话 ···································· 30
 党委书记张庆奎在教育部副部长翁铁慧来校调研座谈会上的汇报 ··························· 33
 党委书记张庆奎在第 36 个教师节表彰大会上的讲话 ·· 36
 适应新时代 担当新使命 共谋新发展 推动学校高质量发展再上新台阶
  ——党委书记张庆奎在苏州科技大学第四届第三次教职工代表大会上的闭幕词
  ··· 39
 凝心聚力 砥砺前行 奋力书写学校事业高质量发展新篇章
  ——校长陈永平在苏州科技大学第四届第三次教职工代表大会上的工作报告 ········· 42
 校长陈永平在中层干部大会上的讲话 ··· 48
 涵养家国情怀 肩负时代使命
  ——校长陈永平在苏州科技大学 2020 届毕业典礼上的讲话 ···································· 54
 崇尚奋斗精神 成就无悔青春
  ——校长陈永平在苏州科技大学 2020 级新生开学典礼上的讲话 ···························· 57

◎ **2020 年大事记** ·· 61

 1 月 ··· 63
 2 月 ··· 64
 3 月 ··· 65
 4 月 ··· 65
 5 月 ··· 67
 6 月 ··· 68
 7 月 ··· 70

8月 ………………………………………………………………………………… 71
　　9月 ………………………………………………………………………………… 72
　　10月 ………………………………………………………………………………… 74
　　11月 ………………………………………………………………………………… 76
　　12月 ………………………………………………………………………………… 80

◎机构设置、机构负责人及有关人员名单　85

　　苏州科技大学机构设置 ……………………………………………………………… 87
　　苏州科技大学校领导名单 …………………………………………………………… 91
　　中共苏州科技大学党委常委、委员名单 …………………………………………… 92
　　中共苏州科技大学纪律检查委员会委员名单 ……………………………………… 93
　　苏州科技大学学术委员会及各组织人员名单 ……………………………………… 94
　　苏州科技大学中层干部名单 ………………………………………………………… 97
　　苏州科技大学工会委员会及各分会主席人员名单 ………………………………… 107
　　苏州科技大学共青团干部名单 ……………………………………………………… 109
　　苏州科技大学教职工担任各级人大代表、政协委员、民主党派和团体主要负责人名单
　　　 …………………………………………………………………………………… 112
　　苏州科技大学有关人员在校外机构任职名单 ……………………………………… 114
　　校友联谊会及分会主要负责人名单 ………………………………………………… 133

◎院（部）简介　137

　　建筑与城市规划学院 ………………………………………………………………… 139
　　环境科学与工程学院 ………………………………………………………………… 142
　　土木工程学院 ………………………………………………………………………… 145
　　电子与信息工程学院 ………………………………………………………………… 148
　　商学院 ………………………………………………………………………………… 151
　　文学院 ………………………………………………………………………………… 153
　　社会发展与公共管理学院 …………………………………………………………… 155
　　马克思主义学院 ……………………………………………………………………… 157
　　教育学院 ……………………………………………………………………………… 159
　　数学科学学院 ………………………………………………………………………… 161
　　物理科学与技术学院 ………………………………………………………………… 163
　　化学与生命科学学院 ………………………………………………………………… 166
　　材料科学与工程学院 ………………………………………………………………… 169
　　艺术学院 ……………………………………………………………………………… 171
　　外国语学院 …………………………………………………………………………… 173
　　音乐学院 ……………………………………………………………………………… 175
　　机械工程学院 ………………………………………………………………………… 177
　　地理科学与测绘工程学院 …………………………………………………………… 179

体育部 ··· 181
　　国际教育学院 ··· 183
　　敬文书院 ·· 185
　　天平学院 ·· 187

◎表彰与奖励 ··· 189
　学校及各单位获表彰或奖励情况 ··· 191
　　学校获省、市表彰或奖励情况 ··· 191
　　学校各单位获校级以上表彰或奖励情况 ··· 192
　教职工获校级以上表彰或奖励情况 ·· 195
　　教职工获校级以上表彰或奖励情况 ··· 195
　学生集体、个人获校级以上表彰或奖励情况 ··· 201
　　2020年度学生集体（社团、组织）、个人获校级以上表彰或奖励情况 ············· 201
　　2020年度学生参加课外各类学科竞赛获省部级以上奖项情况 ······················· 207
　　苏州科技大学2020年度江苏省高校三好学生、优秀学生干部、先进班集体名单
　　 ·· 236
　　苏州科技大学2019—2020学年校三好学生标兵、优秀学生干部标兵、优良学风班
　　　标兵、优良学风班名单 ··· 236
　　苏州科技大学2019—2020学年三好学生名单 ··· 240
　　苏州科技大学2019年度优秀共青团干部名单 ·· 244
　　苏州科技大学2019—2020学年优秀学生干部名单 ······································ 246
　　苏州科技大学2019—2020学年优秀研究生干部名单 ··································· 249
　　苏州科技大学2019—2020学年优秀研究生名单 ··· 250
　　苏州科技大学2020届优秀毕业研究生名单 ··· 252
　　苏州科技大学2020届优秀本科毕业生名单 ··· 253

◎重要资料及统计 ·· 257
　办学规模 ··· 259
　　2020年度全校教学单位情况 ·· 259
　　2020年全校各类学生在校人数情况 ··· 260
　　2020年研究生毕业、入学和在校人数情况 ·· 260
　　2020年全日制本科生毕业、入学和在校人数情况 ·· 260
　　2020年成人学历教育学生毕业、在读人数情况 ··· 261
　　2020年度各类外国留学生人数情况 ··· 261
　　2020年度全日制本科招生情况 ··· 262
　办学层次 ··· 276
　　硕士研究生授权点情况 ··· 276
　　全日制本科专业情况 ·· 277
　　成人学历教育专业情况 ··· 279

办学条件 ... 281
- 2020年苏州科技大学总资产情况 ... 281
- 2020年苏州科技大学土地面积和已有校舍建设面积情况 ... 281
- 2020年苏州科技大学实验室设备情况 ... 282
- 2020年苏州科技大学图书馆馆藏情况 ... 283

教学质量与学科实力 ... 284
- 科研机构情况 ... 284
- 重点学科、优势学科建设项目 ... 294
- 苏州科技大学2020年度教育质量工程项目 ... 295
- 苏州科技大学2020年度全日制学生就业情况 ... 310
- 全校非计算机专业计算机等级考试本科生通过情况 ... 312
- 全校非英语专业大学英语等级考试本科生通过情况 ... 312

科研成果 ... 314
- 2020年度苏州科技大学科研成果情况 ... 314
- 2020年度苏州科技大学科研成果获奖情况 ... 315
- 2020年度苏州科技大学科研成果专利授权情况 ... 319
- 2020年度苏州科技大学软件著作权授权情况 ... 334
- 2020年度苏州科技大学承担省部级以上项目情况 ... 340
- 2020年度苏州科技大学教师出版著作情况 ... 348

教职工队伍情况 ... 352
- 教职工人员情况 ... 352
- 教职工职称结构情况 ... 352
- 教职工学历结构情况 ... 353
- 专任教师职称结构情况 ... 353
- 专任教师学历结构情况 ... 353
- 专任教师年龄结构情况 ... 354
- 2020年度苏州科技大学新增各类专家、学术带头人、培养对象情况 ... 354
- 2020年度获副高及以上专业技术职称人员名单 ... 356
- 2020年度引进人员情况 ... 358
- 2020年度退休人员情况 ... 360
- 2020年度离休干部情况 ... 362

国际合作与交流 ... 363
- 外籍教师聘用情况 ... 363
- 2020年苏州科技大学与境外大学交流合作情况 ... 364

校园文化建设 ... 365
- 2020年度苏州科技大学教职工文艺活动开展情况 ... 365
- 2020年度苏州科技大学学生集体（社团）文艺活动开展情况 ... 366
- 2020年学生参加各项国家、省市级体育赛事情况 ... 376

◎附录 ... 377

2020年苏州科技大学规章制度文件目录 ... 379
2020年苏州科技大学机构设置文件目录 ... 384
2020年苏州科技大学人事任免文件目录 ... 386
2020年市级以上媒体关于苏州科技大学的报道统计 ... 387

后 记 ... 412

学校综述

学校概况

（2021年3月）

苏州科技大学由原苏州城建环保学院与原苏州铁道师范学院合并组建而成，是一所以工为主、工理文管艺多学科协调发展的全日制普通高校，是教育部本科教学工作水平评估优秀高校。2017年成为住房和城乡建设部与江苏省共建高校，同年获批江苏省博士学位授予立项建设单位。

学校拥有石湖、江枫、天平三个校区。主校区石湖校区毗邻石湖水，坐拥上方山，环境优美，风景绮丽。校园占地面积2 300亩（地积单位，1亩约等于666.67平方米），现有全日制在校本科生近18 000人，研究生2 300余人，国际硕士研究生近100人。

学校拥有16个硕士学位授权一级学科、8个硕士专业学位授权类别。2个学科在全国第四轮学科评估中获评B，"工程学"学科跻身基本科学指标数据库（ESI）全球大学和科研机构前1%；6个学科入选江苏省优势学科建设工程项目，4个学科入选"十三五"江苏省重点学科。61个本科专业中，13个专业入选国家一流本科专业建设点，6个专业入选江苏高校品牌专业建设工程项目，6个专业通过高等教育专业评估与工程教育专业认证。

学校现有专任教师1 300余人，具有高级专业技术职务的教师600余人。拥有中国科学院院士、中国工程院院士、欧洲科学院院士、国家建筑设计大师等一批名家名师；国家杰出青年科学基金（以下简称"杰青"）获得者、"长江学者奖励计划"（以下简称"长江学者"）特聘教授等国家级人才工程入选者50余人；包括江苏省"333工程"第二层次在内的各类省级人才工程入选者360余人；包括江苏省"双创团队"在内的省级以上教学科研创新团队9支。

学校曾获国家级教学成果奖一等奖1项、二等奖3项，获包括江苏省教学成果特等奖、江苏省研究生培养模式改革成果一等奖在内的省级教学成果奖近40项。获中国音乐最高奖"金钟奖"（合唱）金奖、中国民间文艺最高奖"山花奖"。现有国家级大学生文化素质教育基地、国家级高校学生科技创业实习基地、国家级校外实践教育基地各1个。近五年，学生荣获中国"互联网+"大学生创新创业大赛银奖及铜奖、中国智能制造挑战赛国赛特等奖、全国大学生节能减排社会实践与科技竞赛特等奖等省部级以上学科竞赛奖项3 500余项。建校以来，学校已为国家培养了近20万名各类毕业生。

学校现有国家地方联合工程研究中心、江苏省重点实验室、江苏省高校哲学社会科学重点研究基地等省级以上科研平台21个。近五年，学校共承担科研项目2 000余项，其中包括国家科技重大专项、国家重点研发计划项目、国家"973"项目、国家"863"项目、国家自然科学基金（重点）项目、国家社会科学基金（重点）项目等国家级项目260余项；获省部级以上科技奖项40余项；学术论文被科学引文索引（SCI）等三大检索收录3 200余篇；获专利1 200余项。

学校先后编制200余个小城镇规划，完成苏浙皖地区1 000余个乡村规划。参与大量地方环保政策的制定、企业环境污染治理与环境应急预案的编制工作，配合省市"263行动计划"，参与完成地方污染场地的风险评估和修复等项目百余项，与佛山市南海区合作共建苏州科技大学环境研究院。苏州乡村振兴研究院起草完成我国首个农业农村现代化评价考核体系。苏州国家历史文化名城保护研究院创建了全国首个"乡村双创中心"。城市发展智库为中国智库索引（CTTI）来源智库。

学校先后与20多个国家、地区的近80所高校和研究机构建立了校际合作关系。自1993年以来，学校每年承办由中华人民共和国商务部主办的援外人力资源培训班，为120多个"一带一路"沿线国家和发展中国家2 000余名环保、能源和物流等领域的官员和技术人员开展培训和学历教育。学校2015年成为全国首批承担援外硕士学历学位教育项目高校。学校现有4个中外合作办学项目，其中3个获批江苏省高校中外合作办学高水平示范性建设工程。

学校先后荣获"江苏省文明校园""江苏省高等学校和谐校园""江苏省平安校园建设示范高校""江苏省高等学校思想政治教育工作先进集体"等荣誉，多次被评为全国大学生社会实践先进单位、江苏省优秀研究生招生单位、江苏省毕业生就业工作先进单位。

当前，学校正以习近平新时代中国特色社会主义思想为指导，以培养基础扎实、知识面宽的高素质、创新型、应用型人才为己任，坚持立德树人，注重内涵建设，强化特色发展，提升办学实力，努力将学校建设成为特色鲜明、品质卓越的高水平教学研究型大学。

苏州科技大学2020年党政工作总结

2020年,学校领导班子以习近平新时代中国特色社会主义思想为指导,团结带领全校师生员工,努力开创党建工作新局面,奋力引领学校事业在疫情大考下的高质量发展。

一、提高政治站位,全面加强党的建设

1. 政治建设切实加强。 出台《贯彻落实〈关于加强省属高校领导班子政治建设的若干措施〉实施方案》,把政治建设作为党的根本性建设来抓,促使广大干部和教师增强"四个意识",坚定"四个自信",做到"两个维护"。坚持和完善党委领导下的校长负责制,进一步贯彻落实"三重一大"决策制度,不断增强引领高质量发展的能力。成立学校党的建设工作领导小组,建立健全党建工作格局,落实党建主体责任。认真开展二级党组织书记抓党建、党支部书记述职评议考核工作。积极推动校党委、二级党组织、党支部三级党建"书记项目"落实落地,在抓好党建工作中育新人、促发展。

2. 思想建设持续推进。 落实学校党委常委会"第一议题"制度,把学习贯彻习近平新时代中国特色社会主义思想、习近平总书记教育重要论述精神融入日常工作。深入宣传贯彻党的十九届五中全会精神,学校"众说学习"工作坊入选苏州市理论宣讲重点项目。"学习强国"平台使用实现全覆盖,学校"学习强国号"正式上线运营。与苏州市委宣传部深化共建马克思主义学院工作,获评江苏省高校示范马院培育点,合作成立的"苏州新时代文明实践研究院"为江苏省内首家新时代文明实践研究院。严格落实意识形态工作责任制,切实加强意识形态领域风险研判和预警处置,建立"意识形态工作信息专报制"。紧扣中心构建宣传大格局,2020年累计在中央电视台等主要媒体发布有关学校的各类报道近500篇。

3. 组织保障不断建强。 优化二级党组织设置,完成24个二级党组织和167个党支部的集中换届工作。贯彻落实"提质增效"三年行动计划要求,深入实施教师党支部书记"双带头人"培育工程,标准党支部、"双带头人"均100%达标。加大在青年骨干教师、海外归来教师中发展党员的力度,7名教师被发展为预备党员。

4. 干部队伍建设进一步加强。 落实"五突出五强化"选人用人机制,新提任处级干部30人,轮岗交流干部11人,选聘科级干部33人,干部队伍结构得到进一步优化。邀请英雄模范、劳动模范和高校专家开展专题讲座,提高干部的政治理论素养、履职尽责能力和廉洁自律意识。做好科技镇长团成员考核选派工作和扶贫、对口帮扶工作,获评江苏省第十二批科技镇长团"优秀团长"1名、"优秀团员"2名,一名扶贫干部获宿迁市脱贫攻坚"优秀个人"和"荣誉市民"称号。

5. 党风廉政建设深入推进。 出台2020年度落实全面从严治党主体责任清单和监督责任清单，召开全面从严治党工作会议，进一步落实全面从严治党和党风廉政建设责任制。完成了校内第四轮巡察，加强校内巡察整改工作专项督查。强化政治监督，抓好"关键少数"，积极推动各项审计及整改工作。启动机关作风效能建设考核工作，建设精干、高效型机关。加强师德师风建设，落实"三育人"工作条例，编制《高校教师师德手册》，开展专题网络师德培训，努力形成优良教风。狠抓学风建设，推动学风持续改善。

二、注重规划引领，全力打造学校高质量发展硬核

1. "十四五"发展规划编制工作全面启动。 立足发展新起点，准确把握高等教育发展新特征、新趋势，综合考量新一轮研究生和本科生扩招、天平学院转设等重要历史机遇，对发展目标定位、指导思想、主要任务、重点举措等进行深入调研和研讨，科学谋划学校"十四五"期间的高质量发展。

2. 人才培养质量不断提高。

一是课程思政建设扎实推进。深入实施党委书记履职亮点项目，组织评选一批校级课程思政建设示范学院、示范专业、示范课程、特色课程等，获批市厅级以上思政类专项课题25项，在全省率先编撰出版课程思政专题系列研究丛书。

二是教育教学改革不断深化。以校长履职亮点项目为抓手，专业、课程建设成效显著。1个专业通过住建部专业认证，5个专业入选江苏省一流专业建设点，10个专业申报国家一流本科专业建设点；新增1部国家"十三五"规划教材，2部教材被江苏省推荐申报首届全国优秀教材，6部教材被评为首届江苏省优秀培育教材，省部级以上课程（教材）数量达72个，同比增长20%；获批江苏省部级以上教改项目16项。获江苏省研究生教改成果优胜奖1项、江苏省优秀硕士论文3篇，学校在江苏省首次研究生教育工作综合评价中获评A等。

三是双创教育成效明显。2020年，学生获包括美国大学生数学建模竞赛一等奖、全国大学生节能减排竞赛一等奖在内的省部级以上奖励共1 136项。在江苏省大学生跆拳道锦标赛上获团体总分第一及男团总分第一的优异成绩。

四是高质量招生就业同步推进。2020年新增海南为招生省份，广西和重庆进入本一批次招生。研究生招生1 018名，同比增幅39.5%，连续11年被评为"江苏省优秀研究生招生单位"。2020年毕业生初次就业率、年终就业率实现双达标，学校就业工作获教育部领导充分肯定。

3. 学科建设大力推进。 积极做好学位授权申请工作，1个硕士一级学科点、7个硕士专业学位类别通过江苏省学位委员会评审。"工程学"学科排名首次进入基本科学指标数据库（ESI）全球大学和科研机构前1%。

4. 人才强校战略顺利实施。 2020年，学校共引进专任教师83人；新增获批省级以上各类人才培养工程29人。专任教师中获得博士学位的有710人，占比达54.2%；具有半年以上海外经历背景的教师比例达到36.1%。

5. 科研创新能力不断增强。 "水处理技术与材料协同创新中心"升级为立项建设点，新增江苏省高校哲学社会科学重点研究基地、江苏省工程研究中心各1个。获批国家重点研发计划课题、国家自然科学基金重点项目等国家级项目41项，江苏省重点研发计划项

目等省部级项目30项。获批科研经费3.15亿元,其中纵向到账经费同比增加25.3%。获授权专利173件,获2020年江苏省"高校知识产权工作先进集体"称号、江苏省"技术转移工作促进奖"。学校教师入选2020年全球高被引学者榜单1人,被中文社会科学引文索引(CSSCI)、社会科学引文索引(SSCI)、科学引文索引(SCI)、工程索引(EI)收录(检索)的高水平论文增幅明显。

6. 服务地方激发办学新动能。 "城市发展智库"已成为中国智库索引(CTTI)来源智库,向市厅级及以上组织提交决策咨询研究报告29篇,获得领导肯定性批示11篇。乡村振兴研究院参与起草的我国首个农业农村现代化评价考核体系,获得农业农村部主要领导批示并落实执行。国家历史文化名城保护研究院相关成果获"江苏省优秀城乡规划奖"一等奖。学校获批第二轮省市共建项目7 500万元地方财政资助。

7. 文化校园建设迈上新台阶。 精心组织"红色传承""书香校园"等主题文化建设,"校园文化精品培育名录库建设"项目获评江苏省第六届大学生艺术展演活动高校美育改革创新优秀案例特等奖。

8. 教育对外开放稳步推进。 学校获批商务部2020年援外短期培训和硕士项目各1项。3个中外合作办学项目获批江苏高校中外合作办学高水平示范性建设工程,毕业生境内外升学率达45%。获批2门"江苏省高校外国留学生英文授课省级精品课程"。新拓展与国际知名高校合作线上课程、远程实践项目66项,线上科研项目15项。

三、进一步凝心聚力,加快建设美丽、平安、和谐校园

1. 重点领域改革有序推进。 学校大力推进依法治校,深化法治宣传教育,获江苏省"七五"普法中期先进集体称号。结合新的绩效工资分配方案的实施,进一步完善考核办法,优化校院两级管理模式。科学重组部分理工科学院,充分释放学院和学科的发展活力。建立健全校属企业内控管理机制,推进校属企业改革。进一步开源节流,加强预算绩效管理,切实保障重点支出,持续缩减三公经费。

2. 美丽校园建设提档增速。 石湖校区塔影湖景观、塔影阁、综合服务中心等工程顺利完工,江枫校区城市饭店、老校区浴室等改造项目均已完工,"苏州公园大学"美誉度进一步提升。资料文献资源建设继续推进,统一身份认证及融合门户平台上线试运行。制定实施垃圾分类工作方案,倡导厉行节约、反对浪费,建设"绿色校园"。

3. 平安校园建设扎实推进。 学校严格落实各项新冠肺炎疫情防控举措,常态化疫情防控在扎实推进中为统筹做好学校改革、发展、稳定各项工作打下坚实基础。落实江苏省校园安全专项整治三年行动方案,不断健全校园安全综合防控体系,进一步加强实验室安全工作,确保了校园的安全稳定。

4. 和谐校园建设取得实效。 出台《关于进一步加强统一战线工作的实施意见》,成立学校党外知识分子联谊会,学校各级人大代表和政协委员在全国和省、市、区两会上积极发声,扩大了学校影响力。召开学校第四届第三次教职工代表大会,获评苏州市教育系统民主管理先进单位一等奖。切实做好离退休工作。深入推进共青团改革发展,召开学校第五届学代会、第二届研代会。坚持校务公开,完善校领导接待日制度,努力为师生排忧解难。关注民生,及时调整并兑现教职工房贴比例和公积金、养老保险、年金基数等。

重要文献

苏州科技大学2020年度党政工作要点

2020年是学校"十三五"规划的收官之年，也是实现第三次党代会目标任务的关键之年，学校党政工作总体要求：以习近平新时代中国特色社会主义思想为指导，深入贯彻党的十九大和十九届二中、三中、四中全会精神，认真落实江苏省委、省政府决策部署，增强"四个意识"，坚定"四个自信"，做到"两个维护"，紧紧围绕建设特色鲜明、品质卓越的高水平教学研究型大学的总目标，以全面提升学校综合实力为主线，以编制"十四五"规划工作为抓手，以夯实基础、优化布局、提升质量为重点，进一步解放思想、抢抓机遇，坚持改革创新，坚持开放办学，凝聚力量，攻坚克难，全面加强内涵建设，推动学校事业高质量发展。

一、强化责任落实，全力做好疫情防控工作

1. 提高政治站位。 新冠肺炎疫情发生以来，学校广大党员干部积极应对、周密安排、坚守岗位、靠前指挥，疫情防控阻击战取得了阶段性成果。当前疫情形势依然严峻复杂，防控正处在最吃紧的关键阶段。全校上下要坚决贯彻落实习近平总书记重要讲话和重要指示精神，把疫情防控作为头等大事来抓，进一步增强紧迫感和责任感，坚定必胜信念，全力以赴做好疫情防控工作。

2. 落实防控举措。 严格落实党中央国务院、江苏省委省政府、江苏省教育厅及苏州市关于疫情防控工作的具体要求，全面摸底排查，强化综合管控，加强教育引导，压实防控责任，细化防控措施，全力做好师生开学返校各项准备工作，保障师生员工的身体健康和生命安全，确保学校安全稳定。

3. 严明工作纪律。 学校按照"推迟开学不停教不停学"的要求，对本科生、研究生的日常教学安排，毕业设计（论文）、就业指导等环节，以及研究生招生等工作做出明确规定，对管理人员的日常办公安排提出明确要求，所有师生员工必须严格遵守规定，认真履职尽责，保持良好的工作学习状态，确保疫情防控期间学校各项工作正常运行。

二、巩固深化"不忘初心、牢记使命"主题教育成果，全面加强党的建设

1. 构筑主题教育长效机制。 按照上级部署，持续深入开展主题教育"回头看"，狠抓整改方案和整改措施落实，进一步梳理成绩、反思不足，把主题教育的好做法、好经验提炼总结成制度，巩固拓展主题教育成效。建立健全落实意识形态工作、基层党建工作和党风廉政建设"三大主体责任"的长效机制，以高质量党建引领高质量发展。

2. 加强宣传思想和意识形态工作。 贯彻全国高校思想政治工作会议精神，提升思想

政治工作时效性，着力构建"三全育人"体系。进一步落实习近平新时代中国特色社会主义思想"三进"工作。持续推进马克思主义学院建设，切实加强马克思主义理论学习研究宣传。加强师德师风建设，营造风清气正的校园文化氛围。落实意识形态工作责任制，加强意识形态阵地建设与管理，完善意识形态领域风险隐患分析、研判和防控机制。进一步加强和推进宣传思想文化工作。

3. 贯彻落实高校党建工作重点任务。 开展基层党组织集中换届工作。开展新一轮二级党组织书记抓党建述职考核工作，全面开展支部书记向学院（部）党组织述职考核工作。加强党员发展、教育培训等制度建设，持续深化教师党支部书记"双带头人"培育工程。通过助推党建工作项目化运作、培育做亮支部书记工作室等措施，着力打造"三个标杆"，创建党建特色品牌，不断提升基层党组织标准化、规范化建设水平。做好迎接2020年省属高校综合考核准备工作。

4. 加强干部队伍建设。 用好用活"三项机制"，引导激励干部树立强烈的宗旨意识、责任意识，促进干部在推动学校事业发展中勇于担当、敢于作为。有针对性地加强党员领导干部理论素养、管理实务等方面的培训。做好干部试用期满考核、年度考核、个人有关事项报告、出国（境）备案审批等日常管理工作。做好科技镇长团成员管理考核和推荐选派等干部挂职锻炼工作，落实好干部对口扶贫工作。

5. 加强党风廉政建设。 落实2020全面从严治党总体部署，严格履行全面从严治党和党风廉政建设党委主体责任和纪委监督责任。推进党风廉政建设责任制落实向基层延伸，抓好压力传导的关键点和关键人；实现校内巡察工作高质量覆盖，进一步发挥巡察的利剑作用；强化各级领导班子成员述职述廉和履行"一岗双责"述职评议的监督检查；进一步加大问责力度，通过问责倒逼全面从严治党主体责任落实；进一步深化廉政教育和加强校园廉政文化建设，继续打造好"四结合三融入"廉政教育品牌，营造风清气正的校园环境。

6. 加强统一战线、群团组织和离退休工作。 指导和帮助民主党派加强思想建设和组织建设工作；加强党外代表人士队伍建设，做好党外中青年骨干培养工作。充分发挥工会、共青团、学生会、研究生会等群团组织和民主党派成员在学校事业发展中的应有作用。持续做好离退休工作，推进关工委工作优质化建设。

三、加强办学顶层设计，深化体制机制改革

1. 编制"十四五"规划。 认真总结"十三五"规划和第三次党代会目标任务实施过程中存在的问题和不足，逐项梳理、对标找差、倒排进度、抢抓落实，确保"十三五"规划圆满收官。启动"十四五"规划编制工作，对学校发展的目标定位、指导思想、建设内容、主要举措等进行深入调研和研讨，以建设高水平教学研究型大学为目标，着力打造核心竞争力和办学特色。

2. 优化资源配置，提升管理效能。 稳步推进理工科院（系）调整工作，进一步优化学科专业布局。结合新的绩效工资分配方案的落地实施，按照"目标管理、问题导向、注重绩效"的思路，进一步完善考核办法、分配政策，不断优化校院两级管理模式。强化服务意识，推进精细化管理，提高机关管理服务效能。充分发挥党政联席会、教代会职能，提高学院决策能力，激发学院办大学的积极性和创造性。

3. 推进人事管理制度改革。 逐步推进教师岗位分类管理改革和岗位供给侧结构性改

革，持续健全完善教师分类评价、分类激励机制；依照新制定的《苏州科技大学高级专业技术职务评聘办法（试行）》，扎实稳妥地推进职称制度改革；有序推进事业单位人员养老保险改革工作。

4. 深化后勤改革。 按照管理体制企业化、运行机制市场化、实施途径多样化、基本设施现代化、服务标准规范化的思路和"三服务两育人"的要求，进一步深化后勤改革。引进社会力量，推动校医院改革和石湖校区学生宿舍公共浴室改造，努力提高保障能力和服务质量。

5. 完善治理体系，提升治理能力。 推进依法治校，完善"三重一大"决策制度实施办法，促进民主化、科学化、规范化管理。健全校院两级学术委员会运行机制，发挥学术组织在学科建设、学术评价等方面的主导作用。加强内控管理，防范财务风险，做好新《政府会计制度》实施工作，进一步优化资金分配结构，提高资金使用效益。成立学校审计委员会，做好领导干部经济责任、工程建设、专项资金、科研经费等审计工作。深化校属企业体制改革，探索建立现代企业制度，完善资产经营有限公司及大学科技园的法人治理结构。推进学校资产管理信息化大平台建设，提升资产使用效益。推进学校大型仪器设备共享平台建设，完善实验室运行支撑保障体系。进一步规范招标采购管理。

四、加强教学改革与建设，提高人才培养质量

1. 巩固人才培养中心地位。 以庆祝本科办学40周年活动为契机，对学校人才培养工作的做法与成效进行总结、凝练和宣传，营造浓厚氛围，凝聚奋进力量，促使广大教师进一步坚持以本为本，紧扣立德树人根本任务，潜心教书育人。扎实推进课程思政建设与思政课程建设，突出师德引领，促使每一位教职员工都成为德育的施行者，不断推进"十大育人体系"建设。

2. 深化本科教育教学改革。 完善书院制育人新模式。统筹做好教学成果奖的提炼、优化及遴选工作，整合优质资源，加强内外联动，争取在申报高等级教学成果奖方面取得新突破。扎实推进现有国家级、省级一流专业建设点的建设，努力做好2020年一流专业的培育和申报工作。推进实训中心建设，开展工程教育专业和师范类专业认证工作。推进"新工科、新文科"专业建设，遴选立项30门左右的校级一流课程重点打造，积极申报国家级、省级一流课程并建设。加大在线课程平台建设力度，积极推进高质量网络教学课程建设。加强重点教材建设，积极申报国家级、省级重点教材立项，加强对现有项目的跟踪管理，提高项目完成质量。

3. 加强创新创业教育。 建构创新创业教育与专业教育深度融合的人才培养保障体系，完善创新创业教育的校内协同机制，健全和完善激励教师与学生参加各类学科竞赛、创新创业大赛和技能大赛的政策制度。推广本科生导师制，引导本科生尽早开展创新创业的科学研究工作，提升学校人才培养的创新创业意识和质量。力争在第六届中国"互联网+"大学生创新创业大赛、2020年"创青春"全国大学生创业大赛等高水平竞赛中再创佳绩。

4. 提高研究生培养质量。 组织召开学校研究生教育工作会议，全面总结并部署学科建设和研究生教育工作。改革研究生培养资源分配方式，向培养质量高的学科倾斜。全面落实《研究生导师立德树人的实施细则》和研究生培养的导师负责制，切实提高研究生培养质量。扎实推进"研究生培养创新工程"，培育高等级研究生教育教学成果奖。加强研

究生在线开放课程建设，推进研究生教材建设。

5. 加强学风建设和招生就业工作。 加强对不同群体学生的针对性教育和引导，全面提高学生的综合素质。加强班团一体化建设。进一步完善助学解困体系，做好家庭经济困难学生的帮扶工作。适度扩大研究生招生规模，优化招生专业结构，加大招生宣传力度，不断提高生源质量。积极开拓就业市场和渠道，提升就业、创业精准服务水平，努力促进毕业生更高质量和更充分就业。落实毕业生执行《学生体质健康证书》制度。

五、聚焦学科建设，提升人才队伍实力和科研水平

1. 做好学位点申报工作。 2020年，国家将启动新一轮学位授权审核工作，要对照博士学位授权申报条件，全力做好相关任务的落实推进工作，进一步凝练学科特色，整合学科资源，优化申报材料，力争"申博"工作取得突破。同时，做好新增硕士学位授权点的相关工作。

2. 加强重点学科建设。 加强优势学科、重点学科建设工作，强化目标管理，打造学科高峰。落实好省优势学科三期项目中期检查和"十三五"省重点学科结项验收，做好"十四五"省重点学科申报准备工作。积极做好迎接全国第五轮学科评估的工作。

3. 加强师资队伍建设。 根据"5133"计划目标，围绕学科建设及"申博"工作需要，加大高层次人才引进力度，重点解决高端领军人才、优秀拔尖人才数量不足等问题，不断强化理工类学科的团队建设和人文类学科的梯队建设。继续实施高端人才培育计划与优青培育工程，扎实推进师资培养的国际化进程。进一步加大对引进的高端人才的考核力度。

4. 提升科技创新服务能力。 全力做好各类科研项目的申报组织工作，确保国家级和省级自然、社科基金项目数稳步增长，推动承担和参与国家重大科技专项和重点研发计划。以高级别科研奖项为抓手，整合校内外优势资源，培育重大标志性成果，布局国家奖，争取省部级奖不断线。加强污水利用国地联合实验室、城市发展智库等已有科研平台的建设管理，培育高级别科研平台，力争获批新的科研平台；加快推进军工资质认定，培育军工科技团队和平台，促进军民融合发展提质增效。加大成果转移力度，不断增强服务地方经济与社会的能力，积极推动与地方政府、龙头企业和创新载体的合作，开拓产学研合作新局面。进一步加强学术诚信工作。

六、坚持开放办学，服务高质量发展

1. 加强国际交流与合作。 落实自主招收国际学生来华教育的拓展工作，进一步做好援外短期培训项目，扩大学历留学生教育生源；持续推进本科教育国际化，不断拓展各类学生国际化交流项目；推进中外合作办学高水平示范性建设工程项目；支持教师因公出国（境）交流和学习，加强因公出国（境）教育和管理。

2. 积极争取社会办学资源。 推动落实第二轮省市共建项目组织与申报工作。不断扩大校地、校企、校校合作范围，提高合作质量。加强与政府部门和相关单位的联系，推进江枫校区北大门地块的合作开发和家属区社会化管理工作。积极配合做好天平学院转设工作。进一步完善制度架构，理顺责权利关系，努力提升佛山市南海区苏科大环境研究院服务地方经济社会发展的能力。完善校友会、教育发展基金会运行机制，多渠道筹措办学

经费。

3. 做大做强继续教育。 加大招生宣传力度，拓展生源基地。加强与企业、行业及政府的合作，积极布局、培育新的校外教学点，扩大继续教育招生规模。紧扣行业和区位优势，积极拓展非学历教育，进一步提高社会效益和经济效益。

七、加强基础建设，打造平安和谐校园

1. 加快基础建设步伐。 加快污水利用国地联合实验室、地震模拟振动台实验室、石湖校区南区学生宿舍、东区风雨操场、金螳螂土木创新实践教育中心和其他新建项目的建设步伐；进一步完善塔影湖景区建设、校园快递驿站等服务用房建设；启动校园老旧道路修缮及江枫校区原城市饭店、10号教工宿舍楼等老建筑的维修改造工作。加快学术交流中心运营模式转型改造工作。切实推进智慧校园系统管理平台建设，打造"互联网+"校园生活新生态。

2. 深化平安校园建设。 扎实开展校园和校车安全专项整治工作。以政治安全、治安防控、消防安全、实验室安全、网络安全等为重点，以落实岗位安全责任制为抓手，定期开展校园安全隐患专项排查整治。优化视频监控设施布局，推动消防控制室联网控制改造，健全人防、物防、技防体系。加强校警联动，依托校园警务室，打击侵害师生员工合法权益的违法犯罪活动。落实保密工作责任制，将保密工作与业务工作相融合，加强对涉密人员的培训管理，落实保密技防措施。

3. 开展校园温暖工程。 努力改善师生员工工作、学习和生活条件，切实提高师生幸福指数。关注师生身心健康，优化教职工体检方案，加强学生体检工作。升级医保报销系统，推进大学生参保系统建设。强化学校公共卫生管理，加强对结核病、艾滋病等重大传染病的防控工作。

党委书记张庆奎在中共苏州科技大学委员会三届七次全体会议上的工作报告

2020年2月27日

同志们：

今天我们召开学校党委三届七次全体会议，主要议程是党委常委会向全委会报告工作，总结学校2019年工作，研究部署2020年党政工作。

现在我代表学校党委常委会向全委会做报告，请予审议。

第一部分 2019年党政工作总结

2019年，学校领导班子以习近平新时代中国特色社会主义思想为引领，团结带领全校师生员工，坚持加强党的全面领导，聚焦落实立德树人根本任务，着力深化内涵建设，不断推进学校事业高质量发展。

一、提高政治站位，强化思想引领，不断提升党建工作水平

1. 政治建设全面加强。 学校党委理论学习中心组围绕"严守党的政治纪律和政治规矩"等主题进行了17次学习研讨，深入学习贯彻习近平新时代中国特色社会主义思想和中央、省委的重大决策部署，增强"四个意识"，坚定"四个自信"，做到"两个维护"。全面修订党委全委会、常委会、校长办公会议事规则，坚持和完善党委领导下的校长负责制，不断提高学校领导班子引领科学发展的能力。党委书记在《光明日报》发表署名文章《奋力书写立德树人的新时代答卷》，探索以党建引领体制机制创新、落实立德树人根本任务、推动学校事业发展的思路举措。按照省委要求，圆满完成省属高校综合考核述职测评工作。

2. 思想基础进一步夯实。 一是扎实开展"不忘初心、牢记使命"主题教育。制定下发实施方案和指导意见，加强学习教育，深入调查研究，全面检视问题，狠抓整改落实，把开展主题教育与落实学校"十三五"规划相结合，推动党员干部提振精气神，展现新作为，促进学校事业高质量发展。二是强化理论武装。邀请地方党政领导、省"改革先锋"等来校做专题报告，组织开展"四个自信"青年说、学习贯彻新思想师生知识竞赛、庆祝新中国成立70周年文艺演出等活动，广泛开展理想信念教育、爱国主义教育。强化"学

习强国"平台的使用,实现师生党员全覆盖。三是落实意识形态工作责任制。在省内高校率先出台《关于完善意识形态问题处置机制的实施办法(试行)》,明确部门职责与意识形态问题处理流程。定期召开意识形态工作会议,实行常态化、制度化的网络巡查和舆情监控。四是与苏州市委宣传部深化共建马克思主义学院。成立"理论与形势政策"宣讲团,赴各地开展70余场宣讲。积极参与地方新时代文明实践中心工作,与太仓、相城区、高新区、东台等地联合开展共建活动。

3. 组织保障不断加强。 一是认真落实党建工作责任。校党委认真履行管党治党、办学治校主体责任,党委书记履行第一责任人职责,班子其他成员履行"一岗双责",主要领导深入课堂讲党课,带头深入基层指导推动党建工作任务和责任落实,完成学院(部)党组织书记抓党建述职评议考核工作全覆盖。稳步推进基层党支部书记向学院(部)党组织述职评议考核工作。二是扎实推进党支部标准化建设。培育创建党支部书记工作室、党员教育实境课堂,开展"党建工作创新奖"评选。着力打造"同创工坊""宋妈妈工作室""祖丽皮亚工作室""翟天麟工作室",进一步发挥教师党支部教书育人、机关党支部服务育人、学生党支部实践育人的标杆作用,加强"基层支部堡垒"建设。严格落实"双高双强"标准,选优配强"双带头人"队伍,目前,学校教师党支部已提前实现"双带头人"100%达标。三是积极推进统一战线工作。组织党外代表人士座谈会,与市委统战部联合举办苏州市年轻一代民营企业家理想信念报告会暨民营企业进高校活动。进一步发挥各级人大代表、政协委员在学校民主管理和助力地方经济社会发展中的积极作用,初步解决地铁3号线站点离学校较远的交通衔接问题。

4. 干部队伍结构趋于优化。 认真贯彻落实新修订的《党政领导干部选拔任用条例》,全面构建"五突出五强化"选人用人机制,加大年轻干部选拔力度,优化干部队伍结构。完成处级干部换届工作,共交流轮岗干部58人,新提拔任用干部32人,完成科级干部选聘和管理岗位全员选聘工作。举办新提任领导干部能力素质提升专题培训班,组织中层正职以上干部赴井冈山进行理想信念和革命传统教育培训,积极开展科技镇长团挂职锻炼和对口扶贫工作。

5. 廉政建设深入推进。 完成纪委(监察专员办)体制改革和内设机构设置工作,切实发挥纪委专责机关作用,履行好纪检监察职责。加强节假日期间作风建设,扎实开展警示教育,做到"全覆盖"。坚持巡视巡察联动,深入推进巡视整改,巡视整改问题和整改措施完成率100%;统筹推进校内巡察,完成2轮共8个二级党组织的校内巡察工作。

二、聚焦立德树人,聚力教育教学改革,全面提高人才培养质量

1. 立德树人根本任务全面落实。 始终坚持人才培养的中心地位,把立德树人作为根本任务,出台"课程思政"建设实施方案,成立领导小组统筹推进,举行报告会广泛动员,构建"三全育人"体系,推动"课程思政"与"思政课程"同向同行。

2. 专业课程建设成效显著。 学校5个专业入选首批国家级一流本科专业建设点,5个专业入选首批省级一流本科专业建设点。给排水科学与工程专业顺利通过住建部高等教育专业认证,7门课程获批省高等学校在线开放课程项目,1门课程入选省"金课"建设平台推进计划。3个专业入选省成教重点专业,6门课程入选省成教精品资源共享课程。

3. 教育教学改革不断深化。 6部教材获江苏省高等学校重点教材建设立项,10项课

题获批省级教改立项，59项研究生培养创新工程项目获省级立项。创新创业教育成绩突出，共有95项大学生创新创业训练项目获省级立项，获省部级以上奖项1 025项。其中，学校在第五届全国大学生"互联网+"创新创业大赛中实现国赛获奖零的突破，获银奖、铜奖各1项；学生首次参加全国大学生节能减排社会实践与科技竞赛，获特等奖1项、三等奖3项；以本科生为共同第一作者在国际权威能源材料杂志 Nano Energy 上发表论文，实现创新教育的重要突破；在第四届国际打击乐比赛中获第一名，在第12届中国大学生舞龙舞狮锦标赛上获女团冠军。

4. 招生就业工作进展顺利。 新增4个一级学科和3个专业学位类别/领域招生，按计划完成研究生招录工作，圆满完成首次研究生考点工作，连续第10年被评为"江苏省优秀研究生招生单位"。新增2个省份整体进入本一批次招生。2019年，全校投放在各省本一批次（含不区分批次）的招生计划占普通类计划的89.39%，生源质量得到稳步提升。2019年毕业生就业率达92%，在苏就业率达77.5%，为江苏的建设发展做出了新贡献。

三、强化内涵建设，推进高质量发展，切实增强综合办学实力

1. 学科建设取得新进展。 围绕"申博"一号工程持续发力，学科 ESI 潜力值进步明显，其中，工程学科由2018年的38.35%提升至2020年的77.39%。2019年，新增获批"建筑学"硕士专业学位授权类别；顺利通过教育部学位授权点专项评估和江苏省学位授权点抽评。

2. 师资队伍建设取得新成效。 科学规划，引培并举，全面实施"人才强校"战略，落实师资"国际化培训行动"。举办2019年优秀青年学者论坛，为引进高层次人才搭建平台，全年共引进高层次人才73人。新增入选省级以上各类人才培养工程21人、省级优秀教学团队1支。累计派出22名教师赴国（境）外研修和学习。

3. 科研工作取得新突破。 学校自然指数排名进步显著，按照贡献度指数排名较2019年同期上升了70位。科研经费突破3个亿，获批国家自然基金38项，其中重点项目1项；获批国家社科基金、国家艺术基金共计15项。发表论文1 805篇，同比增长30%；被 SCI 收录论文484篇，同比增长23.5%，被 SSCI、CSSCI、A&HCI 收录论文139篇；出版著作、艺术专辑33部。获得授权专利325项、发明专利125项、软件著作权365项，同比增长56%；技术合同成交5 528.16万元，新增技术合同222项，合同金额同比增长20.4%，科技成果转化项目65项。获江苏省科学技术奖等奖项12项，艺术类作品有2件被国家级场馆收藏，5件入选国家级单项美术作品展览，其中4件获作品奖。

4. 服务地方取得新成绩。 新获批省级工程研究中心、江苏省决策咨询研究基地及苏州市新型智库各1个。智库全年在苏州市委、市政府内参上发表咨询报告近20篇，其中1篇获江苏省委书记娄勤俭亲自批示，5篇获苏州市委、市政府领导批示。与广东省佛山市南海区人民政府共建苏科大环境研究院，获批政府建设经费9 220万元。积极拓展与苏州市应急管理局、江苏省环境应急与事故调查中心等单位的合作，组织环境应急管理等方面的培训1 300余人次，社会培训收入共计1 481万元，较2018年增长24.5%。

5. 教育对外开放水平取得新提升。 2019年，学校承担的对外援助培训任务再创新高，共承办15期短期培训项目和1期学历学位项目，招生规模达400余人。拓展各类学生境外学习新项目24项，同比增长53%，首次创建与美国加州大学伯克利分校等世界高

水平大学合作的学期课程项目。中外合作办学人才培养质量不断提升，2个专业获批江苏省首批中外合作办学平台联合科研项目，应届毕业生中有79人考取硕士研究生，升学率达50%。

四、坚持师生本位，深化改革发展，合力建设美丽和谐校园

1. 学校治理体系进一步完善。 梳理有关组织架构和议事规则。完成学术委员会换届工作，积极探索教授治学的有效途径。结合"制度执行年"要求，深入贯彻落实"科技改革30条"精神，制定、修订相关文件24份，为科学、规范、高效管理提供了政策引领和制度保障。财务管理严格规范，支出预算执行进度情况连年位居全省前列，2019年获得江苏省财政预算执行绩效奖补资金912万元。

2. 重点领域改革有序推进。 学校通过市场公开招标的方式，成功实现天平学院办学举办者权益的转让工作，此举对于进一步促进天平学院规范发展、健康发展，提升苏州科技大学办学水平有着重要意义。学校秉承"优结构、保民生、促发展"的目标导向，对绩效工资文件进行了全面修订，并完善了相关配套政策，充分发挥绩效工资改革的正向激励作用。

3. 作风、教风、学风建设持续加强。 严格落实作风建设举措，加强效能建设，强化协同服务意识，建设精干、高效型机关。加强师德师风建设，出台学校《师德失范行为处理办法》，引导教师潜心教书育人，切实提升教师的师德素质和教学水平，努力形成优良教风。出台《"学风建设与学生发展支持工程"实施方案》，狠抓学风建设，强化课堂规范，严格考试纪律，激发内生动力，推动学风持续改善。

4. 美丽校园建设步伐加快。 石湖校区东区环道全线贯通，东区学生食堂、塔影湖景观工程顺利完工，"进思园"正式开园，江枫食堂完成改造，院士楼投入使用，一个环境优美、融自然景色与人文景观为一体的美丽校园已日渐成型，被广大师生誉为"苏州公园大学"，师生员工的工作、学习、生活条件得到了明显改善。

5. 文化校园建设迈上新台阶。 学校成功举办江苏省第26届高校"校长杯"乒乓球比赛，充分展示了学校的办学水平、办赛能力和精神风貌。在中央电视台、《光明日报》《科技日报》《新华日报》等国家、省市级媒体发布有关学校的报道450余篇，树立了良好形象。学校教师丁国祥、鲍开恺担纲中央电视台《百家讲坛》等节目的主讲嘉宾，取得了良好反响。

6. 民主管理水平进一步提升。 推进校务公开，重视校内师生员工个人诉求机制的建立与畅通，完善校领导接待日制度。充分发挥教代会代表参与学校民主管理、民主监督、民主决策的作用，顺利召开四届二次教职工代表大会。深入推进共青团改革发展。进一步加强离退休工作和关工委工作。切实关注民生，及时调整并兑现教职工房贴比例和公积金、养老保险、年金基数，规范发放教职工工会福利，妥善应对食品价格上涨等重大挑战，确保学生食堂菜价平稳。不断健全校园安全综合防控体系，切实加强实验室安全管理，在三个校区创建"校园警务室"，打造校地合作安防样板，平安和谐校园建设取得实效。

回顾过去一年的工作，我们收获丰硕，同时也清醒地看到，学校的发展仍然存在着许多问题和困难：党建工作创新水平需要进一步提升；高端领军人才、优秀拔尖人才数量仍

然不足；科学研究方面的标志性成果尚显单薄；学校事业快速发展与办学经费不足的矛盾依然突出。这些问题和不足需要我们进一步解放思想、开拓创新，在真抓实干中加以克服和解决。

第二部分 2020年党政工作要点

2020年是学校"十三五"规划的收官之年，也是实现第三次党代会目标任务的关键之年。学校党政工作总体要求：以习近平新时代中国特色社会主义思想为指导，深入贯彻党的十九大和十九届二中、三中、四中全会精神，认真落实江苏省委、省政府决策部署，增强"四个意识"，坚定"四个自信"，做到"两个维护"，紧紧围绕建设特色鲜明、品质卓越的高水平教学研究型大学的总目标，以全面提升学校综合实力为主线，以编制"十四五"规划工作为抓手，以夯实基础、优化布局、提升质量为重点，进一步解放思想、抢抓机遇，坚持改革创新，坚持开放办学，凝聚力量，攻坚克难，全面加强内涵建设，推动学校事业高质量发展。

围绕以上要求，2020年应着力抓好七个方面的重点工作：

一、强化责任落实，全力做好疫情防控工作

1. 提高政治站位。 新冠肺炎疫情发生以来，学校广大党员干部积极应对、周密安排、坚守岗位、靠前指挥，疫情防控阻击战取得了阶段性成果。当前，疫情形势依然严峻复杂，防控正处在最吃紧的关键阶段。全校上下要坚决贯彻落实习近平总书记重要讲话和重要指示精神，把疫情防控作为头等大事来抓，进一步增强紧迫感和责任感，坚定必胜信念，全力以赴做好疫情防控工作。

2. 落实防控举措。 严格落实党中央国务院，江苏省委、省政府，江苏省教育厅及苏州市关于疫情防控工作的具体要求，全面摸底排查，强化综合管控，加强教育引导，压实防控责任、细化防控措施，全力做好师生开学返校各项准备工作，保障师生员工的身体健康和生命安全，确保学校安全稳定。

3. 严明工作纪律。 学校按照"推迟开学不停教不停学"的要求，对本科生、研究生的日常教学安排，毕业设计（论文）与就业指导等环节及研究生招生等工作做出明确规定，对管理人员的日常办公安排提出明确要求，所有师生员工必须严格遵守规定，认真履职尽责，保持良好的工作学习状态，确保疫情防控期间学校各项工作正常运行。

二、巩固深化"不忘初心、牢记使命"主题教育成果，全面加强党的建设

1. 构筑主题教育长效机制。 按照上级部署，持续深入开展主题教育"回头看"，狠抓整改方案和整改措施落实，进一步梳理成绩、反思不足，把主题教育的好做法、好经验提炼总结成制度，巩固拓展主题教育成效。建立健全落实意识形态工作、基层党建工作和党风廉政建设"三大主体责任"的长效机制，以高质量党建引领高质量发展。

2. 加强宣传思想和意识形态工作。 贯彻全国高校思想政治工作会议精神，提升思想政治工作时效性，着力构建"三全育人"体系。进一步落实习近平新时代中国特色社会主义思想"三进"工作。持续推进马克思主义学院建设，切实加强马克思主义理论学习研究

宣传。加强师德师风建设，营造风清气正的校园文化氛围。落实意识形态工作责任制，加强意识形态阵地建设与管理，完善意识形态领域风险隐患分析、研判和防控机制。进一步加强和推进宣传思想文化工作。

3. 贯彻落实高校党建工作重点任务。 开展基层党组织集中换届工作。开展新一轮二级党组织书记抓党建述职考核工作，全面开展支部书记向学院（部）党组织述职考核工作。加强党员发展、教育培训等制度建设，持续深化教师党支部书记"双带头人"培育工程。通过助推党建工作项目化运作、培育做亮支部书记工作室等措施，着力打造"三个标杆"，创建党建特色品牌，不断提升基层党组织标准化、规范化建设水平。做好迎接2020年省属高校综合考核准备工作。

4. 加强干部队伍建设。 用好用活"三项机制"，引导激励干部树立强烈的宗旨意识、责任意识，促进干部在推动学校事业发展中勇于担当作为。有针对性地加强对党员领导干部理论素养、管理实务等方面的培训。做好干部试用期满考核、年度考核、个人有关事项报告、出国（境）备案审批等日常管理工作。做好科技镇长团成员管理考核和推荐选派等干部挂职锻炼工作，落实好干部对口扶贫工作。

5. 加强党风廉政建设。 落实2020年全面从严治党总体部署，严格履行全面从严治党和党风廉政建设党委主体责任和纪委监督责任。推进党风廉政建设责任制落实向基层延伸，抓好压力传导的关键点和关键人；实现校内巡察工作高质量覆盖，进一步发挥巡察的利剑作用；强化各级领导班子成员述职述廉和履行"一岗双责"述职评议的监督检查；进一步加大问责力度，通过问责倒逼全面从严治党主体责任落实；进一步深化廉政教育和加强校园廉政文化建设，继续打造好"四结合三融入"的廉政教育品牌，营造风清气正的校园环境。

6. 加强统一战线、群团组织和离退休工作。 指导和帮助民主党派加强思想建设和组织建设工作；加强党外代表人士队伍建设，做好党外中青年骨干培养工作。充分发挥工会、共青团、学生会、研究生会等群团组织和民主党派成员在学校事业发展中的应有作用。持续做好离退休工作，推进关工委工作优质化建设。

三、加强办学顶层设计，深化体制机制改革

1. 编制"十四五"规划。 认真总结"十三五"规划与第三次党代会目标任务实施过程中存在的问题和不足，逐项梳理、对标找差、倒排进度、抢抓落实，确保"十三五"规划圆满收官。启动"十四五"规划编制工作，对学校发展的目标定位、指导思想、建设内容、主要举措等进行深入调研和研讨，以建设高水平教学研究型大学为目标，着力打造学校的核心竞争力和办学特色。

2. 优化资源配置，提升管理效能。 稳步推进理工科院（系）调整工作，进一步优化学科专业布局。结合新的绩效工资分配方案的落地实施，按照"目标管理、问题导向、注重绩效"的思路，进一步完善考核办法、分配政策，不断优化校院两级管理模式。强化服务意识，推进精细化管理，提高机关管理服务效能。充分发挥党政联席会、教代会职能，提高学院的决策能力，激发学院办大学的积极性和创造性。

3. 推进人事管理制度改革。 逐步推进教师岗位分类管理改革和岗位供给侧结构性改革，持续健全完善教师分类评价、分类激励机制；依照新制定的《苏州科技大学高级专业

技术职务评聘办法（试行）》，扎实稳妥地推进职称制度改革；有序推进事业单位人员养老保险改革工作。

4. 深化后勤改革。 按照管理体制企业化、运行机制市场化、实施途径多样化、基本设施现代化、服务标准规范化的思路和"三服务两育人"的要求，进一步深化后勤改革。引进社会力量，推动校医院改革和石湖校区学生宿舍公共浴室改造，努力提高保障能力和服务质量。

5. 完善治理体系，提升治理能力。 推进依法治校，完善"三重一大"决策制度实施办法，促进民主化、科学化、规范化管理。健全校院两级学术委员会运行机制，发挥学术组织在学科建设、学术评价等方面的主导作用。加强内控管理，防范财务风险，做好新《政府会计制度》实施工作，进一步优化资金分配结构，提高资金使用效益。成立学校审计委员会，做好领导干部经济责任、工程建设、专项资金、科研经费等审计工作。深化校属企业体制改革，探索建立现代企业制度，完善资产经营有限公司及大学科技园的法人治理结构。推进学校资产管理信息化大平台建设，提升资产使用效益。推进学校大型仪器设备共享平台建设，完善实验室运行支撑保障体系。进一步规范招标采购管理。

四、加强教育教学改革与建设，提高人才培养质量

1. 巩固人才培养中心地位。 以庆祝本科办学40周年活动为契机，对学校人才培养工作的做法与成效进行总结、凝练和宣传，营造浓厚氛围，凝聚奋进力量，促使广大教师进一步坚持以本为本，紧扣立德树人根本任务，潜心教书育人。扎实推进课程思政建设与思政课程建设，突出师德引领，促使每一位教职员工都成为德育的施行者，不断推进"十大育人体系"建设。

2. 深化本科教育教学改革。 完善书院制育人新模式。统筹做好教学成果奖的提炼、优化及遴选工作，整合优质资源，加强内外联动，争取在申报高等级教学成果奖方面取得新突破。扎实推进现有国家级、省级一流专业建设点的建设，努力做好2020年一流专业的培育和申报工作。推进实训中心建设，开展工程教育专业和师范类专业认证工作。推进"新工科、新文科"专业建设。遴选立项30门左右的校级一流课程重点打造，积极申报国家级、省级一流课程并建设。加大在线课程平台建设力度，积极推进高质量网络教学课程建设。加强重点教材建设，积极申报国家级、省级重点教材立项，加强对现有项目的跟踪管理，提高项目完成质量。

3. 加强创新创业教育。 建构创新创业教育与专业教育深度融合的人才培养保障体系，完善创新创业教育的校内协同机制，健全和完善激励教师、学生参加各类学科竞赛、创新创业大赛和技能大赛的政策制度。推广本科生导师制，引导本科生尽早开展创新创业的科学研究工作，提升学校人才培养的创新创业意识和质量。力争在第六届中国"互联网+"大学生创新创业大赛、2020年"创青春"全国大学生创业大赛等高水平竞赛中再创佳绩。

4. 提高研究生培养质量。 组织召开学校研究生教育工作会议，全面总结并部署学科建设和研究生教育工作。改革研究生培养资源分配方式，向培养质量高的学科倾斜。全面落实《研究生导师立德树人的实施细则》和研究生培养的导师负责制，切实提高研究生培养质量。扎实推进"研究生培养创新工程"，培育高等级研究生教育教学成果奖。加强研究生在线开放课程建设，推进研究生教材建设。

5. 加强学风建设和招生就业工作。 加强对不同群体学生的针对性教育和引导，全面提高学生的综合素质。加强班团一体化建设。进一步完善助学解困体系，做好对家庭经济困难学生的帮扶工作。适度扩大研究生招生规模，优化招生专业结构，加大招生宣传力度，不断提高生源质量。积极开拓就业市场和渠道，提升就业、创业精准服务水平，努力促进毕业生更高质量和更充分地就业。落实毕业生执行《学生体质健康证书》制度。

五、聚焦学科建设，提升人才队伍实力和科研水平

1. 做好学位点申报工作。 2020年，国家将启动新一轮学位授权审核工作，要对照博士学位授权申报条件，全力做好相关任务的落实推进工作，进一步凝练学科特色、整合学科资源、优化申报材料，力争"申博"工作取得突破。同时，做好新增硕士学位授权点的相关工作。

2. 加强重点学科建设。 加强优势学科、重点学科建设工作，强化目标管理，打造学科高峰。落实好江苏省优势学科三期项目中期检查和"十三五"江苏省重点学科结项验收，做好"十四五"江苏省重点学科申报准备工作。积极做好迎接全国第五轮学科评估工作。

3. 加强师资队伍建设。 根据"5133"计划目标，围绕学科建设及"申博"工作需要，加大对高层次人才的引进力度，重点解决高端领军人才、优秀拔尖人才数量不足等问题，不断强化理工类学科的团队建设和人文类学科的梯队建设。继续实施高端人才培育计划与优青培育工程，扎实推进师资培养国际化进程。进一步加大对引进的高端人才的考核力度。

4. 提升科技创新服务能力。 全力做好各类科研项目的申报组织工作，确保国家级、省级自然与社科基金项目数稳步增长，推动承担和参与国家重大科技专项和重点研发计划。以高级别科研奖项为抓手，整合校内外优势资源，培育重大标志性成果，布局国家奖，争取省部级奖不断线。加强污水利用国地联合实验室、城市发展智库等已有科研平台的建设管理，培育高级别科研平台，力争获批新的科研平台；加快推进军工资质认定，培育军工科技团队和平台，促进军民融合发展提质增效。加大成果转移力度，不断增强服务地方经济与社会的能力，积极推动与地方政府、龙头企业和创新载体的合作，开拓产、学、研合作新局面。进一步加强学术诚信工作。

六、坚持开放办学，服务高质量发展

1. 加强国际交流与合作。 落实自主招收国际学生来华教育的拓展工作，进一步做好援外短期培训项目，扩大学历留学生教育生源；持续推进本科教育国际化，不断拓展各类学生国际化交流项目；推进中外合作办学高水平示范性建设工程项目；支持教师因公出国（境）交流和学习，加强对因公出国（境）的教育和管理。

2. 积极争取社会办学资源。 推动落实第二轮省市共建项目组织与申报工作。不断扩大校地、校企、校校合作范围，提高合作质量。加强与政府部门和相关单位的联系，推进江枫校区北大门地块的合作开发和家属区社会化管理工作。积极配合做好天平学院转设工作。进一步完善制度架构，理顺责权利关系，努力提升佛山市南海区苏科大环境研究院服务地方经济社会发展的能力。完善校友会、教育发展基金会运行机制，多渠道筹措办学

经费。

3. 做大做强继续教育。 加大招生宣传力度，拓展生源基地。加强与企业、行业及政府的合作，积极布局与培育新的校外教学点，扩大继续教育招生规模。紧扣行业和区位优势，积极拓展非学历教育，进一步提高社会效益和经济效益。

七、加强基础建设，打造平安和谐校园

1. 加快基础建设步伐。 加快污水利用国地联合实验室、地震模拟振动台实验室、石湖校区南区学生宿舍、东区风雨操场、金螳螂土木创新实践教育中心和其他新建项目的建设步伐；进一步完善塔影湖景区建设、校园快递驿站等服务用房建设；启动校园老旧道路修缮及江枫校区原城市饭店、10号教工宿舍楼等老建筑的维修改造工作。加快学术交流中心运营模式转型改造工作。切实推进智慧校园系统管理平台建设，打造"互联网+"校园生活新生态。

2. 深化平安校园建设。 扎实开展校园和校车安全专项整治工作。以政治安全、治安防控、消防安全、实验室安全、网络安全等为重点，以落实岗位安全责任制为抓手，定期开展校园安全隐患专项排查整治。优化视频监控设施布局，推动消防控制室联网控制改造，健全人防、物防、技防体系。加强校警联动，依托校园警务室，打击侵害师生员工合法权益的违法犯罪活动。落实保密工作责任制，将保密工作与业务工作相融合，加强对涉密人员的培训管理，落实保密技防措施。

3. 开展校园温暖工程。 努力改善师生员工工作、学习和生活条件，切实提高师生员工的幸福指数。关注师生员工的身心健康，优化教职工体检方案，加强学生体检工作。升级医保报销系统，推进大学生参保系统建设。强化学校公共卫生管理，加强结核病、艾滋病等重大传染病防控工作。

同志们，"没有比人更高的山，没有比脚更长的路"，在建设特色鲜明、品质卓越的高水平教学研究型大学的征程中，我们已经爬坡过坎、翻山越岭，即将迎来突破性的胜利，让我们在习近平新时代中国特色社会主义思想的指引下，坚定信心，攻坚克难，团结一心加油干，不断开创苏州科技大学事业高质量发展的新局面。

党委书记张庆奎在省委组织部领导来校调研汇报会上的讲话

2020 年 5 月 14 日

洪部长及各位领导，下午好！

同志们：

在全省上下防控新冠肺炎疫情工作进入常态化状态，复工、复产、复学等工作扎实推进的关键时刻，江苏省委组织部洪浩副部长一行不辞辛苦，莅临学校调研指导工作，我谨代表学校全体师生员工对洪部长和各位领导的到来表示最热烈的欢迎。

下面，我代表校党委将学校近年来事业发展情况向各位领导做简要汇报。

2017 年 10 月，学校召开第三次党代会，选举产生了新一届党委领导班子，明确提出了建成特色鲜明、品质卓越的高水平教学研究型大学的奋斗目标。三年来，苏州科技大学党委高举习近平新时代中国特色社会主义思想伟大旗帜，深入学习贯彻党的十九大和十九届二中、三中、四中全会精神，认真落实中央和省委重大决策部署，紧紧围绕三次党代会确定的目标任务，充分发挥"把方向、管大局、做决策、保落实"的领导核心作用，努力开创党建工作新局面，引领学校事业高质量发展。

第一部分　全面加强党的建设情况

一、政治建设全面加强

一是充分发挥党委领导的核心作用。始终坚持党对学校工作的全面领导，教育引导广大干部教师把习近平总书记关于党的建设、建设现代化教育强国等重要讲话精神和中央、省委的决策部署贯彻到管党治党、办学治校中去，增强"四个意识"，坚定"四个自信"，做到"两个维护"。

二是坚持和完善党委领导下的校长负责制。全面修订党委全委会、常委会和校长办公会议事规则，合理确定领导班子成员分工，建立健全党委统一领导、党政分工合作、协调配合的工作机制，进一步贯彻落实"三重一大"决策制度，增强科学决策、民主决策能力。遵循集体领导、民主决策、分工合作、共同负责的基本原则，制定了切实可行的《学院（部）党政联席会议制度实施办法》，进一步健全学院（部）党政共同负责制。

三是认真落实党建工作责任。学校党委认真履行管党治党、办学治校主体责任，党委书记履行第一责任人职责，班子其他成员履行"一岗双责"，主要领导深入课堂讲党课，带头深入基层指导与推动党建工作任务和责任落实,完成学院(部)党组织书记抓党建述职评议考核工作全覆盖。稳步推进基层党支部书记向学院(部)党组织述职评议考核工作。

四是进一步严肃党内政治生活。严格落实"三会一课"、民主评议党员等制度,加强对基层党组织生活的统一规范指导,推进党内政治生活制度执行正常化、规范化,进一步提升基层党组织生活的质量和政治功能。

二、思想基础进一步夯实

一是扎实开展"不忘初心、牢记使命"主题教育。制定下发实施方案和指导意见,加强学习教育,深入调查研究,全面检视问题,狠抓整改落实,贯彻省委加强"三态"建设的有关要求,推动党员干部提振精气神,展现新作为,努力做到以班子良好的运行状态引领学校健康的政治生态,从而促进学校事业快速发展的势态。

二是强化理论武装。学校党委理论学习中心组通过学习研讨,发挥引领示范作用,带动各二级党组织全面开展理论学习。邀请地方党政领导、江苏省"改革先锋"等来校做专题报告,组织开展"四个自信"青年说、学习贯彻新思想师生知识竞赛、庆祝新中国成立70周年文艺演出等活动,广泛开展理想信念教育、爱国主义教育。强化"学习强国"平台的使用,实现师生党员全覆盖。

三是加强思想政治工作。将思想政治工作贯穿人才培养全过程,努力实现思想引领与人才培养的高度融合。坚持用习近平新时代中国特色社会主义思想武装师生,充分发挥思想政治理论课的主渠道作用,不断强化思政课程和课程思政的协同育人成效。发挥全校范围思政工作管理合力、载体合力和责任合力,切实构建十大育人体系。

四是落实意识形态工作责任制。牢牢把握党对意识形态工作的领导权,强化制度创新,在省内高校率先出台《关于完善意识形态问题处置机制的实施办法(试行)》,明确部门职责与意识形态问题的处理流程。坚持定期召开意识形态工作会议,实行常态化、制度化的网络巡查和舆情监控。整合资源与地方联动,与市委宣传部共建马克思主义学院,成立苏州意识形态建设研究中心,积极参与地方新时代文明实践中心工作,努力为苏州市的意识形态工作提供舆情调研和决策咨询服务。

三、组织保障不断健强

一是推进党支部标准化建设。贯彻落实"提质增效"三年行动计划要求,夯实党建工作基础。培育创建党支部书记工作室、党员教育实境课堂,开展"党建工作创新奖"评选。进一步发挥教师党支部教书育人、机关党支部服务育人、学生党支部实践育人的标杆作用,建强"基层支部堡垒"。

二是加强教师党支部书记"双带头人"队伍建设。严格落实"双高双强"标准,选优配强"双带头人"队伍。目前,学校有教师党支部52个,已提前实现"双带头人"100%达标。

三是加强党员队伍建设。重视在优秀青年教师、高知群体教师中发展党员,实行年度优秀青年教师发展计划单列。认真做好大学生党员发展工作,重视研究生和少数民族学生党员发展工作。大力实施教师党员先锋工程、大学生党员素质工程,积极选树表彰师生党员典型，加强宣传力度，大力营造学先进、当先锋的浓厚氛围。

四、干部队伍建设大力推进

一是优化干部队伍结构。认真贯彻落实新修订的《党政领导干部选拔任用条例》，全面构建"五突出五强化"选人用人机制，三年来新提拔处级干部33人，平级交流处级干部65人，干部队伍结构进一步优化。

二是加强干部人才队伍建设。认真贯彻落实省委关于干部鼓励激励、容错纠错、能上能下"三项机制"精神。强化干部培训，提升干部队伍政治理论素养、履职尽责能力和廉洁自律意识。2017年至2019年，学校组织科技镇长团、扶贫及年轻干部挂职等共21人。高度重视人才工作在学校发展中的重要地位，贯彻落实省委关于"五坚持五提升"意见精神，构建人才工作体系，持续加大投入，三年累计投入人才引进经费超过1个亿，不断优化人才集聚、创业和成长环境。

五、廉政作风建设深入实施

一是深化全面从严治党。坚定不移地推动全面从严治党向纵深发展，制定"两张清单"并认真落实。积极做好省委巡视整改"后半篇"文章，截至目前，学校巡视整改问题和整改措施完成率100%。抓紧落实省厅审计问题整改，推动内控制度不断完善，审计问题整改率达到87.1%，位居全省所有高校第8名。三年来，陆续完成了校内三轮巡察，持续推动巡视工作进一步向基层延伸。健全反腐倡廉"大宣教"格局，积极开展党员领导干部党风廉政和党纪党规教育。

二是加强监督体系建设。深入推进党风廉政建设和反腐败斗争，强化政治监督，抓好"关键少数"，抓好党内监督、审计监督和日常监督工作，确保风清气正。推进公开考核工作力度，突出对重点领域、重点岗位的监督，深化源头防控。加强制度建设并抓好执行，建立健全内部控制体系，强化廉政风险防控。落实纪检监察体制改革要求，选齐配强学校纪检监察机构人员力量，为纪检监察机构依规依法开展工作提供保障。

三是加强作风效能建设。严格落实作风建设举措，加强效能建设，强化协同服务意识，建设精干、高效型机关。加强师德师风建设，出台学校《师德失范行为处理办法》，引导教师潜心教书育人，切实提升教师的师德素质和教学水平，努力形成优良教风。出台《"学风建设与学生发展支持工程"实施方案》，狠抓学风建设，强化课堂规范，严格考试纪律，激发内生动力，推动学风持续改善。

第二部分 奋力引领学校事业发展情况

一、人才培养中心地位不断巩固

学校党委始终坚持人才培养的中心地位，把立德树人作为根本任务，出台"课程思政"建设实施方案，成立领导小组统筹推进，构建"三全育人"体系，推动"课程思政"与"思政课程"同向同行。专业课程建设成效显著，共有5个专业入选首批国家级一流本科专业建设点，5个专业入选首批省级一流本科专业建设点。教育教学改革不断深化，获省高等学校重点教材建设立项、省级教改立项，研究生培养创新工程项目数逐年提升。创新创业教育成绩突出，累计有 300 余项大学生创新创业训练项目获省级立项，获省部级以上奖项 1 000 余项。值得一提的是，2020 年新冠肺炎疫情期间，我校学生克服困难，一举斩获世界范围内最具影响力的数学建模竞赛——"美国大学生数学建模竞赛"一等奖。

二、学科建设稳步推进

牢固树立学科强则学校强的观念，强化特色，夯实基础，学科建设进展有序，近年来，学校优势特色学科 ESI 潜力值进步明显。其中工程学科由 2018 年的 38.35% 提升至 2020 年的 77.39%。当前，学校正全力以赴攻克第三次党代会确立的三大任务之一——"博士学位授予权"工作，这也是学校实现跨越发展的关键之举。相关工作也恳请省委组织部领导予以关心和支持。

三、人才强校战略顺利实施

学校师资队伍规模和质量整体向好。现有专任教师 1 252 人，其中获得博士学位的有 648 人，占比 51.8%。教师队伍中拥有省级以上高层次人才 322 人，包括中国科学院院士 1 人、中国工程院院士 1 人、第三世界科学院院士 1 人、欧盟科学院院士 1 人、美国医学与生物工程院院士 1 人及国家杰出青年科学基金获得者、长江学者特聘教授等其他国家级人才工程入选者 41 人。拥有江苏省双创团队 2 支，其他省级以上科技创新团队、优秀教学团队等高层次团队 7 支。

四、科技创新能力不断增强

学校积极融入国家创新体系，服务经济社会发展主战场，科技创新能力进一步增强，国家级项目立项不断突破，高水平科研成果稳步增长，产、学、研合作形成特色品牌。截至 2019 年年底，教师科研项目经费突破 3 亿元，师均科研经费 24.34 万元，经费总量较 2017 年增长 436%。获得授权专利 325 项、发明专利 125 项、软件著作权 365 项，较 2017 年增长 56%。学校自然指数排名进步显著，按照贡献度指数排名，目前学校在全国学术机构中排名第 179 位，较 2017 年上升了 70 位。

五、教育对外开放成效显著

学校主动融入并积极服务于国家外交战略和"一带一路"倡议，充分发挥学科专业优势。近三年，我校的国（境）外校际友好院校增加至 76 所，援外培训人数达 1 000 人，各类外国留学生 1 150 人。中外合作办学项目进一步拓展，学生培养质量不断提高。

六、美丽校园建设步伐加快

学校大力推进校区建设和老校区改造工作，2017 年至 2020 年间，学校新增建设面积 40 836 平方米，目前在建项目 5 000 平方米。经过不断努力，目前学校整体校园面貌明显改观，办学条件切实改善，学校作为"公园大学"的美誉度进一步提升。

七、重点领域改革有序推进

学校完成了机构改革、编制核定及教学单位优化调整等工作。通过机构改革，学校党政管理机构由原来的 24 个减少为 18 个，管理编制由 282 个减少为 237 个。学校通过市场公开招标的方式，成功实现天平学院办学举办者权益的转让工作，此举对于进一步促进天平学院规范发展、健康发展，提升苏州科技大学办学水平有着重要意义。学校秉承"优结构、保民生、促发展"的目标导向对绩效工资文件进行了全面修订，并完善了相关配套政策和考核办法，充分发挥绩效工资改革的正向激励作用。

回顾学校第三次党代会以来的三年发展，校党委领导班子励精图治、夙夜在公、开拓进取，可以说是解决了许多长期想解决而没有解决的难题，办成了许多过去想办而没有办成的事情，取得了一定的成绩。同时，我们也清醒地认识到学校的发展仍然存在着许多问题和困难，如：党建工作创新水平需要进一步提升；高端领军人才、优秀拔尖人才数量仍然不足；科学研究方面的标志性成果尚显单薄；学校事业快速发展与办学经费不足的矛盾依然突出。这些问题和不足，需要我们党委领导班子带领全校师生员工进一步解放思想、开拓创新、奋力拼搏，在真抓实干中加以克服和解决。

我的汇报就到这里，请各位领导批评指正。

党委书记张庆奎在2020年全面从严治党工作会议上的讲话

2020年5月27日

同志们：

今天我们在这里召开2020年度全面从严治党工作会议。刚才，我们观看了警示教育片，亚东同志领学了习近平总书记在十九届中央纪委四次全会上的重要讲话和四次全会精神，通过案例分析，研判当前形势，并结合学校2020年党政工作要点，部署安排了2020年纪检监察工作的重点任务。

下面，我就学校2019年全面从严治党工作情况和2020年的重点工作谈几点意见。

一、关于2019年全面从严治党工作回顾

一是从严强化政治建设。认真开展"不忘初心、牢记使命"主题教育，深入学习实践新时代中国特色社会主义思想，增强了守初心、担使命的思想自觉和行动自觉。校院两级党组织能够履行全面从严治党的主体责任和监督责任，学校党委做到每半年专题研究一次党风廉政建设工作，学校领导班子成员亲自为学生上党课形成常态化、制度化。高度重视巡视整改和校内巡察工作，巡视整改问题和措施完成率均为100%，年内完成两轮对8家单位的校内巡察。全面修订党委全委会、常委会和校长办公会议事规则，牢牢掌握党对学校工作的领导权，进一步贯彻落实"三重一大"决策制度。

二是从严强化理论武装。学校党委理论学习中心组先后组织17次学习研讨，发挥引领示范作用。着力构建大思政工作格局，形成全校范围的思政工作管理合力、载体合力和责任合力。学校党委牢牢把握党对意识形态工作的领导权，在省内高校率先出台《关于完善意识形态问题处置机制的实施办法（试行）》，成立苏州意识形态建设研究中心。

三是从严强化组织建设。认真贯彻新时代组织路线，坚持正确的选人用人导向。全面构建"五突出五强化"选人用人机制，严格执行干部选拔的规定和纪律，完成处级干部换届工作，共交流轮岗干部58人，新提拔干部32人，干部队伍结构进一步优化。落实纪检监察体制改革要求，选齐配强学校纪检监察机构人员力量，为纪检监察机构依规依法开展工作提供保障。

四是从严加强作风建设。坚决贯彻中央八项规定精神和省委要求，严格执行公务接待等规定。出台相关规定进一步强化教风和学风建设。完善校领导接待日制度。发挥教代

会代表参与学校民主管理、民主监督和民主决策的作用,维护师生权益。

在取得以上成绩的同时,我们也要清醒地看到,学校全面从严治党还存在一些不足和差距,主要表现在:一是学习贯彻党的创新理论成果不够深、不够实;二是履行全面从严治党主体责任仍有差距;三是高质量党建引领高质量发展方面存在短板。

二、关于2020年全面从严治党重点工作

第一,坚持抓好政治建设,提高政治能力。推动全面从严治党向纵深发展,要严格落实政治建设新要求,自觉抓牢政治建设这个"牛鼻子",增强"四个意识",坚定"四个自信",做到"两个维护",进一步加大政治监督力度,把管党治党责任担在肩上,做到敢管敢严、真管真严、长管长严。当前,疫情防控是最重要的政治任务,学校各级党组织要坚决贯彻落实习近平总书记关于疫情防控工作的重要指示精神和中央、省委的决策部署,坚持一手抓疫情防控不松懈、一手抓教育教学不放松,持续抓紧、抓实、抓细常态化疫情防控,推动疫情大考下学校事业高质量发展。

第二,坚持做好意识形态工作,提升思想引领力。一要强化思想政治引领。持之以恒学懂弄通习近平新时代中国特色社会主义思想,以科学理论引领理想信念,在不断提高理论水平和精神境界中夯实政治站位的理论自觉,保持政治本色和前进动力。二要巩固深化"不忘初心、牢记使命"主题教育成果。党员干部要始终坚守教育报国初心,勇担立德树人使命,切实增强办好人民满意的高水平大学的思想自觉和行动自觉。三要压实意识形态工作责任。分解任务,层层传导压力,形成责任链条,把工作责任落细抓实,做到推进任务落实不马虎、阵地管理不懈怠、责任追究不含糊。

第三,坚持推进组织建设,建设高素质人才队伍。一要进一步加强基层党组织建设。加强党支部标准化建设,夯实党建工作基础,提高党支部书记的党建工作和业务工作水平,不断增强党支部的生机活力,推动基层党组织全面进步、全面过硬。二要加强党员教育管理。提高党员队伍建设质量,强化党员意识和党性观念,推动形成从严从实抓党员教育管理的良好态势。三要用好用活"三项机制"。完善学校干部鼓励激励、容错纠错、能上能下"三项机制",坚持民主集中制,坚持选人用人正确导向,贯彻党管干部、党管人才原则,统筹谋划干部教育培养工作。重视对统战工作和群团工作的领导,凝聚各方智慧力量,不断推进学校治理体系和治理能力的现代化。

第四,坚持强化纪律建设,筑牢党风廉政建设防线。一要深化警示教育。常态化开展警示教育,积极开展党性党风党纪、诚实守信和学术道德教育,以严明的纪律推动干部自觉履行职责,行使权力,开展工作,筑牢拒腐防变的思想堤坝。二要综合运用监督执纪"四种形态"。尤其是用好第一种形态,对干部开展经常性提醒谈话,多与干部谈心交流,帮助干部消解压力,锻造忠诚、干净、担当的高素质专业化干部队伍,推动各项工作提质增效。三要一体推进不敢腐、不能腐、不想腐。落实党风廉政建设主体责任,坚持抓早抓小,防微杜渐,始终把纪律挺在前面,健全追责问责机制;推动廉政教育常态化、制度化,引导党员干部修身律己,注重家庭、家教、家风建设,营造廉洁齐家、廉洁治校的良好氛围。

第五,坚持深化作风建设,持之以恒正风肃纪。一要持之以恒落实中央八项规定精神。持之以恒落实中央八项规定精神,要坚守重要节点,紧盯薄弱环节,坚持党风、校

风、教风、学风一起抓,推进风清气正的校园政治生态和育人环境持续优化。二要强化机关作风和师德师风建设。厘清职责边界,优化工作流程,健全作风评议监督机制,提升管理和服务效能,提高师生满意度;加强师德师风教育培训,促进广大教师以德立身、以德立学、以德施教。三要坚持从讲政治高度整治形式主义、官僚主义。各级党组织和党员干部要及时跟进学习习近平总书记关于全面从严治党、力戒形式主义与官僚主义的重要论述,深刻对照检查反思,不断掸去思想上的灰尘。

第六,坚持完善监督体系,把制度优势转化为治理效能。一要提高监督效能。要把党委全面监督、纪委专责监督、党的工作部门职能监督、党的基层组织日常监督、党员民主监督、行政、财会、审计、群众和舆论监督等贯通衔接起来,完善从严治党制度体系,强化制度执行的刚性约束,遵守党内法规制度,落实党内法规执行责任制,不断提高制度执行力。二要推进政治监督具体化、常态化,严格日常监督。综合运用多种措施,加强监督检查,防微杜渐,防止小错酿成大错;对严重违规违纪问题,该查处的查处,该问责的问责,切实维护纪律和规矩的严肃性、权威性。三要继续贯彻落实巡察制度。继续深化校内巡察,健全巡察工作体制机制,优化巡察工作实施方案,聚焦"四个落实",紧扣被巡察党组织职能责任,统筹做好巡察"前半篇文章"和"后半篇文章",强化整改落实,完善整改责任机制、督促机制、评估机制,提高整改落实水平。

三、关于做好今年全面从严治党工作的几点要求

一是强化责任落实。各级党组织要履行好主体责任,以党建工作责任制为抓手,层层传导压力,坚持党建工作和学校工作同谋划、同部署、同推进,实现党建工作与业务工作的融合发展。党组织书记要切实履行第一责任人职责,班子成员要履行好"一岗双责",党委工作部门和各单位要种好自己的"责任田",把全面从严治党工作各项任务落实、落小、落细。

二是发挥"头雁效应"。各级领导干部要带头加强政治建设,提高政治站位,强化政治担当,严格遵守政治纪律;带头加强理论武装,以习近平新时代中国特色社会主义思想为指引,筑牢信仰之基、补足精神之钙;带头加强作风建设,坚守原则,坚守规矩,尊崇制度,严格执行制度,坚决维护制度;带头干事创业,不断提振精气神,提高真本领,脚踏实地,埋头苦干,推动教学、科研、管理等各项工作向前发展。

三是切实履行监督职责。校纪委要切实履行专责监督责任,加强对主体责任落实情况的监督检查,积极协助学校党委推进全面从严治党,加强党风廉政建设和反腐败工作,突出政治监督,加强日常监督,加强对各基层党组织和党员领导干部的监督,在贯通各类监督上主动作为,切实发挥监督保障执行、促进完善发展的作用。各级领导班子和领导干部要旗帜鲜明地支持纪检工作,主动、自觉接受监督。专、兼职纪检监察干部要从严从实加强自身建设,严格自我约束,做忠诚干净担当、敢于善于斗争的战士,当好政治生态"护林员"。

同志们,全面从严治党永远在路上,推进新时代党的自我革命,责任重大,使命光荣。我们要不忘初心、牢记使命,只争朝夕、砥砺奋进,持续优化、净化学校政治生态,持续推动学校全面从严治党和事业发展向善向好,为建成特色鲜明、品质卓越的高水平教学研究型大学不懈奋斗!

谢谢大家!

党委书记张庆奎在教育部副部长翁铁慧来校调研座谈会上的汇报

2020年6月12日

尊敬的翁部长、各位领导，同志们：

下午好！

首先感谢翁部长和教育部领导、教育厅领导对苏州科技大学毕业生就业、创业工作的关心与指导。你们的关心让我们倍感荣幸，也深感重任在肩。

下面，我先介绍学校的基本情况：苏州科技大学由原建设部直属高校苏州城建环保学院与原铁道部直属高校苏州铁道师范学院合并组建而成。2003年被批准为硕士学位授予单位。2017年成为博士学位授予立项建设单位。

近年来，学校的事业发展取得了长足进步，在"2020软科中国大学排名"中位列全国第186位，较2019年上升了43位。当前，为早日实现"建成特色鲜明、品质卓越的高水平教学研究型大学"的战略目标，全校上下正凝心聚力做好申报"博士学位授予单位"工作。这也是解决制约学校发展瓶颈、实现跨越式发展的关键之举，恳请翁部长和教育部领导予以关心和支持。

接下来，我汇报我校毕业生就业、创业工作开展情况：

苏州科技大学2020届毕业生共计5 929人，截止到6月11日，全校毕业生就业率50.46%。另外，学校还有810名同学将进入国内外高校深造。尽管就业形势严峻，但我校毕业生就业情况总体平稳可控，初次就业率预计可以稳超70%，达到或接近2019年同期水平。

当前，我们主要做了以下四方面的工作：

一、构建四级网络，"网格化"管理引领毕业生就业

学校党委高度重视就业工作，实施就业工作"一把手"工程，全力推进大学生就业工作。

学校构建就业工作四级网络，形成了"网格化"管理服务体系。全校形成了"人人关心就业、人人参与就业、人人重视就业"的浓厚氛围，确保毕业生就业工作稳步推进。

二、开展"云招聘""云指导""云签约""云帮扶",云上服务助推毕业生就业

学校主动对接政府人社部门,加大与央企、国企、在苏名企等优质单位的联系沟通,积极拓展就业渠道。通过毕业生就业思想"月调研"、就业状况"周通报"、就业信息"日日清",及时掌握毕业生就业大数据。利用"全国高校毕业班辅导员就业工作平台"和"91job智慧就业平台"送岗位、送政策、送信息,利用大数据精准分析学生就业需求和用人单位用工需求,实现岗位推送与求职需求精准匹配。

学校参与教育部"24365"网上招聘活动,充分利用网络平台开展"云招聘""云指导""云签约""云帮扶"。在全省首批开通了电子签约系统和"洽谈面试大厅",为毕业生提供从岗位信息推送、简历投递、视频面试到线上签约的"一站式"服务。2020年春节后签约的毕业生中,有71%通过网上应聘的方式实现了就业,达成了"用人单位和毕业生双满意"。

三、"底数清、情况明、措施准",落实国家政策,保障大学生就业

加强对毕业生的就业观、择业观教育。学校安排3名心理咨询师常驻学生就业服务与职业发展中心,为学生提供就业心理咨询与指导,疏导就业焦虑情绪,缓解就业心理压力。学校组织全球职业规划师、就业辅导员和职业指导师为学生提供线上线下相结合的就业指导服务,引导毕业生合理调整就业预期。

学校引导和鼓励毕业生到城乡基层和艰苦地区就业,到各类企业或事业单位特别是中小微企业、民营企业就业。积极推动"西部计划""三支一扶"等基层项目实施。加大对"先上岗、后拿证"的事业单位招考政策以及征兵政策的宣传,广泛动员毕业生积极报名。

学校积极利用校内资源开发岗位,吸纳本校大学毕业生就业。学校已在所承担的各类国家科技计划项目中设立科研助理岗位50个,用于解决本校毕业生就业。

学校加大对湖北籍毕业生的就业帮扶,实行"一人一档""一生一策"动态管理和分类指导,做到"底数清、情况明、措施准",确保湖北籍毕业生就业率不低于全校平均数。2020年,学校为湖北籍毕业生发放求职创业补贴87 000元,动员组织湖北籍毕业生参加"面向湖北籍和湖北高校毕业生专场网上招聘会",64名湖北籍毕业生中,33名已经落实工作单位或达成就业意向。

学校对贫困地区生源毕业生开展精准就业帮扶,联合苏州市人社局对贵州籍毕业生开展"就业增能"计划,构建"就业创业培训、岗位提供、经济资助、心理援助"立体化的就业创业指导服务体系。做好建档立卡贫困家庭毕业生、残疾毕业生、少数民族毕业生的就业工作,2020年以来,发放求职创业补贴185人次、金额277 500元。对应届毕业生中的114名建档立卡贫困生均落实了帮扶措施,其中78人已经落实工作单位或达成就业意向。

四、严守"四不准"要求,重视监督考核,规范大学生就业数据统计

学校严格遵守教育部就业签约"四不准"要求,按照就业统计规范,通过"全国高校毕业生就业管理系统"及时上报就业信息,确保就业数据"日日清"。学校落实就业创

业周报制、摸底排查制和预警机制，健全就业创业统计监测体系，定期开展就业创业督查，以督查促落实，以督查促整改。

学校在推进毕业生就业工作过程中，也遇到了一些困难和问题：一是因新冠肺炎疫情影响，部分用人单位用工需求下降，个别单位主动与签约学生解约，岗位供给侧变化复杂；二是毕业生择业顺序固化，不适应2020年的特殊形势，大量优质岗位缓招缓考，学生固守原有择业次序，等待观望"前序择业"结果，迟迟无法进入"后序求职"状态；三是学生就业期待日趋多元，缓就业、慢就业、不就业现象愈演愈烈，选择考研"二战"的学生比例越来越大。

接下来，学校将继续牢固树立"就业是最大民生"的指导思想，继续认真贯彻落实国家和江苏省高校毕业生就业创业工作的方针政策，继续开展分专业、分行业的专场网上招聘会，同时积极推进线下招聘，争取到本学期末再举办15场线下招聘会；引导毕业生合理预期、理性择业，"一生一策"精准发力，确保就业指导精准有效、"先就业后择业"观念深入人心；继续做好对建档立卡低保贫困家庭毕业生、残疾毕业生、少数民族毕业生及湖北籍毕业生的就业帮扶，同时做好毕业生心理健康教育，确保就业工作各项举措落实、落细、落到位，确保就业大局稳定，努力实现毕业生更充分、更高质量的就业。

以上就是我校就业创业工作情况汇报，请翁部长及各位领导批评指示。

党委书记张庆奎在第36个教师节表彰大会上的讲话

2020年9月10日

老师们、同志们：

大家下午好！

今天我们在此欢聚，共同庆祝第36个教师节。首先，我代表学校党委、行政，向辛勤工作在学校各条战线上的全体教职员工致以最亲切的节日问候！

善之本在教，教之本在师。教师承担着传播知识、传播思想、传播真理的历史使命，肩负着塑造灵魂、塑造生命、塑造人的时代重任。多年来，一代代苏科人始终秉承"致远至恒 务学悟真"的校训，耕耘在三尺讲台上，砥砺于风雨中，可以说，学校发展中的每一次跨越，都印证了广大教师蓬勃的精神力量；每一番成就，都映照着每位教职员工的寸寸丹心。

老师们、同志们！

我们生在一个伟大的时代！世界正在大发展、大变革、大调整，我们面临新时代、新使命、新征程。建设教育强国的战略目标呼唤着我们！教育脱贫、托举民族希望的使命指引着我们！

我们身在一个高尚的行业！我们是先进思想文化的传播者、"两个一百年"奋斗目标的坚定追随者、学生健康成长的指导者。实现中华民族伟大复兴的辉煌梦想引领着我们！培养有理想、有本领、有担当的高素质人才的伟大事业期待着我们！

刚才受表彰的优秀教职工代表中，有数十年如一日坚持每课必备、每课必新，引导学生精益求精的资深教授；有参与《百家讲坛》《苏州史纪》等专题栏目录制、被誉为学生"心目中的好老师"的教学名师；有热爱课堂、潜心教改，在学生能力培养、综合素质提升方面卓有成效的年轻博士。

他们中有在教学和教辅岗位上为人师表、全心全意做好教学保障、引导学生成长成才的"三育人"先进个人，有悉心指导学生创新创业、提升综合素质技能、参加各类竞赛取得各项佳绩、或在学校管理服务领域获得各类表彰的优秀教育工作者等。

他们中的优秀辅导员，有的注重建立和谐的师生关系，连续三年获得校辅导员学生信息熟识度考核特等奖，有的锐意担当引领民族团结的使者，全心投入促进各民族学生的交往、交流、交融。

让我们再次以热烈的掌声向他们表示祝贺！

老师们、同志们，2020年以来，学校党委审时度势，高起点科学谋划顶层设计，进一步厘清学校的发展目标、改革路径和战略重点，以目标引领促进观念转变和工作提升，推动学校各项事业取得新突破：人才培养质量和师资队伍水平稳步提升，学科建设和科学研究成效显著，科学管理和开源节流提质增效，基础建设和校园风貌日新月异。

就像我在前两天全委会和中层干部大会上所说的，总的来看，学校克服了年初新冠肺炎疫情带来的影响，建设和改革成果振奋人心，教学研究型本科高校发展态势令人鼓舞，其中一个直观的数据就是学校综合竞争力明显提升——2020年软科大学排名186位，较2019年提升43位。这些成绩的取得，无不饱含了每个苏科人的辛劳付出和不懈努力。

在这里，我代表学校党委、行政向全体教职员工表示最诚挚的感谢！

树树皆秋色，山山唯落辉。满园的桂花芬芳提醒着我们，充满新的机遇和挑战的新学期大幕已悄然开启。在机遇与挑战面前，我们唯有更加紧密地团结起来，更加深沉地热爱苏科大，更加深刻地认识时代，更加勤奋地工作，才能加快推进我校各项事业的发展。

新学期我们将继续坚持立德树人，德育为先；坚持以本为本，全面发展；坚持完善机制，持续改进；坚持改革创新，特色发展。

我们将全面推进从严治党，为学校健康发展提供坚强的政治、思想和组织保障；完善内部治理结构，夯实本科教学基础和管理基础；继续优化人事政策制度体系，提升绩效管理水平；抓好科研平台和团队建设，推进科研促进教师队伍成长、促进育人能力提升；继续坚持开放办学，加强对内对外合作，提升学校服务地方经济社会发展的水平和能力，为建设"强富美高"新江苏做出应有的贡献。

同时，借今天的机会，我还想对广大教师提几点希望，希望你们在前行的道路上扮演好"三重角色"：

第一，坚守教师的道德与情操，做塑造学生灵魂的工程师。教师从事着塑造灵魂、塑造生命、塑造人的工作，关系着国家和民族的未来。做教师必须要有理想信念、道德情操和仁爱之心，任何世事变迁都不能成为模糊这种要求的理由。面对是非曲直、善恶得失，我们要养成良好的师德情操，并使之成为日复一日的行动坚守，帮助我们把握好育人的方向，履行好立德树人的职责，真正成为学生成长成才的指导者。

第二，胸怀教育的责任与追求，做传道授业解惑的引路人。习近平总书记说过："一个人遇到好老师是人生的幸运，一个学校拥有好老师是学校的光荣，一个民族源源不断涌现出一批又一批好老师则是民族的希望。"作为教师，我们要牢记教书育人、立德树人的责任感和使命感，把主要精力和智慧放在人才培养上，扎扎实实上好每一堂课，切实做好学生成长的引路人。我们还要胸怀远大的追求，不拘泥眼前，不贪图小利，主动顺应时代的发展，争当优秀的教师、人民满意的教师。

第三，钻研教学的理念和方法，做改革、发展、创新的践行者。当前，创新驱动发展已成为全党、全社会的高度共识和自觉行动。大学是国家实施创新发展战略的重要阵地，大学教师要积极投身其中，努力做教学改革和创新人才培养的谋划者、实施者、推动者。与此同时，我们还要主动研究教学的理念和方针、方法和措施，推动形成具有苏科大特色的人才培养体系。

老师们、同志们，学校即将迎来的4 500多名新生，像含苞的蓓蕾，需要我们去灌溉；学校的教育教学、学科科研、核心竞争力有赖于我们去提升；美好的工作、学习、生活和未来要靠我们去缔造。"士不可不弘毅，任重而道远！"让我们向受到表彰的优秀教职工学习，立德树人，奋进担当，努力在新时代展现新作为，为加快建成特色鲜明、品质卓越的高水平教学研究型大学做出新贡献。学校将一如既往地实施人才强校战略，关爱教职工成长，让每一位老师都能舒心从教、安心从教、热心从教，让每一位苏科人都拥有更加强烈的获得感、归属感和幸福感，再谱跨越发展新篇章。

我就说这么多，谢谢大家！

适应新时代 担当新使命 共谋新发展 推动学校高质量发展再上新台阶

——党委书记张庆奎在苏州科技大学第四届第三次教职工代表大会上的闭幕词

2020年10月14日

各位代表、同志们：

经过全体代表的共同努力，我校第四届第三次教职工代表大会圆满完成了各项议程，即将胜利闭幕。这次大会，是在全校上下深入学习贯彻习近平新时代中国特色社会主义思想，认真贯彻落实党的十九大和十九届二中、三中、四中全会及习近平总书记在全国抗击新冠肺炎疫情表彰大会上的讲话精神的基础上，在学校"十三五"规划收官、制定"十四五"规划、全面落实第三次党代会战略部署的关键时期召开的一次重要会议。大会主题鲜明、议程紧凑、重点突出，达到了预期目的，是一次开放包容、发扬民主的大会，是一次凝聚共识、提振信心的大会。在此，我代表学校党委，向大会的成功召开表示热烈的祝贺！向全体与会代表以及为学校建设与发展付出辛劳的全校教职员工表示崇高敬意与衷心感谢！

大会期间，陈永平校长所做的工作报告客观总结了2019年至今的发展成绩，深刻分析了当前面临的新形势、新任务，并就切实做好今后一个时期工作进行了重点部署。各位代表充分履行职责，认真讨论和审议了校长报告、《2019年度学术委员会工作报告》《2019年度财务工作报告》《教职工医疗互助基金管理办法（修订）》等有关报告和文件。代表们发扬主人翁精神，积极建言献策，着重就加强师资队伍建设、推进学科建设与人才培养、完善内部治理结构、提升管理服务水平、满足师生美好生活需要等事关学校改革发展的重大问题和涉及师生切身利益的具体问题，提出了许多很有价值的提案、意见和建议。会后，我们将针对这些提案、意见和建议进行认真研究，及时吸纳到学校的相关决策中，落实到推动事业发展的实际行动上。

各位代表，同志们！今后一个时期是学校立足新起点、适应新时代、谋划新发展、打开新局面的关键时期。为更好地落实会议精神，做好今后一个时期的工作，我提三点意见。

第一，统一思想，凝聚共识，为学校改革发展提供坚强政治保障

下一阶段，学校将以习近平新时代中国特色社会主义思想为指导，全面加强学校党的

建设，持续推进"高质量党建引领高质量发展"，坚定不移地贯彻党中央与江苏省委、省政府的战略部署，紧扣江苏省"强富美高"发展主线，进一步凝聚全校师生思想共识，团结一致，着力解决影响学校高质量发展的瓶颈问题，努力提升学校的核心竞争力和外在影响力。

一要建立健全"不忘初心、牢记使命"主题教育长效机制。巩固发展主题教育的成果，继续深入做好有关整改落实工作，锤炼党员干部忠诚、干净、担当的政治品格，强化宗旨意识，推进自我改革，保持"进"的步伐和"恒"的韧劲，靶向明确、求本溯源，努力实现标本兼治，营造风清气正、干事创业的良好氛围，凝聚广大师生员工共同推动事业发展，永葆初心使命，为党育人，为国育才。

二要不断创新宣传思想工作，积极营造良好的校园文化氛围。扎实构建"三全育人"体系，强化思想引领，建立健全师德师风建设长效机制，显著提升教师队伍能力素质，切实提高"思政课程"和"课程思政"建设实效。要在近年来校区基础建设取得较大发展的基础上，积极推进文化校园建设，进一步强化阵地意识和责任担当，着力提高宣传思想工作的针对性与实效性，旗帜鲜明地做好意识形态工作，进一步坚定广大师生的理想与信念。

三要抓好党建、把好方向、带好队伍。特别要抓班子和干部队伍"关键少数"、发挥好"头雁效应"，党委作引领、党支部为堡垒、党员当先锋，激发党员干部"做表率、打头阵"的责任担当，强化党员干部的服务意识。强化担当作为，与"懒政、庸政、怠政"做斗争，练就担当作为的"硬脊梁、铁肩膀"，不断提升师生满意度。

第二，深化改革，开拓创新，凝心聚力谋求高质量发展

新冠肺炎疫情发生以来，习近平总书记多次提到，要善于化危为机，要善于从眼前的危机、眼前的困难中捕捉和创造机遇，加快发展。当前，形势在变、任务在变、工作要求也在变，学校必须"准确识变、科学应变、主动求变"，持续深化改革，积极开拓创新。

一要坚定社会主义办学方向，积极推动学校内涵式高质量发展。人才培养始终是学校的中心工作，我们必须坚持党的领导，坚持党的教育方针，始终坚持正确的办学方向。坚持立德树人的根本导向，优化学科专业结构，培养德、智、体、美、劳全面发展的社会主义建设者和接班人。要推进优势学科和重点学科建设，扩大覆盖面，全力做好博士、硕士学位授权申请工作。要围绕国家战略需求，整合全校资源，继续推动协同创新，持续提升科研发展能力，为服务国家、地方做出更大的贡献。

二要坚持党管人才、以人为本，大力推进"人才强校"战略。学校的发展从根本上来说，取决于各类人才队伍特别是师资队伍的水平。我们要牢固树立人才是学校发展第一资源的理念，围绕学科专业建设需要，精准发力，完善目标管理。不仅要加强国家级、省级高层次人才队伍的建设，还要重视各类专业技术人员和党政管理干部队伍的建设；不仅要重视对各类急需和紧缺的高层次人才的积极引进，还要加强对学校现有人才队伍的培养；不仅要加强教师队伍在专业学术水平上的提升，还要重视建设一支"又红又专"、德才兼备的教师队伍。所有人各司其职、各负其责，最大限度地凝聚学校事业发展合力。

三要准确把握形势任务，高质量编制"十四五"规划。"十四五"时期处于"两个一百年"奋斗目标的历史交汇期，特别是新冠肺炎疫情发生后，国内外环境发生了巨大且深

刻的变化，全校上下要有大局意识和全局思维，在深刻把握国情、省情、校情的基础上，自觉把学校的发展放到中华民族伟大复兴战略全局和世界百年未有之大变局"两个大局"中去思考，放到我国发展重要机遇期和开启全面建设社会主义现代化国家新征程的时代特征中去谋划，找准发展的历史方位和战略定位，按照新发展理念和高质量发展要求，开门问策，集思广益，高质量编制"十四五"规划，引领好苏科大未来五年的发展。

第三，依法治校，民主管理，共建美丽和谐校园

今后一个时期，学校改革发展任务繁重、考验艰巨。逆水行舟，不进则退，我们要建立健全上下一心、协调统一、齐抓共管的治理体系，切实保障学校各项改革发展任务落地、落细、落实。

一要完善学校制度体系建设，推进学校治理体系和治理能力现代化。近年来，我们在机构编制、绩效工资、后勤社会化、天平学院转设发展等多个领域已启动了一系列的体制机制改革，并取得了初步成效。为更好地适应新时代、新形势的要求，在接下来的改革发展中，我们一定要力戒浮躁、稳健适度，逐步完善学校制度体系建设，确保组织建设"无死角"、制度建设"不留白"，妥善处理好改革、发展和稳定的关系，办学规模和效益的关系，党的工作与教学、科研、行政的关系，为学校改革发展创造团结和谐、健康向上的良好生态。

二要民主办学，充分发挥教代会在学校改革发展中的重要作用。要坚持和完善党委领导下的教职工代表大会制度，主动引导大家多建务实之言、多献可行之策。希望各位代表积极参政议政，建言献策，作为参与者、见证者、建设者主动投身学校改革发展工作，为学校高质量发展奉献力量。希望各位代表爱校如家，加强宣传引导工作，努力把广大教职工的思想引领到学校发展大局上来，切实把广大教职工的行动统一到学校决策部署上来，形成团结一心干事业、齐心协力谋发展、群策群力促和谐的良好局面。

三要坚持师生本位，不断实现好、维护好、发展好广大师生的根本利益。我们要始终坚持以师生为中心的发展理念，以公心决策、用良心办事，打通服务师生工作"最后一公里"，着力办好师生各项"愁难急盼"问题，维护好广大师生的合理、合法权益。统筹解决好学校发展和民生改善的关系，更好地激发广大师生的积极性、主动性、创造性，切实提高师生的获得感、幸福感、安全感。

各位代表、同志们，时代赋予重托，奋斗赢得未来！让我们用开拓进取在推动高质量发展上闯出新路子，用崇尚实干在构建新发展格局中展现新作为，用不懈奋斗在推动建成特色鲜明、品质卓越的高水平教学研究型大学过程中彰显新担当，奋力共创新时代苏州科技大学的美好明天。

谢谢大家！

凝心聚力　砥砺前行
奋力书写学校事业高质量发展新篇章
——校长陈永平在苏州科技大学第四届
第三次教职工代表大会上的工作报告

2020年10月14日

各位代表、同志们：

现在，我代表学校向大会做工作报告。报告分两个部分：第一部分，2019年以来的工作回顾；第二部分，今后一个时期的重点工作。请各位代表审议，也请各位特邀代表和列席代表提出意见。

第一部分　2019年以来的工作回顾

四届二次教代会召开以来，学校高举习近平新时代中国特色社会主义思想伟大旗帜，全面贯彻党的十九大和十九届二中、三中、四中全会精神，认真落实上级决策部署，坚定建成特色鲜明、品质卓越的高水平教学研究型大学的总目标，解放思想，抢抓机遇，凝聚力量，攻坚克难，推动学校事业高质量发展。

——**党的建设全面加强。** 扎实开展并持续深化"不忘初心、牢记使命"主题教育，进一步夯实思想基础。省内率先出台《关于完善意识形态问题处置机制的实施办法（试行）》，牢牢掌握意识形态工作领导权。全面推进基层党组织和党支部标准化建设，建强基层支部堡垒。严格落实"双高双强"标准，选优配强"双带头人"队伍。坚持正确用人导向，根据理工科学院调整需要，完成部分处级、科级干部选拔聘任工作。注重聚合媒体资源和新闻源流，苏科大关于人才培养成效和疫情防控事迹的精品报道受到社会和媒体的广泛关注。认真落实全面从严治党"两个责任"，进一步完善党风廉政建设责任制，深入推进校内巡察工作，营造风清气正的政治生态。创新统战工作机制，充分发挥民主党派和无党派人士在学校事业发展中的重要作用。

——**教育教学改革持续深化。** 专业课程建设成效显著。5个专业入选首批国家级一流本科专业建设点，5个专业入选首批省级一流本科专业建设点，给排水科学与工程专业通过住建部高等教育专业认证，市场营销等4个专业通过江苏省专业综合评估；7门课程获批省高等学校在线开放课程项目，1门课程入选省"金课"建设平台推进计划；2项疫情背景下的在线教学成果被教育部高等学校教学指导委员会推选为优秀成果；6部教材获省高等学校重点教材建设立项，5项课题获省级教改立项。统筹推进"'双万计划'引领、创新创业突破，协同推进本科教育高质量发展"校长履职亮点项目，2020年度国家级、省级一流本科专业建设点预申报进展顺利。

——人才培养质量不断提高。 坚持立德树人，适时出台并统筹推进"课程思政"建设实施方案，推动"课程思政"与"思政课程"同向同行。强化创新创业教育，95项大学生创新创业训练项目获省级立项，获美国大学生数学建模竞赛一等奖、全国大学生节能减排竞赛特等奖等省级以上奖项1 025项。研究生培养质量稳步提高，获评省学位办首届高校研究生教育工作综合评价工作A等。获批省研究生科研与实践创新计划项目112项。积极做好就业工作，扎实推进贫困生就业精准帮扶，助推毕业生充分高质量就业，截至8月底，2020届毕业生初次就业率达到77.56%，获教育部领导充分肯定。

——学科建设进展顺利。 新增获批"建筑学"硕士专业学位授权类别，顺利通过教育部学位授权点专项评估和省学位授权点抽评。学科高峰建设步伐加快，我校"工程学"学科进入ESI全球排名前1%。完成部分理工科学院重组，强化交叉融合，高标准系统性布局学科建设。对标博士学位授权单位和博士点建设要求，加快建设和申报准备工作，切实推进落实凝练学科建设方向等关键任务。

——师资队伍建设卓有成效。 全面实施"人才强校"战略，成功举办2019年优秀青年学者论坛。共引进高层次人才78人，其中，中国工程院院士1人（柔性引进）、学科团队带头人12人。新增入选省级以上各类人才培养工程21人、省级优秀教学团队1支。师资队伍规模和质量整体向好、结构不断优化。

——科研创新能力明显提升。 2019年以来，学校共获批国家自然科学基金69项，其中重点项目2项。获批国家重点研发计划子课题2项、江苏省重点研发计划项目2项、江苏省基础研究计划（自然科学基金）项目27项。新获批省级工程研究中心1个。获得授权专利441项，其中发明专利128项，获得软件著作权365项，完成专利转让91件。获得省部级及以上奖项6项，其中以第一完成单位获批教育部技术发明二等奖1项。获批国家社科基金22项、人文社科类部省级项目34项，新增人文社科类省级科研平台2个，其中获批江苏高校哲学社会科学重点研究基地1个。

——服务地方展现作为。 与佛山市南海区人民政府共建苏科大环境研究院，获批建设经费9 220万元，并正式挂牌运行。第二轮省市共建项目获7 500万元财政资助。学校与中亿丰共建的苏州产业技术研究院融合基建技术研究所获批立项建设。获批省决策咨询研究基地及苏州市新型智库各1个。城市发展智库研究员撰写的疫情相关咨询报告获中共中央办公厅内参、苏州市委办公室内参刊发及省市主要领导批示。

——教育对外开放稳步推进。 2019年，学校承担对外援助培训任务再创新高，招生规模近500人。2个专业获省首批中外合作办学平台联合科研项目，2门外国留学生英文授课获评省级精品课程，获批3个省高校中外合作办学高水平示范性建设工程项目。学校拓宽渠道，持续推进与世界高水平大学学期课程项目，各类学生境外学习新项目实现新突破；积极探索后疫情时代国际化人才培养新途径，培育和储备高质量交流合作项目。

——内部治理效益逐步凸显。 成功实现天平学院办学举办者权益的转让工作，促进天平学院转设发展，助推学校事业发展。秉承"优结构、保民生、促发展"的目标导向，全面完成绩效工资分配方案及配套考核方案的修订工作。完成本届学术委员会成立工作，积极探索学术委员会服务立德树人、学科建设的有效途径。优化校属企业内控管理机制，推进校属企业改革，提高国有资本配置效益。完成教育厅审计整改，整改率达100%，2019年度校内经济责任审计整改率达98.4%。严格规范财务管理，支出预算执行进度情况连年位居全省前列，2019年获得省财政预算执行绩效奖补资金912万元。加强机关作风效能建设，完善师德师风建设长效机制，打造优良教风，狠抓学风建设，持续改善学风。

——条件保障力度持续加大。校园建设提档增速，石湖校区东区环道全线贯通，塔影湖景观工程顺利完工，塔影阁和综合服务中心即将建成并投入使用，国地联合工程实验室将于年前竣工，石湖校区南区学生宿舍已开工建设。"进思园"正式开园，院士楼投入使用，江枫校区食堂、城市饭店、10号宿舍楼以及石湖、江枫校区浴室、道路、体育场、围墙等改造项目均已完工，"苏州公园大学"美誉度进一步提升。制定并实施生活垃圾分类工作方案，打造洁净校园环境。有序推进智慧校园规划建设，为全校师生提供文献资源保障。师生员工的工作、学习、生活条件得到明显改善。

——和谐校园建设扎实推进。推进校务公开，重视校内师生员工个人诉求机制的建立与畅通，完善校领导接待日制度。充分发挥教代会代表参与学校民主管理、民主监督、民主决策的作用，学校获评市教育系统2019年度"教代会民主管理"先进单位一等奖。深入推进共青团改革发展。进一步加强离退休工作和关工委工作。切实关注民生，及时调整并兑现教职工房贴比例和公积金、养老保险、年金基数，规范发放教职工工会福利。不断健全校园安全综合防控体系，切实加强实验室安全管理，在三个校区创建"校园警务室"，深化平安校园建设。

——抗击新冠肺炎疫情斗争取得阶段性胜利。学校站在增强"四个意识"、坚定"四个自信"、做到"两个维护"的政治高度，始终把维护师生生命安全和身体健康放在首位，统筹落实各项疫情防控举措，高质量开展在线教学，积极推进毕业生就业，学生返校平稳有序，全面复学各项工作运行顺畅，常态化疫情防控在扎实推进中为统筹做好学校改革、发展、稳定各项工作打下了坚实基础。

各位代表、同志们，学校事业发展取得的成绩离不开上级领导的关心支持，离不开几代苏科人的奋斗与积淀，更离不开全体师生员工的勤勉与奋进。在此，我代表学校，向热爱苏科大、奉献苏科大、辛勤工作、奋力拼搏的全体师生员工、离退休老同志，表示崇高的敬意和衷心的感谢！

思危方能居安。在充分肯定成绩的同时，我们也要清醒地认识到，与建成特色鲜明、品质卓越的高水平教学研究型大学的目标相比，我们的工作还存在一些问题和不足，如国字号的领军人才、创新平台、重大项目、标志性成果还不多，服务重大领域关键技术的能力还不强，社会贡献度还需进一步提升，等等，这些亟待解决的问题，需要我们进一步解放思想，开拓创新，在真抓实干中加以克服和解决。

第二部分　今后一个时期的重点工作

同志们，2020年对学校来说是极其关键的一年。2020年是"十三五"规划收官之年和"十四五"规划编制之年，同时是第五轮学科评估、博士硕士学位授权申请之年，如何谋好篇、布好局，决定着学校未来发展的前景和高度。

我们要站在当前百年未有之大变局和中华民族伟大复兴全局的背景下，准确把握世界格局之变对高等教育的影响，准确把握"两个循环"经济社会之变对高等教育的影响，准确把握学校事业发展面临的新形势、新情况和新任务，在危局中体现新担当，在变局中实现新突破，在新局中展现新作为，找准定位，发挥优势，优质发展，在"培养优秀人才的主阵地、推进科技创新的生力军、服务决策咨询的智囊团、文化强省建设的推动者"等方面精准发力，更好地服务"强富美高"新江苏建设。

学校下一阶段的工作思路是：高举习近平新时代中国特色社会主义思想伟大旗帜，全面贯彻党的十九大和十九届二中、三中、四中全会精神，认真落实江苏省委、省政府决策部署，坚定建成特色鲜明、品质卓越的高水平教学研究型大学的总目标，以全面提升学校综合实力为主线，以制订"十四五"事业发展规划工作为抓手，坚持立德树人，德育为先；坚持以本为本，全面发展；坚持完善机制，持续改进；坚持改革创新，特色发展。

我们将全面推进从严治党，为学校健康发展提供坚强的政治、思想和组织保障；完善内部治理结构，夯实本科教学基础和管理基础；继续优化人事政策制度体系，提升绩效管理水平；抓好科研平台和团队建设，推进科研促进教师队伍成长、促进育人能力提升；继续坚持开放办学，加强对内对外合作，不断提升服务地方经济社会发展的水平和能力。

围绕以上要求，接下来要着力抓好六个方面重点工作：

一、全面加强党的建设，以高质量党建引领高质量发展

学习贯彻习近平新时代中国特色社会主义思想，深入推进对《习近平谈治国理政》第三卷的学习，增强"四个意识"，坚定"四个自信"，做到"两个维护"。对照江苏省综合考核要求，统筹推进下半年重点工作，力求实效。

持续巩固深化"不忘初心、牢记使命"主题教育成果。深入实施学校党委书记、校长履职亮点项目，提升学校立德树人成效。持续推进马克思主义学院建设，提高思政教育教学实效。落实意识形态工作责任制。

贯彻落实高校党建工作重点任务，组织开展二级党组织书记抓党建述职评议考核工作。着力打造"三个标杆"，创建党建特色品牌。做好基层党组织集中换届工作。进一步加强干部培训和党外代表人士队伍建设。充分发挥群团组织和民主党派成员在学校事业发展中的作用。

二、强化顶层设计，提升内部治理能力

认真总结"十三五"规划执行情况，科学编制"十四五"总体规划、分项规划和学院规划，确保三者之间有效衔接，为加快建成高水平教学研究型大学奠定坚实基础。

稳步推进理工科学院调整后的工作开展。不断优化校院两级管理模式，提高管理服务效能。提高学院（部）决策能力，激发"学院办大学"的积极性和创造性。

三、加强教学改革与建设，提高人才培养质量

继续推进一流专业、一流课程建设与申报工作。统筹做好2021年江苏省教学成果奖申报筹备工作。推进实训中心建设，做好工程教育和教师教育专业认证工作。不断完善书院制育人模式。

推进"研究生培养创新工程",培育高等级研究生教育教学成果奖。推广本科生导师制,引导本科生尽早开展创新创业和科学研究工作,提升人才培养质量。狠抓学风建设,全面提高学生的综合素质。持续提升生源质量,进一步拓展就业市场和渠道,努力实现更高质量和更充分就业。

四、聚焦学科建设,提升人才队伍实力和科研水平

根据《国务院学位委员会关于开展 2020 年博士硕士学位授权审核工作的通知》要求,积极做好博士硕士学位授权申请的相关工作。落实好省优势学科三期项目中期检查和"十三五"省重点学科结项验收,做好"十四五"省重点学科申报准备工作。做好迎接全国第五轮学科评估工作。

加大对高层次人才的引进力度,夯实师资队伍建设基础,强化理工类学科的团队建设和人文类学科的梯队建设。继续实施高端人才培育计划与优青培育工程。进一步加大对引进高层次人才的考核力度。

全力做好科研项目的组织申报、中期管理和结题验收等工作,培育标志性成果。提升专利质量,规范 SCI 论文相关指标使用。加强对已有科研平台的建设管理,培育高级别科研平台。加大成果转移力度,推动与地方政府、龙头企业和创新载体的合作,开拓产学研合作新局面。

五、坚持开放办学,服务高质量发展

克服疫情影响,培育高质量国际交流合作项目。完成江苏高校中外合作办学高水平示范性建设工程的验收,争取再获 1~2 个示范性项目。

切实推进江枫校区家属区社会化管理工作。配合做好天平学院转设后续工作。完善校友会、教育发展基金会运行机制,多渠道筹措办学经费。

加大继续教育招生宣传力度,做好面向艰苦行业与校企合作改革项目的招生工作。积极拓展非学历教育,重点打造应急管理教育培训等一批特色品牌教育培训项目。

六、加强基础建设,打造平安和谐校园

按照上级要求,坚决克服麻痹思想、厌战情绪、侥幸心理、松劲心态,全面落实各项常态化疫情防控举措。

加强内控管理,防范财务风险。深化校属企业改革。推进大型仪器设备共享平台建设,完善实验室运行支撑保障体系。做好学校领导任期经济责任审计整改工作。

加快建设国地联合工程实验室、塔影湖景区、石湖校区综合服务中心、南区学生宿舍等在建工程,尽快开工建设地震模拟振动台实验室、东区风雨操场、金螳螂土木创新实践教育中心等项目。启动 2021 年基建与重大维修项目规划论证工作。推进学术交流中心社会化运营相关工作。加快智慧校园建设。推进生活垃圾分类工作。

努力改善师生工作、学习和生活条件,切实提高师生幸福指数。加强老干部工作,推进关工委优质化建设。强化学校公共卫生管理,加强重大传染病防控工作。进一步深化后勤改革,加强后勤干部队伍建设,提升后勤服务质量。深化平安校园建设,推进校园和校车安全专项整治工作,强化校警联动,切实维护师生合法权益。

各位代表、同志们，建成特色鲜明、品质卓越的高水平教学研究型大学，是学校第三次党代会确定的奋斗目标，也是我们这一代苏科人的历史使命。让我们在学校党委的坚强领导下，汇聚全校师生合力，以坚如磐石的信心、只争朝夕的劲头、坚忍不拔的毅力，抢抓新机遇，直面新挑战，砥砺前行，团结拼搏，奋力书写学校事业高质量发展的新篇章。

校长陈永平在中层干部大会上的讲话

2020年9月6日

同志们：

下面由我代表学校党委、行政对2020年上半年工作进行总结，并对下半年的重点工作进行简要部署。

第一部分 2020年上半年学校党政工作总结

上半年，全校师生员工在学校党委的坚强领导下，统一思想，真抓实干，攻坚克难，奋发进取，使学校各项事业呈现出良好的发展态势。

一、坚守阵地，筑牢抗击疫情的坚强防线

（一）高站位部署。深入学习贯彻习近平总书记重要指示精神，深入贯彻落实党中央与江苏省委、省政府关于疫情防控的决策部署和江苏省教育厅工作要求，迅速响应、积极行动，有效建立防控体系，有力推进防控措施。

（二）高密度防控。第一时间成立学校疫情防控工作领导小组，书记、校长严格落实"第一责任人"职责，各单位恪尽职守，各条线积极落实，形成上下"一盘棋"防控局面。募集党员自愿捐款30万元，涌现出85岁老党员黄灵芝老师自愿捐款1万元等诸多先进事迹，彰显了党员的先锋模范作用。

（三）高效率联动。坚持条块结合、各方联动，在线教学高质量开展，学生就业积极推进，学生返校平稳有序，各项工作运行顺畅，学校疫情防控取得了积极成效，为常态化疫情防控中统筹做好学校各项工作打下了坚实基础。

二、加强党对学校工作的全面领导，推动全面从严治党向纵深发展

（一）突出政治引领。巩固深化"不忘初心、牢记使命"主题教育成果，深入推进习近平新时代中国特色社会主义思想落地生根。成立学校党的建设工作领导小组，把政治建设作为党的根本性建设来抓，坚持充分发挥党委领导的核心作用，坚定社会主义办学方向。

（二）强化创新理论武装。发挥校党委中心组的示范引领作用，实现"学习强国"100%覆盖，参与度长期稳定在90%以上。加强学校意识形态分析研判，加强阵地管理和网络舆论管理。深化共建马克思主义学院，与市委宣传部共建全省首个新时代文明实践研究院，打造"苏州样本"。

（三）加强干部队伍建设。根据理工科学院调整需要，完成部分处级、科级干部选拔聘任工作。严格执行干部个人事项报告、经济责任审计等制度，加强干部队伍管理。完成科技镇长团成员考核与选派工作，推进扶贫和对口帮扶工作。

（四）提升基层组织建设质量。加强队伍建设，"双带头人"教师党支部书记比例达100%；组织18名学生党支部书记参加教育部高校学生党支部书记网络培训示范班培训。扎实推进基层党建"书记项目"；修订评选办法，进一步发挥"两优一先"示范引领作用。获江苏高校"最佳党日活动"优胜奖1项。巩固统一战线，组织召开学校民盟、农工党支部换届大会。学校各级人大代表和政协委员在全国和省、市、区两会上建言献策，积极发声，扩大学校影响力。

（五）深入推进党风廉政建设。出台2020年度落实全面从严治党主体责任清单和监督责任清单，推进全面从严治党和党风廉政建设责任制落地、落实、落细。加强校内巡察整改工作专项督查，运用监督执纪"四种形态"，抓好"关键少数"，确保政治生态风清气正。

三、深化高质量发展，全面构建高水平人才培养体系

（一）立德树人全面落实。出台"三育人"工作条例，构建"三全育人"工作体系。统筹落实学校党委书记"建设高质量'课程思政'体系，提升立德树人成效"履职亮点项目，稳步推进"课程思政"建设。反映学校"课程思政"改革成效的文章受到中央、省、市媒体多次报道，社会反响热烈。

（二）专业建设深入推进。统筹推进校长"'双万计划'引领、创新创业突破，协同推进本科教育高质量发展"履职亮点项目，切实提升人才培养质量。启动实施2020年度国家级、省级一流本科专业建设点预申报工作；分步推进各类专业评估、认证等工作。

（三）育人质量持续提升。制定春季学期教育教学工作方案，确保"停课不停学""线上教学+线上指导"顺利实施，两项疫情背景下在线教学成果被教育部高校教育技术专业教学指导分委员会推选为优秀成果。修订硕士生指导教师遴选办法和招生资格审核办法，优化导师队伍结构。研究生培养质量稳步提高，获评江苏省学位办首届高校研究生教育工作综合评价工作A等。完成1 018名硕士研究生招录工作。

（四）人才培养成果丰硕。获2020年美国大学生数学建模竞赛一等奖、全国大学生节能减排竞赛一等奖等。获批江苏省研究生科研与实践创新计划项目112项。扎实推进2020届建档立卡贫困生就业精准帮扶。积极做好就业工作，助推毕业生充分高质量就业，教育部翁铁慧副部长来校考察调研时对此予以充分肯定。

四、聚焦内涵式建设，全面推进高水平大学建设

（一）学科建设实现新突破。科学重组部分理工科学院，统筹资源配置，强化交叉融合，高标准、系统性布局基础学科建设。学科高峰建设步伐加快，学科ESI潜力值进步明显，截至2020年5月，工程学科提升至98.9%，距离进入世界前1%仅一步之遥。

（二）师资建设取得新成效。坚持"外引内培"两手同抓，着力建设高素质人才队伍。上半年共引进高层次人才30人。新增入选江苏省"青蓝工程"6人。师资队伍规模和质量整体向好，结构不断优化。

（三）科研创新呈现新局面。 截至目前，学校获批国家重点研发计划子课题2项、江苏省重点研发计划项目2项、江苏省基础研究计划（自然科学基金）项目8项。获批人文社科类部省级项目16项、省高校哲学社会科学重点研究基地1个。新增横向项目立项149项，同比增长79.5%，合同总金额1 431.4万元，同比增长43.7%。获授权专利103项，其中发明专利22项。完成发明专利转让9项。

（四）社会服务激发新动能。 第二轮省市共建项目获7 500万元财政资助，学校成立"省市共建项目"实施工作小组，推进项目落实。学校与中亿丰共建的苏州产业技术研究院融合基建技术研究所获批立项建设。城市发展智库研究员撰写的疫情相关咨询报告获中共中央办公厅内参、苏州市委办公室内参刊发及省、市主要领导批示。智库研究员带领的"抗疫情心理支持团队"事迹获多家媒体报道。

（五）对外合作进入新阶段。 与日本早稻田大学、澳门大学等合作院校开展线上学生国际交流项目23项，与美国拿撒勒大学开展线上学生联合培养学位、学历项目。与日本长崎大学、南丹麦大学签订合作备忘录与师生交流项目协议。

五、深化改革发展，合力推进美丽校园建设

（一）内部治理水平明显提升。 深化机构设置与人员配置改革，并根据学校事业发展需要适时调整，进一步提升管理效能。建立健全校属企业内控管理机制，推进校属企业改革，提高国有资本配置效益。完成教育厅审计整改，整改率达100%；2019年度校内经济责任审计整改率达98.4%。持续推进江枫家属区社会化工作。修订年度考核方案，严格落实作风建设举措；继续完善师德师风建设长效机制；狠抓学风建设，推动学风持续改善。

（二）美丽校园建设步伐加快。 国地联合工程实验室项目完成主体结构验收；江枫校区城市饭店、10号宿舍楼改造项目，石湖与江枫校区浴室、道路、体育场、围墙等改造项目均已完工；石湖校区塔影湖周边景观提升项目和综合服务中心项目已开工建设，石湖校区南区学生宿舍项目完成招标。制定并实施垃圾分类工作方案，打造"洁净校园"；有序推进智慧校园规划建设，为全校师生提供文献资源保障。

（三）成果成效宣传亮点频出。 注重聚合媒体资源和新闻源流，在中央电视台、"学习强国"、《光明日报》《中国青年报》《新华日报》等中央级与省、市级主要媒体上发布报道300篇，同比增长68.4%。注重深入挖掘，突出特色，190余篇讲好苏科大人才培养成效和疫情防控事迹的精品报道受到主流媒体关注。

（四）民生发展得到有力保障。 坚持校务公开，完善校领导接待日制度。关注民生，及时调整并兑现教职工房贴比例和公积金、养老保险。及时宣传解读新个税政策，确保教职员工享受政策红利。学校获评市教育系统2019年度"教代会民主管理"先进单位一等奖。

同志们，在昨天的党委三届八次全体会议上，张书记结合当前省内外教育形势，列举了学校发展中存在的一些问题和不足，如多个领域发展不平衡、不充分的问题，有关人才培养、科研创新、社会服务等方面还有不同程度的短板。

这些问题和困难让我们深感重任在肩。因而在接下来的时间里，我们全校上下，尤其是我们的干部要进一步增强带头意识、忧患意识，不断深化改革，协同攻坚，用可持续的发展成效来破解这些难题。

第二部分 2020年下半年学校党政重点工作

一、深入贯彻落实新时代党的建设总要求，以高质量党建引领高质量发展

（一）夺取疫情防控和全面复学的"双胜利"。全校上下要提高政治站位，严格落实精准防控举措，强化责任担当，努力把各项工作做细、做实、做到位，坚决完成疫情防控和全面复学的各项任务，推动学校高质量发展。

（二）加强党对学校工作的全面领导。深入学习贯彻习近平新时代中国特色社会主义思想、《习近平谈治国理政》第三卷，特别是习近平总书记关于教育事业发展的重要论述精神。持续巩固深化"不忘初心、牢记使命"主题教育成果，切实整改检视出的问题，形成管党治校的长效机制。对照省综合考核要求，科学谋划并统筹推进下半年重点工作，加强常态化督查督办，力求取得实效。

（三）加强思想政治和意识形态工作。深入实施校党委书记及校长履职亮点项目，提升学校立德树人成效。持续推进马克思主义学院建设，抓好新思想"三进"工作，扩大"课程思政"覆盖面。落实意识形态工作责任制，完善意识形态领域的风险研判和防控机制。围绕办学40周年、校史编纂等热点，开展有影响力的专题报道和深度报道。

（四）贯彻落实高校党建工作重点任务。做好基层党组织集中换届工作。组织开展二级党组织书记抓党建述职评议考核。通过助推党建工作项目化运作、培育做亮党支部书记工作室等措施，着力打造"三个标杆"。加强统一战线、工会、共青团工作，充分发挥群团组织、民主党派成员和党外人士代表在学校事业发展中的作用。

（五）加强干部队伍建设。用好、用活"三项机制"，引导与激励干部树立强烈的宗旨意识、责任意识，勇于担当作为。进一步加强对领导干部理论素养、管理实务等方面的培训。

（六）加强党风廉政建设。落实党委主体责任和纪委监督责任。开展第三轮巡察整改落实情况专项督查和第四轮校内巡察；强化各级领导班子成员述职、述廉和履行"一岗双责"述职评议的监督检查；打造"四结合三融入"廉政教育品牌。

二、科学编制"十四五"规划，加快推进治理体系和治理能力现代化建设

（一）科学编制"十四五"规划。认真总结"十三五"规划执行情况，组织多层面调研论证，科学编制学校"十四五"总体规划、分项规划和学院规划，确保三者之间有效衔接，为加快建成高水平教学研究型大学奠定坚实基础。

（二）加快推进学校治理体系和治理能力现代化建设。遵循大学章程，加强制度建设，推进依法治校。紧紧围绕现代大学建设对学校治理体系和治理能力现代化的新要求，探索形成更多务实管用、具有鲜明特色的制度成果。

（三）深化校院两级管理。稳步推进理工科学院调整后的工作开展。强化服务意识，推进精细化管理，提高管理服务效能。进一步优化校院两级管理模式，激发"学院办大学"的积极性和创造性。

三、加强教学改革与建设，提高人才培养质量

（一）深化教育教学改革。 继续推进一流专业、一流课程建设。统筹做好2020年教学成果奖遴选。推进实训中心建设，做好工程教育和教师教育专业认证工作。不断完善书院制育人模式。

（二）加强创新创业教育。 推广本科生导师制，引导本科生开展创新创业和科学研究工作，提升人才培养质量。力争在2020年"创青春"全国大学生创业大赛和2021年"挑战杯"大学生课外学术科技作品竞赛中再创佳绩。

（三）提高研究生培养质量。 推进"研究生培养创新工程"，培育高等级研究生教育教学成果奖。改革研究生培养资源分配方式，向培养质量高的学科倾斜。推进和优化产学结合的专业学位研究生培养模式，加强专业实践培养基地建设，提高专业实践教育实效。

（四）加强学风建设和招生就业工作。 加强对不同群体学生的针对性教育和引导，全面提高学生的综合素质。进一步完善助学解困体系，做好家庭经济困难学生的帮扶工作。持续提升生源质量，进一步开拓就业市场和渠道，提升就业、创业精准服务水平，努力实现毕业生更高质量和更充分就业。

四、聚焦学科建设，提升人才队伍实力和科研水平

（一）做好学位点申报工作。 下半年国家将启动新一轮学位授权申报工作，对照申报条件，全力做好相关任务指标的落实推进工作，进一步夯实基础、补齐短板、做亮特色、提升竞争力，倾全校之力做好新一轮博士学位授权申报工作。同时，做好新增硕士学位授权点的相关工作。

（二）加强重点学科建设。 加强优势学科、重点学科建设工作，打造学科高峰。落实好江苏省优势学科三期项目中期检查和"十三五"江苏省重点学科结项验收，做好"十四五"江苏省重点学科申报准备工作。全力做好全国第五轮学科评估工作。

（三）加强师资队伍建设。 加大高层次人才引进力度，夯实师资队伍建设基础，强化理工类学科的团队建设和人文类学科的梯队建设。继续实施高端人才培育计划与优青培育工程，进一步加大对引进高层次人才的考核力度。

（四）提升科研创新服务能力。 全力做好科研项目的组织申报、中期管理和结题验收等工作，培育标志性成果。提升专利质量，规范SCI论文相关指标使用。加强对已有科研平台的建设管理，培育高级别科研平台。加大成果转移力度，推动与地方政府、龙头企业和创新载体的合作，开拓产、学、研合作新局面。

五、坚持开放办学，服务高质量发展

（一）提高教育对外开放水平。 克服疫情影响，持续推进与世界高水平大学和一流大学的实质性合作，培育和储备高质量交流合作项目。组织完成江苏高校中外合作办学高水平示范性建设工程的验收结项，争取再获1~2个示范性项目。

（二）提高对外合作实效。 加强与政府部门和相关单位的联系，推进江枫校区家属区社会化管理工作。配合做好天平学院转设后续工作。完善校友会、教育发展基金会运行机制，多渠道筹措办学经费。

（三）推动继续教育量质齐升。加大招生宣传力度，做好面向艰苦行业与校企合作改革项目的招生工作。积极培育、申报新的校外教学点，积极拓展非学历教育，重点打造应急管理教育培训等一批特色品牌项目。

六、加强基础建设，打造平安和谐校园

（一）提升治理效能。加强内控管理，进一步优化资金分配结构，防范财务风险。深化校属企业改革，建立现代企业制度。推进大型仪器设备共享平台建设，完善实验室运行支撑保障体系。进一步规范招标采购管理。做好校领导任期经济责任审计整改工作。

（二）持续推进基础建设。加快建设国地联合工程实验室、塔影湖景区、石湖校区综合服务中心、南区学生宿舍等在建工程，尽快开工建设地震模拟振动台实验室、东区风雨操场、金螳螂土木创新实践教育中心等项目。启动2021年基建与重大维修项目规划论证工作。推进学术交流中心社会化运营相关工作。加快智慧校园建设。推进生活垃圾分类工作。

（三）深化平安校园建设。持续推进校园和校车安全专项整治。定期开展校园安全隐患专项排查整治。加强校警联动，优化视频监控设施布局，推动消防控制室联网控制改造，健全人防、物防、技防体系。

（四）开展校园温暖工程。努力改善师生的工作、学习和生活条件，切实提高师生幸福指数。加强老干部工作，推进关工委优质化建设。强化学校公共卫生管理，加强重大传染病防控工作。进一步深化后勤改革，加强后勤干部队伍建设，提升后勤服务质量。

同志们，学校当前发展如逆水行舟，不进则退，慢进也是退。我们必须集中精力做好自己的事，不折不扣地完成好各项工作任务。接下来，我们要以习近平新时代中国特色社会主义思想为指导，以高质量发展为主线，只争朝夕，不负韶华，扎实工作，积极进取，为建成特色鲜明、品质卓越的高水平教学研究型大学而不懈奋斗！

涵养家国情怀　肩负时代使命
——校长陈永平在苏州科技大学2020届毕业典礼上的讲话

2020年6月18日

亲爱的同学们，各位老师，各位家长，各位来宾：

大家上午好！

今天一定是一个难忘的日子。5 929名同学顺利完成学业，即将踏上人生新的征程。在此，向所有现场和屏幕前的你们以及家人表示热烈的祝贺！向悉心指导你们的老师表示衷心的感谢！

你们是以苏州科技大学之名招录的第一届学生，也是我自担任苏科大校长以来完整培养的第一届毕业生。在我的心中，你们注定是特殊的。

入校以来，你们在这里见证了我们伟大祖国取得的一系列成就，中国特色社会主义进入新时代，我们从来没有像今天这样更加接近中华民族伟大复兴梦的实现；你们与苏科大风雨同舟，目睹了母校取得的优异成绩，学校在人才培养、科学研究、服务社会、文化传承创新、国际交流合作等方面捷报频传，荣获多个国家级项目、奖励和平台，顺利通过教育部本科教学工作审核评估，以工匠精神推进美丽校园建设，作为"苏州公园大学"的美誉度日益彰显。

在苏科大，同学们修身明德、砥砺品学，在学业上取得了优异成绩，在各类科技、文化、体育竞赛中取得了累累硕果。作为校长，我时刻关注着你们的点滴进步与成长。我还清晰地记得，你们慷慨激昂的演讲、精彩纷呈的演出、奋力拼搏的体育竞技、丰富多彩的社团活动。在你们中间，有诸多获得省级、校级表彰的优秀学生，有成绩骄人的科研新秀，有勇于开拓的创业达人，有响应国家号召、奔赴基层的追梦者，有服务社会、在各类社团和新冠肺炎疫情防控中无私奉献的志愿者。你们出色的表现，不仅证明了自己的优秀，更为苏科大赢得了良好声誉；你们所扬起的梦想和激情，所展现的勇气和自信，反映出苏科人敢为人先、追求卓越的宝贵品格。你们为学校的发展进步贡献了智慧和力量，在苏科大的历史上镌刻下属于自己的华章，我代表学校感谢你们。

亲爱的同学们，你们即将展开一段新的人生旅程，在这个节点上，作为前辈和师长，我有几点心得与你们共勉。

一要胸怀天下，勇担责任。 2020年的新冠肺炎疫情是中华人民共和国成立以来发生的传播速度最快、感染范围最广、防控难度最大的一次重大突发公共卫生事件，对中国是一次危机，也是一次大考。习近平总书记亲自指挥，亲自部署，统揽全局，果断决策，为中国人民抗击疫情坚定了信心、凝聚了力量、指明了方向。中国用巨大代价和牺牲，经过艰苦卓绝的努力,用3个月时间取得了疫情防控阻击战的重大战略成果,维护了人民生命安全和身体健康。中华民族同舟共济、守望相助的文化底色,中国人民深厚的家国情怀、天下情怀,汇聚成抗击疫情的强大合力,为世界呈现了面对危难时的中国力量、中国精神、中国效率,描绘了中国抗疫的历史画卷,书写了人民至上的中国答卷。

在这场抗疫斗争中,苏州科技大学全体师生也用自己的国家使命感和集体责任感践行了初心,贡献了力量,推动了防疫大考下学校事业的高质量发展。

同学们,在你们即将毕业之际,有幸见证并参与了这场波澜壮阔、荡气回肠的疫情防控战,注定要承载起特殊的使命,这种使命与时代的发展有关,更与祖国的未来有关。在未来的征途中,希望各位同学与时代发展同呼吸,共命运,把自己的理想和抱负融入祖国的发展中;希望你们在未知面前不断锻炼个人的危机处理能力,勇于迎接新的挑战,写下无悔的人生;希望你们涵养家国天下的情怀,以"先天下之忧而忧,后天下之乐而乐"的责任感和使命感,肩负起实现中华民族伟大复兴中国梦的担当,承担起构建人类命运共同体的光荣使命。

二要坚守初心,追求卓越。 不忘初心,方得始终。生命如圆规,初心不变,才能跑出完整的圆。什么是初心,就是什么东西最能让你热血沸腾,什么东西最能让你梦绕情牵。守住初心,就守住了我们的安身立命之本。

苏州科技大学就是一所践行初心使命的学校。自建校以来,我们筚路蓝缕,栉风沐雨,已经走过了40年的辉煌历程。40年来,学校作为"规划建筑师"孵化基地、"工程师"成长摇篮、"基础教育骨干"培育中心,肩负立德树人、为国育才的神圣职责,以实际行动诠释了攻坚克难的进取精神和追求卓越的办学理念。

同学们,你们即将离开校园,奔赴更为广阔的天地,希望你们能够传承母校的优良传统,在开拓进取中坚守初心梦想,在追求卓越中发扬苏科大精神。希望你们能够找寻适合自己的角色,发挥你们的聪明才智,同时也要在实践中不断认识自我,充分了解自己的不足。古人云:"吾日三省吾身。"希望你们积极地进行与自我内心的对话,塑造平和而坚定的心性,真正做到认识自我、接纳自我、提升自我。希望你们不仅努力做最好的自己,还能够不断超越自我,在追求卓越的道路上永不止步。人生漫漫,希望你们时常警醒自己,守望初心,略过万千浮华,以卓越的姿态向自己的人生目标砥砺前行。

三要直面挫折,脚踏实地。 作为今年的毕业生,看起来比往年有了很多、很大的困惑,毕业年赶上了全世界范围内的疫情,此外,还要担忧灾难后酝酿着的世界局势的动荡不安,此时此刻,我可以感受和理解你们对工作、对升学、对未来的茫然与不安,也知道有一些同学的就业情况可能与自己的期望值还有一段差距。但是作为过来人,我要告诉你们,人生从来不是一片坦途,前行的路上有时难免遍布泥泞和荆棘,失败和挫折可能会如影随形,阴霾和风雨也往往不期而遇。然而,挫折是一种宝贵的受教育机会,在我看来,你们至少比往届学生多学了一门课,多修了一个学分,因为疫情,你们学习了如何进一步提高自己去适应现实和未来。困难和挫折只是一时的,而你们在挫折中习得的深刻与丰富,收获的沉着与成熟,终将变成一生的财富。

与其坐而论道,不如踏实行动。大家一定要坚信:挑战与机遇并存,困难与希望同在。今天,我们已经从新冠疫情最黑暗的时刻走出来了,接下来,就要做好迎接黎明曙光的准备,而世界往哪里去,未来往哪里去,这一切的关键都在于你们,在于你们的选择,在于你们的行动。美好的梦想和追求，要靠脚踏实地、身体力行去实现。你们有着创新创业的大好机遇，关键是要迈稳步子，夯实根基，久久为功。心浮气躁、朝三暮四，无论为学还是创业，都是最忌讳的。成功的背后，永远是艰辛努力；最后的胜利，离不开厚积薄发。"不积跬步，无以至千里；不积小流，无以成江海。"你们只要能吃苦，敢吃苦，善吃苦，把艰苦环境作为打磨自己的机遇，把小事当作大事干，一步一个脚印，脚踏实地地往前走，就一定会走向成功的彼岸。

希望你们能够耐得住寂寞，经受得住磨炼，保持积极健康的情绪，正确对待人生的顺境和逆境，去做勇于挑战、百折不挠的生活强者，直面人生挫折，笑看一时得失，用脚踏实地的行动去实现人生价值的升华和超越。

同学们，今年五四青年节期间，习近平总书记深切寄语广大青年学生："新时代中国青年要继承和发扬五四精神，坚定理想信念，站稳人民立场，练就过硬本领，投身强国伟业，始终保持艰苦奋斗的前进姿态，同亿万人民一道，在实现中华民族伟大复兴中国梦的新长征路上奋勇搏击。"时代强烈呼唤所有青年学子主动融入国家发展，做新时代有梦想的奋斗者，不负青春，不负韶华！

同学们，无论何时，请牢记，你们的身后是强大的祖国，你们听到的是民族复兴的脚步；而你们的身边是温暖的母校，你们看到的是等你们回来的怀抱。

最后，衷心祝愿同学们前程似锦、鹏程万里、一生幸福！

谢谢大家！

崇尚奋斗精神　成就无悔青春
——校长陈永平在苏州科技大学 2020 级新生开学典礼上的讲话

2020 年 10 月 5 日

亲爱的 2020 级新同学们、老师们、朋友们：

大家上午好！

"山明水净夜来霜，数树深红出浅黄。"银杏的黄、枫叶的红，给苏州这座古城增添了丰富的色彩。在这收获与希望并存的美好季节里，我们迎来了 5 477 名 2020 级新同学，你们的到来，也给苏州科技大学增添了新鲜的色彩，苏州科技大学祝贺你们，欢迎你们！在今天这样的特殊场合，我还想和大家一起，用最热烈的掌声向辛勤培育你们的家长致以最崇高的敬意！

2020 年注定成为不平凡的一年，新冠疫情暴发以来，我们党团结带领全国各族人民，进行了一场惊心动魄的抗疫大战，经受了一场艰苦卓绝的历史大考，取得了抗击新冠疫情斗争的重大战略成果！而你们在 2020 年的抗疫之战中破浪前行，在 2020 年的高考之战中披荆斩棘，用自己的努力迎来了人生新的阶段，即将在苏州科技大学开启精彩华章。

苏州科技大学是一所省、部共建高校，由原建设部直属高校苏州城建环保学院与原铁道部直属高校苏州铁道师范学院合并组建而成，自 20 世纪 80 年代以来，一代一代苏科人励精图治，开拓进取，积淀了优良的办学传统。40 年的苏科大，"容颜"日新，但"初心"不变！肩负为党育人、为国育才的神圣职责，培养了 10 万余名毕业生，熔铸出"致远至恒，务学悟真"的校训精神，诠释了攻坚克难的进取精神和追求卓越的办学理念，成就了学校今天的风采。

同学们，这是一所年轻而充满生机的大学，是一块优秀青年成才的沃土，是一块读书治学的理想园地。这里凝聚了一代代苏科人的智慧与心血，也将记载着包括你们在内的每位同学的奋斗史。当你们跨入校园的时候，你们会深刻地感受到，自己的灵魂已经与这所大学紧密地联系在一起。苏科大因为有了你们而更加灿烂，你们因为苏科大，也将拥有更加辉煌的明天。在你们全新的学习生活开始之际，作为校长和老师，我向你们提出三点希望：

第一点：永远心系祖国。 爱国是人世间最深层、最持久的情感，是一个人的立德之源、立功之本。做苏科大的学子，就要胸怀忧国忧民之心、爱国爱民之情，把爱国当成一种信仰，熔铸在自身的血液里。

2020 年抗击新冠肺炎疫情斗争取得的重大战略成果，充分展现了中国共产党领导和我国社会主义制度的显著优势，充分展现了中国人民和中华民族的伟大力量，充分展现了中华文明的深厚底蕴，充分展现了中国负责任大国的自觉担当。因此，大家作为这段波澜壮阔历史的见证者和参与者，要进一步坚定"四个自信"，正确认识世界形势和中国大势，正确认识时代责任和历史使命，正确认识远大抱负，脚踏实地，把爱国之心、强国之志、报国之行统一起来，把人生理想融入实现中华民族伟大复兴中国梦的奋斗中，勇于担负时代使命，在担当中历练，在尽责中成长，让爱国主义的伟大旗帜始终在心中飘扬！让青春在新时代的广阔天地中璀璨绽放！

第二点：**勇于创新实践**。人类文明的进步和国家的前进，都是有识之士在科学、技术、制度、文化等方面的不断求索和创新带来的。我们既要传承前人的智慧和成果，又要克服已有理论和知识的局限，尊重但不盲从。世界在前进，旧的问题解决了，新的问题又产生，人类是在不断解决新问题的过程中达到一个又一个新的高度，人类文明史就是一部创新史。你们恰逢其时，成长于21世纪初期，这个时代的发展与以前相比，其速度是前所未有的，其变化也是前所未有的。我们正面临百年未有之变局，高科技的冲击、新格局的酝酿、世界经济社会发展的不确定性在增强，挑战是严峻的，机遇也是巨大的。你们要抓住时机，明确方向，精准发力，积极实践，勇于创新，用拼搏去创造一个属于自己的奇迹。

大学就是这样一个美妙神奇的地方，它的最与众不同之处在于，这里是思想的发源地和传播地，同时为你们提供了试错的平台和机会。希望你们在这里认真学习基础知识，积极探索前沿理论，大胆求证难题的答案，学会正确地发现问题、理性地分析问题、科学地解决问题。愿你们勇做走在时代前列的奋进者、开拓者、奉献者，努力使自己成为未来社会改革发展"无人区"的先行者、"深水区"的领航员。

第三点：**不懈励志笃行**。苏科大的校训"致远至恒、务学悟真"告诉我们，"志存高远"是个人成才、成功的先决条件，"持之以恒"是实现"高远之志"的唯一途径。志向是奋斗的原动力，也是人生的定盘星。一个人只有把个人的理想与国家、民族的理想有机结合才不会失去实现理想的土壤。同学们不但要有远大志向，还要有对志向持之以恒的追求、坚守和践行。

国之栋梁，必是坚实之人。天下大事，必作于细。希望你们以大格局谋事业，从小问题做事情。上好每一堂课，做好每一道题，写好每一篇论文，调查好每一个案例，采集好每一个数据，标注好每一个引用，不断地锤炼自我，完善自我，创新自我，超越自我，让追求卓越成为习惯并持之以恒，脚踏实地积蓄向上的力量。海无惊涛不壮阔，人无磨难少坚强。希望你们在穿越荆棘中学会坚强，保持乐观向上的精神，无论遇到多大的困难，受到多大的委屈，也要坚定信心，坚定意志，相信自己，砥砺前行。成长不是一蹴而就的，时间知道从来就没有什么人生开挂，有的只是厚积薄发。希望你们传承学校校训精神，立远志，恒笃行，不驰于空想，不骛于虚声，致知于行，知行合一，慎终如始，不懈追求，方能致远至恒、务学悟真。

同学们，今年五四青年节期间，习近平总书记深切寄语广大青年学生："新时代中国青年要继承和发扬五四精神，坚定理想信念，站稳人民立场，练就过硬本领，投身强国伟业，始终保持艰苦奋斗的前进姿态，同亿万人民一道，在实现中华民族伟大复兴中国梦的新长征路上奋勇搏击。"

"一代人有一代人的长征，一代人有一代人的担当。"中华人民共和国走过了波澜壮阔的71年，取得了举世瞩目的成就；苏州科技大学年届不惑，事业发展蒸蒸日上。你们赶上了一个好时代，希望你们珍惜与苏科大相伴的时光，守初心，勇担当，始终保持向前奔跑的勇气，感受探索未知的乐趣，在砥砺中成长，在奋斗中闪光，在未来遇见更好的自己！正如习总书记所说，"让勤奋学习成为青春远航的动力，让增长本领成为青春搏击的能量"。

同学们，大学的生活是多彩的，大学的生活也是短暂的，希望你们青春早为，不负韶华，用智慧与激情将大学生活演绎得更加精彩、更加美好！

最后，衷心祝愿所有 2020 级新同学乘帆起航，放飞梦想，一路风景，学业有成！

谢谢大家！

2020年大事记

1月

2日   学校召开《苏州科技大学学报》（工程技术版）2019年度会议。会议由校长、工程技术版编辑委员会主任陈永平教授主持。

     图书馆工作委员会第十六次会议在行政楼五楼第二会议室召开，会议由副校长吴健荣主持。

     2019年度学校语言文字工作总结暨表彰大会在行政楼会议室举行，副校长沈耀良出席了会议。

3日   第三届纪律检查委员会第九次全委（扩大）会议在行政楼五楼第二会议室召开，学校党委常委、纪委书记、监察专员施亚东参加了会议。

     学校2019年度二级党组织书记述职述廉考核评议会在行政楼一楼视频会议室召开，校党委常委、纪委书记、监察专员施亚东参加了评议会。

3—8日   学校党委召开第三轮巡察情况反馈会，第一巡察组和第二巡察组分别向图书馆党总支、敬文书院直属党支部、体育部党总支和国际教育学院党总支反馈巡察情况。被巡察单位党政领导班子成员、全体教职员工、巡察组全体成员参加了反馈会。

5日   根据中共江苏省委宣传部、江苏省法治宣传教育工作领导小组办公室、江苏省司法厅联合印发的《关于通报表扬全省"七五"普法中期先进集体和先进个人的决定》（苏法宣办〔2020〕1号）文件，学校获全省"七五"普法中期先进集体荣誉称号，1名同志获全省"七五"普法中期先进个人称号。

6日   省属高校综合考核述职测评大会在学校行政楼一楼报告厅召开，省考核委第九综合考核组组长、省住建厅二级巡视员章小刚，综合考核组全体成员到会指导。校领导、党委委员、纪委委员、中层干部正职、省级及以上人大代表和政协委员、校民主党派基层组织负责人、教师代表参加了会议。校党委书记张庆奎主持大会。

7日   根据《省教育厅关于公布2019年江苏省首届高校体育教师教学技能竞赛获奖名单的通知》（苏教体艺函〔2020〕2号）文件，学校教师获一等奖2项、三等奖1项。

8日   学校校园和校车安全专项整治工作领导小组会议在行政楼会议室召开，副校长张新亚参加了会议。

9日   校长陈永平在苏州市"两会"期间发表署名文章《发展与地方同步 服务与地方共赢》。

     学校离退休老同志2019年度学校发展情况通报会在石湖校区图书馆八楼会议室召开，全体在校校领导、离休老同志代表、退休校领导代表、近几年退出领导岗位的校领导等出席了本次会议。会议由校党委副书记王

	荣庆主持。
11日	学校召开资产经营有限公司及下属企业年度工作会议，学校资产经营有限公司董事、监事成员参加了会议，副校长施琴芬出席会议。
	下午，学校召开2018—2019学年校科技创新平台检查会，副校长施琴芬参加了会议。
13日	学校高层次人才新年茶话会在行政楼四楼会议室举行，校党委书记张庆奎，校长陈永平，党委副书记、副校长田晓明参加了茶话会，茶话会由田晓明主持。
	下午，博士学位授权申报推进会在行政楼智库研讨室召开，校长陈永平出席了会议，会议由副校长吴健荣主持。
14日	校长陈永平、副校长张新亚走访慰问寒假期间坚守岗位的后勤基建保卫等一线员工以及国际留学生。
16日	学校"不忘初心、牢记使命"主题教育总结大会在石湖校区行政楼一楼报告厅召开。校党委书记张庆奎做主题教育总结讲话，全体校领导出席会议。校长、党委副书记陈永平主持会议。
29日	学校在行政楼四楼会议室召开新型冠状病毒感染的肺炎疫情防控工作领导小组会议，校长陈永平主持会议并讲话。

2月

3日	下午，校领导张庆奎、陈永平、田晓明、张新亚深入石湖校区北大门、校医院、学生食堂、学生宿舍等处，实地检查校园防疫工作。
8日	学校组织召开本科教学工作网络会议，副校长沈耀良参加了会议。
13日	苏州市教育局副局长项春雷一行来学校调研疫情防控工作，副校长张新亚参加了调研座谈会。
17日	副校长施琴芬一行巡查调研校属企业及大学科技园的疫情防控工作。
24日	学校召开疫情防控期间学生工作专题视频会议，学校党委副书记王荣庆参加了会议。
	在学校的统一部署下，2020年春季学期本科、研究生线上教学工作按时全面开启。
26日	学校团委获评"2019年度全省共青团工作先进单位""2019年度苏州市共青团工作先进单位"，1人获评"全省共青团工作先进个人"。
27—29日	中共苏州科技大学委员会三届七次全体（扩大）会议召开，全体校领导，全体党委委员、纪委委员，全体中层干部参加了会议。

3 月

3 日	学校召开本科教学专题工作视频会议，副校长沈耀良主持会议。
6 日	学校在石湖校区举行第一次新冠肺炎防控应急演练。
10 日	上午，学校党委理论学习中心组在行政楼四楼会议室召开专题学习会，集体学习研讨习近平总书记在"不忘初心、牢记使命"主题教育总结大会上的重要讲话。会议由学校党委书记张庆奎主持。 下午，苏州市副市长曹后灵一行来学校调研疫情防控工作，党委书记张庆奎、副校长张新亚陪同调研。
11 日	苏州高新区学校防控督查组一行来学校督查疫情防控工作，总会计师陈焕娣、副校长张新亚陪同督查。
17 日	根据江苏省自然资源厅发布的《关于2019年度江苏省优秀城乡规划奖评选结果的通知》（苏自然资函〔2020〕213号）文件，学校获一等奖、三等奖各1项。 学校外国语学院1名学生荣获共青团江苏省委、江苏省志愿者协会"向最美逆行者致敬"活动"优秀志愿者"荣誉称号。
25 日	副校长沈耀良在线讲授题为"坚定中国特色社会主义文化自信"的"形势与政策"课。
26 日	学校涉外疫情防控协调组会议在行政楼五楼会议室召开，副校长崔志明主持会议并讲话。
27 日	学校就业工作推进会在行政楼五楼第二会议室召开，党委副书记王荣庆出席会议并讲话。 学校与苏州市公共交通有限公司举办"江苏省研究生工作站"揭牌仪式。
30 日	学校领导干部经济责任审计联席会议在行政楼五楼第二会议室召开，副校长吴健荣参加了会议。
31 日	苏州市科协副主席顾志华一行来学校调研"2019年度苏州魅力科技团队"候选团队情况，副校长施琴芬参加了调研会。

4 月

7 日	学校第六届大学生艺术展演工作推进会在行政楼四楼会议室召开，党委副书记王荣庆出席会议并讲话。

8 日	根据自然资源部公布的《关于聘任首届国家特邀自然资源监察专员的决定》，民建会员、苏州科技大学城市发展智库（高级研究院）副院长宋青教授受聘为首届国家特邀自然资源监察专员，聘期五年（2020 年 4 月至 2025 年 4 月）。
10 日	学校新冠肺炎疫情防控工作领导小组在行政楼五楼会议室召开专题会议，党委副书记、防控工作领导小组副组长王荣庆，副校长、防控工作领导小组副组长吴健荣、沈耀良出席会议，会议由副校长、防控工作领导小组常务副组长张新亚主持，防控工作领导小组全体成员参加了会议。
13 日	苏州市产业技术研究院冯翔院长一行到学校考察调研，副校长施琴芬主持了调研会。
14 日	学校召开疫情防控形势下的教学工作专题视频会议，副校长沈耀良主持会议。
15 日	学校在石湖校区再次开展了 2020 年春季学期学生开学返校演练。校领导张庆奎、陈永平、王荣庆、崔志明、吴健荣、沈耀良、陈焕娣、施亚东、张新亚、施琴芬，苏州市教育局副局长项春雷，狮山横塘街道主任王骏莅临现场观摩指导。 下午，学校党委理论学习中心组在行政楼四楼会议室召开专题学习会，深入学习贯彻习近平总书记关于疫情防控工作的重要讲话精神以及关于安全生产的系列重要指示批示精神。会议由党委书记张庆奎主持。
23 日	学校纪委三届第十次全委（扩大）会在行政楼五楼第二会议室举行，学校纪委委员和纪委（派驻监察专员办）专职人员参加会议，会议由党委常委、纪委书记、监察专员施亚东主持。
27 日	学校数理学院学生团队荣获 2020 年美国大学生数学建模竞赛一等奖，这是学校在国际性数学建模大赛中首次获奖。
29 日	学校组织召开了 2020 年中央财政支持地方高校发展项目启动推进会，总会计师陈焕娣参加了会议。 学校荣获苏州市虎丘区"征兵工作先进单位"荣誉称号，两人荣获"武装工作先进个人"和"优秀民兵骨干"荣誉称号。
30 日	学校就业工作推进会在行政楼一楼报告厅召开，校长陈永平出席会议并讲话，会议由党委副书记王荣庆主持。
4 月	学校党委书记张庆奎、校长陈永平等全体领导深入教学一线，对"机械制造装备设计 A""暖通空调""毛泽东思想和中国特色社会主义理论体系概论"等覆盖全校 16 个学院（部）的 30 余门线上课程教学进行了听课指导。 学校积极开展学习贯彻习近平总书记重要回信精神"@大接龙"活动。

5月

8日	学校召开"生态创新产业技术研究所"筹备推进会,会议由副校长施琴芬主持。
13日	学校召开2020年硕士研究生招生复试录取工作会,校长陈永平、副校长吴健荣出席会议,会议由吴健荣主持。
	学校团委荣获"江苏省五四红旗团委"荣誉称号。
15日	学校2020年春季学期第二阶段学生返校工作会在行政楼四楼会议室召开,党委副书记王荣庆、副校长张新亚参加了会议,会议由张新亚主持。
	全球领先的高等教育评价机构软科正式发布了"2020软科中国大学排名",我校位列全国第186位,较2019年度上升了43位。
18日	总会计师陈焕娣带队检查实验室疫情防控和实验教学准备工作。
	下午,学校"课程思政"工作推进会在行政楼四楼会议室召开,党委副书记王荣庆、副校长沈耀良出席了会议,会议由王荣庆主持。
19日	校长陈永平、党委副书记王荣庆、副校长张新亚前往石湖校区报到现场实地指导学生报到工作。
20日	上午,学校党委理论学习中心组在行政楼四楼会议室召开专题学习会,结合学习贯彻习近平总书记关于党的政治建设的重要论述,围绕《关于加强省属高校领导班子政治建设的若干措施》深入开展学习研讨。会议由党委书记张庆奎主持。
21—27日	中国人民政治协商会议第十三届全国委员会第三次会议在北京举行。全国政协委员、学校城市发展智库(高级研究院)副院长宋青出席会议,会议获得中央及省、市媒体报道二十余次。
22日	副校长吴健荣带队检查研究生线下授课准备工作。
23日	学校音乐学院师生参与了央视频"美育云端课堂"暨第二届中央音乐学院·延安"5·23"艺术节——"万人云合唱《我们》MV"录制。
25日	上午,副校长施琴芬在腾讯会议线上平台以"新中国成立70周年的辉煌成就"为题,为机械工程学院2017级机械设计制造及其自动化专业的学生们讲授"形势与政策"课。
26日	校长陈永平前往机械工程学院调研指导工作。
	下午,校长陈永平、副校长吴健荣前往土木工程学院调研指导工作。
27日	下午,学校2020年全面从严治党工作会议在行政楼一楼报告厅召开,学校领导、党委委员、纪委委员参加了会议,会议由校长陈永平主持。
28日	校长陈永平前往电子与信息工程学院调研指导工作。
	江苏省苏州地区高校人事工作调研座谈会在学校行政楼五楼第二会议

室召开。江苏省委教育工委副书记、江苏省教育厅党组成员徐子敏等领导一行参加了座谈会，学校党委副书记、副校长田晓明出席会议并致辞。

副校长沈耀良带队检查本科生线下教学准备工作。

省属高校所属企业体制改革进展情况座谈会在学校图书馆八楼会议室召开。江苏省教育厅财务与资产管理处处长周亚君、国家税务总局江苏省税务局企业所得税处副处长朱健一行参加了会议，会议由周亚君主持。学校总会计师陈焕娣出席会议并致辞。

苏州市人民政府、中国农业科学院联合发布了《苏州市率先基本实现农业农村现代化评价考核指标体系（2020—2022年）（试行）》，这是全国首个农业农村现代化的评价考核体系。学校苏州乡村振兴研究院参与完成了该指标体系的研制。

29日　　苏州市委宣传部与学校共建"苏州新时代文明实践研究院"签约揭牌仪式在石湖校区行政楼一楼报告厅举行，苏州市委常委、宣传部部长金洁，学校党委书记张庆奎、党委副书记王荣庆出席了签约揭牌仪式。

学校承办的省属高校国有资产管理工作座谈会在学校图书馆八楼会议室召开。江苏省教育厅财务与资产管理处副处长张志东主持会议，江苏省教育厅财务与资产管理处四级调研员陈忠斌、学校总会计师陈焕娣参加了会议。

6月

1日　　下午，江苏省教育厅召开全省教育系统传达学习2020年全国"两会"精神视频报告会议。学校在行政楼一楼视频会议室设立分会场，学校党委理论学习中心组成员参加了视频会议。

下午，学校召开2020年度本科专业综合评估工作协调会，会议由副校长沈耀良主持。

2日　　下午，省、市共建重点项目汇报会在学校行政楼四楼会议室召开，校长陈永平、副校长吴健荣参加了会议。

4日　　下午，学校召开期末考试工作专题会议。校长陈永平参加了会议，会议由副校长沈耀良主持。

7日　　学校召开"第十三届全国大学生节能减排社会实践与科技竞赛"选拔赛暨"第二届'宏宇环境杯'大学生节能减排环保社会实践与科技竞赛"项目评审会，副校长沈耀良参加了本次会议。

9日　　学校召开预算管理工作会议，总会计师陈焕娣参加了会议。

下午，学校召开本科教学工作专题会议，会议由副校长沈耀良主持。

11日　　下午，学校学科建设重点工作推进会在行政楼五楼第二会议室召开，校长陈永平、副校长吴健荣参加了会议，会议由陈永平主持。

下午，学校继续教育工作推进会在行政楼五三会议室召开，副校长沈耀良参加了会议。

11—12 日	学校组织开展大学生征兵宣传现场咨询活动，副校长张新亚到现场指导工作。
12 日	教育部党组成员、副部长翁铁慧一行来校调研学校毕业生就业、创业工作情况。教育部高校学生司副司长吴爱华，江苏省教育厅党组成员、副厅长顾月华，苏州市人民政府副市长曹后灵，学校党委书记张庆奎、校长陈永平、党委副书记王荣庆陪同调研。

学校党委对建筑与城市规划学院党委、土木工程学院党委、音乐学院党总支、后勤党总支巡察整改工作进行了专项督查。党委常委、纪委书记、监察专员施亚东参加了督查工作。

15 日	学校纪委在行政楼一楼报告厅组织召开《中华人民共和国民法典》专题学习会，苏州大学王健法学院教授、博士生导师李中原应邀做专题辅导，专题学习会由学校纪委书记、监察专员施亚东主持。

学校专题召开一流本科专业建设推进会，校长陈永平、副校长沈耀良参加了会议，会议由沈耀良主持。

17 日	学校意识形态工作研判会在行政楼五楼第二会议室召开，学校领导张庆奎、陈永平、王荣庆、田晓明参加了研判会，会议由党委书记张庆奎主持。
18 日	苏州科技大学 2020 届学生毕业典礼暨学位授予仪式在石湖校区体育馆举行，学校领导张庆奎、陈永平、王荣庆、田晓明、崔志明、吴健荣、沈耀良、陈焕娣、施亚东、张新亚、施琴芬参加了典礼。毕业典礼由党委副书记王荣庆主持。

学校土木工程学院参赛队伍获第二届全国大学生结构设计信息技术大赛一等奖 1 项、三等奖 1 项。

19 日	学校网络安全与信息化领导小组会在行政楼五楼第二会议室召开，校长陈永平、副校长崔志明参加了会议，会议由崔志明主持。
27 日	学校音乐学院受邀参加了由教育部学生司、教育部新闻办、人民日报社新媒体中心、电影频道融媒体中心、新浪微博联合推出的"未来你好"毕业歌 2020 云演唱会。
29 日	江苏科技大学党委常委、纪委书记、派驻监察专员郑培钢一行来学校调研交流纪检监察工作，学校党委书记张庆奎会见了来访客人。

下午，民盟苏州科技大学基层委员会成立大会在行政楼一楼报告厅举行，党委副书记、副校长田晓明参加了会议。

下午，学校召开校长履职亮点项目"'双万计划'引领、创新创业突破，协同推进本科教育高质量发展"工作推进会，校长陈永平参加了会议，会议由副校长沈耀良主持。

30 日	学校在行政楼一楼报告厅举行庆祝中国共产党成立 99 周年暨表彰大

会，学校领导张庆奎、陈永平、王荣庆、田晓明、施亚东出席了大会，大会由校长陈永平主持。

6月　　校长陈永平教授以"从疫情防控取得重大战略成果谈坚定'四个自信'"为题，分别为社会发展与公共管理学院和马克思主义学院的本科生讲授了"形势与政策"课。

"水处理技术与材料"2011协同创新中心理事会召开线上会议，副校长施琴芬参加了会议。

7月

1日　　第六届中国国际"互联网+"大学生创新创业大赛校内选拔赛决赛在电子与信息工程学院报告厅举行，赛前，副校长出席了比赛现场。校长陈永平会见了各位专家评委。

2日　　广东省佛山市南海区苏科大环境研究院第一届第二次理事会在学校行政楼四楼会议室召开。理事会成员佛山市南海区区委常委伍志强、学校副校长施琴芬参加了会议。

3日　　上午，学校学科建设推进会暨学术委员会学科建设委员会会议在行政楼五楼第二会议室召开，学校学术委员会主任委员、学科建设委员会主任陈永平主持了会议。

8日　　2018—2022年教育部高校教育技术专业教学指导分委员会公布《"停课不停学"在线教学实践推进研究》优秀成果，学校建筑与城市规划学院2项在线教学研究成果被评为优秀。

学校在江苏省2019年度研究生教育工作综合评价中获评A等。

8—9日　　副校长沈耀良前往建筑与城市规划学院、土木工程学院调研专业评估工作。

副校长沈耀良前往教育学院和艺术学院调研一流本科专业申报工作。

9日　　根据国家新闻出版署发布的《关于表彰第二届全国新闻出版行业平面设计大赛获奖作品和个人的决定》（国新出发〔2020〕13号）文件，学校艺术学院教师作品获平面设计大赛职工组书籍设计类三等奖1项。

14日　　学校在行政楼一楼会议室召开新提任干部任前集体谈话会，党委书记张庆奎，党委副书记王荣庆，纪委书记、监察专员施亚东参加了会议，会议由王荣庆主持。

15—16日　　苏州智慧城市研究院与学校电子与信息工程学院联合举办了人工智能与智慧城市开放创新发展沙龙"SmartCityOS"研讨会，副校长施琴芬参加了会议。

23日　　学校召开江苏高校品牌专业（国家一流专业）和特色专业（江苏省

	一流专业）建设工程二期项目任务书和建设方案评审会，会议由副校长沈耀良主持。
24日	学校黄勇教授团队的技术成果《气升回流污水处理技术与一体化装备》入选江苏省科技厅发布的《江苏省水污染防治技术指导目录（2020年版）》。
26日	学校与江苏省丹阳高级中学优质生源基地签约揭牌仪式在丹阳中学举行，党委副书记王荣庆出席了签约揭牌仪式。
27日	根据全国金融专业学位研究生教育指导委员会公布的《关于第六届全国金融硕士教学案例大赛结果的公告》，学校商学院两篇案例被评为优秀案例。
28日	学校召开课程思政元素汇编遴选评审会，会议由副校长沈耀良主持。
7月	外国语学院、文学院分别召开了英语、日语和广播电视学专业综合评估专题会，副校长沈耀良参加了专题会。

8月

1—4日	学校顺利举行全国高等教育自学考试。考试期间，副校长沈耀良深入考场一线，指导和监督考试工作。
2日	学校获2019年度江苏大学生志愿服务苏北计划"优秀组织奖"。
	学校土木工程学院教师获首届长三角高校工科基础力学青年教师讲课竞赛决赛特等奖、一等奖各1项。
7日	学校通过线上方式召开了全国研究生教育会议精神学习传达会，校长陈永平、党委副书记王荣庆、副校长吴健荣参加了此次会议，会议由吴健荣主持。会上，研究生部相关负责人传达了全国研究生教育会议精神。
9日	农工党苏州科技大学支部委员会获农工党中央"基层组织先进集体"称号，1名同志被评为农工党江苏省委"先进党员"。
10日	贵州省江口县2020年中小学中层管理干部、骨干教师培训班在学校举办。副校长沈耀良出席了开班仪式。
15日	学校在行政楼五楼第三会议室召开学科建设重点工作推进会，校长陈永平、副校长吴健荣参加了会议，会议由陈永平主持。
19日	学校承办苏州市教育局社区教育教师培训班，副校长沈耀良出席了开班仪式。
21—24日	第六届江苏省"互联网+"大学生创新创业大赛决赛在南京航空航天大学举行，学校项目团队获二等奖1项、三等奖5项。
22日	由国家发展和改革委员会、工业和信息化部指导，中国设备管理协会、浙江省江山市人民政府主办的"2020第四届全国设备管理与技术创

	新成果交流大会"在浙江江山举行。南通醋酸纤维有限公司与学校合作的科技成果《锅炉环保装备协同减排与资源化技术开发应用》获得第四届全国设备管理与技术创新成果奖（技术类）一等奖。
22—24 日	由教育部主办的第七届中美青年创客大赛（China-U. S. Young Maker Competition）总决赛在北京通过线上线下结合的方式举行。学校物理科学与技术学院学生团队参赛项目获全国总决赛优胜奖。
23 日	上午，江苏省普通高校"专转本"土木建筑类专业考试指导委员会全体会议在学校召开，土建类专业专考委主任、学校副校长沈耀良主持会议。
24 日	根据江苏省教育厅下发的《关于公布江苏高校哲学社会科学重点研究基地和优秀创新团队遴选结果的通知》（苏教社政函〔2020〕20 号）文件，由田晓明教授担任负责人的"心理与行为科学研究中心"获批江苏高校哲学社会科学重点研究基地。
25 日	上午，副校长张新亚一行赴石湖、江枫校区暑期工程现场检查指导工作。
26 日	党委书记张庆奎、副书记王荣庆来到学校 2020 年本科招生录取工作现场，慰问招生录取工作人员。
27 日	副校长沈耀良带队深入各校区教学场所进行教学准备工作检查。
	学校选送的论文《硅烯-Ta 中可调能隙的稳定量子反常霍尔效应》成功入选江苏省教育厅公布的 2020 年第十三届全国大学生创新创业年会入选项目名单。
28—30 日	第十三届全国大学生节能减排社会实践与科技竞赛在重庆大学举办，学校参赛作品获一等奖 1 项、二等奖 2 项、三等奖 7 项，学校获优秀组织奖。
	第十六届全国建筑类高校书记、校（院）长论坛暨第七届中国高等建筑教育高峰论坛在安徽建筑大学举行，学校副校长沈耀良参会交流。
31 日	学校党委副书记王荣庆、总会计师陈焕娣带队深入巡查学生宿舍，对江枫校区、天平校区部分宿舍改造项目及开学前的准备情况进行检查。
	下午，学校召开专题会议部署新学期开学阶段各项学生工作，党委副书记王荣庆出席会议并讲话。

9 月

1 日	学校实验室工作专题会议在行政楼五楼第二会议室召开，会议由总会计师陈焕娣主持。
2 日	党委书记张庆奎、副校长张新亚检查并指导后勤开学准备工作。

3 日	学校召开专题会议部署开学阶段教学工作，会议由副校长沈耀良主持。
4 日	学校举行2020年新入职辅导员培训会，党委副书记王荣庆参加了培训会。
5 日	中共苏州科技大学委员会三届八次全体会议在行政楼五楼第二会议室召开，全体校领导出席了会议，会议由党委书记张庆奎主持。
6 日	学校中层干部大会在行政楼一楼报告厅召开，全体校领导出席了会议，会议由党委书记张庆奎主持。
7 日	学校首次全校性课程思政示范公开课在江枫校区建筑系馆举办，党委书记张庆奎、副书记王荣庆、副校长沈耀良观摩了公开课。 下午，学校在行政楼二楼会议室召开2020年大学生新兵入伍欢送会，党委副书记王荣庆参加了欢送会。 下午，学校教育硕士研究生培养工作会议在行政楼五楼第三会议室召开，会议由副校长吴健荣主持。 学校全面恢复正常教育教学。
9 日	学校庆祝第36个教师节暨表彰大会在行政楼一楼报告厅召开，全体在校校领导出席了大会，大会由校长陈永平主持。
10 日	据科睿唯安ESI数据库（Essential Science Indicators，基本科学指标数据库）公布的最新数据显示，学校"工程学"（Engineering）学科排名进入全球大学和科研机构前1%。
11 日	学校在行政楼四楼会议室召开挂职干部座谈会，党委书记张庆奎、党委副书记王荣庆参加了座谈会，会议由王荣庆主持。
16 日	上午，校长陈永平调研指导本科教学重点工作。 学校建筑与城市规划学院风景园林系第二教研室"课程思政"集体备课活动顺利开展。
17—18 日	5 105名本科新生、1 018名研究生新生报到入学。学校领导张庆奎、陈永平、王荣庆、沈耀良分别到迎新现场看望前来报到的新生，慰问参与迎新工作的师生员工。
21 日	学校召开继续教育工作推进会，会议由副校长沈耀良主持。
22 日	上午，学校党委理论学习中心组专题学习（扩大）会议在行政楼一楼视频会议室召开，会议的主要内容是学习贯彻习近平总书记关于意识形态工作的重要论述。学校党委理论学习中心组全体成员参加了会议，会议由党委书记张庆奎主持。 下午，2021年度国家自然科学基金申报首轮动员会在行政楼一楼报告厅召开，校长陈永平、副校长施琴芬参加了本次会议。 下午，学校召开消费扶贫工作推进会议，总会计师陈焕娣参加了会议，会议由副校长张新亚主持。
23 日	学校召开"十四五"事业发展规划编制工作组会议，会议由副校长吴健荣主持。

24日	下午，学校在行政楼五楼第三会议室召开校园安全专项整治工作会议，会议由党委副书记王荣庆主持。
下午，副校长沈耀良带队前往电子与信息工程学院进行工程教育专业认证和专业建设工作调研。
25日	学校举办2019年和2020年新入职专任教师专项培训会，副校长沈耀良参加了培训会。
学校纪委三届第十一次全委（扩大）会在行政楼五楼第二会议室召开，会议由党委常委、纪委书记、监察专员施亚东主持。
下午，学校在行政楼五楼第二会议室召开了学院"十四五"事业发展规划编制工作布置会，会议由副校长吴健荣主持。
根据《关于命名2020年度苏州万名"最美劳动者"的决定》（苏工办〔2020〕133号）文件，学校教育学院1名教师获评苏州"最美劳动者"。
30日	学校举行"我与祖国同生日，我与祖国共成长"活动，党委副书记王荣庆出席了活动。
学校举行"祖国在我心中"主题升旗仪式。
下午，学校学术委员会第二次全体会议在图书馆八楼会议室召开，会议由学术委员会主任委员陈永平主持。
9月	校长陈永平先后走访调研了数学科学学院、材料科学与工程学院、物理科学与技术学院、地理科学与测绘工程学院、化学与生命科学学院5个新组建学院。

10 月

2日	学校2020级学生军训总结表彰大会分别在石湖、江枫和天平校区举行，党委副书记王荣庆参加了总结表彰大会。
5日	苏州科技大学2020级新生开学典礼在石湖校区体育馆举行，学校领导张庆奎、陈永平、王荣庆、田晓明、崔志明、吴健荣、沈耀良、陈焕娣、施亚东、张新亚、施琴芬出席了开学典礼。典礼由党委副书记王荣庆主持。
7日	下午，学校特邀国家"万人计划"教学名师、南京航空航天大学副校长施大宁教授来校做课程思政专题报告，校长陈永平、副校长沈耀良参加了报告会。报告会由陈永平主持。
8日	下午，学校召开一流本科专业申报工作布置专题会，校长陈永平、副校长沈耀良参加了会议，会议由沈耀良主持。
12日	苏州科技大学第三届党委第四轮巡察工作动员会在行政楼一楼报告厅召开，党委副书记、巡察工作领导小组副组长田晓明出席会议并做动员

讲话。会议由党委常委、纪委书记、巡察工作领导小组副组长施亚东主持。

12—23日　　学校党委巡察组深入开展对机关部门、直属单位的专项巡察，顺利完成了第四轮校内巡察工作。

13日　　下午，党委书记张庆奎走进石湖校区7教414教室，以"在疫情防控中坚定制度自信"为题，为环境科学与工程学院2020级给排水专业的本科生讲授"开学第一课"。

14日　　学校第四届第三次教职工代表大会在石湖校区行政楼一楼报告厅召开，全体校领导出席了大会，大会由党委副书记、副校长田晓明主持。

学校在行政楼四楼会议室召开后勤安全检查迎检工作推进会，总会计师陈焕娣、副校长张新亚参加了会议，会议由张新亚主持。

学校与创元期货股份有限公司的校企战略合作签约揭牌仪式在学校举行，副校长吴健荣出席了签约仪式。

副校长沈耀良教授为物理科学与技术学院2020级全体新生讲授了"学好这门必修课——习总书记这样说""形势与政策"课。

16日　　学校在行政楼五楼智库会议室召开党外代表人士座谈会，会议由党委副书记、副校长田晓明主持。

16—18日　　学校承办的2020年江苏省研究生"废水废物资源化利用技术"学术创新论坛在学校召开，党委副书记王荣庆出席了论坛。

17日　　第二届国际大学生混凝土龙舟邀请赛在浙江大学海宁校区举行，学校两支参赛队获得二等奖2项。

19日　　根据共青团中央发布的《关于2020年全国大中专学生志愿者暑期"三下乡"社会实践活动的通报》，学校商学院"鸿鹄志远团队"荣获全国"优秀团队"称号。

20日　　学校与农业银行苏州分行党建共建签约仪式在农业银行苏州分行举行，党委书记张庆奎、总会计师陈焕娣出席了签约仪式。

"师徒相携手·结对共成长"辅导员"师徒结对"仪式在行政楼五楼第二会议室举行，党委副书记王荣庆参加了本次活动。

21日　　学校党委理论学习中心组在行政楼五楼第二会议室召开专题学习会，主要内容是学习贯彻习近平总书记关于教育的重要论述以及教师节重要寄语精神。学校党委理论学习中心组全体成员参加了会议，会议由党委书记张庆奎主持。

学校承办的江苏省学士学位管理暨学位授予信息报送工作专题培训会在苏州召开，副校长沈耀良出席了会议。

学校在江枫校区举办重阳节集体祝寿活动，副校长张新亚出席了活动。

22日　　上午，学校召开体育美育劳动教育工作专题研讨会议，副校长沈耀良参加并主持了会议。

"水处理技术与材料"2011协同创新中心终期验收预评估会议在石湖

校区举行。江南大学陈坚院士、苏州大学党委副书记路建美、江苏省农业科学院刘贤金副院长、学校副校长施琴芬出席了会议。

下午，学校新一届分工会干部培训会在行政楼一楼报告厅举办，党委副书记、副校长田晓明参加了培训会。

下午，学校校属企业改革工作推进会在行政楼四楼会议室召开，总会计师陈焕娣参加了会议。

23日	2019年度"交通银行奖教金""宏宇奖教金"颁奖仪式在石湖校区图书馆八楼会议室举行。交通银行苏州分行副行长孟施何，苏州市宏宇环境科技股份有限公司董事长兼总裁孙加山，学校党委副书记、副校长田晓明，副校长张新亚出席了颁奖仪式。
26日	2020年江苏省本科院校经济学专业课青年骨干教师综合能力提升培训班在学校开班。江苏省教育厅教师工作处主任李辉、学校副校长沈耀良参加了本次培训班。
10月26日—11月27日	学校开展"十四五"规划校内专项调研。
	学校"大学生艺术团成立大会暨'青春告白祖国，绽放战役青春'领航·开学第一课"活动在图书馆一楼报告厅举行，党委副书记王荣庆、副校长沈耀良出席了活动。
28日	"校园姑苏日"系列活动在学校启动，学校党委副书记王荣庆，姑苏区委常委、组织部部长陆文明，姑苏区政府副区长陈浩，共青团姑苏区委书记娄子琛参加了活动。
	由学校联合承办的第二期苏州古城建筑设计工作营系列活动在深圳举行。
28—30日	住建部专业评估专家组对学校工程管理专业进行线上考查，学校党委副书记、副校长田晓明，副校长沈耀良参加了考查启动会和反馈会。
30日	学校合唱团参加第十五届中国国际合唱节，被评为成人组混声二级合唱团。
31日	学校第五次全国校友工作研讨会在行政楼一楼报告厅举办，党委书记张庆奎、党委副书记王荣庆、副校长吴健荣参加了会议，会议由吴健荣主持。
10月31日—11月1日	由学校承办的2020年江苏省研究生"金融服务经济高质量发展"学术创新论坛在学校商学院举办，副校长吴健荣出席开幕式并致辞。
	学校代表队在"苏州市第十五届运动会"本科院校组比赛中获5块金牌、6块银牌。

11 月

1日	由学校承办的国家自然科学基金工程热物理与能源利用学科"十四

	五"战略规划研讨会在苏州召开,党委书记张庆奎出席开幕式并致辞。
3日	学校在行政楼一楼报告厅召开了垃圾分类工作推进会,总会计师陈焕娣、副校长张新亚参加了会议,会议由张新亚主持。
	学校组织召开"苏州市产业技术研究院智慧生态创新产业技术研究所"建所方案研讨会,会议由副校长施琴芬主持。
4日	学校关工委工作会议在行政楼五楼第二会议室举行,会议由党委副书记、关工委主任王荣庆主持。
	下午,学校第五次学生代表大会在行政楼一楼报告厅开幕,党委副书记王荣庆出席了开幕式。
	根据共青团江苏省委员会和江苏省残疾人联合会联合发布的《关于命名江苏青年志愿者助残"阳光行动"省级示范服务基地的决定》(团苏委联〔2020〕26号)文件,学校金阊区培智学校志愿服务基地荣获"江苏省青年志愿者助残'阳光行动'省级示范服务基地"称号。
4—11日	学校24个二级党组织相继召开党员大会进行换届选举,产生了新一届委员会,顺利完成二级党组织集中换届工作。
5日	学校第二十届运动会在石湖校区运动场开幕,学校领导张庆奎、王荣庆、田晓明、崔志明、沈耀良、施亚东、张新亚、施琴芬出席了开幕式,开幕式由副校长沈耀良主持。
5—8日	由江苏省学生体育协会主办的2020年江苏省大学生跆拳道锦标赛在常州工程职业技术学院举行。学校跆拳道校队共派出11名队员出战。在竞技比赛中,队员们勇夺3枚金牌、4枚银牌和2枚铜牌;在品势比赛中,共有3人获得一等奖,4人获得二等奖,3人获得三等奖。最终,学校获得甲B团体总分第一以及男子团体总分第一的优异成绩,主教练周小林老师获得"优秀教练员"称号。
6日	上午,学校干部专题培训班在行政楼一楼报告厅举行,党委书记张庆奎,党委副书记王荣庆,党委副书记、副校长田晓明出席了开班式,开班式及培训报告会由王荣庆主持。
7日	学校举办2020年优秀青年学者论坛,党委副书记、副校长田晓明出席开幕式并致辞。
7—8日	根据江苏省教育厅印发的《省教育厅关于公布第五届全省学生"学宪法 讲宪法"活动省级决赛结果的通知》(苏教法函〔2020〕6号)文件,学校获第五届全省学生"学宪法 讲宪法"活动优秀组织奖。
10日	光明日报社长三角地区党工委书记兼江苏记者站站长、高级记者郑晋鸣先生受邀在学校石湖校区图书馆一楼报告厅做"学四史,守初心"系列讲座之首场讲座,主题为"讲好中国故事,传承红色文化"。学校党委书记张庆奎、党委副书记王荣庆于讲座前亲切会见了郑晋鸣先生。
11日	副校长沈耀良带队赴常州工学院调研继续教育工作。
	根据共青团江苏省委员会和江苏省文明办等11部门联合发布的《关于公布2019年江苏省青年志愿服务大赛获奖项目名单的通知》(团苏委联

2020〔24〕号）文件，学校参赛项目获二等奖、三等奖各 1 项。

12 日　　　　上午，学校在行政楼四楼会议室召开校园生活垃圾分类工作专题会，总会计师陈焕娣、副校长张新亚参加了会议，会议由张新亚主持。

江苏省人民政府外事办公室外事管理处处长钱文华一行受邀来校解读新形势下高校外事管理政策。会议由副校长崔志明主持。

下午，学校在行政楼四楼会议室召开消防安全工作领导小组会议，党委副书记王荣庆、总会计师陈焕娣参加了会议，会议由王荣庆主持。

13 日　　　　苏南地区组高校纪检监察机构第四次月度会议在学校召开，党委书记张庆奎出席会议，会议由党委常委、纪委书记、监察专员施亚东主持。

13—18 日　　学校举行新提任干部专题培训活动。

15 日　　　　下午，由江苏省委教育工委、江苏省教育厅主办的"2019 江苏省大学生年度人物和江苏高校辅导员年度人物"颁奖典礼在南京工业职业技术大学举行，学校获"2019 江苏高校辅导员年度人物"入围奖、"2019 江苏省大学生年度人物"提名奖各 1 项。

18 日　　　　根据全球专业信息服务提供商科睿唯安（Clarivate Analytics）发布的 2020 年度高被引科学家名单，全球共有 6 167 位来自各领域的高被引科学家入榜。学校材料科学与工程学院院长李长明教授（跨学科）入选，是我校首位入榜的科学家。

下午，学校网络安全工作第四季度会议在行政楼四楼会议室召开，会议由副校长、网络安全与信息化领导小组副组长崔志明主持。

学校首个"校友之家"在浙江湖州成立，党委副书记王荣庆、副校长吴健荣参加了授牌仪式。

19 日　　　　江苏省委书记娄勤俭主持召开经济社会领域专家学者座谈会，学校城市发展智库副院长宋青教授出席座谈会并发言。

下午，学校在行政楼一楼视频会议室召开第五轮学科评估工作布置会，副校长吴健荣主持会议。

江苏省高校后勤安全检查组一行莅临学校，检查评估学校后勤安全工作，党委书记张庆奎会见了检查组专家。

根据江苏省高校微课教学比赛组委会公布的 2020 年全省微课竞赛获奖名单，学校参赛作品获一等奖 1 项、二等奖 3 项、三等奖 5 项。

19—21 日　　第二十四届全国发明展览会在佛山举行，学校材料科学与工程学院李长明教授团队"新型高比功率高能量储存转换装置技术及产业化"成果荣获"2020 年度发明创新奖"二等奖（银奖）。

20 日　　　　上午，学校在行政楼一楼报告厅举行学习贯彻党的十九届五中全会精神报告会。报告会由江苏省委宣讲团成员、江苏省人民政府参事、中国世界经济学会副会长徐康宁担任主讲。学校领导、全体中层干部参加了报告会，报告会由党委书记张庆奎主持。

由学校承办的江苏智库学者沙龙"长三角一体化与美丽江苏建设"专场在吴江举办，党委书记张庆奎出席开幕式并致辞。

21—22 日	学校联合慧科集团举办首届创新创业导师训练营，副校长沈耀良出席训练营开营仪式并致辞。
23 日	《光明日报》08 版"科教文新闻"以《苏州科技大学：全周期服务催生创新创业之花》为题对学校创新创业教育进行了宣传报道。
	扬州大学关工委副主任梁隆圣一行来校调研，学校党委副书记、关工委主任王荣庆，关工委副主任沈达峰参加了调研，会议由王荣庆主持。
	下午，学校党委书记张庆奎，党委副书记王荣庆，党委副书记、副校长田晓明一行赴马克思主义学院开展专题调研，调研会由王荣庆主持。
	学校土木工程学院教师获全国桥梁工程青年教师说课大赛二等奖、三等奖各 1 项。
	根据江苏省教育厅、江苏省财政厅联合下发的《关于公布 2019 年度全省学生资助绩效评价结果的通知》（苏教助〔2020〕3 号）文件，学校获评"优秀"等级。
24—26 日	学校党委书记张庆奎带队先后到材料科学与工程学院、数学科学学院、化学与生命科学学院、物理科学与技术学院、地理科学与测绘工程学院走访调研新学院各项工作运行情况。学校党委副书记、副校长田晓明，副校长吴健荣、沈耀良、施琴芬陪同调研。
25 日	苏州市中心血站向学校颁发荣誉证书和感谢信。
	下午，学校第二次研究生代表大会在石湖校区行政楼一楼报告厅召开，党委副书记王荣庆出席了本次会议。
26 日	下午，学校在行政楼一楼视频会议室召开 2020 年下半年学校意识形态工作分析研判会，会议由党委书记张庆奎主持。
	下午，学校党委理论学习中心组在行政楼一楼视频会议室召开专题学习（扩大）会，学习贯彻党的十九届五中全会精神。学校党委理论学习中心组全体成员参加了会议，会议由党委书记张庆奎主持。
27 日	上午，学校召开资产经营有限公司及下属企业工作会议，会议由副校长施琴芬主持。
29 日	首届"陆由杯"长三角区域大学生社工知识技能大赛总决赛在上海大学举行，学校社会发展与公共管理学院参赛队获特等奖、一等奖、二等奖各 1 项。
30 日	根据中国机械工业联合会和中国机械工程学会共同发布的《关于表彰 2020 年度中国机械工业科学技术奖奖励项目的决定》，学校物理科学与技术学院吴泉英老师的项目荣获中国机械工业科学技术三等奖。
	根据江苏省文化和旅游厅发布的《关于公布省文化和旅游重点实验室首批认定名单的通知》（苏文旅发〔2020〕103 号）文件，以学校作为共建单位、苏州创建传媒展览股份有限公司作为依托单位申报的博物馆数字孪生感知技术江苏省文化和旅游重点实验室入选江苏省文化和旅游重点实验室首批认定名单。
11 月 30 日—	由学校承办的 2020 年大气污染防治相关政策标准培训班开班，生态

12月1日	环境部大气司副司长吴险峰、生态环境部环境规划院副院长严刚、学校副校长沈耀良出席开班仪式。
11月	学校党委召开第四轮巡察情况反馈会，4个巡察组分别向16个机关部门、直属单位反馈巡察情况。
	副校长施琴芬带队，会同中科院城市环境研究所、中科院南京土壤研究所等单位领导及团队负责人赴苏州市相城区洽谈产学研合作事宜。

12月

1日	教育部、人力资源和社会保障部召开2021届全国普通高校毕业生就业创业工作网络视频会议，学校在行政楼一楼报告厅设立分会场，党委副书记王荣庆参加了会议。
	共青团江苏省委员会高校学生组织深化改革评估工作组一行5人莅临学校，开展学生组织深化改革评估工作，党委副书记王荣庆参加了评估汇报会。
2日	《中国教育报》以"谋划'双创'体系 赋能人才培养"为题，报道学校创新创业综合成效。
	下午，学校特邀江南大学原副校长、现任教育部"物联网应用技术"工程中心主任纪志成教授来校做教学成果奖申报和培育专题辅导报告。报告会由沈耀良主持。
	沈阳建筑大学校长阎卫东、副校长严文复一行9人来校调研，学校党委书记张庆奎、副校长吴健荣与来访团一行进行了座谈和交流。
2—4日	艺术学院举行课程思政系列公开课，副校长沈耀良带队观摩了部分公开课。
3日	上午，中共苏州市委副书记、市长李亚平来学校调研思想政治工作开展情况。学校党委书记张庆奎，党委副书记王荣庆，党委副书记、副校长田晓明，副校长沈耀良陪同调研。
	由学校马克思主义学院承办的"江苏省2020年本科院校思政教师素质提升培训班"开班仪式在学校举行，副校长沈耀良出席了开班仪式。
	学校荣获2020年"江苏省研究生优秀招生单位"称号，这是学校自2010年以来连续第11次获此殊荣。
	由江苏省学位与研究生教育学会和江苏教育报刊总社联合开展的江苏省第二届"十佳研究生导师"和"十佳研究生导师团队"推选活动结果公布，学校土木工程学院邵永健教授荣获第二届"十佳研究生导师"提名奖，环境科学与工程学院"环境生物技术团队"荣获第二届"十佳研究生导师团队"提名奖。

4日	上午，学校与苏州市姑苏区教育体育和文化旅游委员会签订共建教育实习基地合作仪式在学校行政楼四楼会议室举行，副校长沈耀良出席了签约仪式。
5—6日	学校电子与信息工程学院本科生团队获第二十二届中国机器人及人工智能大赛舞蹈项目全国总决赛一等奖。
6日	学校在2020年度全国高等院校大学生乡村规划竞赛中获一等奖1项、二等奖1项、三等奖3项、最佳表现奖1项。
9日	下午，2020年苏州福彩爱心助学捐助仪式在学校举行，党委副书记王荣庆出席了捐助仪式。
10日	上午，苏州军分区副司令员杨兴友与虎丘区人武部政委梅海建、部长谷现军一行来学校开展征兵工作调研。学校党委书记张庆奎在行政楼四楼接待室会见了来校调研的领导，调研会由党委副书记王荣庆主持。
	学校党委对图书馆党总支、敬文书院直属党支部、体育部党总支、国际教育学院党总支校内巡察整改工作进行了专项督查。
	下午，学校在行政楼四楼会议室召开专业学位水平评估工作布置会，副校长吴健荣参加并主持了会议。
	下午，学校在行政楼一楼报告厅举办了实验室安全与制度建设专题培训会。会议邀请了江南大学食品生物技术中心主任、2018—2022教育部实验室建设与实验教学指导委员会委员赵建新教授为师生做了"实验室安全与制度建设"专题报告，会议由总会计师陈焕娣主持。
11日	2020年"百企走进苏科大"产学研对接会在学校图书馆一楼报告厅举行，副校长施琴芬出席会议并致辞。
13日	上午，民革苏州科技大学基层委员会第二次党员大会在石湖校区图书馆八楼会议室召开，选举产生了民革苏州科技大学第二届基层委员会，殷新当选为新一届基层委员会主委，凌郁之、王秀玲、邵斌当选为副主委，周建芬、华泽、韩恺、李志伟、孙平当选为委员。
	学校物理科学与技术学院作品获首届全国大学生物理实验竞赛全国二等奖3项，3位指导教师被评为优秀指导教师。
14日	根据江苏省教育厅公布的第六届江苏省大学生艺术展演获奖结果，学校共荣获特等奖1项、一等奖2项、二等奖9项、三等奖16项，学校获评优秀组织奖。
16日	下午，学校党支部书记学习党的十九届五中全会精神培训班在行政楼报告厅举行，党委副书记、副校长田晓明出席会议并讲话。
17日	上午，学校"十四五"事业发展规划工作组第二次会议在行政楼五楼第二会议室召开，会议由副校长吴健荣主持。
	学校第二十届"金秋苏科大"校园科技文化节作品成果展在石湖校区教工之家举行，党委副书记王荣庆出席开幕式。
	下午，学校在行政楼一楼报告厅召开课程思政建设工作总结大会，党委书记张庆奎，副校长吴健荣、沈耀良出席大会，大会由党委副书记王荣

庆主持。

18 日　　学校石湖校区塔影湖畔的"塔影阁"咖啡厅正式启用。上午，学校领导张庆奎、王荣庆、崔志明、张新亚参加了"塔影阁"开业活动。

上午，学校在行政楼五三会议室召开 2020 年第三次国有资产管理委员会会议，会议由总会计师陈焕娣主持。

下午，学校纪委三届第十二次全委（扩大）会在行政楼五楼第二会议室召开，会议由党委常委、纪委书记、监察专员施亚东主持。

2020 年学校青年管理干部培训班在行政楼一楼报告厅举办。

根据《省教育厅办公室关于公布高等学校相关专业评估结果的通知》（苏教办高函〔2020〕23 号）文件，学校 2018 年度计算机专业大类、2019 年度工商管理专业大类的计算机科学与技术、人力资源管理、工商管理和市场营销 4 个参评专业全部通过评估。

19 日　　苏州科技大学党外知识分子联谊会成立大会在行政楼一楼报告厅举行，党委书记张庆奎出席大会。

由学校机械工程学院承办的江苏高校机械工程学科联盟第一届理事会第二次会议在苏州召开，副校长施琴芬出席会议并致辞。

20 日　　学校地理科学与测绘工程学院团队作品获第二届大学生自然资源科技作品大赛一等奖、优秀作品奖各 1 项，地理科学与测绘工程学院荣获"优秀组织奖"。

22 日　　学校 3 件校报作品在 2019 年度江苏省高校校报好新闻评选中获通讯类、版面类二等奖各 1 项，摄影类三等奖 1 项。

学校地理科学与测绘工程学院作品获首届"华测导航杯"全国大学生测绘创新开发大赛特等奖 1 项，1 位老师获得"优秀指导教师"奖。

23 日　　下午，苏州科技大学 2019—2020 学年"榜样先行　追梦奋进"优秀学生表彰大会在石湖校区音乐厅举行。学校领导王荣庆、吴健荣、沈耀良出席大会并为获得表彰的学生代表颁奖。

26 日　　长三角高水平行业特色大学联盟成立大会在中国计量大学举办，13 所联盟成员高校代表签署《长三角高水平行业特色大学联盟合作协议》，并联合发布《长三角高水平行业特色大学联盟宣言》。学校党委书记张庆奎代表学校出席联盟成立大会，签署联盟合作协议，并做交流发言。

27 日　　苏州校友会 2020 年度理事会年会在金鸡湖畔举行，党委书记张庆奎、副书记王荣庆、副校长张新亚受邀参加了年会。

28 日　　敬文书院学业项目导师聘任仪式及交流会在敬文大讲堂举行，党委副书记王荣庆出席了仪式。

下午，学校 2020 年度高校综合考核述职测评大会在行政楼一楼报告厅召开，江苏省考核委第九综合考核组到会指导。全体学校领导参加了会议，会议由党委书记张庆奎主持。

根据江苏省教育厅下发的《省教育厅办公室关于公布 2020 年省级大学生创新创业实践教育中心建设点遴选结果的通知》（苏教办高函〔2020〕

27号）文件，学校创新创业实践教育中心入选第二批省级双创实践教育中心建设点。

根据中国力学学会公布的获奖名单，学校应用物理学专业学生获"2020年中国力学学会全国徐芝纶力学优秀学生奖"。

29日　　根据江苏省教育厅公布的《关于公布第九届江苏省师范生教学基本功大赛和第二届江苏省师范院校教师智慧教学大赛获奖名单的通知》（苏教师函〔2020〕46号）文件，学校师范专业学生获一等奖2项、二等奖2项、三等奖9项，学校首次荣获优秀组织奖。

下午，学校工会2020年度工作表彰会在石湖校区行政楼一楼报告厅召开。

30日　　上午，"苏州科技大学上善环境科技奖励基金"颁奖仪式在行政楼四楼会议室举行，党委书记张庆奎、副校长施琴芬出席了颁奖仪式。

高校关工委苏州协作组2020年度工作会议在江枫校区建筑楼一楼报告厅举行，党委副书记王荣庆参加了会议。

根据江苏省发展改革委下发的《关于同意建设2020年江苏省工程研究中心的通知》（苏发改高技发〔2020〕1460号）文件，学校"江苏省分离净化材料与技术工程研究中心"获批立项建设。

31日　　学校研究生教育工作会议在行政楼报告厅召开，校领导张庆奎、王荣庆、田晓明、崔志明、吴健荣、沈耀良、施琴芬参加了会议，会议由党委副书记、副校长田晓明主持。

12月　　学校圆满完成第七次全国人口普查工作。

机构设置、机构负责人及有关人员名单

苏州科技大学机构设置

苏州科技大学党政机构设置

苏州科技大学党政机构设置一览表

序号	名　称	内设机构	备注
1	党委办公室、校长办公室、保密办公室	综合科	综合档案室挂靠
		文秘科	
		信息科	
2	党委组织部、统战部、党校、机关党工委	综合科	
		组织科	
		干部科	
3	党委宣传部	理论教育科	
		文化建设科	
		新闻宣传科	
4	纪委（监察专员办）	纪委办公室（正处级建制）	
		监督检查处（副处级建制）	
		审查调查处（副处级建制）	
5	党委教师工作部、人事处	人事科	人事档案室挂靠
		劳资科	
		师资科	
		人力资源开发中心	
6	教务处、高教研究所	综合与质量管理科	创新创业指导中心挂靠
		教学运行管理科	
		教学改革与研究科	
		师范教育与实践教学管理科	
		学籍管理科	

续表

序号	名　　称	内设机构	备注
7	党委学生工作部、学生工作处	思想政治教育科	心理健康教育中心挂靠
		学生事务与发展中心	
		招生办公室	
		学生就业服务与职业发展中心	
		学生资助管理中心	
8	财务处	核算科	
		计划科	
		管理科	
		综合科	
		后勤财务科	
9	科技产业处	综合及平台管理科	2011协同创新管理办公室挂靠
		科技管理科	
		产学研管理科	
10	人文社科处	科研管理科	
		社会服务科	
11	研究生部、学科建设办公室	研究生招生办公室	
		培养与学位管理科	
		学科建设管理科	
		学术委员会秘书处办公室	
12	国际合作交流处、港澳台事务办公室（含直属党支部）	外事综合科	
		留学生科	
		党政办公室	
		学生工作办公室	
13	发展规划处、审计处	发展与合作科	
		规划与管理科	
		综合审计科	

续表

序号	名　　称	内设机构	备注
14	党委保卫部、人民武装部、保卫处	综合科	
		治安科	
		消防管理科	
		国防教育科	
15	资产与后勤管理处、招投标管理办公室	综合科	分析测试中心（副处级建制）挂靠
		资产管理科	
		招标采购科	
		设备与实验室管理科	
		房产与修缮管理科	
16	基建处	综合管理科	
		工程管理科	
		计划管理科	
17	工会	综合科	
18	团委	组织宣传科	公共艺术中心挂靠
		科创实践科	
19	离退休工作处（含党工委）	离休科	
		退休科	
20	继续教育处	综合科	
		教学管理科	
		培训科	

苏州科技大学直属单位设置

苏州科技大学直属单位设置一览表

序号	名　称	内设机构	备注
1	图书馆（含党总支）	党政办公室	
2	信息化建设与管理中心	——	
3	学报编辑部	——	
4	后勤服务总公司（含党总支）	——	
5	敬文书院（含直属党支部）	——	
6	天平学院（含学院党委）	党政办公室、教务处、学生工作处	
7	资产经营有限公司（含党工委）	——	
8	继续教育学院	综合科、教学管理科、培训科	科级机构与继续教育处一并核定
9	国际教育学院	外事综合科、留学生科、党政办公室、学生工作办公室	科级机构与国际合作交流处、港澳台事务办公室一并核定

苏州科技大学校领导名单

党 委 书 记:张庆奎

校　　　长:姜朋明　　　　　　　　　　2020 年 12 月任

党委副书记:姜朋明　　　　　　　　　　2020 年 12 月任

　　　　　　王荣庆　　田晓明

副　校　长:田晓明　　崔志明　　吴健荣

　　　　　　沈耀良　　张新亚　　施琴芬

总 会 计 师:陈焕娣

纪委书记、监察专员:施亚东

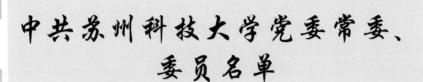

中共苏州科技大学党委常委、委员名单

党委常委

张庆奎　　姜朋明　　王荣庆　　田晓明　　崔志明　　吴健荣
沈耀良　　陈焕娣　　施亚东　　张新亚　　宫向阳　　李　萍

党委委员（按姓氏笔画排序）

马晓燕　　王　坚　　王永芳　　王荣庆　　韦洪涛　　田晓明
付保川　　朱明珠　　刘　凡　　孙红军　　芮　忠　　李　华
李　勇　　李　萍　　吴泉英　　吴健荣　　何湘江　　沈耀良
张庆奎　　张新亚　　陆道平　　陈焕娣　　郑　群　　施亚东
姜朋明　　宫向阳　　夏　健　　崔志明　　董巍峰

中共苏州科技大学纪律检查委员会委员名单

纪委书记（监察专员）

施亚东

纪委副书记

刘 芳

纪委委员（按姓氏笔画排序）

马少华　　王建平　　王建明　　刘 芳　　江忠华　　何 清
孟蓓琪　　施亚东　　顾 坚

苏州科技大学学术委员会及各组织人员名单

一、苏州科技大学学术委员会委员名单

主 任 委 员：陈永平
副主任委员：田晓明　　吴健荣　　沈耀良　　施琴芬
秘 书 长：王东田
委　　　员：丁海平　王世文　王本立　王伟林　王　勇　王慧利
　　　　　　韦洪涛　毛小勇　卢金斌　付保川　朱从坤　朱其新
　　　　　　朱昭华　伍立峰　刘　波　阮堂明　牟永生　纪丽莲
　　　　　　苏章海　杜景龙　李　勇　何湘江　余见旭　辛宏伟
　　　　　　张　兴　张　芳　张　毅　陆道平　范凌云　赵书杰
　　　　　　赵赟韵　郝万君　段　姝　祝　平　姚金雷　徐天舒
　　　　　　奚雪峰　凌郁之　郭永福　郭春显　郭富强　唐柏鉴
　　　　　　陶艳兰　黄志刚　黄祖平　董延茂　温　波

二、苏州科技大学学术委员会常务委员名单

　　陈永平　　田晓明　　吴健荣　　沈耀良　　施琴芬　　王东田

三、苏州科技大学学术委员会专门委员会委员名单

学科建设委员会
主　任：陈永平
副主任：王东田
委　员：王本立　王　勇　韦洪涛　毛小勇　付保川　朱其新
　　　　伍立峰　李　勇　吴健荣　余见旭　段　姝　凌郁之
　　　　郭富强　黄志刚　黄祖平　董延茂　温　波

教师聘任委员会
  主　任：田晓明
  副主任：何湘江
  委　员：丁海平　朱昭华　伍立峰　苏章海　杜景龙　张　兴
     郝万君　姚金雷　凌郁之

教学委员会
  主　任：沈耀良
  副主任：唐柏鉴
  委　员：王世文　王　勇　王慧利　韦洪涛　朱从坤　朱其新
     余见旭　辛宏伟　徐天舒　奚雪峰　陶艳兰　黄志刚
     黄祖平

科学研究委员会
  主　任：施琴芬
  副主任：陆道平　范凌云
  委　员：卢金斌　付保川　刘　波　阮堂明　牟永生　张　芳
     赵赟韵　祝　平　郭永福　郭春显

学术道德委员会
  主　任：吴健荣
  副主任：王东田
  委　员：王伟林　纪丽莲　张　毅　赵书杰　郭富强

学术伦理审查委员会
  主　任：吴健荣
  副主任：王东田
  委　员：王伟林　王慧利　韦洪涛　纪丽莲　张　毅　陆道平
     范凌云　赵书杰　郭富强

四、苏州科技大学学术委员会学院（部）学术分委员会主任名单

建筑与城市规划学院学术分委员会主任：王　勇
环境科学与工程学院学术分委员会主任：李　勇
土木工程学院学术分委员会主任：毛小勇
电子与信息工程学院学术分委员会主任：付保川
商学院学术分委员会主任：段　姝
文学院学术分委员会主任：凌郁之
社会发展与公共管理学院学术分委员会主任：王本立

马克思主义学院学术分委员会主任：温　波
教育学院学术分委员会主任：韦洪涛
数学科学学院学术分委员会主任：黄志刚
物理科学与技术学院学术分委员会主任：姚金雷
化学与生命科学学院学术分委员会主任：董延茂
材料科学与工程学院学术分委员会主任：郭春显
艺术学院学术分委员会主任：伍立峰
外国语学院学术分委员会主任：郭富强
音乐学院学术分委员会主任：黄祖平
机械工程学院学术分委员会主任：朱其新
地理科学与测绘工程学院学术分委员会主任：杜景龙
体育部学术分委员会主任：余见旭

（时间截至2020年12月31日）

苏州科技大学中层干部名单

党委办公室、校长办公室、保密办公室

 主 任：朱明珠
 副主任：程 勇
     张 媛
     叶晓琳   2020年7月任

党委组织部、统战部、党校、机关党工委

 党委组织部、统战部
 部 长：宫向阳
 副部长：任晓明（兼）   2020年7月任
     曹 岩（正处级）   2020年7月任
     夏新广
     徐治初

 党校
 校 长：王荣庆（兼）
 常务副校长：宫向阳
 副校长：李 萍

 机关党工委
 书 记：任晓明   2020年7月任

党委宣传部

 部 长：李 萍
 副部长：浦净净
     刘 文

纪委（监察专员办）

纪委副书记、纪委办公室主任：刘　芳
纪委办公室副主任：吴益民
监督检查处处长：王仲春（副处级）
审查调查处处长：张　铮（副处级）

教务处、高教研究所、教师教学发展中心

处长、所长、主任：唐柏鉴　　　　　　　　　　　　　　2020 年 7 月任
副处长：邢夫敏
　　　　刘志强
　　　　孙静芳

研究生部、学科建设办公室

主　任：王东田
学科办副主任：王开永（兼）
研究生部副主任：孙国华

科技产业处

副处长：范凌云（主持工作）　　　　　　　　　　　　　2020 年 7 月任
　　　　叶　进
　　　　于立刚

人文社科处

处　长：陆道平
副处长：程郁琨　　　　　　　　　　　　　　　　　　　2020 年 7 月任

党委教师工作部、人事处

部　长、处　长：何湘江
副部长、副处长：宋红英
　　　　　　　　姚之彦
　　　　　　　　陈　丰　　　　　　　　　　　　　　　2020 年 7 月任

党委学生工作部、学生工作处

部　长、处　长：董巍峰
副部长、副处长：李　璟
　　　　　　　　张承祖
　　　　　　　　范晴岚

国际合作交流处、港澳台事务办公室、国际教育学院（含党总支）

处　长、主　任、院　长、书　记：吴惠芳
副处长、副主任、副院长、副书记：梅平平　　　　　　2020年7月任
副处长、副主任：钱　佳

继续教育处、继续教育学院

处　长、院　长：夏　阳
副处长、副院长：刘双魁
　　　　　　　　江一平

发展规划处、审计处

处　长：叶金平
副处长：杨福金
　　　　钱永兴

财务处

处　长：王永芳
副处长：金曦弘
　　　　周　瑾

资产与后勤管理处、招投标管理办公室

处　长、主　任：孙士俊
副处长：肖金球
副处长、副主任：林　海
副处长：章　磊

基建处

处　长：谢学军
副处长：董现珠
　　　　党　灏

党委保卫部、人民武装部、保卫处

部　长、处　长：朱永涛
副部长、副处长：樊臻纯
　　　　　　　　陈金建

离退休党工委、离退休工作处

书　记、处　长：席学军
副书记、副处长：周鲸波
　　　　　　　　丁卫国

工会

主　席：马晓燕
副主席：尤来菊

团委

书　记：章　鸣　　　　　　　　　　　　　　　2020年12月任

图书馆（含党总支）

书　记：李依群
馆　长：王建平
副馆长：赵霖平
　　　　顾永时

信息化建设与管理中心

主　任：芮　忠
副主任、总工程师：张道军（正处级）

学报编辑部

主　任：汪诗明
副主任：朱苏南

天平学院（含党委）

书　记：郑　群
院　长：孙红军
副书记兼副院长：孙　景
副院长：王建芳
　　　　葛学敏

敬文书院（含直属党支部）

书　记：崔雪丽
院　长：董兴法
副院长：张　婧

后勤服务总公司（含党总支）

书　记：许金林
总经理：关江南（正处级）
副总经理：岳　红（副处级）
　　　　　马明中（副处级）

医疗卫生服务中心
主　任：马明中（副处级）

资产经营有限公司（含党工委）

副书记：周　溢（主持工作）
总经理：周　溢（副处级）

分析测试中心

主　任：肖金球（副处级）

苏州乡村振兴（城乡一体化改革发展）研究院

　　常务副院长：袁中金

苏州国家历史文化名城保护研究院

　　副院长：王　勇（主持工作）

城市发展智库（高级研究院）

　　副院长：宋　青（正处级）

建筑与城市规划学院（含党委）

　　书　　记：王雨村
　　院　　长：夏　健
　　副书记兼副院长：李　敏
　　副院长：朱建达
　　　　　　胡　莹
　　　　　　王　勇

环境科学与工程学院（含党委）

　　书　　记：费忠民
　　院　　长：李　勇
　　副书记兼副院长：任云高　　　　　　　　　2020年7月任
　　副院长：黄天寅
　　　　　　潘　杨
　　　　　　李大鹏

土木工程学院（含党委）

　　书　　记：刘　凡
　　院　　长：毛小勇
　　副书记兼副院长：刘建峰
　　副院长：田石柱
　　　　　　赵宝成
　　　　　　范存新

电子与信息工程学院（含党委）

  书 记：张兄武
  院 长：付保川
  副书记兼副院长：杨波涛
  副 院 长：胡伏原
       孙云飞

商学院（含党委）

  书 记：江忠华
  院 长：段 姝   2020 年 12 月任
  副书记兼副院长：和 洁
  副 院 长：朱松华
       杨传明

文学院（含党委）

  书 记：何 清
  院 长：凌郁之
  副书记兼副院长：瞿晓庆
  副 院 长：路海洋
       孙 虎

社会发展与公共管理学院（含党委）

  书 记：孟庆艳
  院 长：王本立
  副书记兼副院长：张笑川
  副 院 长：唐利平

马克思主义学院（含党委）

  书 记：隋爱红
  院 长：温 波
  副书记兼副院长：肖 建
  副 院 长：陈建明   2020 年 7 月任
       王 腾   2020 年 7 月任

教育学院（含党总支）

　　书　　记：刘　强　　　　　　　　　　　　　　　2020 年 7 月任
　　院　　长：韦洪涛
　　副书记兼副院长：徐　瑾
　　副院长：邵爱国

数学科学学院（含党委）

　　书　　记：王开永　　　　　　　　　　　　　　　2020 年 7 月任
　　院　　长：黄志刚　　　　　　　　　　　　　　　2020 年 7 月任
　　副书记兼副院长：胡世怡　　　　　　　　　　　　2020 年 7 月任
　　副院长：陈　洋　　　　　　　　　　　　　　　　2020 年 7 月任
　　　　　　孙桂荣　　　　　　　　　　　　　　　　2020 年 7 月任

物理科学与技术学院（含党委）

　　书　　记：吴泉英　　　　　　　　　　　　　　　2020 年 7 月任
　　院　　长：马春兰　　　　　　　　　　　　　　　2020 年 7 月任
　　副书记兼副院长：卢长彤　　　　　　　　　　　　2020 年 7 月任
　　副院长：郝　翔　　　　　　　　　　　　　　　　2020 年 7 月任
　　　　　　王　军　　　　　　　　　　　　　　　　2020 年 7 月任

化学与生命科学学院（含党委）

　　书　　记：丛春秋　　　　　　　　　　　　　　　2020 年 7 月任
　　院　　长：李良智　　　　　　　　　　　　　　　2020 年 7 月任
　　副书记兼副院长：张记江　　　　　　　　　　　　2020 年 7 月任
　　副院长：秦粉菊　　　　　　　　　　　　　　　　2020 年 7 月任
　　　　　　张钱丽　　　　　　　　　　　　　　　　2020 年 7 月任

材料科学与工程学院（含党总支）

　　书　　记：肖科学　　　　　　　　　　　　　　　2020 年 7 月任
　　院　　长：李长明　　　　　　　　　　　　　　　2020 年 7 月聘
　　常务副院长：郭春显　　　　　　　　　　　　　　2020 年 7 月聘
　　副书记兼副院长：李永丹　　　　　　　　　　　　2020 年 7 月任
　　副院长：刘成宝　　　　　　　　　　　　　　　　2020 年 7 月任

杨晓刚   2020 年 9 月任

艺术学院（含党委）

书　　记：严大银
副院长：陈卫东
副书记兼副院长：季海君
副院长：伍立峰
　　　　崔冀文

外国语学院（含党委）

书　　记：顾　坚
院　　长：郭富强
副书记兼副院长：周　茹
副院长：汪利和
　　　　綦　亮

音乐学院（含党总支）

书　　记：王　坚
院　　长：黄祖平
副书记兼副院长：陈　林
副院长：俞　飞
　　　　陈　菁   2020 年 7 月任

机械工程学院（含党委）

书　　记：毛永宏
院　　长：朱其新
副书记兼副院长：伯　洁
副院长：曹自洋

地理科学与测绘工程学院（含党委）

书　　记：张　菡   2020 年 7 月任
院　　长：杜景龙   2020 年 7 月任
副书记兼副院长：彭　科   2020 年 9 月任
副院长：杨朝辉   2020 年 7 月任

陈德超 2020年9月任

体育部（含党总支）

书　记：周　刚 2020年7月任
主　任：余见旭
副主任：吴谋林

（时间截至2020年12月31日）

苏州科技大学工会委员会及各分会主席人员名单

一、苏州科技大学工会委员会委员名单

主　席：马晓燕
副主席：尤来菊
委　员：王　华　　刘　智　　刘卫春　　严海兵　　杨传明
　　　　张秀伟　　陈　琰　　陈广平　　金　珋　　赵　丹
　　　　赵　曦　　赵赟韵　　姜月茹　　姚江峰

二、苏州科技大学各分工会主席名单

建筑与城市规划学院工会主席：秦　虹
环境科学与工程学院工会主席：杨　洁
土木工程学院工会主席：姚江峰
电子与信息工程学院工会主席：刘　智
商学院工会主席：杨传明
文学院工会主席：冯红宇
社会发展与公共管理学院工会主席：王丰海
马克思主义学院工会主席：韩俊丽
教育学院工会主席：孙长安
数学科学学院工会主席：沈菁华
物理科学与技术学院工会主席：张晓渝
化学与生命科学学院工会主席：金　珋
材料科学与工程学院工会主席：李宛飞
艺术学院工会主席：刘蓓蓓
外国语学院工会主席：刘　芳
音乐学院工会主席：赵赟韵
机械工程学院工会主席：赵　曦

地理科学与测绘工程学院工会主席：史守正
体育部工会主席：王生贵
机关党群工会主席：陈　琰
机关行政工会主席：朱　可
图书馆工会主席：严海兵
后勤工会主席：陈元保

苏州科技大学共青团干部名单

(院部团委书记以上)

校团委

书　记：章　鸣
副书记：刘大闯　　周思颖

建筑与城市规划学院团委

书　记：滕　飞

环境科学与工程学院团委

书　记：陈一重

土木工程学院团委

书　记：陈　玮

电子与信息工程学院团委

书　记：严　生

商学院团委

书　记：顾银君

文学院团委

书　记：孙佳明

社会发展与公共管理学院团委

　书　　记：张士威

马克思主义学院团委

　书　　记：周青龙

教育学院团委

　书　　记：张　洁

数学科学学院团委

　书　　记：程智龙

物理科学与技术学院团委

　书　　记：吴　娱

化学与生命科学学院团委

　书　　记：顾姗姗

材料科学与工程学院团委

　书　　记：王文娟

艺术学院团委

　书　　记：陈　超

外国语学院团委

　书　　记：陈碧榭

音乐学院团委

书　　记：姚　桦

机械工程学院团委

书　　记：陆丹薇

国际教育学院团委

书　　记：董川永

地理科学与测绘工程学院团委

书　　记：钱　蜜

敬文书院团委

书　　记：于明礼

天平学院团委

书　　记：邵　杰

苏州科技大学教职工担任各级人大代表、政协委员、民主党派和团体主要负责人名单

【省、市、区人大代表】

第十三届江苏省人大代表：潘　涛

第十六届苏州市人大常委：宋　青

第十六届苏州市人大代表：吴红耘　凌郁之

第十一届虎丘区人大常委：潘　涛

第十一届虎丘区人大代表：丁国蓉　孙红军

【全国、省、市、区政协委员】

全国第十三届政协委员：宋　青

第十二届江苏省政协委员：王筱梅

第十四届苏州市政协常委：施琴芬　姜正平　殷　新

第十四届苏州市政协委员：丁海平　王世文　王艳芬　叶亚新
　　　　　　　　　　　　伍立峰　李翠梅　沈　骅　侯爱敏
　　　　　　　　　　　　姜　莉　徐国定　黄志刚　董兴法
　　　　　　　　　　　　宫向阳

第八届虎丘区政协常委：黄明华

第八届虎丘区政协委员：马三剑　曲延全　陈亢利　邵爱华

【民主党派和团体主要负责人及市级以上委员】

民革苏州市委常委、民革校基层委员会主委：殷　新

民革苏州市委委员：凌郁之

民盟苏州市委常委：董兴法

民盟苏州市委委员、校基层委员会主委：李翠梅

民盟苏州市委委员、校基层委员会副主委：王艳芬

民建中央委员、民建苏州市委副主委、民建江苏省委监督委员会副主任：宋　青

民建苏州市委常委：姜正平
民进校总支主委：王学华
农工党校支部主委：王本立
致公党苏州市委副主委、致公党校支部主委：黄志刚
九三学社江苏省委委员：王筱梅
九三学社苏州市监委委员：吴红耘
九三学社苏州市委委员：叶亚新
九三学社校基层委员会主委：丁海平
苏州市无党派知识分子联谊会副会长：潘　涛
苏州市归国华侨联合会委员、校归国华侨联合会主席：王　坚
苏州市台属联谊会副会长、校台属联谊会主席：袁　铭
苏州科技大学党外知识分子联谊会会长：郭春显

苏州科技大学有关人员在校外机构任职名单

苏州科技大学有关人员在校外学术机构任职名单一览表

(据2020年不完全统计,按院部排列、以姓氏笔画为序)

姓 名	机构名称及职务
建筑与城市规划学院	
王勇	中国城郊经济研究会第七届理事会常务理事
	中国城市科学研究会生态城市研究专业委员会委员
	江苏省地理学会常务理事
	江苏省城市规划研究会城镇化与空间战略研究专业委员会委员
	江苏省城市规划研究会历史保护专业委员会委员
	苏州海外联谊会第四届理事
	中国建筑学会建筑文化学委会委员
	中国城市科学研究会总师专委会委员
王秀慧	江苏省土木建筑学会建筑创作专业委员会(建筑师学会)女建筑师分会委员
王孟永	江苏省土木建筑学会建筑创作专业委员会(建筑师学会)青年建筑师分会委员
邓雪湲	中国城市科学研究会绿色建筑与节能学委会会员
	中国城市科学研究会生态城市与规划学委会会员
刘长春	江苏省土木建筑学会建筑创作专业委员会(建筑师学会)委员(理事)
刘志强	中国风景园林学会教育工作委员会常务委员
关国兵	苏州市文物保护鉴定专业委员会文物保护鉴定专家

续表

姓 名	机构名称及职务
孙旻恺	中国风景园林学会园艺疗法与园林康养专业委员会委员
杨新海	住建部城镇化专家委员会委员
杨新海	教育部高等学校城乡规划专业教学指导分委员会委员
杨新海	中国城市规划学会常务理事
杨新海	江苏省人民政府督学
杨新海	江苏省土木建筑学会常务理事
杨新海	江苏省城市规划研究会常务理事
杨新海	苏州市土木建筑学会理事长
杨新海	苏州市城市规划协会副会长
杨新海	《城市规划学刊》《现代城市研究》《城乡规划》编委
时 匡	世界华人建筑师学会顾问
邱德华	中国城市规划学会理事
邱德华	江苏省土木建筑学会建筑创作专业委员会（建筑师学会）委员（理事）
邱德华	苏州市土木建筑学会常务理事、秘书长
张 兴	黑龙江省科技经济顾问委员会委员
张 兴	黑龙江省微生物学会副会长
张 兴	黑龙江省仿生与生物制造学会副会长
张 芳	江苏省土木建筑学会建筑创作专业委员会（建筑师学会）青年建筑师分会委员
张 芳	江苏省土木建筑学会城市设计专委会委员
张 曦	江苏省土木建筑学会建筑创作专业委员会（建筑师学会）女建筑师分会委员
张振龙	中国地理学会城市地理专业委员会委员
范凌云	中国城市规划学会城乡治理与政策研究学术委员会委员
范凌云	中国城市规划学会乡村规划与建设学术委员会委员
范凌云	中国生态城市研究专业委员会委员
范凌云	中国城市科学研究会健康城市专业委员会委员
罗 超	江苏省城市规划研究会历史保护专业委员会秘书长
罗 超	江苏省城市规划研究会城市更新专业委员会委员
罗 超	江苏省城市规划研究会产业园区与创新空间规划专业委员会委员

续表

姓　名	机构名称及职务
周　曦	江苏省土木建筑学会建筑创作专业委员会（建筑师学会）青年建筑师分会委员
胡　莹	中国建筑学会地下空间分会理事
	江苏省土木建筑学会建筑创作专业委员会（建筑师学会）女建筑师分会委员
袁中金	住建部村镇建设专家委员会委员
夏　健	中国城市科学研究会历史文化名城委员会委员
	中国建筑学会建筑教育分会理事
	中国建筑学会立体城市与复合建筑专委会委员
	江苏省城市规划研究会历史保护专业委员会常务副主任委员
	江苏省城市规划研究会城市设计专业委员会委员
	江苏省土木建筑学会城市设计专业委员会委员
	江苏省土木建筑学会建筑创作专业委员会（建筑师学会）副会长
	苏州市土木建筑学会理事
	苏州市规划协会常务理事
	联合国教科文组织亚太地区世界遗产培训与研究中心（苏州）古建筑保护联盟执行委员
	苏州世界遗产与古建筑保护研究会常务理事
	《华中建筑》《中国名城》编委
徐永利	江苏省城市规划研究会历史保护专业委员会委员
	江苏省土木建筑学会建筑创作专业委员会（建筑师学会）委员（理事）
楚超超	江苏省土木建筑学会建筑创作专业委员会（建筑师学会）女建筑师分会委员
环境科学与工程学院	
马三剑	中华环保联合会理事
	江苏省生物技术协会常务理事
王学东	《农业环境科学学报》编委
	国家自然科学基金评审委员会函审专家
	温州市环境科学学会副秘书长

续表

姓　名	机构名称及职务
王学华	江苏省环保产业协会理事
	江苏省环科协会环评分会理事
	高新区环保产业协会理事
王慧利	国家基金委同行评议专家
	浙江省杰出青年基金会场评审专家
	北京、江西、山东、湖南自然科学基金评审专家
孙志高	江苏省工程热物理学会理事
	江苏省能源学会理事
李大鹏	住建部高等教育给排水科学与工程专业评估委员会委员
	国家自然科学基金评审委员会函审专家
	《环境科学》《农业环境科学学报》审稿人
李　勇	江苏省突发环境事件应急专家库专家
	苏州市环境科学学会副理事长
	苏州市环境保护产业协会副会长
	苏州市财政局评标专家库专家
	苏州市突发环境事件应急专家库专家
李翠梅	中国土木工程学会建筑学会理事
	中国水利学会会员
	苏州市自然资源与国土空间规划公众咨询专家委员
	苏州市资源环境司法专家委员
	苏州市水生态学会副理事长
	江苏省给排水专业委员会委员
张占恩	江苏省环境监测协会理事
陈亢利	中国照明学会室外照明专业委员会委员
陈重军	《工业水处理》青年编委
	苏州环保产业协会专家委员会委员

续表

姓 名	机构名称及职务
施维林	中国循环经济协会中国土壤修复战略创新联盟监事长、场地土壤与地下水专家委员会主任委员
	长三角土壤与地下水修复专家联盟常务副理事长兼秘书长
	中国循环经济协会土壤修复标准工作小组组长
	国家自然科学基金网评专家
	江苏省环境科学学会土壤与地下水修复专家委员会委员
	苏州市土壤修复工作委员会首席专家
	苏州市储备土地污染土壤修复专家组组长
	无锡市储备土地污染土壤修复专家
	常州市环保局、镇江市环保局土壤修复专家
	《苏州科学技术大学学报（自然科学版）》编委
	《环境工程学报》审稿人
徐乐中	江苏省排水协会理事
	苏州市建设局设计专家库成员
郭永福	中国土木工程学会水工业分会排水委员会委员
	苏州市给排水协会会员
	科技部科技专家库专家
	苏州科技局科技专家库专家
	苏州市市政行业专家库专家
	《工业水处理》期刊编委
	RSC Advances、New Journal of Chemistry、Research on Chemical Intermediates、Desalination and Water Treatment、Journal of Environmental Chemical Engineering 等杂志审稿人
黄天寅	教育部高等学校给排水科学与工程专业教学指导委员会委员
	苏州市水利学会副会长
潘 杨	苏州市环境科学学会理事
	江苏省突发环境事件应急专家库专家
	苏州市突发环境事件应急专家库专家
	《环境工程学报》《环境化学》通讯审稿人
	无锡市公共实训基地现代环保业专家组专家

续表

姓　名	机构名称及职务
土木工程学院	
丁海平	中国地震学会会员
	江苏省地震学会地震工程专业委员会副主任委员
	《地震工程与工程振动》编委
毛小勇	中国土木工程学会工程防火技术分会理事
	中国建筑学会抗震防灾分会结构抗火专业委员会委员
	江苏省土木建筑学会第九届理事会理事
田石柱	土木工程学会桥梁与结构分会土木工程结构试验技术委员会副主任
	国际结构振动控制学会中国结构振动控制分会理事
	中国建筑学会结构抗震实验分会委员
	中国振动工程学会结构抗震专业委员会委员
张　毅	中国数学力学物理学高新技术交叉研究学会常务理事兼数学力学专业委员会主任
	中国力学学会分析力学专业组副组长
	江苏省力学学会常务理事、苏州市力学学会理事长
邵永健	中国钢结构协会钢—混凝土组合结构分会理事
	全国建筑物鉴定与加固标准技术委员会委员
	江苏省地震学会地震工程专业委员会委员
顾　强	全国轻钢结构委员会委员
	中国钢结构协会专家委员会委员
	住建部金属结构应用专家委员会委员
电子与信息工程学院	
石　颉	中国电工技术学会高级会员
	中国电机工程学会会员

续表

姓　名	机构名称及职务
付保川	全国高等学校建筑电气与智能化专业指导委员会副主任
	中国自动化学会建筑机器人专业委员会副主任
	江苏省人工智能学会理事
	苏州市计算机学会副理事长
	苏州市人工智能学会副理事长
	《苏州科技大学学报（工程技术版）》编审委员
任建平	中国计算机学会会员
	江苏省计算机学会网络与分布式计算专业委员会委员
	苏州市中文信息处理学会理事
华　泽	江苏省计算机学会高级会员
	MathType 中国高级会员
李　泽	江苏省自动化学会控制理论及应用专业委员会委员
	国际电气与电子工程师协会高级会员
	江苏省自动化学会会员
肖金球	苏州市电子学会常务理事
吴宏杰	CCF YOCSEF 苏州分会学术委员
	苏州市人工智能学会监事
	苏州市中文信息学会理事
吴征天	国际电气与电子工程师协会高级会员
	中国建筑机器人专业委员会委员
陆　悠	中国计算机学会网络与数据通信专委会委员
	江苏省计算机学会云计算专委会委员
	CCF YOCSEF 苏州分会学术委员
陈珍萍	国际电气与电子工程师协会高级会员
	中国建筑机器人专业委员会委员

续表

姓　名	机构名称及职务
胡伏原	中国体视学学会理事
	中国计算机学会计算机视觉专委会委员
	中国图形图像学会成像探测与感知专委会委员
	江苏省计算机学会理事
	江苏省人工智能学会监事
	中国计算机学会苏州分部执委
	苏州市人工智能学会理事
	《计算机工程》青年编委
	《液晶与显示》青年编委
	《苏州科技大学学报（自然科学版）》编委
夏振平	国际信息显示学会会员
	中国智能医学专业委员会智能眼科学组委员
	中国电子学会会员
奚雪峰	CCF YOCSEF 苏州学术委员
	江苏省计算机学会软件专委会委员
	苏州市计算机学会理事
	江苏省人工智能学会自然语言处理专委会秘书长
	苏州市人工智能学会理事
郭胜辉	江苏省自动化学会青年工作委员会委员
	中国自动化学会会员
	中国自动化学会数据驱动控制、学习与优化专业委员会委员
	江苏省自动化学会会员
崔志明	中国计算机学会开放系统专业委员会委员
	苏州市科学技术协会副主席
	苏州市计算机学会副理事长
	《微电子学与计算机》期刊编委
董兴法	苏州市电子学会副理事长

续表

姓　名	机构名称及职务
傅启明	苏州市人工智能学会副秘书长
	中国计算机学会会员
潘欣裕	中国计算机学会会员
	CCF YOCSEF 苏州分会 AC 委员
	苏州人工智能学会会员
戴　欢	CCF YOCSEF 苏州副主席
	江苏省嵌入式与物联网专业委员会秘书长
	中国计算机学会苏州分部秘书长
商学院	
王世文	苏州市金融学会副会长
	苏州企业发展研究会副会长
	江苏省资本市场研究会理事
	苏州市专家咨询团成员
	苏报智库成员
陈来生	苏州市旅游文化促进会会长
	苏州市专家咨询团副团长
段　姝	苏州物价局专家库成员
	中国建设会计学会财管分会理事
	江苏高级会计师评审委员
徐天舒	苏州市工信局企业评价专家库成员
	南京大学长江产业经济研究院特约研究员
	苏州市统计学会理事
	苏州市科技局企业评价专家库成员
	苏州市政府政策研究室特约研究员
文学院	
丁国祥	民盟苏州市委高教工作委员会副主任

续表

姓　名	机构名称及职务
王海远	中国屈原学会理事
	江苏儒学会常务理事
冯红宇	苏州市欧美同学会理事
阮堂明	中国李白研究会常务理事
	中国唐代文学学会理事
陈祝琴	教育部学位办论文评审专家
金　红	江苏省地域文化研究会理事
	江苏省昆剧研究会理事
	江苏省中国现代文学学会理事
	苏州市文艺评论家协会理事
	苏州专家咨询团专家
	苏州市高雅艺术评审委员会专家
徐　文	中国英语诗歌研究会理事
凌郁之	民革江苏省委理论研究与学习委员会委员
	江苏省民革文化艺术工作者联谊会副会长
路海洋	中国骈文学会常务理事
	苏州市诗词协会副秘书长

社会发展与公共管理学院

王本立	江苏省历史学会常务理事
	苏州市历史学会常务理事
王艳芬	苏州市政协委员
	江苏省东南亚理事会理事
朱爱华	苏州市社会工作者协会副会长兼纪律委员会主任
汪诗明	中国亚太学会大洋洲研究会会长
	中国亚太学会常务理事
	《中国大百科全书（第三版）》学科编委
	江苏省世界史研究会常务理事

续表

姓　　名	机构名称及职务
张笑川	中国社会史学会理事
	苏州历史文化研究会理事
陆道平	苏州社科联常务理事
陈建兰	苏州市久久社工服务中心理事长
祝曙光	中国日本史学会常务理事兼近代史专业委员会会长
	江苏省世界史学会副会长
	苏州市历史学会副会长
	复旦大学韩国研究中心兼职研究员
姚　海	江苏省历史学会副会长
袁成亮	江苏省作家协会会员
	苏州市文艺评论家协会理事
	苏州市书画研究会理事
解国良	中国苏联东欧史研究会理事
陶艳兰	苏州市妇女联合会"吴地芬芳"巾帼公益联盟专家库成员
	中国社会学会家庭社会学专业委员会第四届理事会理事

马克思主义学院

姓　　名	机构名称及职务
王建明	中国马哲史学会马恩哲学思想研究分会副会长
	中国环境伦理学研究会常务理事及秘书长
方秋明	教育部学位中心通讯评议专家
陆　畅	江苏省儒学学会理事
温　波	中国马哲史学会马恩哲学思想研究分会常务理事
	江苏省儒学会副会长
	江苏省邓小平理论研究中心理事
	苏州意识形态研究中心副主任
	苏州新时代文明实践研究院副院长
	苏州市法学学会常务理事

续表

姓　名	机构名称及职务
教育学院	
韦洪涛	江苏省心理学会理事
	江苏省心理学会教学工作委员会副主任委员
	苏州市心理学会副理事长
田晓明	教育部高等学校心理学类专业教学指导委员会委员
	中国心理学会理事、工业心理学专业委员会副主任
	江苏省心理学会副理事长
杨翠蓉	苏州市心理学会监事
	江苏省社会工作协会心理健康工作委员会理事
	江苏省心理学会质性心理学专业委员会委员
	江苏省心理学会发展与教育心理学专业委员会委员
	江苏省心理学会认知神经科学专业委员会副主任委员
张　明	中国心理学会理事
	中国心理学会教学工作委员会主任
	中国心理学会普通与实验心理专业委员会副主任
	担任 Neuroscience and Biomedical Engineering《心理科学》《应用心理学》《心理研究》等学术期刊编委
贾凤芹	苏州市心理学会会员
	江苏省心理学会社区心理学专业委员会委员
数学科学学院	
王开永	江苏省学位与研究生教育学会指导教师专业委员会委员
	江苏省概率统计学会第七届常务理事
	苏州市现场统计研究会第六届理监事会副理事长
李玮玲	苏州市教育学会中学数学分会
陈　洋	中国现场统计研究会大数据统计分会理事
国　起	全国现代分析及其应用学会学术委员会委员
	全国泛函分析学会空间理论组常务理事

续表

姓　名	机构名称及职务
徐常青	中国高等教育学会教育数学专业委员会第四届常务理事
	江苏省运筹学会理事
	上海大学张量与矩阵理论国际研究中心学术委员会成员
黄志刚	江苏省工业与应用数学学会理事
	江苏省高等数学研究会常务理事
	苏州市数学会副理事长
程　瑶	江苏省计算数学学会理事
傅　勤	中国自动化学会数据驱动控制、学习与优化专业委员会委员
	美国《数学评论》评论员
物理科学与技术学院	
马春兰	江苏省理学Ⅰ类研究生教育指导委员会委员
	江苏省物理学会第十五届理事会理事
	2018—2022年教育部高等学校大学物理课程教学指导委员会文科类物理课程工作委员会委员
	2018—2022年教育部高等学校物理学类专业教学指导委员会华东地区工作委员会委员
	江苏省物理学会"新能源物理专业委员会"委员
王　军	苏州市激光与光学工程学会理事
吴泉英	江苏省光学学会常务理事
	苏州市激光与光学工程学会副理事长
	苏州博士联合会副理事长
吴银忠	江苏省物理学会静电专业委员会理事
	江苏省物理学会电介质物理和材料专业委员会理事
张晓渝	全国高等学校热学课程教学研究会常务理事
赵　蒙	中国仪器仪表学会传感器分会第六届理事会理事
	中国电子学会敏感电子学分会气湿敏传感技术专业委员会委员
郝　翔	苏州市物理学会副理事

续表

姓　名	机构名称及职务
程新利	江苏省仪器仪表学会理事
樊　斌	苏州市物理学会理事
化学与生命科学学院	
李良智	苏州市生物学会副理事长
	苏州市化学化工学会理事
陈佳佳	苏州市生物学会理事
秦粉菊	江苏省高校生物学学科联盟理事
董延茂	江苏高校化学工程与技术学科联盟理事
	苏州市化学化工学会副理事长、学术委员会委员
艺术学院	
马俊伟	苏州市雕塑协会理事
王伟林	中国书法家协会学术委员
	中国文艺评论家协会书法篆刻专业委员会副秘书长
	江苏省艺术评论学会书法艺术专业委员会主任
伍立峰	江苏省美术家协会理事
	江苏省美术家协会壁画艺委会委员
	江苏省油画学会理事
	苏州市美术家协会副主席
华亦雄	江苏省室内设计学会理事
陈卫东	中国人工智能学会智能教育技术专委会常务理事
	中国教育技术协会教育游戏专委会理事
	全国高等院校计算机基础教育研究会数字创意专委会高级委员
	博物馆数字孪生感知技术江苏省文化与旅游重点实验室学术委员会主任委员
莫军华	苏州平面设计师协会主席
	苏州美术家协会综合艺委会副主任
董立惠	中国建筑装饰协会设计委员会委员

续表

姓 名	机构名称及职务
潘道生	江苏省高校美术教育专业大学生基本功大赛评委
	中国美术家协会会员
	苏州市美术家协会油画艺术委员会委员
薛 娟	全国艺术专业学位研究生教育指导委员会艺术设计专业分委会委员
	山东省城市文化研究会文化艺术管理专业委员会副会长
音乐学院	
王 莹	中国民族管弦乐学会古筝专业委员会会员
	河南省音乐家协会古筝专业委员会理事
王爱国	江苏省音乐家协会会员
毛 玥	中国民族管弦乐协会古琴专业委员会理事
卞秀峰	亚洲扬琴协会常务理事
	中国民族管弦乐学会扬琴专业委员会理事
	世界扬琴乐团副团长
邓 韬	江苏省音乐家协会会员
	苏州音乐家协会管弦学会副会长
史 琳	苏州冯梦龙山歌研究会理事
	苏州声乐学会理事
	中国音乐家协会、江苏省声乐学会会员
冯智全	世界民族音乐学会理事
	苏州市吴地音乐研究会理事
朱小屏	苏州市音乐家协会会员
刘也愚	苏州市音乐家协会会员
冷 静	苏州市钢琴学会会员、理事
张梦娇	苏州大提琴协会副会长
	苏州低音提琴委员会主任
张 燕	中国音乐家协会、江苏省声乐学会会员
陈 林	苏州声乐学会理事

续表

姓 名	机构名称及职务
赵赟韵	中国教育学会音乐教育专业委员会会员
	江苏省音乐家协会会员
	苏州市音乐家协会会员
	苏州市钢琴学会会员
	上海音乐学院社会艺术水平等级考试考官
胡奇章	上海音乐学院社会艺术水平考级苏州地区考官
	江苏省音乐高考考场现场伴奏及评委
俞 飞	中国音乐家协会会员
	中国竹笛学会常务理事
	江苏省竹笛学会副会长
	美国华人音乐家协会理事
	美国加州国乐团竹笛教授、客席指挥
	苏州市笛箫文化研究会会长
	苏州民族管弦乐学会副会长兼竹笛专业委员会会长
徐启浩	朱宗庆打击乐团团员
	朱宗庆打击乐团教学系统讲师
黄承箱	中国音乐家协会会员
	江苏省数码音乐学会副主任
	苏州市钢琴学会理事
	苏州市计算机音乐学会副会长
黄祖平	中国音乐家协会全国高校联盟合唱委员会副秘书长
	中国音乐家协会会员
	苏州市合唱协会理事
	吴地音乐研究会副会长
	《当代音乐》刊物编委
	苏州民族管弦乐协会副会长

续表

姓　　名	机构名称及职务
龚　瑛	中国传统音乐学会会员
	中国民族管弦乐学会会员
	苏州市民族管弦乐学会副会长
	上海音乐家协会琵琶专业委员会会员
	苏州职业大学音乐系外聘琵琶老师
	苏州市实验小学外聘乐队辅导老师
机械工程学院	
卢金斌	中国机械工程学会高级会员
朱其新	苏州市机械工程学会副理事长
	中国指挥与控制学会云控制与决策专业委员会委员
	中国自动化学会环境感知与保护自动化专业委员会委员
	中国系统仿真学会智能物联系统建模与仿真专业委员会委员
	中国系统仿真学会机器人系统仿真专委会委员
	国际水中机器人联盟常务委员
	中国机械工业教育协会机械电子工程专业教学指导委员会委员
	中国自动化学会控制理论专业委员会网络化控制分会委员
	中国教育发展战略学会人工智能与机器人教育专业委员会理事
	江苏省机械职业教育行业指导委员会工程应用专委会委员
	《机械设计与制造工程》理事会理事
	国际 EI 期刊 Recent Advances in Electrical and Electronic Engineering 编委
齐文春	中国机械工程学会特种加工分会电火花线切割加工技术委员会委员
齐芳娟	中国焊接学会焊接结构及力学专业委员会委员
李　华	中国机械工业教育协会机械设计制造及其自动化专业教学指导委员会委员
	中国机械工程学会特种加工分会超声加工技术委员会委员
	中国机械工程学会生产工程分会磨粒加工技术委员会委员
	中国机械工程学会生产工程分会光整加工技术委员会委员
	中国机械工程学会高级会员

续表

姓　名	机构名称及职务
沈晔湖	中国计算机学会高级会员
	中国自动化学会会员
	国际计算机学会（ACM）会员
曹自洋	中国机械工程学会高级会员
蒋全胜	IEEE学会会员
	中国自动化学会会员
	全国高校机械工程测试技术研究会在线检测分会理事
谢　鸥	江苏省人工智能学会机器人专委会委员
	中国仿真学会会员
地理科学与测绘工程学院	
王兆华	苏州市地学会常务理事、副秘书长
史守正	江苏省地理学会青年工作委员会委员
年福华	江苏省地理学会理事
	全国游憩环境专家智库专家
	苏州市发改委重大项目稽查专家
	苏州市文化研究中心专家库专家
严　勇	江苏省测绘地理信息学会青年工作委员会委员
苏　群	苏州市湿地保护专家委员会副主任
李　黎	中国气象学会会员
	中国卫星导航定位协会会员
	教育部学位中心通讯评审专家
杨朝辉	江苏省遥感与地理信息系统学会理事
连达军	中国测绘地理信息学会教育委员会委员
	中国测绘地理信息学会第十一届理事会矿山测量专业委员会委员
	第七届全国交通工程测量学术研究会理事

续表

姓　名	机构名称及职务
张　序	中国地理信息产业协会精准农林业工作委员会副主任
	江苏省测绘地理信息学会理事
	第三批江苏省首席科技传播专家
	苏州市测绘学会副秘书长
张晓芳	第四届苏州市天文学会理事
陈德超	苏州市环境科学学会专家委员会成员
尚正永	江苏省地理学会人文地理专业委员会副主任委员
单鹏飞	中国地理学会丹霞地貌工作组（专业委员会）委员
	江苏省旅游地理与规划专业委员会委员
侯爱敏	苏州市地学会常务理事、副理事长
	苏州市第十四届青联常委
徐小波	中国地震学会大地测量与地震动力学专业委员会委员
唐　毅	苏州市足协常务委员

校友联谊会及分会主要负责人名单

一、苏州科技大学校友会理事会成员名单

会　　长：张庆奎　　陈永平
常务副会长：吴健荣
副 会 长：王荣庆　　田晓明　　崔志明　　沈耀良　　陈焕娣　　施亚东
　　　　　张新亚　　施琴芬　　汪妹玲　　张　驰　　杨　辉　　王　雄
秘 书 长：杨福金
副秘书长：张　真　　熊　壮　　廖启鹏　　蒋妮姗　　赵　瑾　　凌　飞
　　　　　蒋诚钢　　刘晨阳（校友）　　孙　憬（校友）
　　　　　颜　晶（校友）　　袁继峰（校友）

二、苏州科技大学各地方校友会

北京校友会　　　　　　　　　　　　　　　会　　长：李　忠
　　　　　　　　　　　　　　　　　　　　秘 书 长：黄书玉
上海校友会　　　　　　　　　　　　　　　会　　长：周雪海
　　　　　　　　　　　　　　　　　　　　秘 书 长：胡剑波
天津校友会　　　　　　　　　　　　　　　会　　长：程中南
　　　　　　　　　　　　　　　　　　　　秘 书 长：韩　铭
重庆校友会　　　　　　　　　　　　　　　会　　长：尹政雯
　　　　　　　　　　　　　　　　　　　　秘 书 长：向艳红
广东校友会　　　　　　　　　　　　　　　会　　长：武　刚
　　　　　　　　　　　　　　　　　　　　秘 书 长：罗伟锋
河南校友会　　　　　　　　　　　　　　　会　　长：唐兴铨
　　　　　　　　　　　　　　　　　　　　秘 书 长：宋耕田
吉林校友会　　　　　　　　　　　　　　　会　　长：汪东军
　　　　　　　　　　　　　　　　　　　　秘 书 长：孙绍君
云南校友会　　　　　　　　　　　　　　　会　　长：郭勇麟
　　　　　　　　　　　　　　　　　　　　秘 书 长：李渝书
福建校友会　　　　　　　　　　　　　　　会　　长：顾文凯

	秘书长：黄爱珠
四川校友会	会　长：罗　刚
	秘书长：肖慈斌
新疆校友会	会　长：孙学军
	秘书长：郝文燕
山西校友会	会　长：王建民
	秘书长：王海平
陕西校友会	会　长：李永强
	秘书长：张　朝
广西校友会	会　长：陈秋明
	秘书长：梁小铭
湖南校友会	会　长：曹继文
	秘书长：马宏伟
江西校友会	会　长：樊志刚
	秘书长：熊　静
山东校友会	会　长：陈希国
	秘书长：尚中锋
贵州校友会	会　长：徐　强
	秘书长：吴　毅
浙江校友会	会　长：李红星
	秘书长：李国辉
厦门校友会	会　长：高　梅
	秘书长：张溪明
青岛校友会	会　长：薛建斌
	秘书长：朱光聚
桂林校友会	会　长：杨开颜
	秘书长：黄晨辉
北海校友会	会　长：陈美虞
	秘书长：王　强
柳州校友会	会　长：黄明栋
	秘书长：孙长军
玉林校友会	会　长：邓一平
	秘书长：吕　俊
湖州校友会	会　长：沈庆松
	秘书长：张国华
新余校友会	会　长：黄海平
	秘书长：卢伟斌
常州校友会	会　长：缪冬生
	秘书长：刘　毅

金坛校友会	会　长：张铎平
	秘书长：夏　明
南通校友会	会　长：顾　平
	秘书长：杨向杰
徐州校友会	会　长：彭长钢
	秘书长：叶荣清
南京校友会	会　长：徐延峰
	秘书长：张　琪
淮安校友会	会　长：沈　冰
	秘书长：陈　辉
无锡校友会	会　长：孙清林
	秘书长：杨　军
江阴校友会	会　长：王亚军
	秘书长：周小峰
镇江校友会	会　长：韩忠祥
	秘书长：翟　陈
连云港校友会	会　长：刘世山
	秘书长：路学军
泰州校友会	会　长：陈德文
	秘书长：李爱强
苏州校友会	会　长：杨　辉
	秘书长：袁继峰
苏州老年校友会	会　长：金洪贤
	秘书长：顾小镛
张家港校友会	会　长：张　舟
	秘书长：周正策
太仓校友会	会　长：陈海峰
	秘书长：曾淑静
常熟校友会	会　长：丁　雷
	秘书长：宗永峰
昆山校友会	会　长：王建平
加拿大校友会	会　长：廖海学

院（部）简介

建筑与城市规划学院

一、学院概况

学院设有建筑系、城乡规划系、风景园林系3个教学单位，拥有1个省级实验教学示范中心、2个市重点实验室和工程中心。学院有教职工（含双肩挑人员）121人，其中教授17人、副教授29人、博士56人。教师队伍中有全国工程勘察设计大师1人、国家级特聘专家1人、享受国务院特殊津贴的专家2人、住建部专家委员会专家3人、"江苏省333高层次人才培养工程"培养对象3人、"江苏省青蓝工程"培养对象7人、中青年学术带头人3人、优秀教学团队1支、江苏"双创博士"5人。

学院拥有建筑学、城乡规划学、风景园林学3个一级学科硕士点，建筑学硕士、城市规划硕士、风景园林硕士、建筑与土木工程领域工程硕士4个专业学位硕士点。以城乡规划学、建筑学为主要支撑的"城乡规划与管理学"学科群被列入江苏高校优势学科一期建设项目。城乡规划学被列入江苏高校优势学科二、三期建设项目。建筑学是"十三五"江苏省重点（培育）学科，风景园林学是"十二五"江苏省重点（培育）学科。目前，学院有在校全日制本科生1 048名、硕士研究生428名。

二、教学工作

1. 本科教学工作

学院现有建筑学、城乡规划、风景园林、建筑学（建筑幕墙设计方向）4个本科专业或专业方向。建筑学、城乡规划专业是首批国家一流本科专业建设点，建筑学、城乡规划、风景园林专业是江苏省重点专业。学院是江苏省高等教育人才培养模式创新实验基地；建筑学、城乡规划专业通过了国家高等教育专业评估，其中建筑学专业具有建筑学学士学位授予权。同时，城乡规划还是教育部特色专业、教育部"本科教学工程"地方高校第一批本科专业综合改革试点专业、江苏高校A类品牌专业、江苏省高校首批特色专业；建筑学是教育部"卓越工程师教育培养计划"试点专业。

2020年，学院获批江苏省重点教材建设项目1项，获批中国建设教育协会立项教育教学改革研究课题5项，获批校级课程思政示范学院建设项目（唯一）。高质量完成省教改课题2项、中国建设教育协会教育教学改革研究课题3项。获省微课程竞赛三等奖1项。获教育部高等学校教学指导委员会（以下简称"教指委"）"停课不停学"在线教学实践推进研究—实践案例奖2项。获学校教学成果奖特等奖2项、二等奖1项。出版教材2部，发表教研论文2篇。

2020年，学院获得江苏省普通高校本科优秀毕业设计团队奖1项、三等奖1项。各专业学生获各类学科专业竞赛奖项30多项，其中属学校Ⅰ级赛事的获奖2项、Ⅱ级赛事的获奖20多项。包括：第十三届全国大学生节能减排社会实践与科技竞赛一等奖1项，第五届江苏省"互联网+"大学生创新创业大赛三等奖1项，全国高校建筑学学科专指委组织的"谷雨杯"全国大学生可持续建筑设计竞赛三等奖1项，中国城市规划学会组织的全国高等院校城乡规划专业大学生乡村规划方案竞赛二等奖1项、三等奖3项，中共江苏省委宣传部、江苏省住房和城乡建设厅、中国建筑学会、中国城市规划学会、中国风景园林学会组织的第六届"紫金奖·建筑及环境设计大赛"（2019）奖4项，本科生创新训练项目省级重点项目立项3项、结题2项，省级一般项目立项4项、结题7项。

2. 研究生教学工作

学院现有建筑学、城乡规划学、风景园林学3个一级学科硕士点，建筑学硕士、城市规划硕士、风景园林硕士和建筑与土木工程（建筑设计）4个专业学位硕士点。

获批3个省研究生工作站和3名企业导师；制定《建筑与城市规划学院校外研究生导师聘任细则》，新聘请研究生校外导师33名。搭建国内首个集研究生联合设计和创新论坛为一体的联合教学平台"肆城——建筑学研究生联合教学活动"并开展首次联合设计和研究生论坛。完成江苏省研究生教改项目2项（其中重点项目1项）、校级教改2项、校精品课程建设1门；获校级教学成果特等奖1项；创建研究生思政课程实践教程案例5门。

研究生获批省创新科研项目8项、省创新实践项目11项；获国家二级学会或省级学会以上奖励8项；4篇论文被评为学校优秀硕士论文。2020年招收研究生142名，其中学术型硕士40名、专业型硕士102名。

三、科学研究与学术交流

1. 科研项目及成果

科研项目：新增国家"重点研发计划"课题1项、国家自然科学基金项目5项，省"重点研发计划"项目1项、其他省部级项目1项、市厅级项目3项。纵向到账经费260.19万元，横向到账经费488.09万元。

论文专著：全年共发表学术论文105篇，其中SCI检索论文2篇、SSCI检索论文1篇、CSCD检索论文5篇、CSSCI检索论文6篇，人文社科类二类核心期刊论文1篇、三类核心期刊论文4篇；其他中文核心期刊论文16篇。出版专著3部。

获奖专利：获全国优秀城乡规划设计奖2项、其他市厅级科研奖4项；1项艺术作品获中国美术家协会奖项；获授权发明专利1项。

2. 国内外学术交流情况

学术会议：成功举办"第二届水网地区城乡发展与规划"线上国际会议。线上与线下结合，成功举办"国土空间总体规划理论、实践与规划教育响应"研讨会。

学术讲座：共组织13场学术报告及各类报告会、交流会。

四、重大事项

（1）1月，建筑学专业、城乡规划专业被确定为国家级一流本科专业建设点。

（2）7月，与日本长崎大学水产环境学部签订合作协定。

（3）9月，举办首次全校性课程思政示范公开课。

（4）9月，成功举办"第二届水网地区城乡发展与规划"线上国际会议；12月，与江苏省地理学会共同承办新时代国土空间规划实施系列研讨会议。

（5）10月和12月，学院学生分别在中国空间艺术构造大展、"陈植杯"花园设计与营建竞赛、全国高等院校大学生乡村规划竞赛中获得佳绩。

（6）12月，获全国优秀城乡规划设计奖2项，首次获国家"重点研发计划"课题1项、省"重点研发计划"项目1项。

环境科学与工程学院

一、学院概况

学院现有环境工程、环境科学、给排水科学与工程、建筑环境与能源应用工程4个本科专业，在校全日制本科生1 200余人。学院拥有环境科学与工程一级学科硕士点，市政工程和供热、供燃气、通风及空调工程两个二级学科硕士点，在校硕士研究生近500人，其中国际留学生50余人。土木与环境工程为江苏高校优势学科一期工程立项建设学科，环境功能材料与技术为江苏高校优势学科二期工程立项建设学科，环境科学与工程为江苏高校优势学科三期工程立项建设学科，环境工程为江苏省重点学科；环境工程、给排水科学与工程专业为国家级一流本科专业建设点，通过工程教育认证；环境工程专业为国家级特色专业建设点，被教育部确定为第二批卓越工程师教育培训计划试点专业；环境科学与工程为江苏省重点专业（类）；环境工程和环境科学专业为江苏省特色专业。

学院现有城市生活污水资源化利用技术国家地方联合实验室、江苏省环境科学与工程重点实验室、江苏省水处理技术与材料协同创新中心等国家及省部级科研平台。此外，学院面向当前环境保护的热点与难点问题，与普利兹环境科技有限公司共建海绵城市联合实验室，与思美特表面材料有限公司共建VOC治理联合实验室。学院现有专任教师85人，其中教授24人、副教授27人，博士65人。教师中有国家杰出青年科学基金获得者、万人计划科技创新领军人才、全国高校专业指导委员会委员、建设部专业评估委员会委员、江苏省"333工程"第二层次高级专家等在国内学界享有一定声誉的专家学者。

学院设有环境工程系、环境科学系、市政工程系、建筑环境与能源应用工程系4个教学单位和环境科学与工程学院中心实验室。环保楼现有使用面积为8 500平方米，固定资产6 900余万元。学院资料室有专业图书、规范及期刊资料4 000余册，长期订阅中文、外文期刊58种。

二、教学工作

1. 本科教学工作

2020年，全院教师共发表9篇教研教改论文，出版教材2部，改编教材1部；围绕本科人才培养方案、课程思政、课程改革、教学方法改革研究，成功申报课程思政校级示范专业1项、示范课程6项，校级一流本科课程3项，省级其他项目2项，结题9项校级教改课题；2位教师获学校微课和微课程教学比赛鼓励奖。

2. 研究生教学工作

2020年，学院满额完成招生任务，实际招生202人，另招收自费留学研究生24人。

学院持续推进研究生的培养质量：严格教师的研究生教学课堂管理，聘请督导进行听课，实施教学质量监控和考核制度。圆满完成全部教学任务，研究生对教学质量满意率达到100%。获批江苏省研究生创新课题19项；本年度共毕业研究生92名，发表核心期刊文章（第一作者）103篇，人均1.12篇；25名国际硕士研究生毕业；学院研究生论文获评江苏省优秀硕士论文2篇、校级优秀论文多篇。学院学位论文盲审通过率为98.2%；省学位论文抽检合格率为100%。获批江苏省研究生创新课题19项，获批企业研究生工作站1个。积极开展研究生国际化教育，与瑞典哈尔姆斯塔德大学开展硕士生联合培养项目，2020年有6名硕士生完成学习任务回国。

三、科学研究与学术交流

1. 科研项目及成果

学院组织教师积极申报各级政府各类科研项目和企业事业单位委托项目145项。本年度学院科研纵向经费总量972.53万元、横向科研经费总量1 061.05万元，科研经费总量继续保持学校第一。扎实开展了自然科学基金的组织申报工作，在以往基金数高存量的状况下，本年度取得了8项国家自然科学基金（含1个重点项目），总经费619万元。省级及市级科研项目保持增长的势头，获批省级科技项目1项、市厅级科研项目13项。

2. 国内外学术交流情况

学院积极开展学术交流活动，本年度邀请中国科学技术大学李文卫教授、同济大学王志伟教授、中国人民大学张光明教授、深圳水务集团张金松总工程师、土壤修复专家程功弼教授、国家自然基金会评专家沈锦优教授等国内外诸多专家来学院进行学术交流。学院成功协办了"2020年水处理技术创新与前沿应用学术研讨会暨青年学者论坛"，共有来自全国环保企业、高校和企业的300多位代表参加了会议。此外，学院还承办了生态环境部"大气污染防治相关理论与管理政策"培训班，为来自各省市环境保护管理部门的专业管理人员150余人进行了培训。

开展国家地方联合工程实验室开放课题的申报、评审及中期考核工作。目前正按照2018年编制的实验室开放课题管理办法、客座研究人员管理办法、申请指南、课题合同等一系列相关管理及技术文件，组织"城市生活污水资源化利用技术国家地方联合工程实验室"。2020年度开放课题的申报与评审工作：开展并完成了江苏省环境工程重点实验室2020年度开放课题的申报及评审工作，共接受项目申报书11项，经专家评审获批5项。开展博士沙龙活动，组织2010年后引进的骨干教师，特别是名校博士进行跨学科学术交流，重点围绕国家自然基金申报展开议题，取得了良好效果。这些学术活动在扩大学院专业影响的同时也开拓了学院师生的学术视野。

四、重大事项

（1）1月，学院环境工程、给排水科学与工程2个专业入选国家级一流本科专业建设点。

（2）7月，广东省佛山市南海区苏科大环境研究院第一届第二次理事会在行政楼四楼会议室召开，副校长施琴芬以及科技产业处、环境科学与工程学院相关负责人参加了会议。

（3）8月,第十三届全国大学生节能减排社会实践与科技竞赛在重庆大学举办,学院共获一等奖1项、二等奖1项、三等奖4项,获奖数量创历史新高。

（4）10月,学院承办"2020年江苏省研究生废水废物资源化利用技术学术创新论坛",特邀杰青、万人计划、优青等5位专家做大会报告,共有30名来自浙江大学、同济大学、上海交通大学、苏州科技大学等高校的研究生做分会场报告。参与人数160多人,参与高校21所。

（5）11月,学院承办的"2020年大气污染防治相关政策标准培训班"正式开班,生态环境部大气司副司长吴险峰、生态环境部环境规划院副院长严刚、学校副校长沈耀良、环境科学与工程学院院长李勇出席开班仪式。

（6）12月,中共苏州市委副书记、市长李亚平来到苏州科技大学调研思想政治工作情况。李亚平一行走进课堂,旁听了由环境科学与工程学院副教授陈重军主讲的题为"活性污泥工艺的发展、问题及未来趋势"的专业课。

土木工程学院

一、学院概况

土木工程学院现有教职工148人,专任教师122人,其中教授24人、副教授44人,博士生导师8人、硕士生导师60余人,65%的教师具有博士学位。学院有"全国优秀教师"1人,国家和省部级"有突出贡献的中青年专家"1人,享受国务院"政府特殊津贴"1人,江苏省高校土木工程专业"教学名师"1人,江苏省"六大人才高峰"7人,江苏省"333工程"培养对象第二层次1人、第三层次9人,江苏省"青蓝工程"培养对象16人,江苏省特聘教授1人。"钢结构团队"获省级优秀科技创新团队和优秀教学团队称号,"混凝土与组合结构团队"获省高校"青蓝工程"优秀教学团队称号。

学院具有土木工程学科一级学科硕士学位授予权,结构工程、防灾减灾工程及防护工程、岩土工程、桥梁与隧道工程、管理科学与工程(建设工程管理方向)和材料学(无机复合材料方向)6个学科方向具有硕士学位授予权,拥有土木水利领域工程硕士学位授予权。土木工程学科先后遴选为江苏省优势学科建设工程一期、二期、三期项目,在江苏省一级学科硕士点评估中获评优秀等第(2015年),在全国第四轮学科评估中获评B⁻等第(2017年)。

学院设有土木工程、工程管理、工程力学、交通工程、无机非金属材料工程5个本科专业。土木工程专业先后获批国家"十一五"高等学校特色专业、教育部"十二五"专业综合改革项目、教育部卓越工程师教育培养计划项目、国家级一流本科专业建设点、江苏省特色专业、江苏省高校品牌专业建设一期与二期项目。土木类专业(土木工程、工程力学)是"十二五"江苏省重点建设专业,工程管理专业是国家级一流本科专业建设点。土木工程专业和工程管理专业于2005年分别通过了住建部高等教育专业评估,迄今已分别连续3次和4次通过了国家的专业评估(认证)。

学院设有建筑工程系、工程管理系、道路桥梁与交通工程系、工程力学系、材料工程教研室、土木工程实验中心6个教学单位。拥有江苏省高校结构工程重点实验室、江苏省生态道路技术产业化工程研究中心2个省级研究平台,以及钢结构研究所、地下空间研究院、工程教育研究所、房地产研究所、国际工程管理研究所、中英BIM研究院(苏州)、苏科大(苏州)工程技术有限公司等科学研究和工程咨询机构。拥有国家级大学生实践教育基地、江苏省高校土木工程实践教育中心、江苏省高等学校力学实验教学示范中心等实践教育平台。

学院积极开展教育国际化实践和校企协同育人,工程管理和土木工程专业与英国南威尔士大学中外合作办学项目先后获教育部批准。工程管理专业中外合作办学项目于2017

年获批江苏省高校中外合作办学高水平示范性建设工程项目，并于2020年通过验收。学院与国内外10余所院校和企业建立了合作关系。

二、教学工作

1. 本科教学工作

结合教学实际，统筹安排新学期的本科教学工作，全力组织疫情防控期间课程在线教学，坚决贯彻"停课不停教、停课不停学"要求，学院共有105门次课程进行了在线教学。推进"课程思政"建设，获评学校课程思政教学十佳案例1份、优秀案例5份；2门课程被评为学校课程思政示范课。完成380门课程的课程简介和教学大纲汇编。

2020年，工程管理专业获批江苏省一流专业建设立项并被推荐参评国家一流专业建设点申报。组织完成了土木工程专业"3+4"分段培养试点项目转段对接工作，完成了土木工程专业和交通工程专业工程教育专业认证的组织动员和准备工作。工程管理专业由评估专家在线评估，取得了通过评估、有效期6年（需评估委审定）的好结果。

2020年，学院教师发表教研教改论文9篇。学院组织各类教研教改项目申报结题验收等工作，组织教师参加"江苏省土木建筑学会教育工作委员会2020年工作会议暨教学改革研讨会"等多次教学类研讨会议。学院获批学校课程建设项目一流课程4门，获学校教学成果奖一等奖1项、二等奖2项。教师获得首届长三角高校工科基础力学青年教师讲课竞赛特等奖1项、一等奖1项，第十届江苏高校土木工程专业青年教师讲课竞赛二等奖2项等；获江苏省微课教学比赛二等奖1项。开设"材料概论""工程地质B""工程管理概论B""振动力学"等双语课程4门。组织申报的《钢结构设计》《混凝土结构设计原理》获学校推荐申报首届全国优秀教材（高等教育类）。

学院组织学生参加各类竞赛活动，获得国际混凝土龙舟邀请赛二等奖2组，5人获得2020中国建设教育协会第十一届"斯维尔杯"BIM-CIM大赛三等奖，获得第二届全国大学生结构设计信息技术大赛一等奖1项、三等奖1项等。

2. 研究生教学工作

2020年，完成了研究生招生任务，共招收硕士研究生180人，其中学术型硕士研究生36人，全日制硕士专业学位研究生141人、非全日制硕士专业学位研究生3人。2020年学院有硕士毕业研究生131人，其中结构工程专业21人、防灾减灾工程及防护工程3人、桥梁与隧道工程专业3人、岩土工程专业1人、管理科学与工程专业2人、材料学专业1人，建筑与土木工程全日制专业学位78人、建筑与土木工程非全日制专业学位14人、在职专业学位8人。

获批江苏省研究生科研立项项目19项，6位同学获得国家奖学金。江苏省研究生教育教学改革与研究项目结题1项，校级教改课题结题3项。获2020年江苏省研究生教育改革成果优秀奖1项，获校研究生教学改革二等奖2项。1篇研究生学位论文获评2020年江苏省高等学校土木工程学科吕志涛院士优秀学位论文。

新增学术学位硕士生导师2人、专业学位校内硕士生导师5人。1名硕士生导师获得第二届江苏省"十佳研究生导师"提名奖。获批江苏省产业教授2名。

三、科学研究与学术交流

1. 科研项目及成果

获批各级各类科研课题 21 项，其中国家自然科学基金项目 4 项（面上项目 1 项、青年基金 3 项），江苏省科研基金青年项目 4 项，国家级重点实验室开放课题 1 项、省部级 4 项、市厅级 11 项，其他项目 1 项，横向课题 57 项。获批校外科研经费 1 256.8 万元，其中纵向 732.5 万元、横向 524.3 万元。

完成科研项目会议验收 8 项，其中市厅级 3 项。公开发表学术论文 215 篇，其中 SCI 检索论文 68 篇、EI 检索论文 22 篇、CSCD 论文 36 篇，北大中文核心期刊论文 37 篇。出版行业标准 4 部。申请专利等知识产权成果 27 项，其中发明专利 1 项、软件著作权 3 项。获得省部级一等奖 1 项、地市级二等奖 2 项（哲学类）、其他奖项 1 项（国外）。

2. 国内外学术交流情况

（1）承办"2020 智慧建造协同创新国际学术研讨会暨中国建设劳动学会 BIM 评价标准体系"课题研讨会，英国拉夫堡大学、英国白蛙公司、澳大利亚数字建筑环境协会等单位给予本次会议远程支持。来自数字建筑领域的产学研各方代表 50 余人参加了本次会议。

（2）组织国内专家对"公路改造旧料综合再生利用关键技术和应用"项目进行结题鉴定。来自重庆交通大学、南京林业大学、同济大学、苏州市交通运输局和悉地（苏州）设计有限公司的同行专家，对项目研究情况和成果进行了严格的评审。专家组一致同意通过结题，并建议对科研成果进行产业化。

（3）江苏省生态道路技术产业化工程研究中心召开了第一届学术委员会专家会议，会议通过腾讯会议软件举行。

四、重大事项

（1）严格遵守学校"推迟开学不停教不停学"的要求，以及对本科生、研究生的日常教学安排，毕业设计（论文）、就业指导、研究生招生等工作的具体要求，认真履职尽责，保持良好的工作学习状态，确保疫情防控期间学院各项工作正常运行。

（2）工程管理专业达到住房和城乡建设部高等教育工程管理专业（本科）教育评估标准，通过评估，有效期为 6 年。

（3）由江苏省学位与研究生教育学会和江苏教育报刊总社联合开展的江苏省第二届"十佳研究生导师"和"十佳研究生导师团队"推选活动结果公布，学院邵永健教授荣获第二届"十佳研究生导师"提名奖。

电子与信息工程学院

一、学院概况

学院下设电子工程系、计算机工程系、电气工程系、电子信息与智能化实验中心4个教学机构，党政办公室、教务办公室、学生工作办公室3个行政机构，学生创新训练中心（SIT）和学生职业能力发展中心（SPD）2个学生能力培养中心，以及1个产学研合作办公室。学院现有江苏省高校建筑智慧节能重点实验室、苏州市移动网络技术与应用实验室、苏州市虚拟现实（VR）重点实验室和苏州市智慧城市研究院等省、市级科研平台，江苏省电子信息示范实验中心、江苏省电子信息类实践教育中心等省级教学平台。学院现有电子信息工程、通信工程、计算机科学与技术、电气工程及其自动化、建筑电气与智能化5个本科专业，其中电子信息工程、建筑电气与智能化为省一流专业；以及计算机科学与技术一级学科硕士学位点、建筑智能化技术专业学位硕士研究生培养方向各1个。

学院现有教职工113人，其中专业教师84人，教授11人、副教授41人，具有高级职称者占比46%；53人具有博士学位，占专任教师总数的63.0%。学院现有享受国务院"政府津贴"者1人、江苏省有突出贡献的中青年专家1人、江苏省"333高层次人才培养工程"4人、江苏省高校"青蓝工程"中青年学术带头人4人、江苏省高校"青蓝工程"优秀青年骨干教师3人、江苏省"六大人才高峰"5人；3人入选2017年度校"优青培育工程"，2人获校青年教师标兵称号，1人获优秀青年骨干教师称号；1人担任高等学校专业指导委员会副主任委员，3人兼任省市专业学会副理事长等职。目前，在校本科生1 668人（含电气"3+2"、计算机"专转本"），研究生171人（含光学工程）。

二、教学工作

2020年电子学院有5个本科专业共招生371人，分别为：电子信息工程、通信工程、计算机科学与技术、电气工程及其自动化、建筑电气与智能化。硕士研究生有2个学科共招生85人，分别为计算机科学与技术一级学科（包括3个研究方向：机器学习与大数据分析、机器视觉与虚拟现实、物联网与智能系统）招生18人，土木水利领域与建筑智能化技术方向共招收专业学位研究生67人。

作为江苏省教育厅试点学校，2020年，学院继续招收了计算机科学与技术专业的"专升本"本科生73人；继续与苏州职业大学合作招收电气工程及其自动化"3+2"项目班1个，共计38人。2020年，学院和新加坡共和理工学院的第二期联合项目举行了线上成果展示、答辩及项目结束典礼。2020年下半年，学院及新加坡共和理工学院组建线上项目组，进行线上交流活动。由新加坡共和理工学院遴选2名优秀学生，学院选派2名计算机专业优秀教师指导学生进行智慧医疗相关项目研究，共同开展疫情形势下的新交流。学院参与项目的16名同学全部为2017级同学，涉及5个专业。

2020年，电子信息工程专业和建筑电气与智能化专业获批江苏省一流专业，新增人工智能专业1个；获校级教学成果奖4项（一等奖2项、二等奖2项）；获批省级教改项目4项、校级教改项目7项；立项省优秀培育教材1部；获批校级教学设计优秀案例5项、校级示范课程2门、校级一流课程2门，建设院级示范课程25门、院级一流课程4门，遴选专业课程思政示范课25门；发表教改论文11篇（核心期刊1篇）；参加第四届全国高等学校电子信息类专业青年教师授课竞赛，共获奖10项，其中国家级三等奖4项，华东赛区获得一等奖1项、二等奖3项、三等奖2项；在江苏省微课比赛中获三等奖1项、校级优胜奖1项。

2020年，学院共参加了13个类别的学科竞赛，覆盖全院所有专业，获奖总数为127项，其中，获得国家级奖项31项（特等奖1项、一等奖1项、二等奖7项）；获得省级奖项94项（特等奖1项、一等奖41项、二等奖41项、三等奖11项）；获批大学生创新创业训练计划项目22项，其中国家级项目4项、省级项目10项；完成大学生创新创业训练计划项目结题国家级1项、省级5项。获江苏省优秀毕业设计三等奖2项、江苏省团队优秀毕业设计1个。

研究生共获得省级科研立项7项；新增3个研究生工作站，与江苏国贸酝领智能科技股份有限公司合作的江苏省研究生工作站被评为优秀研究生工作站；获江苏省研究生教育改革成果优秀奖1项、校研究生教学成果奖一等奖1项；研究生参与发表论文50余篇，其中SCI论文22篇。

三、科学研究与学术交流

2020年，学院科研到账经费共计501.78万元，比2019年的373.27万元有所增加。2020年获批国家级项目6项，其中国家重点研发计划课题1项、国家自然基金4项、国家社科基金1项、省部级项目3项，纵向项目获资助资金372.18万元，横向项目立项84项，到账经费129.6万元。学院共发表学术论文122篇，其中以苏州科技大学为通讯单位的ESI高被引论文2篇、SCI论文76篇、一区论文15篇（第一作者或通讯作者7篇），增幅较大；授权发明专利4项，授权实用新型专利11项。学院获中国商业联合会二等奖1项，获江苏省计算机学会和住建厅科学技术奖二等奖各1项；获苏州市自然科学优秀学术论文二等奖1篇、三等奖2篇。

学院持续拓展学术交流渠道，广泛开展各类学术交流活动。2020年组织科研论坛及行业顶级专家论坛20余次，共邀请20多位国内外知名专家学者和电子信息领域专家来学院登坛讲学。

四、重大事项

（1）2020年，建筑电气与智能化专业获批江苏省一流专业建设点。
（2）新获批人工智能专业1个。
（3）电子信息类专业学位硕士点通过江苏省教育厅评审。
（4）获得国家重点研发计划课题1项。

（5）获得国家自然科学基金项目4项、国家社会科学基金项目1项。

（6）获批教育部产学合作育人项目3项、电子信息类教指委教改项目1项；获批江苏省优秀培育教材1项、江苏省重点教材1项。

商 学 院

一、学院概况

商学院现有教职工83人，专任教师66人，45岁及以下的中青年教师占比72%，近3年引进的来自中国人民大学、南京大学、上海财经大学、上海交通大学等国内外名校的博士师资占比73%。学院现有30%以上的专任教师具有海外留学进修背景，多位教师被选拔为江苏省"333工程"高层次人才、江苏省"青蓝工程"骨干教师、苏州市优秀专业技术拔尖人才以及地方政府智囊团成员，在业界具有一定的影响力。

在本科层次上，学院开设了工商管理、市场营销、旅游管理、物流管理、人力资源管理、金融工程、财务管理7个普通本科专业，物流管理1个中外合作办学专业。学院不仅有历史悠久的老牌专业，也有与时俱进的新兴专业。物流管理和人力资源管理专业是学校重点专业，旅游管理专业是学校特色专业，物流管理专业是江苏省中外合作高水平建设专业。工商管理专业注重校内外教师联合协同培养和创新创业实践，人力资源管理专业拥有一支由国内资深人事总监组成的"HR讲师团"。金融工程专业是学校一流专业，财务管理专业是学校课程思政示范专业。在研究生层次上，学院有管理科学与工程学术硕士和金融学专业硕士2个硕士点，6个江苏省研究生工作站。学院与英国南威尔士大学、澳大利亚弗林德斯大学、加州大学河滨分校等十余所国际知名大学建立了长期合作关系。现有在校本科生、研究生共2 340人。学院注重以科研促教学，强化创新创业人才培养的模式和路径，多次荣获"挑战杯"和"互联网+"全国大学生课外学术科技作品竞赛奖项，历届毕业生大多已成为行业业务骨干、创业先锋及企事业单位和政府部门的领导。

学院通过学界、业界对接，推动产教融合，密切跟踪行业实践最新动态，为金融大数据与信息服务、物流与供应链管理、旅游管理、创新创业管理、人力资源管理、财务管理等现代服务业发展持续提供创新智慧。学院依托专业和学科优势，承办了省、市级各类专业培训，与国外高校进行国际本硕合作办学、创新创业训练项目、未来管理领袖项目短期交流等国际合作，也连续承办商务部援外培训，成为具有跨文化、全球视野的复合应用型中高端管理人才的培养基地。

二、教学工作

1. 本科教学工作

教师全年共发表教研论文13篇，主编教材1部，获省级教改课题3项，获校级教学成果一等奖1项，获评校级思政示范课程项目4项、校级思政示范专业1个、校级社会实践项目1项，新建校企合作实践基地2个。

学院学生全年在学科竞赛中获省级以上奖项 21 项，其中Ⅱ级甲等 7 项、Ⅱ级乙等 3 项、Ⅲ级甲等 5 项、Ⅲ级乙等 6 项；2 位教师被评为校优秀指导教师。获 2020 江苏省第十一届"挑战杯"大学生创业计划竞赛银奖 1 项、铜奖 5 项。

2. 研究生教学工作

学院 2020 年招收硕士研究生 47 人，其中管理科学与工程学硕士 21 人、金融专业硕士 26 人。学院全年新增硕士生导师 5 名，新增江苏省研究生工作站 1 个。

学院学生获江苏省研究生科研创新项目立项 2 项、实践创新项目立项 1 项。教师参加全国金融专硕教指委案例大赛，2 篇案例入选全国优秀硕士教学案例。学院承办 2020 年江苏省研究生"金融服务经济高质量发展"学术创新论坛。学生获全国研究生数学建模竞赛三等奖。管理科学与工程研究生获江苏省哲学社会科学界联合会优秀论文一等奖 2 项、二等奖 1 项。金融专业硕士研究生参加"新时代经济发展与金融科技"科技创新实践大赛，获二等奖 1 项、三等奖 2 项。参加 2020 江苏省研究生"开放经济与产业发展"学术创新论坛活动，获一等奖 1 项、二等奖 1 项、三等奖 2 项。1 篇论文入选江苏省绿色金融十大优秀论文；学生以第一作者发表 CSSCI 期刊论文 1 篇、SCI 论文 1 篇。

三、科学研究与学术交流

1. 科研项目及成果

教师全年获得 1 项国家社科基金项目、1 项国家自然科学基金项目、4 项省部级项目（1 项教育部人文社科项目、3 项江苏省社会科学基金一般项目）；发表论文 63 篇，其中国际期刊论文 8 篇（EI 期刊 3 篇、SSCI 期刊 5 篇），CSSCI 期刊论文 16 篇，北大核心期刊论文 7 篇；公开出版著作 5 部；发表研究报告 18 篇，其中获得国家级、省级、市级领导批示 3 篇。全年到账纵向科研经费 238.1 万元，横向科研经费 98 万元。

2. 国内外学术交流情况

学院全年共邀请南京大学、中国人民大学、东南大学、中山大学、山东大学等国内外知名专家学者来校进行学术交流 9 场次，组织多名教师参加中国管理学年会、中国旅游研究年会等学术活动。

四、重大事项

（1）2020 年，学院"鸿鹄志远团队"获评全国大中专学生志愿者暑期"三下乡"优秀团队；3 个社会实践团队在"趁年轻、去基层"全国大学生"千校千项"网络展示活动中均荣获全国"最美团队"称号。

（2）10 月 26 日至 10 月 30 日，2020 年江苏省本科院校经济学专业课青年骨干教师综合能力提升培训班在学校成功举办。

（3）10 月 31 日至 11 月 1 日，2020 年江苏省研究生"金融服务经济高质量发展"学术创新论坛在学院成功举办。

文学院

一、学院概况

文学院设汉语言文学、广播电视学和汉语国际教育3个教学系,现有4个本科专业和1个教育专业硕士点(学科语文),以及4个研究所。汉语言文学专业为校级重点专业。现有本科生1 160人、研究生25人。

学院现有教职工47人,其中教授11人、副教授12人,硕士生导师11人,26人具有博士学位。教师中,1人获评铁道部青年科技拔尖人才,2人获评江苏省"333高层次人才培养工程"培养对象(第三层次),1人获江苏紫金文化优青人才称号,1人获评江苏省普通高校"青蓝工程"中青年学术带头人,5人获评江苏省普通高校"青蓝工程"优秀青年骨干教师,2人被评为苏州市跨世纪高级人才培养对象,1人获安徽省高校优秀拔尖人才培育项目中的高校优秀青年骨干人才项目,1人获苏州市优秀教育工作者称号,1人获首届姑苏宣传文化青年拔尖人才称号,1人获评苏州市优秀共产党员。

"十三五"期间,学院承担完成国家重大哲学社会科学基金项目"儒藏工程"子课题多部文献的整理工作,与苏州市档案馆合作完成清代苏州名人手札整理课题1项,获得国家社科基金、艺术基金课题7项(含国家社科基金重大项目子课题1项),获得教育部和江苏省社科基金课题、"江苏文脉"课题5项,出版学术著作14部,发表核心期刊论文40多篇,获省级成果奖1项、市厅级成果奖20多项。

二、教学工作

1. 本科教学工作

2020年,学院推动了公办"中地财政"课程改革建设项目6项、通识任选课建设项目17项(其中5项为校级重点立项)、民办通识任选课建设项目7项建设工作;公办2019年立项的3项教研项目顺利通过中期验收,天平学院课程改革建设项目5项结项(其中1项为重点立项);获校级教学成果奖二等奖1项。成功申报2项校级课程思政建设项目,3项院级课程思政项目获得立项建设,5篇课程思政优秀论文作为校级教改项目入选校级课程思政文集。汉语言文学专业获批校级一流专业;"中国古典戏曲艺术""戏剧理论与基础"2门课程获评校一流课程。汉语言文学专业(天平)和秘书学专业(天平)通过专业评估,广播电视学专业按时完成线上的提交专业评估自评表、数据表和支撑材料等工作。

完成了汉语言文学师范专业2020方案的修订工作,完成4个专业的2018版课程思政培养方案的教学大纲和课程简介的编制工作;落实央地共建项目"文科教师教育实训与测评中心",新建3个文科实验室。举办"中学教师进课堂"系列教学活动,先后聘请宁建英、卢崇斌、王春宝等为兼职导师。

2020年，5位教师获得"双创教师培训"证书，9项创新创业导师指导大学生创新创业项目获得结项，指导学科竞赛11项，并获得一等奖2项、二等奖2项、3等奖2项的好成绩，"互联网+"项目完成率100%。廖雨声获第三届江苏省本科高校青年教师教学竞赛文科组二等奖，艾志杰团队获校课程思政微课教学比赛一等奖，胡海宝获校教师教学创新选拔赛二等奖，2名学生在江苏省第九届高等师范院校师范生技能大赛中双获一等奖。

2. 研究生教学工作

完成学科语文教育硕士培养方案课程教学大纲的制订和教案编写。与苏州市高新区第一初级中学、苏州市高新区实验初级中学签订了研究生教育实践基地协议；有计划地组织研究生读书会，成为研究生培养工作的一个亮点；学院牵头承办首届苏州科技大学教育硕士实践创新能力暨微教学大赛，比赛共推选出5名选手参加江苏省第四届教育硕士研究生实践创新能力大赛，学院参赛的2名同学分别斩获一等奖和二等奖。

三、科学研究与学术交流

1. 科研工作项目及成果

2020年度，学院教师获批国家社科基金后期资助课题1项、国家艺术基金课题1项、教育部人文社科基金课题2项、江苏省社科基金课题1项、江苏省高校哲社研究重大课题1项。

教师出版学术专著1部，2人参与国家重大科研项目"《辞海》修订"近90万字条目的撰写；发表论文37篇（其中CSSCI期刊论文6篇、CSSCI集刊论文2篇，以学校为第一作者单位CSSCI期刊、集刊论文6篇，北大核心期刊论文7篇），教师获得苏州市哲社优秀成果二等奖1项、三等奖2项。省部级科研获奖有重大突破，金红《渐行渐近：苏州文艺三朵花传承发展调查研究》一书获得江苏省第十六届哲学社会科学优秀成果奖二等奖。

2. 国内外学术交流情况

学院联合学校公共艺术中心，邀请了著名学者、艺术家等4人次来校讲学；鼓励教师积极参加各类高层次学术会议，2020年度学院教师共参加各类学术会议近20人次。

四、重大事项

（1）制定"十四五"事业发展规划（草案）。

（2）汉语言文学专业获批校级一流专业，汉语言文学专业（天平）和秘书学专业（天平）顺利通过专业评估。

（3）路海洋获江苏紫金文化优青人才称号。

（4）金红《渐行渐近：苏州文艺三朵花传承发展调查研究》一书获江苏省第十六届哲学社会科学优秀成果奖二等奖。

（5）陈小燕获姑苏宣传文化重点人才提名奖。

（6）陆心怡、陈冉同学获江苏省第九届师范生技能大赛一等奖各1项。代若冰、李恬静同学在江苏省第四届教育硕士研究生实践创新能力大赛中分别获一等奖和二等奖。

社会发展与公共管理学院

一、学院概况

社会发展与公共管理学院现有历史学（师范）、社会工作、劳动与社会保障 3 个本科专业，世界史和中国史 2 个一级学科硕士学位授权点。学院共有教职工（含双肩挑人员）49 人，其中教授 10 人、副教授 11 人、博士生导师 1 人、专职硕士生导师 21 人，具有博士学位的教师占教师总人数的 80.48%。现有铁道部青年科技拔尖人才 1 人、江苏省"333 高层次人才培养工程"培养对象 1 人、江苏省普通高校"青蓝工程"中青年学术带头人 1 人、江苏省普通高校"青蓝工程"优秀青年骨干教师 1 人。学院现有在校全日制本科生 764 人、研究生 83 人。

历史学（师范）专业先后入选江苏省特色专业、重点专业、品牌专业、一流专业，并成功入选 2020 年度国家级一流本科专业建设点。社会工作专业是学校特色专业。世界史学科连续被遴选为江苏省"十一五""十二五""十三五"重点学科，并在 2016 年第四次全国学科评估中被评为 C 类，中国史学科是校级重点学科。另有江苏省社会工作专业人才培训基地、江苏高校国际问题研究中心（亚太国家现代化与国际问题研究中心）、校级协同创新中心（江南文化保护与传承协同创新中心）、校级本科教学团队（世界史）、校级实践教育中心（社会工作与社会创新实践教育中心）、校企合作科研机构（科创劳动经济与人力资源研究中心）等专业和科研平台。

学院依托综合性大学学科与人才的整体优势，致力于培养专业技能与文化修养并重、实践能力与理论研究水平协调发展的高素质复合型专业人才。学院坚持学生"德""才"兼顾的培养方针，将第一、第二课堂相结合，搭建高规格的学生社团，如博翼青年志愿者协会、翰墨历史协会、社会工作协会、劳动与社会保障协会；创办高质量的学生刊物《回音》杂志等。学院毕业生大多已成为各自单位的业务骨干，其中不少已在企业、事业单位或政府部门担任领导职务。

二、教学工作

1. 本科教学工作

学院全面深入开展课程思政教研与教学工作，2020 年获批立项校级"课程思政"教学改革与研究项目 1 项，有 3 门课程入选校课程思政优秀案例，有 4 门课程入选课程思政校级示范课程，覆盖全院 3 个专业。重新修订了学院本科教学督导制度，聘请了祝曙光教授和丁宪浩教授为学院本科教学督导，定期开展学院教学督导工作。

历史学（师范）专业在落实推进江苏省一流专业建设过程中，继续全力以赴进行国家一流专业申报工作，完成江苏省一流专业建设任务书和任务落实。历史学（师范）专业认证工作有序推进，作为学校首批申请的四个专业之一，历史学师范专业10月20日向江苏省教育厅提交师范认证申报材料。

学院两门课程入选校级培育课程。沈骅老师团队和王春老师团队分别获得校级教学成果一等奖和二等奖。赵琪老师获2020年校微课竞赛优秀奖、省微课竞赛三等奖。顾少华老师参加了校级课程思政微课大赛，张笑川老师团队参加高校教师教学创新大赛，营造了积极参加各类教学比赛的良好氛围。

2020年，学院学生创新创业项目共立项26项，其中省级重点项目2项、省级一般项目2项，校级项目2项。社会工作系在11月举行的首届"路由杯"长三角区域大学生社工知识技能大赛中获得特等奖1项、一等奖1项、二等奖1项的好成绩。由社会工作专业陶艳兰老师指导的1篇毕业论文获得江苏省优秀毕业论文三等奖。

2. 研究生教学工作

学院组织研究生踊跃申报2020年度省级研究生培养创新工程项目，获省级项目4项；精心组织并严格评审2020年度研究生国家奖学金和其他各类奖学金，1名学生获得研究生国家奖学金。

三、科学研究与学术交流

2020年，学院积极申报国家社科基金项目，申报一般项目7项，其中世界史2项、中国史2项、社会学1项、社会保障2项，申报国家社科基金后期资助项目1项。本年度学院教师主持国家社科基金一般项目2项，主持重大项目子课题1项，2项国家社科基金后期资助项目顺利结项。本年度学院共获得市厅级科研成果优秀奖4项，其中二等奖2项、三等奖2项。学院教师获批教育部人文社会科学项目2项，获得市厅级项目1项、校级项目2项。

在学术活动方面，学院邀请3位国（境）内外知名学者来校讲学，举办多场次由院内师生主讲的博雅系列学术沙龙。

四、重大事项

（1）学院历史学专业成功入选国家级一流本科专业建设点。

（2）由学院历史系中国史专业和苏州档案馆共建的研究生工作站获批2020年江苏省研究生工作站。

（3）学校召开社会发展与公共管理学院领导班子任命会，宣布赵伟为副院长。

（4）学院党委报送的《从"学理探索"到"真理感悟"——社会发展与公共管理学院党委以"四史"教育为高质量党建赋能》获评江苏省教育厅2019—2020年度高校党建工作创新奖三等奖。

马克思主义学院

一、学院概况

马克思主义学院拥有政治系和马克思主义基本原理、马克思主义中国化、中国近现代史纲要、思想道德修养与法律基础等教研室，外加哲学一级学科硕士点。有专职教师42人，其中教授7人、副教授16人，具有博士学位的24人，承担着全校思想政治理论课教学和思想政治教育（师范）专业本科生、哲学硕士研究生的培养工作。在所授理论课程中有1门省级精品课程、1门省级优秀课程、4门校级优秀课程。在所授的实践课程中，1门被评为江苏省高校思想政治理论实践教学示范建设点。在专任教师队伍中，有国家社科基金函评专家2人、江苏省思想政治理论课教指委委员1人、全国思想政治理论课优秀教师1人、江苏省思想政治理论课优秀教师3人、江苏省普通高校"青蓝工程"中青年学术带头人1人、江苏省高校思想政治教育工作者先进个人2人。

二、教学工作

1. 本科教学工作

2020年，马克思主义学院有1个本科专业［思想政治教育（师范）］招生75人，思想政治教育（师范）专业所有本科生共计215人。人才培养模式持续改进，成效逐步显现。随着江苏省师范专业二级认证的开展，马克思主义学院调整了本科人才培养方案，使人才培养更加符合基于产出的教育理念，更加关注培养目标、毕业要求、课程目标三个达成度的提升。努力提升人才培养质量，加强第三方评测，注重社会需求，加大对师范生技能的培养。2020年有1人获得江苏省师范生技能大赛三等奖。

专业建设与课程建设持续推进。思想政治教育（师范）本科专业被列为学校一流本科专业。"毛泽东思想和中国特色社会主义理论体系概论"课程被选为校一流课程，"马克思主义哲学""伦理学原理""思想道德修养与法律基础"被确立为院一流课程。

2. 研究生教学工作

学院根据研究生人才培养要求，讨论和修订了哲学一级学科硕士研究生的人才培养方案，并调整了研究生课程设置，完成了硕士研究生课程教学大纲的修订工作。

2020年下半年，学院启动并循序推进课堂教学之外的研究生人才培养环节设置，包括校内外学者的学术讲座、学术研讨会和学术工作坊、读书报告、导师指导课等环节，提高研究生培养质量。学院与太湖书院共同建立江苏省研究生工作站，并在太湖书院成立哲学一级硕士研究生学位点的文献中心，开展了不同层次的硕士研究生教学与学术活动。2020年，以毕业研究生包晨婷为第一作者、导师温波为通讯作者共同发表在学校认定的一类核心刊物《自然辩证法研究》2020 年第 5 期上的论文《论现代易学的发展》，是学院研究生学术成果的突破。

三、科学研究与学术交流

1. 科研项目及成果

2020 年，学院共发表学术论文 8 篇，其中，CSSCI 期刊论文 3 篇。温波教授在权威期刊《自然辩证法研究》2020 年第 5 期上发表论文《论现代易学的发展》，出版学术专著 1 部，获苏州市哲学社会科学优秀成果奖一等奖 1 项。

学院独立运行以来，建立多个研究平台，如苏州意识形态研究中心、苏州新时代文明实践研究院、苏州科技大学和合文化研究院等。在新时代文明实践和党建方面承担多项地方决策咨询项目。

2. 国内外学术交流情况

学院老师积极参与学术交流，2019—2020 年共计参加学术交流 30 余次，同时积极邀请国内知名学者到学院开展讲座 10 多人次。学院与苏州大学一起，共同承办了"《〈政治经济学批判〉序言》与马克思主义哲学当代发展"学术研讨会暨中国马哲史学会马恩哲学思想研究分会年会，与中亿丰和合文化研究院共同承办了和合文化论坛，与太湖书院共同承办了工程哲学的学术会议等。

四、重大事项

（1）精心组织学院师生进行抗疫防疫工作，做好学生的网络授课工作。
（2）成立苏州新时代文明实践研究院。

教育学院

一、学院概况

教育学院设有教育系、心理系、心理与行为实验中心、心理与行为研究中心等教学和研究机构。目前，学院拥有教育硕士（心理健康教育领域）学位授权点，拥有应用心理学和学前教育（师范）两个本科专业。2020年，应用心理学专业获批国家、省一流专业建设点。学院积极加强与国（境）外高校的交流与合作，与美国、丹麦、中国台湾等国家或地区多所高校建立了校际合作关系，开展学生交流、教师互访和科研合作等活动。学院现有本科生、研究生合计560余名。

学院现有教职工46人，其中专任教师（含双肩挑4人）37人。在专任教师中，有正高职称者8人、有副高职称者12人，博士27人，占比为72.97%；有教育部高等学校心理学教学指导委员会委员1人，江苏省有突出贡献中青年专家、江苏省"333工程"高层次人才、"青蓝工程"中青年学术带头人、"双创"博士等人才十余人。

二、教学工作

1. 本科教学工作

学院现有应用心理学和学前教育（师范）2个本科专业。学院秉承"明德守正、博学笃行"的院训，强化"制度建院、学术立院、人才强院、特色兴院"的办学宗旨，以教师教育与心理服务为特色，着眼学生全面发展的教育理念和教学态度，重视学生理论知识、实践技能和创新能力的培养，积极探索学科与专业建设以及人才培养方式的改革，为长三角地区的社会经济发展培养高级专门人才。2020年，学院共培养了本科生676人。

学院积极开展专业建设和教学研究，2020年度，学院应用心理学专业获批为国家一流专业建设点，学院教师发表省级教改论文9篇，获得校级课程思政示范项目1项、校级一流本科课程建设项目1项。同时，学院也鼓励学生参加各类大学生创新创业项目及学科竞赛。2020年新增10项大学生创新训练计划项目，其中省级重点项目（国家级项目）1项、省级一般项目5项；在第六届中国国际"互联网+"大学生创新创业大赛校内选拔赛中获二等奖1项、三等奖6项；获全国大学生心理辅导课教学竞赛一等奖1项；获2020年江苏省心理学会心理学专业本科生教学技能大赛三等奖2项；获2020年江苏省心理学本科生学术论文比赛三等奖1项、二等奖1项；获第九届江苏省师范生教学基本功大赛三等奖2项。

2. 研究生教学工作

2020年，学院申报的心理健康教育领域硕士点与苏州市教育科学研究院共建"江苏省研究生工作站"项目获批。学院研究生获批江苏省研究生实践创新计划项目1项,研究生作为第一作者发表论文共5篇,2019级心理健康教育硕士研究生施琳同学在第四届江苏省教育硕士实践创新能力大赛中获一等奖。

三、科学研究与学术交流

1. 科研项目及成果

学院依托学科专业优势,积极与地方和其他高校及科研单位合作,在心理学、教育学等学科搭建了科研团队。学院心理学学科与华东师范大学心理与认知科学学院签署了合作共建心理学科协议。2020年度,心理与行为科学研究中心新增为江苏高校哲学社会科学重点研究基地,学院教师共新增主持教育部人文社科基金项目1项、江苏省社会科学基金项目3项、江苏高校哲学社会科学研究重大项目1项、江苏省教育科学"十三五"规划项目1项、市厅级项目4项,到账科研经费352.9万元;发表论文28篇,其中高水平论文(SSCI、SCI、CSSCI、CSCD)13篇;出版专著1部。

彭杜宏、袁欢、陈艾睿三位老师在苏州市第十五次哲学社会科学优秀成果奖的评选中分别获得一个二等奖、两个三等奖。陈艾睿老师的论文《初级视觉皮层在注意振荡中的作用》在2018—2019年度苏州市自然科学优秀学术论文中获三等奖。

2. 国内外学术交流情况

学院积极组织各类学术交流活动,先后邀请国内外知名专家开设学术讲座及学科建设交流会5次,组织"睿博论坛"8次。学院老师也积极参加各种学术研讨会。韦洪涛、吴琼两位老师参加了"第二届长三角与长江经济带心理学科协作共建研讨会暨青年学者论坛"。姚远和陈艾睿两位老师参加了第七届全国脑电与脑成像研究与应用研讨会;姚远和刘云芝两位老师参加了中国心理学会社会心理学专业委员会2020年学术年会。

四、重大事项

(1) 心理与行为科学研究中心新增为江苏高校哲学社会科学重点研究基地。

(2) 学院应用心理学专业获批国家、省一流专业建设点。

(3) 学院心理学学科新增一级学科硕士学位授权点通过研究生学位办评估审核。

(4) 学院申报的心理健康教育硕士点与苏州市教育科学研究院共建"江苏省研究生工作站"项目获批。

(5) 2019级心理健康教育硕士研究生施琳同学在第四届江苏省教育硕士实践创新能力大赛中获一等奖。

(6) 学前教育1712班获江苏省省级先进班集体荣誉称号。

数学科学学院

一、学院概况

学院下设数学系、信息与计算科学系、统计系、大学数学部4个系部,设有数学一级学科硕士点与学科教学(数学)硕士点,数学为省重点(培育)学科。拥有数学与应用数学、信息与计算科学、统计学3个本科专业。数学与应用数学、信息与计算科学专业为"十二五"江苏省高等学校重点专业类建设项目。

学院现有在编教职员工62人,专任教师56人,其中教授12人、副教授24人,具有博士学位教师32人,硕士生导师24人(含其他学院和外校聘请人员)。学院拥有一支包括江苏省有突出贡献中青年专家、教育部新世纪优秀人才支持计划入选者、江苏省"优青"、江苏省"333工程"高层次人才、江苏省"青蓝工程"中青年学术带头人、江苏省"双创"人才在内的教学科研队伍。学院现有全日制在校本科生911人、硕士研究生74人。

二、教学工作

1. 本科教学工作

2020年,数学科学学院持续推进专业及教学改革建设。数学与应用数学专业被评为江苏省一流专业。学院与苏州市统计局、中国人寿保险股份有限公司苏州市分公司等5家公司签约成立统计学专业实践教学基地。学院教师成功申报江苏省高等学校重点教材1项,获得校级教学成果奖一等奖1项、校一流课程3项。获批校级课程思政相关项目7项。获江苏省高校第二届数学微课程教学竞赛三等奖1项,获学校"课程思政"微课比赛二等奖1项。

2020年,数学科学学院获得2020美国大学生数学建模竞赛(MCM/ICM)一等奖1项,获得第6届江苏省"互联网+"大学生创新创业大赛三等奖1项,获得第十一届"挑战杯"江苏省大学生创业计划竞赛三等奖1项,获得江苏省普通高等学校第十七届高等数学竞赛一等奖13项、二等奖23项、三等奖37项,获得第十二届全国大学生数学竞赛一等奖7项、二等奖13项、三等奖27项,获得全国大学生数学建模竞赛江苏赛区省级一等奖1项,获得第九届江苏省高等师范院校师范生教学基本功大赛二等奖、三等奖各1项,获得大学生创新创业训练计划项目省级重点项目1项。

2. 研究生教学工作

2020年,数学科学学院加强产学研联合培养,积极开展研究生教学研究与教学改革,组织师生申报和参加各类研究生创新项目、教改项目和课程建设。学院与苏州学府中学合作申请了江苏省研究生工作站，新增苏州市立达中学和苏州市沧浪中学 2 个教育硕士实践基地，"软件计算与研究生创新型人才培养"获苏州科技大学教学成果奖二等奖，获校优秀思政课程案例 1 项，研究生主持"江苏省研究生科研创新计划"项目 5 项。结题江苏省研究生科研创新计划项目 2 项、校级教育教学改革与研究项目一般课题 1 项、研究生科研创新计划项目 3 项。

学院组织全校研究生参加了由教育部学位与研究生教育发展中心主办的 2020 年"华为杯"第十七届中国研究生数学建模竞赛，7 组（19 名）研究生参赛，获全国三等奖 2 项、成功参赛奖 5 项；组织研究生参加 2020 年江苏省研究生数学建模竞赛，获一等奖 1 项、三等奖 2 项。

三、科学研究与学术交流

2020 年全院共发表论文 62 篇，其中被 SSCI、SCI、EI 收录共 32 篇。2020 年获得 2 项国家自然科学基金项目。

四、重大事项

（1）数学与应用数学专业被评为江苏省一流专业。

（2）由学院学生唐益萍、夏以诚、杨亦菲组成的团队获得 2020 美国大学生数学建模竞赛（MCM/ICM）一等奖。

（3）由李晓莉、张雅文主编的教材《概率论与数理统计》成功申报为江苏省高等学校重点教材。

（4）学院积极组织学生参加第十二届全国大学生数学竞赛，7 人获得一等奖，13 人获得二等奖，27 人获得三等奖。信息与计算科学专业胡若凡同学以数学专业 B 组第一的成绩首次进入全国大学生数学竞赛决赛。

（5）与苏州学府中学合作申请了江苏省研究生工作站。

物理科学与技术学院

一、学院概况

学院下设物理科学与技术系、大学物理教研室、物理实验中心、固态物理与材料研究中心、江苏省级实验教学示范中心、江苏省重点实验室和苏州市重点实验室等。学院拥有光学工程、物理学一级学科硕士点,光学工程为江苏省"十三五"重点学科。拥有物理学、应用物理学2个本科专业,其中应用物理学为校重点专业。学院拥有建筑面积为7 800平方米的实验室,设备总值8 000余万元。

学院现有在编教职员工60人,专任教师41人,其中具有正高职称者13人、具有副高职称者23人,具有博士学位者36人,硕士生导师43人(含其他学院和外校聘请人员)。学院拥有一支包括江苏省"双创"人才、江苏省"333高层次人才培养工程"入选者、江苏省普通高校"青蓝工程"中青年学术带头人、江苏省"六大人才高峰"高层次人才在内的教学科研队伍。学院现有全日制在校本科生518人、硕士研究生78人。

二、教学工作

1. 本科教学工作

学院2020年申报的新专业光电信息科学与工程已在教育部公示,新专业的申报成果进一步完善了学院的学科和专业布局结构。物理师范专业认证的申请材料已经学校批准提交至江苏省教育评估院。

应用物理学专业获批校级课程思政示范专业,电动力学等3门课程获批校级课程思政示范课程,大学物理课程获批校级课程思政特色课程。获批3门校级一流课程建设项目,并积极培育数学物理方法等课程申报国家级一流课程。获苏州市教学成果奖二等奖1项、校教学成果奖一等奖1项。获批2020年江苏省高等教育学会"大学素质教育与数字化课程建设"专项课题1项。

学院积极组织青年教师参加各类讲课竞赛。在第十二届江苏省高校基础物理教师上好一堂课竞赛中,吴幸智获理论组二等奖,范君柳获实验组二等奖。方宇获第二届江苏省师范院校教师智慧教学大赛三等奖。

学院学生获第六届中国"互联网+"大学生创新创业大赛省级三等奖2项,2020中美青年创客大赛全国优秀奖1项,2020苏州国际教育园"互联网+"创新创业大赛三等奖1项,第十二届"挑战杯"中国大学生创业计划竞赛省级三等奖2项,2020年"创青春"苏州科技大学大学生创业大赛省级金奖1项、银奖1项;2位教师被评为优秀指导教师;学院获优秀组织奖。2017级物理学(师范)专业钱佳晖同学发表的论文入选2020年第十三届全国大学生创新创业年会。2017级应用物理学专业滕其良同学获中国力学学会全国徐芝纶力学优秀学生奖。学院学生参加第十七届江苏省高校大学生物理与实验科技作品创新竞赛，获一等奖3项、二等奖6项、三等奖1项和优秀组织奖；在第十二届全国大学生数学竞赛中，1人获一等奖，2人获二等奖，2人获三等奖；在江苏省高等学校第十七届高等数学竞赛中，1人获一等奖，4人获二等奖，3人获三等奖。

2. 研究生教学工作

（1）省级创新工程立项。2020年度，学院研究生主持"江苏省研究生科研创新计划"项目6项。

（2）研究生教学研究与教学改革。组织光学工程和物理学导师申报中国学位和研究生教育教改课题2项。组织相关教师完成以下结题工作：主持结题江苏省研究生教改项目（重点）1项，参与结题江苏省研究生教改项目（重大）1项、校级研究生精品课程项目1项、校级研究生教学改革项目1项。

（3）研究生创新实践大赛。组织师生参加2020年江苏省新能源材料与器件科研创新实践大赛。在此次大赛中，学院获优秀组织奖，研究生获基础组二等奖1项、基础组优胜奖1项、应用组三等奖1项、应用组优胜奖2项。

（4）研究生导师管理。开展招生资格审核。组织学院学科评审小组，光学工程学科17名教师通过硕士研究生导师招生资格审核，物理学学科17名教师通过硕士研究生导师招生资格审核（2021年新增2人，并已获招生资格）。

（5）研究生督导工作。学院研究生教学督导工作在学院党委领导下开展。学院从学术委员会、学院学位委员会、学科研究生导师中遴选出数名兼职督导成员，在2020年抗击疫情期间，督导教师完成了学院研究生线上听课的全覆盖。

三、科学研究与学术交流

1. 科研项目及成果

学院吴泉英教授团队以苏州科技大学为第一单位获中国机械工业科学技术奖三等奖。学院青年教师张金磊获2020年江苏省"双创博士"人才项目资助。2020年，全院共发表高质量论文90余篇，其中以苏州科技大学为第一单位被SCI、EI、CSCD收录40篇，获专利授权18项，参与编写国内外学术著作3部。学院高度重视高层次科研项目的组织申报工作，2020年获批国家自然科学基金项目3项（其中面上项目1项）。

2. 国内外学术交流情况

学院组织师生积极参加各类学术活动，其中包括江苏省研究生教指委主办的"2020年江苏省研究生超构材料中的物理问题"学术创新论坛、江苏省光学学会2020年度学术年会会议、国家自然科学基金工程热物理与能源利用学科"十四五"战略规划研讨会等。

学院与长春理工大学物理学院进行多层次的学术交流，包括研究生联合培养和教师访学交流、科研团队的项目合作、筹备共建科研平台等。积极邀请专家来学院做学术报告，其中包括邀请电子科技大学王曾辉教授做报告"别有'动'天，用纳米机电器件来探索微尺度世界"、SAP大中华区智能服务集团副总裁陈涛博士做报告"一个理科生的职业转型分享——保持好奇心智，探索欲望，创新能力"。

四、重大事项

（1）学科建设。组织完成江苏省"十三五"重点学科光学工程的结题验收工作、第五轮学科评估工作。组织申报光电信息科学与工程1个本科新专业、能源动力和电子信息（光学工程）2个专业学位硕士点。组织学院"十四五"规划编制工作。

（2）人才培养。1篇学生论文获评为江苏省研究生优秀硕士学位论文（学术型），1名学生获中国力学学会全国徐芝纶力学优秀学生奖，1名学生获中美青年创客大赛总决赛全国优秀奖。学院学生获"挑战杯"江苏省大学生创业计划竞赛铜奖2项、江苏省"互联网+"大学生创新创业大赛三等奖2项。

（3）师资队伍建设。赵蒙老师入选江苏省"青蓝工程"优秀青年骨干教师，张金磊老师获2020年江苏省"双创计划"双创博士人才项目资助。刘国珍老师晋升教授，张加永、陈永强、方宇、赵润4名老师晋升副教授。2名教师获第二届江苏省讲课竞赛二等奖，1名教师获第二届江苏省师范院校教师智慧教学大赛三等奖。面试通过12名具有博士学位应聘教师（其中博导1名）的申请。

（4）科技创新。以苏州科技大学为第一单位获中国机械工业科学技术奖三等奖；获批国家自然科学基金项目3项；发表高质量论文96篇，被SCI、EI、CSCD收录90篇（以苏州科技大学为第一单位的43篇），获授权发明专利和实用新型专利15项。

（5）教研教改。教师完成江苏省研究生教育教学改革研究与实践重大课题（参与）1项和重点课题（主持）1项，结题评价均为优秀。

（6）实验室建设。完成江苏省高校"微纳热流技术与能源应用"重点实验室考核验收工作，设置开放课题2个。达成与长春理工大学关于共建实验室等项目的合作协议。

化学与生命科学学院

一、学院概况

学院成立于 2020 年，由原化学生物与材料工程学院更名为化学与生命科学学院，其中功能材料专业划归材料科学与工程学院。学院始建于 1981 年，前身为苏州铁道师范学院化学系、生物系与苏州城建环保学院应用化学教研室。学院拥有江苏省化学实验教学示范中心、江苏省生物实验教学示范中心、江苏省新材料学科综合训练中心等教学平台；拥有江苏省阻燃聚酯工程塑料工程技术研究中心等科研平台，并与材料学院、环境学院合作共建江苏省环境功能材料重点实验室、江苏高校水处理技术与材料协同创新中心（培育点）、苏州市环境功能材料重点实验室、苏州市新能源材料与低碳技术重点实验室、苏州市微纳光电材料与传感器重点实验室等科研平台。目前，学院是江苏高校化学工程与技术学科联盟单位，苏州市化学化工学会、生物学会副理事长单位。

学院现有教职工 88 人，包括专任教师 62 人，其中教授 15 人、副教授 24 人。拥有正高级实验师 1 人、高级实验师 9 人，具有博士学位的教职工 60 人，专任教师拥有博士学位的比例达到 88%。教师队伍中有曾享受国务院特殊津贴者 2 人、省级有突出贡献的中青年专家 1 人、省优秀教育工作者 1 人、铁道部青年科技拔尖人才 1 人、省高校新世纪学术带头人 1 人、省"六大人才高峰"高层次人才 3 人、省"青蓝工程"中青年学术带头人 6 人、省双创博士 3 人、苏州市优秀教育工作者 2 人、苏州市跨世纪人才培养对象 1 人、湖州市领军人才 1 人、苏州市紧缺人才 4 人。学院目前有在校生 1 400 余人，其中研究生 100 余人。

二、教学工作

1. **本科教学工作**

学院现有化学、应用化学、材料化学、生物技术、生物工程 5 个本科专业。2020 年，学院梳理教学制度，开展课堂教学规范教育，2017 级本科毕业生的学位率比 2016 级提升了 2.3 个百分点。"有机化学"等 5 门课程获评为学校课程思政教学设计方案优秀案例，其中"材料科学基础"获评为十佳案例；"生物技术制药"等 3 门课程获批校级课程思政示范课程。学院组织申报新专业生物科学（师范）和制药工程，生物科学（师范）专业成功复招。材料化学专业成功获批校一流专业建设点。组织完成了生物工程"3+2"转段升学的考试和录取工作，并在学校的指导下修订完成了 2018 生物工程"3+2"专业培养方案。

学院举行了 2020 年学院微课教学竞赛暨校微课和微课程教学选拔赛，两名教师在校赛中获奖，并申报江苏省微课程一项。组织申报苏州市教学成果奖1项、学校教学成果奖3项，获校教学成果奖二等奖1项；组织申报校一流课程5门，其中3门成功立项，并立项5门院级一流课程建设；组织申报江苏省重点教材建设1项；组织申报江苏省高校"大学素质教育与数字化课程建设"项目4项；组织教师参加第三届江苏省本科高校青年教师教学竞赛，获省级二等奖1项；组织教师参加校课程思政微课竞赛、师范专业青年教师教学竞赛。2020年教师发表教研论文11篇，参编教材2部。

学院学生获全国生命科学创新创业大赛一等奖1项、第十二届"挑战杯"江苏省创业大赛二等奖1项、校创业大赛铜奖1项，各级大学生化工设计大赛6项。学院组织申报2021年"互联网+"双创大赛种子培育项目7项，续签教育实习基地1个，新签教学实践基地1个。学生发表科研论文21篇，获授权专利1项。在本科教育国际化方面，积极鼓励学生参加本科生境外在线留学项目，2名本科生分别参加美国哈佛大学和新加坡国立大学项目。

2. 研究生教学工作

2020年，1门研究生课程"高等物理化学"获评为校优秀课程思政案例；共获批10项江苏省研究生科研与实践创新计划（含省立院助项目）；3位研究生获得研究生国家奖学金。学院新增2个企业研究生工作站，获批2名江苏省产业教授（研究生导师类）。2020年，学院化学工程与技术一级学科完成招生17名学术学位硕士、45名资源与环境专业的专业学位硕士。组织完成了化学工程与技术一级学科的第五轮学科评估申报工作，并与材料科学工程学院联合组织申报了材料化工专业学位点。

三、科学研究与学术交流

1. 科研项目及成果

2020年度，获批国家自然科学基金青年项目3项（其中化学与生命科学学院1项），获批江苏省重点研发计划社会发展项目1项、江苏省自然科学基金青年项目1项，获批江苏省教育厅项目2项、建设厅项目1项，获批苏州市重点产业创新项目等市级各类科研项目2项，纵向到账经费102万元。2020年度共计发表论文91篇，其中JCR期刊分区一区/二区论文12篇；申请获得授权专利20项，其中发明专利18项。

学院与苏州方舟环境科技有限公司、安徽启威生物科技有限公司、江苏常熟国家农业科技园区管理委员会等多家企业或事业单位签订了框架性合作协议，横向到账经费达54.5万元。由董延茂教授主持的《锅炉环保装备协同减排与资源化技术开发应用》获得第四届全国设备管理与技术创新成果一等奖。省市共建"苏州新能源产业研究院"项目获得苏州市支持。

2. 国内外学术交流情况

2020年，学院共组织了各类学术交流6次，其中邀请国内知名高校的国家杰出青年科学基金获得者等专家、学者做报告与指导交流4人次，举办知识产权专题讲座1次；多名教师参加了2020年中国微生物学会学术年会、2020年中国生物电磁学高峰论坛、中国生物农药与生物防治产业年会等国内高水平学术会议和产业创新会议。

四、重大事项

（1）7月，学院组织申报本科新专业生物科学（师范）和制药工程，其中生物科学（师范）获批本科招生资格。

（2）学院新增2个企业研究生工作站，化学工程与技术一级学科新增2位产业教授（研究生导师类），学院与材料科学工程学院联合申报的材料化工专业硕士点获得批准。

（3）由董延茂教授主持的《锅炉环保装备协同减排与资源化技术开发应用》获得第四届全国设备管理与技术创新成果一等奖。省市共建的"苏州新能源产业研究院"项目获得苏州市支持。

（4）12月，学院教代会顺利通过《化学与生命科学学院绩效工资分配方案》。

（5）学院大学生创新创业教育成效显著，学生获全国生命科学创新创业大赛一等奖1项、第十届"挑战杯"江苏省创业大赛二等奖1项。

材料科学与工程学院

一、学院概况

学院是在 2007 年创建的材料科学与工程学科及 2015 年成立的材料科学与器件研究院的基础上建成的研究型学院，下设材料科学与工程一级学科硕士点、功能材料和新能源材料与器件 2 个本科专业及正在筹建的材料与化工专业硕士点。学院瞄准材料科学与工程前沿，紧密结合国家重大战略需求，积极响应"长三角一体化"国家战略与"科研率先融入苏州"的举措，注重学科交叉，形成了环境功能材料、新能源材料与器件、生化传感与芯片技术、半导体信息存储技术与器件等研究方向。

学院现有江苏省环境功能材料与技术优势学科、江苏高校水处理技术与材料协同创新中心、江苏省环境功能材料重点实验室、江苏省生化传感与芯片技术工程实验室、苏州市环境功能材料重点实验室及苏州市微纳光电材料与传感器重点实验室等平台。现有大型原位制备表征联用系统、场发射透射电子显微镜等大型精密分析测试仪器及相应辅助与配套设备 4 000 余台/套，总价值 9 000 余万元。

学院现有教职员工 52 人，包括专任教师 44 人，其中教授 10 人、副教授 10 人，具有博士学位的教师 43 人，硕士生导师 21 人（含其他学院和外校聘请人员），2020 年获批省"双创"人才 1 人和"双创"博士 5 人。学院拥有一支包括江苏省"双创"人才、江苏省"333 工程"高层次人才、江苏省"青蓝工程"中青年学术带头人、江苏省"六大人才高峰"高层次人才在内的教学科研队伍。现有全日制在校本科生 171 人、硕士研究生 46 人。

二、教学工作

1. 本科教学工作

2020 年，功能材料专业多次组织召开校级一流专业申报推进会，梳理了相关成果并申报校级一流专业建设项目。学院组织专家调研论证了《新能源材料与器件专业的培养方案》，完成新专业申报。

2020 年，学院教师共发表教研论文 7 篇。刘波老师获得思政优秀设计方案 1 项，梁作芹老师获批校级思政示范课程建设项目 1 项，叶常青老师获批一流课程建设项目 1 项；学院教师在课程思政微课比赛中共获一等奖 1 项、二等奖 4 项。学院参与申报国家一流教材奖 1 项，获校级教学成果奖二等奖 1 项。

2020 年度学院共新增 8 名创新导师。陈丰老师等指导天平学院学生获得 2020 年"挑战杯"江苏省大学生创业计划金奖 1 项，梁作芹老师与陈丰老师等分别指导材料学院学生获得省赛铜奖 2 项，卢豪、胡俊蝶、李长明、王筱梅老师分别指导研究生获"百名才子大论坛——2020年江苏省研究生先进材料学术创新论坛"二等奖、三等奖各1项。本科生积极参与发表论文12篇，其中SCI一区论文3篇、SCI二区论文3篇，第一作者5篇。本科生4人次共获得实用新型发明专利授权3项。

2. 研究生教学工作

学院目前正在建设的学科包括功能材料、新能源材料与器件2个本科专业和材料科学与工程一级学术硕士点，材料与化工专业硕士点正在筹建中。苏州安靠电源有限公司研究院娄豫皖教授级高级工程师、江苏省陶瓷研究所有限公司董事长邱永斌研究员顺利获批为江苏省产业教授（研究生导师类）；学院联合苏州安靠电源有限公司和江苏省陶瓷研究所有限公司申报的江苏省研究生工作站均顺利获批。

学院获批10项江苏省研究生科研与实践创新计划项目；组织申报中国学位与研究生教育学会研究课题1项，组织申报研究生课程思政教学案例5项，其中1项被遴选为校优秀教学案例；制订《材料学院研究生国家奖学金评审实施细则》《材料学院研究生学业奖学金评定实施细则》等文件，为学生创造公平、公正的评奖、评优环境。

三、科学研究与学术交流

2020年度，学院共获批国家自然科学基金项目4项，其中面上项目1项、青年项目3项。获批江苏省科技厅青年基金项目1项、江苏省教育厅项目4项、横向项目4项。2020年度，学院获授权专利共28项。2020年度，以苏州科技大学署名的三大检索科技论文收录数达到212篇，其中SCI论文108篇，占比51%，包括SCI一区56篇、SCI二区35篇。

四、重大事项

（1）材料科学与工程学院在材料科学与器件研究院和功能材料专业的基础上成立。

（2）李长明教授入选科睿唯安/爱思唯尔2020年度高被引科学家榜单，是学校首位入榜的科学家。

（3）学院"新型高比功率高能量储存转换装置技术及产业化"成果荣获"2020年度发明创新奖"二等奖（银奖）。

（4）学院获批江苏省"双创"人才1人。

（5）学院学生肖遥以第一作者在高影响力国际顶尖能源材料杂志 *Nano Energy*（全球前5%，期刊影响因子16.602）上发表具有一定影响力的成果。

（6）学院代表学校作为长三角高校先进材料创新联盟的理事单位，与长三角经济带高校、科研院所和企业展开紧密合作。

艺术学院

一、学院概况

艺术学院迄今为止已有20多年的发展历史,现有教职工99人,其中专任教师82人,19人具有博士学位,占专任教师总数的23%。在校本科生1 206人,研究生216人。学院依托综合性大学学科与人才的整体优势,秉承"明德崇艺,笃志尚学"的院训,致力于培养专业技能与文化修养并重、艺术实践能力与理论研究水平协调发展的高素质复合型艺术专业人才。目前,艺术学院设有美术学(师范)、美术学(非师范)、视觉传达设计、环境设计、数字媒体艺术、动画6个本科专业,其中视觉传达设计是国家一流专业建设点、江苏省一流专业建设点、江苏省重点专业,环境设计是江苏省重点专业,美术学(师范)专业为"江苏省卓越教师培养计划项目"建设专业。学院现有美术领域和设计领域2个艺术硕士专业学位授权点。

学院充分发挥综合性大学学科齐全、学术氛围好的优势,坚持宽口径、厚基础、综合素质和专业能力培养并重的原则。除加强艺术专业技能与理论教学外,学院鼓励学生辅修其他专业或跨学科、跨门类选修课程,以提高学生的科学与文化素养,努力将学生培养成富有人文素养、具有理论研究与艺术实践特长的高级复合型艺术人才,为考研、就业拓宽空间。学院依托文化底蕴深厚的苏州,努力加强内涵建设和影响力提升,"德艺双修,传创并举",将"学院艺术"与地方民间艺术相结合,将新媒体技术与艺术创作相结合,将服务地方经济文化发展与人才培养相结合。学院坚持开放办学、广泛合作,始终以"大艺术、全媒体"的理念贯穿艺术学科建设,逐步形成了鲜明的办学特色。

二、教学工作

1. 本科教学工作

在专业建设方面,学院积极推进美术学师范专业认证的培育工作。学院两门课程获校级一流课程建设立项。完成了2018培养方案所有课程思政元素的提炼与汇编,获校级课程思政示范课程立项1项。学院举办了院级课程思政系列公开课与课程思政优秀作业作品展。

2020年,学院共申报与立项国家级创新训练项目2项、省级创新训练项目5项、省级创业实践和创业训练项目3项;聘任了34名院级双创导师,并邀请了专家和教务处邢夫敏副处长和双创中心的老师对学院的双创导师进行培训;获得校级"互联网+"大学生创新创业项目一等奖2项、二等奖3项,申报2021年"互联网+"大学生创新创业培育项目4项,入围最后路演3项;获得省级以上学科竞赛192项,其中国家级以上奖项101项。

学院教师获校级教学成果奖特等奖 1 项、二等奖 2 项，实现了特等奖的突破，同时也积极做好省级教学成果奖的培育；获江苏省微课竞赛一等奖 1 项、微课程（课程思政）省级三等奖 1 项。

2. 研究生教学工作

2020 年，学院研究生在各类专业和学科竞赛中获得国家级奖项 47 项、省部级奖项 34 项。完成艺术学院美术、艺术设计两个领域的艺术硕士专业学位研究生培养方案的修订工作。本年度学院硕士研究生招生全日制 60 人、非全日制 30 人。

三、科学研究与学术交流

1. 科研项目及成果

2020 年，学院教师共发表核心期刊论文 18 篇，其中一类核心期刊（人文社科类）论文 3 篇、二类核心期刊（人文社科类）论文 5 篇、三类核心期刊（人文社科类）论文 6 篇、A&HCI 论文 1 篇、ISSHP 论文 1 篇、重要报刊文章 7 篇；教师参编并出版学术著作一部。

艺术作品入选国家级单项美展 1 件，入选省级综合性作品展 9 件，其中获奖 5 件；发表专业核心期刊作品 12 件，发表省级专业报纸、省级综合报纸专业版作品 3 件，获省级美术馆、博物馆收藏作品 4 件，发表一般专业期刊作品 3 件、其他各类获奖作品 56 件；获软件著作权 5 项、专利授权 24 项。

2. 国内外学术交流情况

学院先后承办了包括"江南如画"油画创作研讨会、"2017 第四届中国青年设计师峰会""2017 国际水墨设计展·苏州站""全国中国画双年展苏州巡展""苏州国画院作品展""中国画名家邀请展""姚慧芬艺术刺绣展暨刺绣研讨会"等在内的多项国内重要学术活动。先后多次邀请包括教育部高等学校艺术设计专业教指委副主任林家阳，南京艺术学院博士生导师顾平，东南大学艺术学院院长王廷信，教育部设计学、美术学教指委委员李超德等在内的国内艺术学科一流专家来学校讲学，促进学校师生的科研和学习热情，扩宽学术研究的广度和深度。

四、重大事项

（1）艺术学院研究生翟天麟精心创作了 10 余幅饱含深情的撕纸作品，向防控一线的医护人员和科研工作者致敬，以其独有的方式为武汉抗"疫"硬核加油，《苏科大非遗"撕纸"女生撕开"疫霾"为抗"疫"硬核加油》一文刊登在 3 月 18 日的《人民日报》上。

（2）艺术学院师生们创作《众志成城，再现中国蓝》《最美逆行者》《破云见日会有时》《加油中国》等作品，为全民防控新冠肺炎疫情加油鼓劲。艺术学院官方微信"苏科艺术"举办了 3 期线上艺术作品展。

（3）7 月，学院"文化恒善，臻美乡村"实践团在苏州市吴江区横扇街道开展了为期 1 个月的"三下乡"暑期社会实践活动。

（4）9 月，学院在江枫校区艺术楼 209 会议室举行了一流课程申报与建设工作推进会。

（5）11 月，由中国教育技术协会教育游戏专业委员会主办、学院承办的游戏化学习与未来教育学术会议暨中国教育技术协会教育游戏专业委员会 2020 在线年会成功召开。

外国语学院

一、学院概况

外国语学院下设英语系、日语系、大学英语部 3 个教学系部与 1 个语言综合实训中心，此外，还设有国外智库涉华舆情分析研究中心、英语文学文化研究所、翻译研究所、语言教育研究所和日本文化研究所等科研平台。

学院现有教职工 95 人，其中专任教师 85 人、行政教辅人员 10 人。专职教师中教授 10 人、副教授 35 人、讲师 40 人；高级职称者占教师队伍的 52.94%，中级职称者占教师队伍的 47.06%。教师中具有博士学位的 27 人（占教师总数的 31.76%），具有硕士学位的 54 人，已获得博士学位和硕士学位的教师占 95.29%。

学院现有全日制在校研究生 32 人，本科生 1 059 人，成人学历教育在校本、专科生 200 余人。英语专业为江苏省"十二五"重点专业，并获批江苏高校一流本科专业建设点。

二、教学工作

1. 本科教学工作

学院高度重视本科教学工作，高质量完成英语、日语专业综合评估，积极推进省一流本科专业（英语）建设。英语专业获批校课程思政示范专业，"综合笔译""英汉笔译""国际会展实训" 3 门课程为示范课程，"英国文学史及作品选读"获批校课程思政特色课程。《新编汉英翻译教程》获"'十三五'江苏省高等学校重点教材（新编）"立项。英语专业申报的《新文科背景下的 PECOP 英语人才培养模式建构与实践》获校教学成果奖一等奖。学院教师全年发表 10 多篇教改论文，学生获得各类学科竞赛奖 150 余项。

大学外语教学方面：继续推进课程改课。探索线上线下混合教学模式，制作完成《新世纪大学英语一》慕课，2020 年 10 月正式上线外教社慕课平台，使用效果良好。积极开展教研活动，举行 10 余次教研活动，邀请校外专家讲学，其中包括江苏大学外国语学院副院长、国家一流课程负责人吴鹏教授与国家精品课程负责人、北京交通大学邵钦瑜教授等知名专家学者。"大学英语"课程获批校课程思政特色课程和一流课程，以《"一流课程"标准下的大学英语课程体系和教学模式创新建设与实践》为题申报的教学成果获校教学成果奖二等奖。本年度，学院教师在江苏省微课大赛、"外教社杯"全国高校外语教学大赛、江苏省高校青年外语教师奖教金评选，以及高教社微课竞赛中屡获佳绩。组织学生参加首届"外教社·词达人杯"词汇大赛和第三届"外教社杯"长三角区域高校学生跨文化能力大赛并取得突出成绩。

2. 研究生教学工作

2020年，学院共有研究生20余人次参加"外研社·国才杯"全国英语阅读大赛、江苏省笔译大赛、江苏省研究生外国文学学术论坛、全国高师学生英语教师职业技能竞赛、江苏省教育硕士实践创新能力大赛等比赛和活动，其中沈乐陶同学获第十五届江苏省高校外语专业研究生论坛优秀论文一等奖。另外，常雪梅同学获2020年度研究生国家奖学金。学院稳步推进2019级教育硕士培养工作，顺利完成2020级教育硕士的招生工作。

三、科学研究与学术交流

1. 科研项目及成果

2020年度学院获批科研立项5项，其中国家级2项、省部级1项、市厅级2项；发表论文31篇，其中CSSCI论文3篇、北大核心论文4篇；出版著作5部，其中专著3部、译著2部。

2. 国内外学术交流情况

2020年学院参加学术会议11人次，邀请专家讲座3人次。

四、重大事项

（1）根据2020年江苏省博士硕士学位授权审核推荐名单公示，学院申报的翻译专业硕士位列其中，获得审核通过。

（2）顺利完成英语和日语两个本科专业综合评估工作。

（3）英语专业获批校级课程思政示范专业，"综合英语""汉英翻译A""国际会展实训"3门课程获批校级课程思政示范课程，"英国文学史及作品选读"获批校课程思政特色课程。《新编汉英翻译教程》获"'十三五'江苏省高等学校重点教材（新编）"立项。

（4）顺利完成新一届工会委员的选举。

音乐学院

一、学院概况

音乐学院前身为1989年原铁道师范学院音乐系，现拥有音乐学（师范）本科专业、流行音乐专业及艺术硕士（音乐领域）授权点。下设声乐、钢琴、器乐、音乐教育、流行音乐5个系部，拥有音乐创作与研究中心、苏南地方音乐文化艺术研究所、数字音乐实验室、音乐教育研究与发展中心等研究平台及学生合唱团、管乐团、民族管弦乐团、舞蹈团、教师实训中心等专业技能与教学实训平台。现有在校本科生、研究生近300人。

学院现有教职工39人，包括专任教师32人。其中教授5人、副教授13人，拥有博士学位的8人、硕士学位以上的28人，硕士生导师13人，江苏省"333工程"高层次人才和江苏省"青蓝工程"中青年学术带头人各1人。学院通过高层次人才政策，引进我国著名作曲家及部分外籍音乐家参与教学与科研，提升学院的办学能力和知名度。

二、教学工作

1. 本科教学工作

音乐学院现有音乐学（师范）、流行音乐（艺术学）2个本科专业。2020年，学院获批校级教改项目2项，获批省级大学生创新项目1项、校级大学生创业项目1项，荣获微课教学比赛省级二等奖1项、教学成果二等奖1项，发表教研论文6篇，出版教材3部，1篇论文被评为省级优秀论文，2篇论文被评为校级优秀论文，继续推进卓越教师计划项目等。

2020年，学院积极谋划，在学科竞赛方面取得了优异成绩。获第六届中国国际"互联网+"创新创业大赛校级二等奖2项、三等奖1项，获2020年江苏省高校音乐美术教育专业大学生基本功展示第一名1项、三等奖3项，获2020年李斯特纪念奖国际钢琴公开赛一等奖1项、二等奖1项、三等奖1项，获2020年第八届国际声乐公开赛一等奖3项、二等奖6项，获江苏省第六届大学生艺术展一等奖1项、二等奖1项，获第十五届中国国际合唱节比赛二等奖。

2. 研究生教学工作

2020年7月，学院恢复了艺术专业硕士（音乐）招生，并拓展了非全日制硕士的招生；2017级研究生顺利完成线上毕业音乐会，15名研究生全部通过线上毕业论文答辩，最终获得毕业证和学位证。2018级研究生线上教学活动也顺利进行。2021年招生工作正在进行中，全日制和非全日制方向报名人数达110余人。

三、科学研究与学术交流

2020年1月,学院合唱团受邀参加中央电视台春节档期节目演出,于春节期间在中央电视台1套、3套、5套滚动播出;抗击新冠肺炎疫情期间,由林峰老师创作刘也愚老师演唱的《白衣战场》、黄承箱教授创作的《春消息》、黄祖平院长创作的《我们是长城》均在学习强国播出,社会反响良好;5月,学院师生参与教指委组织录制的抗疫歌曲"万人云合唱《我们》",并在央视频播出;6月27日,学院合唱团参加由教育部学生司、新闻办、人民日报社新媒体中心、电影频道融媒体中心、新浪微博联合推出的"未来你好"毕业歌2020云演唱会。学校作为唯一分会场,参加直播互动活动,取得了良好效果。该活动在中国网、引力播、名城苏州、紫牛新闻、看苏州等多家媒体转载发布,播放量达5 288万次,阅读量达22.05亿次。学生演唱的《那些年》《后来》节目获957万人次实时在线收看。人民日报社新闻媒体中心寄来感谢函。

四、重大事项

(1)2月,由中共苏州市委宣传部和中央电视台联合策划拍摄的《唱响新时代 走进江苏苏州》大型歌舞节目在中央电视台音乐频道首播。学院合唱团95名学生参与了该大型文化活动在阳澄湖主会场的部分节目录制。

(2)5月,学校师生参与"美育云端课堂"暨第二届中央音乐学院·延安5.23艺术节,75位师生参与了央视频"万人云合唱《我们》"MV录制。

(3)6月,学校受邀参加"未来你好"毕业歌2020云演唱会,引力播、学习强国、紫牛新闻、《苏州日报》等媒体予以报道,人民日报社新媒体中心向学校发来感谢函。

(4)由学院黄祖平、黄承箱、林峰等多名师生创作的抗疫歌曲《我们是长城》《点亮生命》《春消息》《白衣战场》等在引力播、学习强国等多家媒体播出。

(5)学院成功申报新专业——流行音乐,计划2021年开始招生。7月,学院通过硕士点整改,恢复了艺术专业硕士(音乐)招生,并拓展了非全日制硕士的招生。

(6)学院合唱团荣获第十五届中国国际合唱节比赛二等奖。

机械工程学院

一、学院概况

学院前身为 2008 年 5 月成立的机电工程系,2013 年 1 月更名为机械工程学院。学院设有机械制造及自动化系、机械电子工程系、材料成型及控制工程系、机械设计及自动化系、机电实验实训教学中心、先进制造技术与装备研究所、数字化智能装备研究所等教学与科研机构。实验实训教学中心现有 30 个实验室、4 个实训车间、1 585 台(套)国有资产仪器设备,总值 2 261 万元。学院拥有省级实验教学与实践教育中心——机械工程综合训练中心、省重点实验室——建筑智慧节能实验室(3 个学院合作,负责研究方向:建筑设备系统运行与智能控制)、苏州市精密与高效加工技术重点实验室、省市共建苏州科技大学智能制造研究院、省卓越工程师(机械动力类)教育联盟成员等省市级平台。

学院现有机械设计制造及其自动化、机械电子工程和材料成型及控制工程 3 个本科专业,现有"机械工程"一级学科硕士点,已经形成先进制造技术、机电系统控制、材料成型及控制工程和机械设计技术四个主要研究方向。

学院现有在校本科生 863 人、研究生 31 人,现有教职工 52 人,其中教授 5 人、副教授和高级工程师 15 人、讲师和实验师 23 人,具有博士学位的教师 32 人、在读博士 3 人,专任教师中大多数有国(境)外半年以上访学或研修经历。

二、教学工作

1. 本科教学工作

推进专业建设和教研教改工作。机械设计制造及其自动化专业立项为校级一流专业,立项校级一流本科课程 1 门。组织完成了本科学生转专业的院级考核工作,转入学生 1 名。获批 2020 年校级教学成果奖二等奖 1 项。由学院老师主编的一部"十三五"江苏省高等学校重点教材于 6 月份正式出版。教师本年度发表教研教改论文 8 篇,获得江苏省普通高校本、专科优秀毕业设计(论文)三等奖 2 项。

推进和实施课程思政。完成了 2018 本科培养方案所有课程的思政元素的挖掘、思政报告的撰写及思政方案的设计。召开课程思政专题教学研讨会暨课程思政说课大赛,深入推进课程思政。入选校级课程思政教学设计方案十佳案例 1 门,获批校级课程思政示范课程 1 门。

推进本科教育国际化,完成教育部文件规定的机械专业中外合作办学项目的年度报告。推进江苏高校中外合作办学高水平示范性建设工程项目,该项目于 2020 年 9 月通过江苏省教育厅组织的验收工作,正式立项为江苏高校中外合作办学高水平示范性建设工程。

2020年，学院学生共获得科研创新项目18项，其中省级项目6项、校级项目5项、院级项目7项。

2. 研究生教学工作

学院现有产业教授1人、研究生31人、研究生导师14人。王中旺同学顺利毕业并考取大连理工大学的博士研究生。1人获得国家奖学金，1人获批江苏省研究生创新项目。2020年新增硕士生导师4名，完成了机械专业硕士学位点的申报任务，该学位点现已通过了江苏省的评审和公示，上报到国务院学位委员会。

三、科学研究与学术交流

1. 科研项目与成果

2020年，学院新获批江苏省"双创"博士人才项目1项、江苏省高校自然科学基金项目2项、苏州科技计划项目1项、苏州科技大学科研基金项目3项等。全年学院合同科研经费300多万元，实际到账经费217.37万元；学院教师获得授权发明专利10件、授权实用新型专利22件、软件著作权登记10件；教师在核心以上刊物共发表论文50篇，其中SCI检索期刊论文28篇、EI检索期刊论文12篇。2020年，由李华老师主要参与的成果"平台网纹珩磨加工关键技术及应用"荣获江苏省科技进步三等奖，这是学院教师第二次以苏州科技大学的名义获得江苏省科技进步奖。由蒋全胜老师主持完成的成果"机电装备质量监控与智能诊断关键技术及应用"荣获2020年度中国商业联合会科技进步奖三等奖。学院戴晨伟和杨勇老师的论文分别获得苏州市2020年度自然科学论文奖二等奖和三等奖。

省市共建项目"苏州科技大学智能制造研究院"已经获批，该平台是学院继苏州市精密与高效加工技术重点实验室之后的第二个市级平台，获批资金1 500万元。

2. 国内外学术交流情况

积极开展对外学术交流，邀请校外专家来校讲学指导近30人次，全院教师参加国内外学术会议40多人次。学院成功承办了"江苏省机械学科联盟第一届理事会第二次会议"。

四、重大事项

（1）成功承办了"江苏省机械学科联盟第一届理事会第二次会议"。

（2）省市共建项目"苏州科技大学智能制造研究院"已经获批，获批建设经费1 500万元。

（3）机械设计制造及其自动化专业立项为校级一流专业。

（4）以硕士点验收为目标，按学科方向组建了4个科研团队，明确了科研团队建设的目标责任。

（5）完成了机械专业硕士学位点的申报任务，该学位点现已通过了江苏省的评审和公示，上报到国务院学位委员会。

地理科学与测绘工程学院

一、学院概况

学院成立于 2020 年 6 月，由原环境科学与工程学院地理与资源科学系、空间信息与测绘工程系组建而成。学院办学历史可以追溯至 20 世纪 80 年代的原苏州铁道师范学院地理系。学院设有地理与资源系、地理信息科学系、测绘工程系 3 个教学单位和实验中心。

学院现有人文地理与城乡规划、地理信息科学、测绘工程 3 个本科专业，地理科学专业将于 2021 年恢复招生。其中，地理信息科学为校特色专业（2010 年）、测绘工程为校重点专业（2013 年），目前，测绘工程专业工程认证工作已进入冲刺阶段。学院与兄弟学院共建环境科学与工程、城乡规划学两个一级学科硕士点，并负责资源与环境专业硕士——资源环境遥感技术与应用方向的硕士生招生与培养。学院在校全日制本科生 828 人、硕士生 70 人。

学院现有教职工 48 人，包括专任教师 38 人，分布在地理信息系统开发与应用研究所等 8 支研究团队中，其中有正高级职称者 3 人，有副高级职称者 13 人，有高级职称的教师占比 42.2%；31 名教师具有博士学位，占比 81.6%；硕士生导师 11 人，占比 28.9%。教师中有中国 GPS 协会教育专业委员会委员 1 人、江苏省"333 工程"学术技术带头人 2 人、江苏省"六大人才高峰"高层次人才 1 人、江苏省"青蓝工程"中青年学术带头人 1 人。

学院建有江苏省现代测绘仪器技术研究工程中心、苏州市测绘仪器测试服务中心等省市级研究平台。现有实验室使用面积 1 755 平方米，设有苏州上方山野外实践实训基地（10 平方千米）、苏州西山天湖明月湾缥缈峰野外实践实训基地（20 平方千米）2 个野外实习基地，以及苏州市测绘院有限公司、苏州市数字城市工程研究中心等 20 余家企业实践训练基地。学院现有固定资产 1 500 余万元，包括莱卡 DI2002 光电测距仪、拓普康 IS201 影像型三维扫描全站仪、天宝 Trimble 5700GPS 定位仪、索佳 SRT2130R3 全站仪等先进测绘仪器设备；建立了野外 800 米长的中国苏州上方山长度标准基线（第 64 号）、室内 41 米的长度标准基线比长台各一座；学院资料室有专业图书、规范及期刊资料 2 000 余册，长期订阅中外文期刊 20 余种。

二、教学工作

学院 3 门课程获评校级课程思政教学设计方案优秀案例，测绘工程专业获批校级课程思政示范专业，3 门课程获批校级课程思政示范课程，6 门课程获批院级课程思政示范课程。

学院组织完成了2018人才培养方案的课程大纲修订工作，通过加大对本科毕业设计（论文）质量的监控，有力提升了学生的本科毕业设计（论文）质量，获得江苏省高校测绘类本科优秀毕业论文一等奖2项、二等奖3项、三等奖5项；持续推进一批具有较好基础和特色的网络课程和线下课程的培育；获校级教学成果奖二等奖1项，发表教学期刊论文2篇。

学院积极组织本科生参加第十三届全国大学生节能减排社会实践与科技竞赛、"北斗杯"全国青少年科技创新大赛、2020"易智瑞杯"中国大学生GIS软件开发竞赛、第九届全国大学生GIS应用技能大赛等学科竞赛。获得了节能减排社会实践与科技竞赛三等奖、"北斗杯"全国青少年科技创新大赛三等奖等各类奖项20余项。

三、科学研究与学术交流

1. 科研项目与成果

2020年，学院纵向科研经费到账59.745万元，横向科研经费到账320.295万元，总计380.04万元（含社科类32.8万元）。全院教师共发表论文32篇，核心期刊以上19篇（按38个教师计，师均0.5篇）、SCI期刊论文12篇，出版学术专著1部，获得发明专利1项、软件著作权5项。

2. 国内外学术交流情况

本年度邀请了苏州大学房伟教授、河南理工大学张捍卫教授、苏州科技大学王学东教授等多位专家来院进行学术交流；组织学院教师参加了江苏省地理学会2020年学术年会等国内会议10多人次。此外，学院还积极组织教师参加各类学科专业建设会议，为各学科专业的发展创造了良好的条件，激发了教职工的积极性。学院结合地理新专业建设，组织教师赴南通大学、盐城师范学院等院校进行交流。

四、重大事项

（1）增设了资源与环境专业硕士研究生方向。

（2）地理科学（师范）专业恢复招生。地理科学（师范）专业人才培养方案通过专家论证，地理科学（师范）专业申请招生顺利通过，新专业申报工作已通过学校评审，并已在教育部备案，2021年开始恢复本科招生。

（3）组织测绘工程一级学科硕士点的申报。

（4）制定"地测学院2021年人才引进和师资补充计划""5年内人才队伍建设内培计划"，绘制"学院人才树状结构图"，确定了2021年度的人才引进计划和"十四五"人才队伍建设内培和外引计划，梳理了一、二级学科带头人与团队带头人，未来5年须引进教师约40名。

（5）赵伟老师指导沈平原、朱陈程两位同学以"多传感器集成的导航测量系统设计与实现"为题的参赛作品获得"华测导航杯"首届全国大学生测绘创新开发大赛特等奖。

体 育 部

一、学部概况

体育部下设有党政办公室、教务办公室、3个教研室、群体管理中心、高水平运动管理中心和场馆管理中心。体育部主要承担体育课程、运动队训练、群众体育与运动竞赛、《国家学生体质健康标准测试》组织与实施、场馆建设与管理、师资队伍建设与教学科研等工作。体育部现有教职工45人，包括专任教师41人，其中教授1人、副教授14人；具有博士学位者2人，具有硕士学位者28人；拥有国家级运动健将4人、国际级裁判员2人、国家级裁判员1人、国家一级裁判员22人。

近年来，体育部两次荣获"江苏省体育工作先进学校"荣誉称号；江苏省高校公共体育课程考核评估为优秀等第；荣获江苏省教学成果二等奖1项、苏州科技大学教学成果一等奖2项和二等奖1项；荣获"江苏省群众体育先进个人"和"江苏省高等学校优秀共产党员"称号；获评学校"创先争优先进基层党组织"；获得苏州市"创先争优先进党组织"和"苏州市文明单位"等荣誉称号。

体育部坚持"立德树人"的根本任务和以学生为本的理念，呈现了公共体育课程四年的延伸、群众体育运动全面展开、高水平运动队示范引领、体育文化活动品牌吸引"四维联动"的良好格局；形成年年有计划、周周有比赛、天天有活动的体育活动常态化发展格局，体育精神引领、体育文化渗透、品牌活动支撑的校园体育文化氛围日渐浓厚。

构建公共体育课程"纵向四年不断线，横向课内外一体化"大学体育内涵建设，以"体质健康、技能掌握、健全人格"为课程目标，不断改革公体教学，将体育成绩纳入学生评奖评优体系，广泛开展各类课外体育竞赛、体育锻炼活动，极大地促进了学校公体教学和课外体育活动的开展。

体育部大力营造校园体育文化氛围，积极组织完善多样化群众体育活动体系，实现体育育人长远效益。近年来，每周课外锻炼不少于3小时的学生比例达80%。加强学生体育俱乐部建设工作。全校现有体育俱乐部和社团20余个，学生会员约4 000余人。追梦草自行车协会2003年、2004年、2005年暑期的远征均被学校特批为暑期专项社会实践活动，该协会曾获得2003年度江苏省"十佳社团"、2004年江苏省"十佳社团活动"等荣誉。追梦草自行车协会、黎明脚步跑步社、云上人户外登山者协会、G-T街舞社和蓝烈女子篮球社等体育社团在2019苏州科技大学星级社团评比初赛中进入前25名，其中追梦草自行车协会排名第二。学部近千余人次志愿者参加了苏州（太湖）马拉松志愿服务，成为赛事中最美丽的风景。

在群众体育运动蒸蒸日上的同时，学校的竞技体育水平也迈上了一个新的台阶。学校拥有羽毛球、龙狮队、乒乓球、健美操、足球、跆拳道、篮球及田径 8 支运动队。其中羽毛球队作为学校高水平运动队，自 2011 年组建以来在历届全国大学生羽毛球比赛中均获佳绩，尤其是在 2017 年以学校为主获得了第十三届全国学生运动会大学组羽毛球男子团体亚军，并获江苏省教育厅的嘉奖；学校龙狮队自 2009 年组建以来，在全国大学生舞龙舞狮锦标赛上多次获得冠军并在 2014 年"全国舞龙展演暨第十二届中国民间文艺山花奖·民间艺术表演奖"评奖活动中获"山花奖"；以非体育专业学生组队的其他代表队在省市级各项比赛中均获得优异成绩。

以品牌活动营造体育文化氛围。体育部拟定年度《体育群体计划》，校体育文化节进入《校园文化精品培育名录库》；固化常规体育活动，包括田径、篮球、排球、足球、乒乓球、羽毛球、网球、舞龙、健美操、跆拳道 10 多项全年群众体育竞赛；以体育文化节为契机，打造一系列体育文化品牌，让学生在体育锻炼中享受乐趣，强身健体，健全人格，锤炼意志。

"金秋体育运动会"不断创新组织形式：在项目设置上增加了更多集体性、娱乐性的项目，极大地提升了师生的参与热情。在传统的学生团体操表演基础上增加的舞龙舞狮表演项目成为运动会上突出的吸睛点。"金秋体育运动会"日益成为师生热切期盼并积极参与的体育盛会。

二、教学工作

2020 年，体育部教师发表教研论文 4 篇，获批校一流课程建设项目和课程思政特色课程建设项目各 1 项，获得校级教学成果二等奖 1 项，获评十佳课程思政优秀案例设计 1 项，韩一非老师在苏州科技大学微课教学比赛中获得优胜奖。

三、科学研究与学术交流

2020 年体育部共登记科研成果论文 15 篇，其中 SCI 论文 2 篇、省级期刊论文 13 篇，出版专著 7 部；获 2020 年江苏省社科后期资助 1 项；3 人参加苏州市第十五届运动会科学大会，1 人获二等奖，2 人获三等奖。

四、重大事项

（1）成功举办苏州科技大学第二十届运动会田径比赛。
（2）获得第十一届江苏省大学生龙狮精英赛男子甲组舞龙竞速第二名。
（3）获得 2020 江苏省高校大学生跆拳道锦标赛甲 B 组团体总分第一名、男子甲 B 组 58kg 第一名、男子甲 B 组 74kg 第一名、男子甲 B 组 63kg 第二名、男子甲 B 组 68kg 第二名、男子甲 B 组高丽一等奖、男子甲 B 组太极四章一等奖、男子甲 B 组太极六章一等奖；女子甲 B 组 62kg 第一名。
（4）获得苏州市第十五届运动会本科院校组舞蹈啦啦操花球自选套路第一名。
（5）获得苏州市第十五届运动会本科院校羽毛球比赛男子单打第一、二名，男子双打第一、二名，女子单打第一、二名，女子双打第一、二名。
（6）获得苏州市第十五届运动会本科院校乒乓球男子单打第二名。

国际教育学院

一、学院概况

苏州科技大学国际教育学院成立于 2011 年 7 月，目前共有在校生 597 人，参与项目专任教师总数达 157 人，其中外籍专任教师 26 人。学院承担了学校在中外合作办学人才培养、科学理论体系构建和国际化师资培训等多个领域的重要职能，是学校落实教育国际化战略和新时代教育对外开放的主要阵地，也是学校推动教育改革创新的探索实践基地。

目前，学院与英国南威尔士大学（University of South Wales）合作举办工程管理、机械设计制造及其自动化、物流管理、土木工程 4 个专业的中外合作本科教育项目，有全日制本科在校生 597 人。学院 4 个项目全部顺利通过教育部组织的中外合作办学评估，其中，工程管理、机械设计制造及其自动化和土木工程 3 个专业成功入选江苏高校中外合作办学高水平示范性建设工程；获批江苏省首批中外合作办学联合科研项目 2 项；"校企合作、境内外联合—工程管理国际化人才培养研究与实践"荣获江苏省教学成果一等奖。学院办学质量和社会认可度进一步提高，人才培养质量和社会声誉不断提升。

学校先后出台了《苏州科技学院中外合作办学项目（本科层次）管理办法》（苏科〔2014〕18 号）、《关于苏州科技大学中外合作办学项目（本科层次）管理办法的补充实施意见》（苏科大〔2016〕95 号）等文件，进一步明确了管理职责，完善了管理机制，规范了运行管理，有力地保障和促进了学院的健康有序发展。根据文件，国际教育学院负责项目实施的总体组织协调，并主要做好学生管理和外语强化训练等方面工作；项目专业依托学院主要做好专业理论与实践环节的教学组织管理与建设发展工作，并组织与专业相关的学生课外科技创新活动。

办学以来，学院坚持社会主义办学方向和育人导向，坚持中外合作办学宗旨和原则，始终以培养国际化人才为核心，以引进优质教育资源为导向，以促进教育教学改革为根本，以提高人才培养质量为重点。学院围绕"立德树人"根本任务，以培养具有家国情怀和国际视野、通晓国际规则、能够参与国际事务和国际竞争的国际化人才为目标，结合中英双方优质教育资源，创新教育理念，采用多元、开放的办学模式，积极构建国际化教育平台，培养了一批具有扎实专业知识背景、掌握先进专业技术的高素质国际化人才。

近年来，学院人才培养质量不断提高。2020 年度，国际教育学院 199 名应届毕业生中有 45 人获得学校和英国南威尔士大学的双学士学位，取得学校毕业证书和学位证书的有 194 人；93 名学生出国升学，出国升学率达 48%，位列校内各学院第一名；毕业生就业率和就业质量不断提高，年终就业率 92%，许多毕业生在"一带一路"沿线国家的建设工程中贡献出巨大的力量，他们的表现受到用人单位的高度评价。

二、重大事项

(1) 9月,学校与英国南威尔士大学合作举办的工程管理、机械设计制造及其自动化和土木工程3个专业成功入选江苏高校中外合作办学高水平示范性建设工程。

(2) 11月,学院党总支召开全体党员大会,选举产生了中共苏州科技大学国际教育学院第二届总支部委员会。

(3) 11月,由国际教育学院和学校关心下一代工作委员会共同举办的国际教育学院第五届英语第二课堂活动顺利开幕;开展了一系列英语演讲、创办英语期刊、英语角等系列活动,其中Nick英语角活动被新华社报道,受到广泛关注。

(4) 12月,学院英语第二课堂活动于2018年正式入选学校首批《校园文化精品培育名录库》,经过两年的培育和建设,顺利结项。

(5) 12月,学院在敬文书院报告厅举行"IES领航者协会"成立暨授牌仪式。"IES领航者协会"是由学院学生党员、预备党员和入党积极分子组成的先进学生群体,围绕"思想领航、学业领航、实践领航"三大主题开展工作。

敬文书院

一、学院概况

敬文书院成立于 2016 年 5 月，是苏州科技大学为了深入贯彻落实党的教育方针和"立德树人"的根本要求，深化高等教育综合改革，顺应高水平、有特色大学建设的需求，积极推进育人模式的改革与创新，借鉴中国古代书院制度和国内外著名大学"住宿学院制"，在香港朱敬文教育基金会、善源基金会的资助下，结合学校实际成立的以朱敬文先生名字命名的教育教学机构和学生生活社区。

书院实行导师制，学生在学业导师、常任导师、社区导师、助理导师及项目导师的指导下自主进行学习和生活；书院实行积分管理制，每名学生须修满 29 个书院教育教学积分，可折抵"跨学科任选课学分"5 学分和"综合素质培养与拓展课外选修学分"4 学分，包括通识课程教学 12 积分、讲座教学 3 积分和创新实践项目教学 14 积分；书院设立团委、学生会、社团联合会、新媒体中心等，通过各类活动培养学生在生活与学习中的自我管理能力；书院设有图书阅览室、讨论室、会客室、谈心室、多功能室、琴房、健身房等设施，为书院开展学生思想品德教育、文化素质教育、实践创新教育等提供办公和活动场所。

书院现有教职工 6 名，其中教授 3 名，具有博士学位的教职工 3 名。书院现有全日制在校本科生 479 人，来自石湖校区 15 所学院、44 个专业。

二、人才培养工作

书院弘扬"为国储材，自助助人"的敬文精神，在"新教育"理论和实践体系指导下，帮助学生"过一种幸福完整的教育生活"。书院重点围绕"提升学生的品行修养、人文素养和实践创新能力"三大培养目标，通过"通识教育课程、讲座和实践创新活动"三大教育形式，实施"文明养成、新教育阅读、体育锻炼、创新训练"四大成长计划和"听、说、读、写、行、创"六大特色项目，为学生的成长、成才搭建有效的实践锻炼平台，使书院成为师生学习、研究和生活的教育生活共同体。

2020 年，书院在开设应用美学、职业生涯规划、生命伦理学、国学经典、跨文化沟通及技巧、社会调查方法、积极心理学、创新创业、艺术鉴赏这 9 门通识课程基础上，增加了大学生生命教育、民商法、美育十二讲、创新创业项目从萌芽走向竞赛、计算机思维与信息素养等课程。书院积极组织名师名家讲座活动，先后举办包括敬文大讲堂在内的线上与线下讲座 20 余次，并以六大特色社团及各类自创社团为行动载体，积极组织学生参与各类创新实践项目。书院共开展各类项目 60 余项，组织校内外各类活动百余次。

2020年度,敬文学子共获559项荣誉,包括3项世界级荣誉、51项国家级荣誉、64项省级荣誉和13项市级荣誉。书院2017、2018、2019级学生的大学生英语四级考试通过率达到98%,大学生英语六级考试通过率达到76.6%,在2019—2020学年中获专业奖学金学生为236人次,占比78.5%。2020年6月,敬文书院首届毕业生中43名毕业生被录取为国(境)内外高校硕士研究生,其中国内升学29人,出国(境)升学14人,考取国内"双一流"高校共计13人,升学率为37.7%。

三、重大事项

(1) 6月16日,书院首届毕业生中43名毕业生拟被录取国(境)内外高校硕士研究生。

(2) 10月28日,书院邀请国家一级演员邢晏芝做客敬文大讲堂,举办"浅谈评弹"主题讲座。

(3) 10月30日,书院邀请苏州市通信行业协会高级顾问夏必苏做客敬文大讲堂,举办"苏州市通信支撑系统与业务演进"主题讲座。

(4) 12月10日,学校党委对书院巡察整改工作进行了专项督查。

(5) 12月11日,书院参加长三角高校书院联盟通识教育协同创新研讨会暨2020年理事会。

(6) 12月23日,书院举行学业项目导师聘任仪式及交流会。

天平学院

一、学院概况

天平学院设有党委办公室、院长办公室、人事处、财务处、教务处、学生处、招生就业处、总务处、团委、网络信息中心等行政机构；设有环境科学与工程学院、土木工程学院、智能制造学院、管理学院、语言文化学院、艺术学院、公共教学部。

学院现有全日制在校本科生8 700余人，面向全国18个省、自治区、直辖市招生，设有风景园林、环境工程、土木工程、财务管理、汉语言文学、环境设计、英语等29个专业（方向），计算机科学与技术、机械设计制造及其自动化、酒店管理、财务管理、商务英语5个专转本专业，形成了以工为主，工、理、文、管、艺等多学科协调发展、特色鲜明的专业格局。此外，2020年，学院实施现代职教体系贯通培养项目7项，包括与苏州高等职业技术学校联合培养的电子信息工程（3+4）专业、与苏州健雄职业技术学院联合培养的酒店管理（3+2）专业、与苏州农业职业技术学院联合培养的风景园林（4+0）专业、与苏州市职业大学联合培养的机械设计制造及其自动化（4+0）专业等。

二、教学工作

2020年，学院取消土木工程（建筑工程）和土木工程（道路桥梁工程）方向招生，新增专转本招生专业5个，新增现代职教体系贯通培养项目6项。陆晓娟老师的思政课程"守正创新 坚定自信"获得苏州市《新时代在苏高校思想政治工作助推提升计划》2020年遴选扶持项目；开展院级"课程思政"专项建设，立项20项，其中7项为示范项目。李华老师编写的《机械制造技术基础》获批为江苏省本科优秀培育教材。学院教师全年发表教改论文12篇，参与教学改革研究12项。

三、科学研究

2020年度获得江苏省高校自然科学研究面上项目立项5项、江苏高校哲学社会科学研究项目立项16项，获苏州市社科规划课题（应用对策类）项目立项4项、苏州市软科学课题立项2项、苏州市科技局农业科技创新项目立项2项、苏州市科技局民生科技项目立项1项，获院级科研基金项目立项12项。

四、重大事项

（1）6月，学院举行2019届毕业典礼。
（2）7月，学院召开全面从严治党工作会议。
（3）9月，学院举行2020级新生军训成果汇报暨开学典礼。

表彰与奖励

学校及各单位获表彰或奖励情况

学校获省、市表彰或奖励情况

学校获省、市表彰或奖励情况一览表

被授予的荣誉称号或奖项	表彰单位	批文号及获奖日期
全省"七五"普法中期先进集体	中共江苏省委宣传部、江苏省司法厅	苏法宣办〔2020〕1号，2020年1月5日
第五届全省学生"学宪法 讲宪法"活动优秀组织奖	江苏省教育厅	苏教法函〔2020〕6号，2020年12月14日
第四届江苏省大学生知识产权竞赛优秀组织奖	江苏省知识产权局	2020年11月
2020年"青盾行动"——苏州高校公共安全教育"开学第一课"优秀组织单位	苏州市禁毒委员会办公室、苏州市教育局、苏州市公安局、苏州市卫生健康委员会、共青团苏州市委员会	苏禁办〔2020〕70号，2020年12月10日
2019年度虎丘区"征兵工作先进单位"称号	苏州市虎丘区人民武装部	2020年4月

学校各单位获校级以上表彰或奖励情况

学校各单位获校级以上表彰或奖励情况一览表

受表彰的集体	被授予的荣誉称号	表彰单位	批文号及获奖日期
学生就业服务与职业发展中心	2020年高校毕业生就业工作量化考核A等	江苏省教育厅	苏教学函〔2021〕2号
学生资助管理中心	2019年高校学生资助工作绩效考核优秀	江苏省教育厅、江苏省财政厅	苏教助〔2020〕3号
校工会	2019年度苏州市教育系统"教代会民主管理"先进单位一等奖	中国教育工会苏州市委员会	苏教工〔2020〕2号
	2019年度苏州市教育系统工会积分制考核评价先进单位一等奖		
	2019年度苏州市教育系统工会信息工作先进单位一等奖		
	2019年度苏州市教育系统工会工作创新案例奖一等奖		
校团委	2019年度江苏省共青团工作先进单位	共青团江苏省委	2020年1月
	2019年度江苏省五四红旗团委	共青团江苏省委	2020年5月
	苏北计划优秀组织奖	共青团江苏省委、江苏省志愿者协会	2020年7月
	江苏省大中专学生志愿者暑期文化科技卫生"三下乡"社会实践活动先进单位	共青团江苏省委	2020年12月
	"江苏省青年志愿服务新闻宣传奖"	共青团江苏省委、江苏省志愿者协会	2020年8月

续表

受表彰的集体	被授予的荣誉称号	表彰单位	批文号及获奖日期
校团委	2018—2019年度无偿献血先进奖	苏州市献血领导小组、苏州市精神文明建设指导委员会办公室、苏州市红十字会	2020年6月
	2019年度苏州市共青团工作先进单位	共青团苏州市委	2020年1月
	苏州共青团创新创优项目奖	共青团苏州市委	2020年2月
人民武装部	征兵工作先进单位	苏州市虎丘区人民武装部	虎武〔2020〕6号，2021年3月
	基层武装工作先进单位		
学报编辑部	第十二届全省期刊编辑技能大赛优秀组织奖（银奖）	江苏省期刊协会	苏刊协字〔2020〕20号，2020年12月
建筑与城市规划学院建筑党支部 建筑与城市规划学院城规党支部 环境科学与工程学院市政教工党支部 土木工程学院项目管理党支部 商学院金融系教工党支部 数理学院实验中心党支部 机械工程学院教工党支部 天平学院学生第三党支部 社会发展与公共管理学院本科生党支部 教育学院党总支 机关党工委第二党支部 离退休党工委退休机关一支部	2019—2020年度先进基层党组织	中共苏州科技大学委员会	苏科委〔2020〕20号，2020年6月

续表

受表彰的集体	被授予的荣誉称号	表彰单位	批文号及获奖日期
建筑与城市规划学院城乡规划系 后勤服务总公司	2020年度"三育人"工作先进集体	中共苏州科技大学委员会	苏科委〔2020〕28号,2020年7月
数理学院 外国语学院 机械工程学院 土木工程学院 学生工作处 后勤服务总公司	2019年度安全管理工作先进单位	苏州科技大学	苏科大〔2020〕28号,2020年3月

教职工获校级以上表彰或奖励情况

教职工获校级以上表彰或奖励情况一览表

姓　名	被授予的荣誉称号	表彰单位	批文号及获奖日期
陈　玮	2019年全国大中专学生暑期社会实践活动优秀个人	共青团中央	2020年1月
刘　文	全省"七五"普法中期先进个人	中共江苏省委宣传部、江苏省司法厅	苏法宣办〔2020〕1号，2020年1月
廖雨生　刘　洁	第三届江苏省本科高校青年教师教学竞赛二等奖	江苏省教育厅	2020年7月
方　宇	第二届江苏省师范院校教师"智慧教学"大赛理工组三等奖	江苏省教师教育专业指导委员会	2020年11月
杨　秋　王福来	2020年江苏省高等学校微课教学比赛一等奖	江苏省高校微课教学比赛组委会	2020年11月
张　吉　王　颖　严　勇　王　鹏　徐启浩	2020年江苏省高等学校微课教学比赛二等奖		
孙晓红　段　燕　赵　琪　魏晓芳　朱建达　潘　斌　梁建飞　王文瑜　张　彰	2020年江苏省高等学校微课教学比赛三等奖		

续表

姓　名	被授予的荣誉称号	表彰单位	批文号及获奖日期
廖雨声	第三届江苏省本科高校青年教师教学竞赛暨第五届全国本科高校青年教师教学竞赛选拔赛文科组二等奖	江苏省总工会、江苏省人力资源和社会保障厅、江苏省教育厅、共青团江苏省委	苏工办〔2020〕86号
刘　洁	第三届江苏省本科高校青年教师教学竞赛暨第五届全国本科高校青年教师教学竞赛选拔赛理科组二等奖		
章　鸣	2019年度江苏省共青团工作先进个人	共青团江苏省委	2020年1月20日
王　宝	第四届江苏省大学生知识产权竞赛优秀指导老师	江苏省知识产权局	2020年11月
张　燕	第十二届全省期刊编辑技能大赛金奖	江苏省期刊协会	苏刊协字〔2020〕20号,2020年12月
徐燕华　浦净净	2019年度江苏省高校校报好新闻评选通讯类二等奖	江苏省高校校报研究会	文发〔2020〕第02号，2020年12月
崔　炜	2019年度江苏省高校校报好新闻评选版面类二等奖		
杨向新	2019年度江苏省高校校报好新闻评选摄影类三等奖		
吴惠芳	2020年度江苏省抗击新冠肺炎疫情外国留学生管理先进个人	江苏省高等教育学会外国留学生教育管理研究委员会	苏高留管〔2020〕6号
王　姗	2020年度江苏省来华学生教育管理先进个人		
秦文娟	2020年度江苏省优秀留学生辅导员		

续表

姓　名	被授予的荣誉称号	表彰单位	批文号及获奖日期
蒋玉仙	江苏省"巾帼突出贡献奖"	江苏省高教学会保卫研究会	高保字〔2020〕42号，2020年11月
鲍谧清	2020年度苏州"最美劳动者"	苏州市总工会、共青团苏州市委、苏州市妇女联合会	苏工办〔2020〕133号
邵永健　王开永　郭雯　李正春	2019—2020年度苏州市优秀教育工作者	苏州市教育局	苏教师〔2020〕21号，2020年9月
张加永	2019年度"苏州市杰出青年岗位能手"	共青团苏州市委员会	2020年2月
王　宝　陆丹薇	苏州市2020年"一心五同"团干部		2020年4月
孙佳明	2019年度苏州市优秀团干部		
朱永涛	热心国防教育公益事业先进个人奖	苏州市全民国防教育协会	2021年1月
朱骏益　潘觉青	"劳动建成小康社会、劳动成就美好生活"苏州市教育工会职工书法大赛一等奖	中国教育工会苏州市委员会	苏教工〔2020〕14号
熊　壮　董延茂　高萍　刘　峰　蒙建军　王福来　段　燕	"劳动建成小康社会、劳动成就美好生活"苏州市教育工会职工书法大赛二等奖		
牛建琳	"劳动建成小康社会、劳动成就美好生活"苏州市教育工会职工美术大赛特等奖		
曹　钧	"劳动建成小康社会、劳动成就美好生活"苏州市教育工会职工美术大赛一等奖		

续表

姓　名	被授予的荣誉称号	表彰单位	批文号及获奖日期
戴　斌　顾国兰　吴　震 王　霞　伍立峰　张　彰 周　欣	"劳动建成小康社会、劳动成就美好生活"苏州市教育工会职工美术大赛二等奖	中国教育工会苏州市委员会	苏教工〔2020〕14号
王秀慧	2020年"三八"国际劳动妇女节系列活动之"纯之味——女神家庭厨艺展示"活动一等奖		苏教工〔2020〕16号
金　琎　张晓芳	2020年"三八"国际劳动妇女节系列活动之"纯之味——女神家庭厨艺展示"活动二等奖		苏教工〔2020〕16号
胡云珍	2020年"三八"国际劳动妇女节系列活动之"书香三八"读书征文活动一等奖		苏教工〔2020〕20号
过言之　杨　萍	2020年"三八"国际劳动妇女节系列活动之"书香三八"读书征文活动二等奖		苏教工〔2020〕20号
陈素婷	2020年"三八"国际劳动妇女节系列活动之"书香三八"家书征文活动一等奖		苏教工〔2020〕20号
王　宝	2018—2019年度无偿献血促进奖	苏州市献血领导小组、苏州市精神文明建设指导委员会办公室、苏州市红十字会	2020年6月
陈金建	征兵工作先进个人	苏州市虎丘区人民武装部	虎武〔2020〕6号，2021年3月3日

续表

姓　　名	被授予的荣誉称号	表彰单位	批文号及获奖日期
王倩颖　邱静文　陆丹薇 冯　毅　陈　希　陈　玮 陈碧榭　孙佳明　郭典新 祖丽皮亚·吾吉阿卜杜拉	2019年度优秀辅导员	中共苏州科技大学委员会	苏科委〔2020〕7号，2020年4月29日
金英红　李　敏　陈德超 李翠敏　高仕谦　翟慕赛 夏志远　刘建峰　戴世宇 许洪华　惠丽雅　刘　华 唐丽珍　陈永强　程智龙 钱　蕙　祝信刚　朱骏益 王　贝　徐　骏　陆丹薇 顾　怡　刘建琦　王　春 陈　磊　黄祖平　徐明其 陈元保　朱　敏　范亚男 陈　琰　孔繁敏　张　颖 凌　飞　张梦然　王永芳 陈金建　姚大庆　黄灵芝 鞠云仙	2019—2020年度优秀共产党员	中共苏州科技大学委员会	苏科委〔2020〕20号，2020年6月29日
瞿晓庆　季海君　叶　恬 徐治初　刘　文　朱永涛	2019—2020年度优秀党务工作者		
教书育人： 陈建兵　王世文　丁国祥 丁福兴　金　琎　陈　菁 管理育人： 陈志俊　孙　景　肖金球 服务育人： 李　艳	2020年度"三育人"工作先进个人	中共苏州科技大学委员会	苏科委〔2020〕28号，2020年7月15日
王　姗　李三男　刘　智 刘立辉　乔焰辉　陈　超 单建华　林　峰　胡铸妍 彭丽丽	2019年度安全管理工作优秀个人	苏州科技大学	苏科大〔2020〕28号，2020年3月25日
苏　燕　李大鹏　李正春 赵赟韵　钱　燕　徐　楠 郭　雯　董粉和　傅启明 蔡新江	2020年度优秀教师	苏州科技大学	苏科〔2020〕17号，2020年9月5日

续表

姓　名	被授予的荣誉称号	表彰单位	批文号及获奖日期
朱建学　孙　杨　李丹霞 邵　珉　和　洁　姚　桦 徐树鹏　徐海峰　殷　明 程　勇	2020年度优秀教育工作者	苏州科技大学	苏科〔2020〕17号，2020年9月5日
张昊雁　沈　峰　陶重犇 郑作龙　张笑川　姚雪梅 徐　平　王　莹　沈晔湖 朱　进	优秀班主任	苏州科技大学	苏科〔2020〕18号，2020年9月7日

学生集体、个人获校级以上表彰或奖励情况

2020年度学生集体（社团、组织）、个人获校级以上表彰或奖励情况

2020年度学生集体（社团、组织）、个人获校级以上表彰或奖励情况一览表

受表彰的项目、集体或个人	被授予的荣誉称号或奖项	所在单位	表彰单位	获奖日期
数理学院数学之美与核心价值观团队	2019年暑期社会实践"千校千项"优秀团队案例	校团委	共青团中央、中国青年报社、人民网	2020年1月
《"星辰筑梦师"——师范生课业辅导帮扶志愿服务项目》	2021年度江苏省优秀青年志愿者、志愿服务项目、志愿服务行动组织奖、志愿服务事业贡献奖、志愿服务新闻宣传奖的评选"江苏省优秀青年志愿服务项目"	校团委	共青团江苏省委员会、江苏省志愿者协会	2020年8月
"蒲公英"青年志愿者协会	2022年度江苏省优秀青年志愿者、志愿服务项目、志愿服务行动组织奖、志愿服务事业贡献奖、志愿服务新闻宣传奖的评选"江苏省青年志愿服务行动组织奖"			
"馨枫"青年志愿者协会	2023年度江苏省优秀青年志愿者、志愿服务项目、志愿服务行动组织奖、志愿服务事业贡献奖、志愿服务新闻宣传奖的评选"江苏省青年志愿服务事业贡献奖"			

续表

受表彰的项目、集体或个人	被授予的荣誉称号或奖项	所在单位	表彰单位	获奖日期
铱点亮——蛋白分析前沿科技	2020年"挑战杯"江苏省大学生创业计划竞赛银奖	校团委	共青团江苏省委员会	2020年10月
智能变频电源——串联谐振交流耐压试验的心脏	2020年"挑战杯"江苏省大学生创业计划竞赛铜奖	校团委	共青团江苏省委员会	2020年10月
苏州瑞博恩环保新材料有限公司				
"光增益"生态农膜				
渐进多焦点眼用镜片设计软件和相关技术服务				
全自动水质在线无人监测系统				
《情暖"星"房——自闭症儿童关爱计划》项目	2019年江苏省青年志愿服务大赛获奖项目大赛二等奖	校团委	共青团江苏省委员会	2020年11月
艺术学院"蒲公英"青年志愿者协会《绘心绘爱绘幸福》项目	2020年江苏省青年志愿服务大赛获奖项目大赛三等奖	艺术学院		
金阊区培智学校志愿服务基地	江苏省青年志愿者助残"阳光行动"省级示范服务基地	校团委	共青团江苏省委员会和江苏省残疾人联合会	2020年11月
苏州科技大学代表队	第四届江苏省大学生知识产权竞赛优秀奖	校团委	江苏省知识产权局	2020年11月
"一体五翼"创新美育工作机制——苏州科技大学《校园文化精品培育名录库》案例	江苏省第六届大学生艺术展演特等奖	校团委	江苏省教育厅	2020年12月

续表

受表彰的项目、集体或个人	被授予的荣誉称号或奖项	所在单位	表彰单位	获奖日期
《江山》	江苏省第六届大学生艺术展演一等奖	校团委	江苏省教育厅	2020年12月
《豆豆睡不着》	江苏省第六届大学生艺术展演一等奖	校团委	江苏省教育厅	2020年12月
《油》	江苏省第六届大学生艺术展演二等奖	校团委	江苏省教育厅	2020年12月
打击乐协奏曲《急急风》	江苏省第六届大学生艺术展演二等奖	校团委	江苏省教育厅	2020年12月
《百间楼写生》	江苏省第六届大学生艺术展演二等奖	校团委	江苏省教育厅	2020年12月
《网》	江苏省第六届大学生艺术展演二等奖	校团委	江苏省教育厅	2020年12月
节录《六一论书》	江苏省第六届大学生艺术展演二等奖	校团委	江苏省教育厅	2020年12月
楷书条幅《草堂十志》	江苏省第六届大学生艺术展演二等奖	校团委	江苏省教育厅	2020年12月
《抚爱》	江苏省第六届大学生艺术展演二等奖	校团委	江苏省教育厅	2020年12月
《公正、敬业、和谐》	江苏省第六届大学生艺术展演二等奖	校团委	江苏省教育厅	2020年12月
《建构——永不凋谢的梨花》	江苏省第六届大学生艺术展演二等奖	校团委	江苏省教育厅	2020年12月
《祖国，慈祥的母亲》	江苏省第六届大学生艺术展演三等奖	校团委	江苏省教育厅	2020年12月
《且吟春雨》	江苏省第六届大学生艺术展演三等奖	校团委	江苏省教育厅	2020年12月
《不朽》	江苏省第六届大学生艺术展演三等奖	校团委	江苏省教育厅	2020年12月
《塔耶弗尔——升f小调钢琴三重奏》（第二、三乐章）	江苏省第六届大学生艺术展演三等奖	校团委	江苏省教育厅	2020年12月
《妆点青春》	江苏省第六届大学生艺术展演三等奖	校团委	江苏省教育厅	2020年12月
《我的床》	江苏省第六届大学生艺术展演三等奖	校团委	江苏省教育厅	2020年12月
《春暖花开》	江苏省第六届大学生艺术展演三等奖	校团委	江苏省教育厅	2020年12月
《篆书古人诗选》	江苏省第六届大学生艺术展演三等奖	校团委	江苏省教育厅	2020年12月
《向往》	江苏省第六届大学生艺术展演三等奖	校团委	江苏省教育厅	2020年12月
《处暑》	江苏省第六届大学生艺术展演三等奖	校团委	江苏省教育厅	2020年12月
《云栖》	江苏省第六届大学生艺术展演三等奖	校团委	江苏省教育厅	2020年12月
《云销雨霁，彩彻区明》	江苏省第六届大学生艺术展演三等奖	校团委	江苏省教育厅	2020年12月

续表

受表彰的项目、集体或个人	被授予的荣誉称号或奖项	所在单位	表彰单位	获奖日期
苏州科技大学青协	2019年苏州市青少年禁毒宣传教育"青盾计划"优秀项目	校团委	共青团苏州市委员会、苏州市禁毒委员会办公室	2020年3月
商学院	苏州市2019年度五四红旗团委	商学院	共青团苏州市委员会	2020年4月
敬文1612团支部	苏州市2019年度五四红旗团支部	敬文书院		
《禁毒防艾伴我行》	2020年苏州市青少年禁毒宣传教育"青盾计划"优秀项目	校团委	共青团苏州市委员会、苏州市禁毒委员会办公室、苏州市精神文明建设指导委员会办公室	2020年12月
王磊（《随机相位与偏振编码加密系统的安全性分析》）	2020年江苏省优秀博士硕士学位论文	物理科学与技术学院	江苏省学位委员会、江苏省教育厅	2020年12月14日
刘小燕（《离子液体负载修饰磁性石墨烯纳米粒子的制备及其在测定水中抗生素的应用研究》）		环境科学与工程学院		
周婧（《基于净水污泥缓释过氧化钙材料的制备及其抑制内源磷释放的效果》）		环境科学与工程学院		
黄婷婷	2019年度江苏省优秀青年志愿者、志愿服务项目、志愿服务行动组织奖、志愿服务事业贡献奖、志愿服务新闻宣传奖的评选"江苏省十佳青年志愿者提名奖"称号	校团委	共青团江苏省委员会、江苏省志愿者协会	2020年8月

续表

受表彰的项目、集体或个人	被授予的荣誉称号或奖项	所在单位	表彰单位	获奖日期
涂祺	2020年度江苏省优秀青年志愿者、志愿服务项目、志愿服务行动组织奖、志愿服务事业贡献奖、志愿服务新闻宣传奖的评选"江苏省优秀青年志愿者"称号	校团委	共青团江苏省委员会、江苏省志愿者协会	2020年8月
陆叶梓	苏州市2020年"三新四创"好青年	校团委	共青团苏州市委员会	2020年4月
汤玥	苏州市2020年"三新四创"好青年			
王文宇	2019年度苏州市优秀团支部书记			
徐梦煜	2019年度苏州市优秀共青团员			
许顺杰	2019年度苏州市优秀共青团员			
王辰	苏州市优秀志愿服务评比表彰"苏州市十佳青年志愿者"	校团委	共青团苏州市委员会	2020年12月
张叶	苏州市优秀志愿服务评比表彰"苏州市十佳抗击新冠肺炎疫情青年志愿者"			
齐恬恬	2019—2020年度优秀共产党员	电子与信息工程学院党委	中共苏州科技大学委员会	2020年6月29日
周佳纯		商学院党委		
王䰀		数理学院党委		
刁丹梅		教育学院党总支		

续表

受表彰的项目、集体或个人	被授予的荣誉称号或奖项	所在单位	表彰单位	获奖日期
杨　阳	2019—2020年度优秀共产党员	天平学院党委	中共苏州科技大学委员会	2020年6月29日
陈少鹏		土木工程学院党委		
汪佳文		艺术学院党委		

2020年度学生参加课外各类学科竞赛获省部级以上奖项情况

2020年度学生参加课外各类学科竞赛获省部级以上奖项情况一览表

受表彰的集体或个人	被授予的荣誉称号或奖项	表彰单位	获奖日期
国家级			
建筑与城市规划学院			
曾　煜　　石　玉　　张艺璇 沈凌雁　　陈　曦　　周根荣	2019年度全国高等院校城乡规划专业大学生乡村规划方案竞赛二等奖*	中国城市规划学会	2019年12月
朱玥珊　　田　静　　范佳琪 李尚容　　罗浩睿　　陈瀚霖 张艺林　　王沛颖　　陈美华 郑坤仪　　陈勐勐　　吴若禹	2019年度全国高等院校城乡规划专业大学生乡村规划方案竞赛三等奖*		
孙海烨　　王锴中　　郑冠宇 刘家瑜　　赵　越　　梁　冰	2019年度全国高等院校城乡规划专业大学生乡村规划方案竞赛（乡村建设调研及发展策划单元）三等奖*		
孙海烨　　王锴中　　郑冠宇 刘家瑜　　赵　越　　梁　冰 李颖明　　徐熙林　　刘　铭 郭泽钧　　袁可远　　叶佳玥	2019年度全国高等院校城乡规划专业大学生乡村规划方案竞赛优秀奖*		
何远艳　　凌子涵　　胡念晨 路　玥　　刘舒琴　　刁　力 苟　叶　　陈　聪　　季　瑶 吴　慧　　陈诺之　　刘宗元 沈　萌　　韦倩涵　　季晨 姜春晨　　高艳霞　　刘诗雅	2019年度全国高等院校城乡规划专业大学生乡村规划方案竞赛佳作奖*	中国城市规划学会乡村规划与建设学术委员会	2019年12月
环境科学与工程学院			
陈靖予　　赵陶程　　夏玉娟 樊成成　　陈俐言　　吴晨旭	第13届全国大学生节能减排社会实践与科技竞赛一等奖	全国大学生节能减排社会实践与科技竞赛委员会	2020年8月

续表

受表彰的集体或个人	被授予的荣誉称号或奖项	表彰单位	获奖日期
常淑慧　李新卉　李　熙 李仲一　苏　磊　张雨清 黄际升　吴天琪　蒋　慧 凌倩倩　韩　晓　崔　浩	第13届全国大学生节能减排社会实践与科技竞赛二等奖	全国大学生节能减排社会实践与科技竞赛委员会	2020年8月
包　毅　张媛柯　田文理 孔维相　罗书舟　唐纪宇 戴　东　宋　玉　刘鹏程 廖方新　王旖凝　钱　斌 王澜静　鲍紫阳　徐思璇 郝　悦　谈　颖　郭志涵 许博文　李翔宇　段海云 史　怡　葛　亮　严欣睿 王子良　王凡逸　陈　阳 包　慧　朱刘灿　沈云瑶 朱媛媛　赵敏辰　任　秀 费　凡　王天珏	第13届全国大学生节能减排社会实践与科技竞赛三等奖		
马一飞	2020年环境类专业本科生优秀毕业（设计）论文优秀	教育部高等学校环境科学与工程类专业教学指导委员会、中国环境科学学会	2020年10月
王子良　李祎文　王艺飞 张晓秋	2020年"南方泵业杯"全国泵与泵站知识竞赛一等奖	《中国给水排水》杂志社、浙江省城市水业协会、浙江工业大学	2020年12月
土木工程学院			
严　欢　高艳娇　黄伟杰 赵雨欣　姜宇翔　徐家明 崔　扬　黄　立	国际混凝土龙舟邀请赛二等奖*	中国高等教育学会工程教育专业委员会、高等学校土木工程学科专业指导委员会、国际混凝土龙舟技术委员会	2019年10月

续表

受表彰的集体或个人	被授予的荣誉称号或奖项	表彰单位	获奖日期
刘 备　王奕荇　夏李同　周 俊	第十一届全国高等教育院校学生"斯维尔杯"BIM-CIM创新大赛三等奖	中国教育建设协会	2020年6月
郑靖文　陈明燕　王婷婷　王煜庭　黄纪超	全国大学生房地产策划大赛（华东赛区选拔赛）二等奖	中国房地产业协会、中国建设教育协会	2020年10月
周 俊	全国大学生房地产策划大赛（华东赛区选拔赛）三等奖		
戴 维	第八届江苏省大学生工程管理创新、创业与实践竞赛三等奖	江苏省土木建筑学会	2020年11月
郑靖文　周承玮　王煜庭	第八届江苏省大学生工程管理创新、创业与实践竞赛优胜奖		
徐鸿敏　顾浩枫　丁浩然　张 波　龙天翔	2020年"维脉杯"第五届江苏大学生交通科技大赛三等奖	江苏省城市科学研究会、江苏省城市规划研究会、南京市科学技术协会	2020年11月

电子与信息工程学院

受表彰的集体或个人	被授予的荣誉称号或奖项	表彰单位	获奖日期
季玉洁	CIMC中国智能制造挑战赛特等奖	教育部高等学校自动化类专业教学指导委员会、西门子（中国）有限公司、中国仿真学会	2020年8月
沈 一	CIMC中国智能制造挑战赛一等奖		
沈云瑶　费 凡　赵敏辰　段相龙　马 帅	2020中国大学生服务外包创新创业大赛二等奖	中国大学生服务外包创新创业大赛组委会	2020年8月

续表

受表彰的集体或个人	被授予的荣誉称号或奖项	表彰单位	获奖日期
刘德政　沈一	"蓝桥杯"全国软件和信息技术专业人才大赛（电子类）二等奖	工业和信息化部	2020年11月
王柳笛	"蓝桥杯"全国软件和信息技术专业人才大赛（电子类）三等奖		2020年11月
汤豪杰　沈泽华　李德　黄明　邓佳玮　吴逸枫　高华宇	"蓝桥杯"全国软件和信息技术专业人才大赛（电子类）优秀奖		2020年11月
沈云瑶　段相龙　石明聪　袁浩翔	"蓝桥杯"全国软件和信息技术专业人才大赛（软件类）二等奖		2020年10月
李晟	"蓝桥杯"全国软件和信息技术专业人才大赛（软件类）三等奖		2020年10月
孔子健　王家琦　骆世尧　冯子奇　邹壮　赵浩东　钱昱磬　陈荆婷　邵泽凡　陈珣	"蓝桥杯"全国软件和信息技术专业人才大赛（软件类）优秀奖		2020年10月
谈天鸿　张远一　张震	全国大学生嵌入式芯片与系统设计竞赛暨全国大学生智能互联创新大赛分赛区复赛二等奖	中国电子学会	2020年11月
何浩天　谢秉博　陆康亮　姜相臣	2020中国机器人大赛暨Robocup机器人世界杯中国公开赛三等奖	中国自动化学会	2020年11月
赵叶勇	中国高校计算机大赛——团体程序设计天梯赛个人奖二等奖	全国高等学校计算机教育研究会	2020年11月
黄泱邦	中国高校计算机大赛——团体程序设计天梯赛个人奖三等奖		

续表

受表彰的集体或个人	被授予的荣誉称号或奖项	表彰单位	获奖日期
商学院			
宗思妍	2020全国金融与证券投资模拟实训大赛一等奖	全国金融职业教育教学指导委员会	2020年8月
王通凡　宗思妍　李淑婷 王　惠　李仲一　苏　磊	2020全国金融与证券投资模拟实训大赛二等奖		
王通凡　苏　磊　徐心意 吴佳慧　王　洁　刘　冉 万心怡　朱龙颖　韩　越 苏家馨　王婧煜　周梓琦 杨　韬　王官宇　姚欣雨 蒋佳雯　戴俊辉　蒋青霖 秦海心　史　珺	2020全国金融与证券投资模拟实训大赛三等奖		
莫家立　卞雨欣　范潇天	第六届"东方财富杯"全国大学生金融精英挑战赛二等奖	共青团中央学校部、全国学联秘书处	2020年8月
阮明霞　沈　洁 衣帕拉姆　朱家正	2020年全国高校商业精英挑战赛——"云泽杯"营销模拟决策竞赛全国总决赛二等奖	中国国际商会商业行业商会、中国国际贸易促进委员会商业行业委员会	2020年11月
马远赛　刘心雨　刘滢滢 袁紫怡　王鹤潼　万心怡 季　婧　鞠梓怡	2020年全国高校商业精英挑战赛——"云泽杯"营销模拟决策竞赛全国总决赛三等奖		
鞠梓怡　韦震华　钟灵毓 陈思羽　黄钰文　董雨池 朱　宇　刘心雨	2020年全国高校商业精英挑战赛——流通业经营模拟竞赛全国总决赛二等奖		
马远赛　朱家正　刘滢滢 袁紫怡	2020年全国高校商业精英挑战赛——流通业经营模拟竞赛全国总决赛三等奖		

续表

受表彰的集体或个人	被授予的荣誉称号或奖项	表彰单位	获奖日期
李瑞婕　张　尹　姚江涛	2020年"华为杯"第十七届中国研究生数学建模竞赛三等奖	中国学位与研究生教育学会、中国科协青少年科技中心、中国研究生数学建模竞赛组委会、华东理工大学	2020年12月
教育学院			
柳　蒙	全国大学生心理辅导课教学竞赛一等奖*	教育部高等学校心理学类专业教学指导委员会、中国心理学会	2019年12月
数学科学学院			
唐益萍　夏以诚　杨亦非	2020美国大学生数学建模竞赛（MCM/ICM）一等奖	美国数学及其应用联合会（COMAP）	2020年9月
王　涵	2020年"华为杯"第十七届中国研究生数学建模竞赛三等奖	中国学位与研究生教育学会、中国科协青少年科技中心、中国研究生数学建模竞赛组委会、华东理工大学	2020年12月
物理科学与技术学院			
孔维相　罗书舟　唐纪宇　梁嘉汇　戴　东	中美青年创客大赛苏州赛区优秀奖	中华人民共和国教育部	2020年7月
顾嘉琦	中美青年创客大赛优秀奖	中华人民共和国教育部	2020年8月
钱佳晖	第十三届全国大学生创新创业年会入选	"国创计划"专家组	2020年10月

续表

受表彰的集体或个人	被授予的荣誉称号或奖项	表彰单位	获奖日期
化学与生命科学学院			
邢正　徐晓岚　周悦 徐川　谢笑天	第十四届全国大学生化工设计竞赛二等奖	中国化学学会、中国化工教育协会	2020年8月
仲雨晴　李璇　张岩 周建凡　傅书雨　陈小宝 代长哲	第五届全国大学生生命科学创新创业大赛一等奖	全国大学生生命科学创新创业大赛组织委员会	2020年8月
艺术学院			
朱梓菁	第十二届全国大学生广告艺术大赛优秀奖	中国高等教育学会	2020年9月
吴陈夏阳　王晓玉　沈麟枫 张昕　陈成　马炎炎	第八届全国高校数字艺术设计大赛一等奖	工业和信息化部人才交流中心	2020年9月
李紫源　陆闻君　刘楠 王一帆　马炎炎　沈麟枫 王晓玉	第八届全国高校数字艺术设计大赛二等奖		
张宇帆　徐伽忆　吴娱 沈麟枫　王晓玉　韦莉 李紫源　陈成　马炎炎	第八届全国高校数字艺术设计大赛三等奖		
谷颖　周煜　葛纯	第八届全国高校数字艺术设计大赛优秀奖		
陈成　马炎炎	全国大中学生第九届海洋文化创意设计大赛佳作奖	自然资源部宣传教育中心、中国海洋大学、中国海洋发展基金会、自然资源部北海局	2020年10月

续表

受表彰的集体或个人	被授予的荣誉称号或奖项	表彰单位	获奖日期
岑锈 王雨佳 王牛一 王新恺 汤焘玮 崔雪纯 徐嫣 王歆韵 陈嘉明	2020"新人杯"全国大学生室内设计竞赛优秀奖	中国建筑学室内设计分会	2020年12月
殷瑛 王雅婷 王纯琦 李雪融 刘建平 姜琛瑜 杨怡 齐继 陆敏园 池梦婷 李云 刘雨杉 王祉昊 曹凯锋 缪志毅	2020"新人杯"全国大学生室内设计竞赛鼓励奖		
外国语学院			
王宇琴 沈乐陶 王忆琪	2019全国高师学生英语教师职业技能竞赛一等奖*	全国高等师范院校外语教学与研究协作组、国家基础教育实验中心外语教育研究中心	2019年12月
常雪梅 孙斌	2019全国高师学生英语教师职业技能竞赛二等奖*		
崔昕粲	2019全国高师学生英语教师职业技能竞赛三等奖*		
杨楠	2019全国高师学生英语教师职业技能竞赛优胜奖*		
沈袁煦 李童	2020第二届全国高校创新英语挑战活动综合能力赛（专业组）初赛优秀奖	中国文化信息协会创新文化传播专业委员会、全国高校创新英语挑战活动组委会	2020年9月
徐紫薇 孙心怡 熊菁媛 刘睿冰 王兴月 汤瑜洋 薛书彤 张越 左遥浪 钱慕凡	2020年全国大学生英语竞赛一等奖	国际英语外语教师协会、中国英语外语教师协会、高等学校大学外语教学研究会	2020年10月

续表

受表彰的集体或个人	被授予的荣誉称号或奖项	表彰单位	获奖日期
沈婷悦 顾 娟 周妍兵 徐思佳 王 菲 徐 妍 孙 斌 常 菁 王 悦 沈沁庆 王昱婷 顾文清 肖雅玲 夏锦阳 徐康怡 唐 益 杨云骢 泮楚微 朱馨雨 宫业阳 圣沂江 许 诺 江新谱 贝 河 沈 胤 何雨真 虞子涵 王雅雯 王文远 徐 婧 袁沐杰 吴心渝 李程洋 魏佳佳 任 姗 黄婷萱 蒋建璐 沈嘉昕 唐 婕 虞璐瑶 蔡晨珏 倪建宇 王秋予 高之昱 董海鸥 刁宇璇 杨 川 杨 梦 郑 佳 火陈晨 伍佩佩 曹梦婷 孙璐珩 赵陆锶云 高雅婷 费敏涛 吴媚玲 陈 敏 陈晓慧 李韫宁 张珂怡 季玲华 刘倪萍 卞翙人 孙 青 朱 上 罗祉怡 唐 榛 孙猛伟 张天宇 施智明 时悦辰 陈 楠 施艺瑶 戴心怡 仝冠东 祝 睿 姜语菲 姚晟飞 朱浩然 卞铭婕 孙慧娟 陶 陶 颜怡静 贺周浩 陈明杰 张方洁 陈嘉巧 吴抒阳 徐 蕾 柯思思 高泗新 干志翔 栾 佳 商佳一 张 沛 刘雯倩 肖 彬 方一诺 董 雯 罗雯蕙 徐永恒 管钰颖 顾雨寒 姚子鸥 郑旭阳 夏源源 陈庐停枫 卞嘉仪 王力冉 汪佳仪 殷思睿 王诗宇 贾悦祁 张斯涵 彭茂珂 叶雅君 张 静 冯泽青 邹 航 彭浚瑄 阮羽辰 吴 笛 张 飞 胡振怡 曹颖妮	2020年全国大学生英语竞赛二等奖	国际英语外语教师协会、中国英语外语教师协会、高等学校大学外语教学研究会	2020年10月

续表

受表彰的集体或个人	被授予的荣誉称号或奖项	表彰单位	获奖日期
音乐学院			
鲍煜尔　王钰汶	2020第八届国际声乐公开赛二等奖*	香港国际音乐家协会	2020年10月
机械工程学院			
张施凯　顾晓伟　殷瑞祥 鞠　程	第十三届国际水中机器人大赛全局视觉组——水中救援二等奖	中国仿真学会	2020年9月
韩佳琦　孙鸿羽　张施凯 马宇健	第十三届国际水中机器人大赛全局视觉组——抢球博弈二等奖		
殷瑞祥　韩佳琦　竺思望 马宇健	第十三届国际水中机器人大赛全局视觉组——水中角力二等奖		
张洋精　张钰昕　王　坤 冀守赟　汤羽晨　严洁辉	第十三届国际水中机器人大赛水面垃圾清理组——水面垃圾清理赛二等奖		
马宇健　孙鸿羽　张施凯 韩佳琦	第十三届国际水中机器人大赛全局视觉组——水中角力三等奖		
邵子豪　邵　奇　苏军顺	第十三届国际水中机器人大赛水面垃圾清理组——水面垃圾清理赛三等奖		
李　航　马宇健　李洪哲 李泽晨　张天宇　丁铭洁 汤羽晨　孙成桥　刘春博 潘汉城　殷瑞祥　宗岳岳 韦慧乾	第九届全国大学生机械创新设计大赛慧鱼组(2020)竞赛暨第十一届全国慧鱼工程技术创新大赛二等奖	全国大学生机械创新设计大赛组委会、教育部高等学校机械基础课程教学指导分委员会	2020年10月
周　燚　许子豪　秦　旭 蒋晨涛　蒋禹涛　俰庆翔 孙嘉孚　严洁辉　张洋精 严洁辉　储东东　唐　钰 邱少君　周　杰　林永祺	第九届全国大学生机械创新设计大赛慧鱼组(2020)竞赛暨第十一届全国慧鱼工程技术创新大赛三等奖	全国大学生机械创新设计大赛组委会、教育部高等学校机械基础课程教学指导分委员会	2020年10月

续表

受表彰的集体或个人	被授予的荣誉称号或奖项	表彰单位	获奖日期
地理科学与测绘工程学院			
王静怡　陈佳红　崔辰昀　祝真航	第三届全国大学生国土空间规划技能大赛优胜奖	教育部高校公共管理类学科专业指导委员会、中国土地学会土地规划分会、全国高校土地资源管理院长（系主任）联系会	2020年8月
郭志涵　许博文　李翔宇　段海云	2020年第十三届全国大学生节能减排社会实践与科技竞赛三等奖	教育部高等教育司	2020年8月
侯晓玲　张雯雯	"北斗杯"全国青少年科技创新大赛华东赛区三等奖	中国卫星导航年会组委会、中国卫星导航系统管理办公室学术交流中心、中国科学院空天信息创新研究院、中国卫星导航定位协会	2020年9月
杨羽佳　张　怡　匡天琪　邓承才　黄洁银　汤轶雯　郭雨凡	2020"易智瑞（ESRI）杯"中国大学生GIS软件开发竞赛优胜奖	中国测绘学会	2020年11月
叶志康　杨羽佳　张　怡	2020"易智瑞（ESRI）杯"中国大学生GIS软件开发竞赛参与奖		
陈　艳　蒋心远　王琦玮　周　玲	第九届全国大学生GIS应用技能大赛优胜奖	中国地理信息产业协会、中国地理学会、华中师范大学、南京师范大学	2020年11月
省部级			
建筑与城市规划学院			
李　云　池梦婷	第七届紫金奖文化创意设计大赛三等奖	中共江苏省委宣传部、江苏省住房和城乡建设厅、中国建筑学会、中国城市规划学会、中国风景园林学会	2020年11月

续表

受表彰的集体或个人	被授予的荣誉称号或奖项	表彰单位	获奖日期
环境科学与工程学院			
秦 帆	2020年江苏省研究生数学建模科研创新实践大赛一等奖	江苏省理学Ⅰ类研究生教育指导委员会、2020年江苏省研究生数学建模科研创新实践大赛组委会	2020年8月
土木工程学院			
朱鹏飞 孙德康	2020年江苏省研究生数学建模科研创新实践大赛三等奖	江苏省理学Ⅰ类研究生教育指导委员会、2020年江苏省研究生数学建模科研创新实践大赛组委会	2020年8月
电子与信息工程学院			
刘 杭 黄婧晶 邵帮丽	2020年江苏省研究生数学建模科研创新实践大赛三等奖	江苏省理学Ⅰ类研究生教育指导委员会、2020年江苏省研究生数学建模科研创新实践大赛组委会	2020年8月
季玉洁	CIMC中国智能制造挑战赛省赛特等奖	教育部高等学校自动化类专业教学指导委员会、西门子（中国）有限公司、中国仿真学会	2020年8月
刘德政 徐辉 沈一	CIMC中国智能制造挑战赛省赛一等奖		
黄明 李德 程路	全国大学智能车竞赛华东赛区二等奖	中国自动化学会	2020年8月
刘德政 沈泽华 丁家炜 沈 一 李彦唐 汤豪杰 高华宇	全国大学智能车竞赛华东赛区三等奖		

续表

受表彰的集体或个人	被授予的荣誉称号或奖项	表彰单位	获奖日期
沈 一　王柳笛　吴逸枫 刘德政　黄 明　邓佳玮 汤豪杰　李 德　高华宇 沈泽华	"蓝桥杯"全国软件和信息技术专业人才大赛（电子类）省赛一等奖	工业和信息化部	2020年10月
史经允　沈志昕　周韵琪 丁家炜　刘 怡　何一玉 钱沈洋　夏渊博　刘 洋 潘 威　许 凯　夏忠杨	"蓝桥杯"全国软件和信息技术专业人才大赛（电子类）省赛二等奖		
徐 扬	"蓝桥杯"全国软件和信息技术专业人才大赛（电子类）省赛三等奖		
赵浩东　陈 珣　段相龙 冯子奇　骆世尧　孔子健 沈云瑶　嵇美庆　钱昱馨 袁浩翔　王家琦　邹 壮 李 晟　石明聪　邵泽凡 陈荆婷	"蓝桥杯"全国软件和信息技术专业人才大赛（软件类）省赛一等奖	工业和信息化部	2020年10月
孔德宇　费 凡　孟佳俊 朱媛媛　时微淳　谢佳乐 黄焕林　周 波　王 霆 邵俊杰　周语辰	"蓝桥杯"全国软件和信息技术专业人才大赛（软件类）省赛二等奖	工业和信息化部	2020年10月
张仁泽　李 平　刘建雄 肖男飚	"蓝桥杯"全国软件和信息技术专业人才大赛（软件类）省赛三等奖		
沈志昕　沈泽华　姜皓文 夏忠杨　刘 怡　周君豪	大学生电子设计大赛江苏赛区二等奖	教育部	2020年10月
谢秉博　何浩天　卞伟涛 傅仕平　张天傲	第十四届iCAN国际创新创业大赛江浙沪赛区选拔赛二等奖	iCAN国际创新创业大赛中国组委会	2020年10月
陆康亮　姜相臣　沈士博 赵铎涵　胡经纬	第十四届iCAN国际创新创业大赛江浙沪赛区选拔赛三等奖		

续表

受表彰的集体或个人	被授予的荣誉称号或奖项	表彰单位	获奖日期
卞伟涛　傅仕平　袁伊桉 胡经纬　沈士博　张天傲 梁东民　刘宇洲	2020江苏省大学生机器人大赛二等奖	江苏省教育厅	2020年11月
张天傲　朱光雷　孟　伟 张　沛　郑荣斌	2020江苏省大学生机器人大赛三等奖	江苏省教育厅	2020年11月
郭瑞阳　时微淳　黄泱邦 曹　鹏　周　波　徐　乾 邵泽凡　赵叶勇　石明聪 卫佳炜	中国高校计算机大赛——团体程序设计天梯赛（省赛）三等奖	全国高等学校计算机教育研究会	2020年11月
徐　乾　邵泽凡　赵叶勇	2020年江苏省大学生程序设计大赛三等奖	江苏省计算机学会	2020年11月
商学院			
万心怡　邹浩渊　陈炎玉 阮明霞　沈　洁　赵小宇 王鹤潼　马远赛　殷佳晨	第四届应用型人才技能大赛——"金蝶云管理创新杯"区域赛二等奖	高校毕业生就业协会	2020年4月
马远赛　刘滢滢　鞠梓怡 王鹤潼　朱家正　陈思羽	2020年"学创杯"全国大学生综合模拟创业大赛省赛二等奖	高等学校国家级实验教学示范中心联席会经济与管理科学组	2020年7月
张美娜　冯誉莹　李贝尔 周梓婷	"正大杯"第十届全国大学生市场调研与分析大赛江苏省选拔赛三等奖	教育部高等学校统计学类专业指导委员会、中国商业统计学会	2020年7月
李青桦　张炜钰　金云峰 许美静　梁雅琦	"正大杯"第十届全国大学生市场调研与分析大赛江苏省选拔赛优秀奖	教育部高等学校统计学类专业指导委员会、中国商业统计学会	2020年7月
刘天雯　贾逸晴　邵心钰 圣沂江　沈　衡　左遥浪	"创享杯"江苏省"互联网+"科学普及能力大赛一等奖	江苏省企业发展工业协会	2020年8月

续表

受表彰的集体或个人	被授予的荣誉称号或奖项	表彰单位	获奖日期
谢秉博　金宇锋　陈思佳　王　静　鲁佳丽	全国大学生电子商务"创新、创意及创业"挑战赛江苏选拔赛二等奖	教育部高等学校电子商务类专业教学指导委员会、江苏省教育厅	2020年8月
鲁佳丽　易小茹　宁佳茵　赵天翊　陈思羽　张　恒　李煜震　睢　鹏	2020年江苏省企业价值创造实战竞赛优秀奖	中国高等教育学会高等财经教育分会、中国商业会计学会	2020年10月
鲁佳丽　易小茹　宁佳茵　孙　璐　陈思羽　张　恒　徐靖怡　黄钰文	2020年江苏省大学生财务决策大赛优秀奖	中国高等教育学会高等财经教育分会、南京财经大学	2020年11月
刘滢滢　沈泽林　汪丹丹	2020年江苏省首届高校经济学综合博弈实验大赛决赛二等奖	中国数量经济学会博弈论与实验经济学专业委员会	2020年11月
万心怡　陈婉领　胡　冲	2020年江苏省首届高校经济学综合博弈实验大赛决赛三等奖		
沈　燕	2020年江苏省研究生"新时代经济发展与金融科技"科研创新实践大赛二等奖	江苏省经济学类研究生教育指导委员会、东南大学经济管理学院	2020年12月
李瑞婕　沈　阳　李晓盼　王依婷	2020年江苏省研究生"新时代经济发展与金融科技"科研创新实践大赛三等奖		
文学院			
彭露露	2019江苏省大学生全媒体创作大赛二等奖	江苏省新闻工作者协会	2020年5月
张雨潇	第十二届全国大学生广告艺术大赛江苏省赛优秀奖	教育部高等教育司、教育部高等学校新闻传播学类专业教学指导委员会、中国高等教育学会广告教育专业委员会	2020年9月

续表

受表彰的集体或个人	被授予的荣誉称号或奖项	表彰单位	获奖日期
吴 茜	2020上海市国际大学和智能媒体节"卓越杯"智能媒体作品大赛三等奖	澎湃新闻网、封面新闻、上海大学新闻传播学院	2020年11月
代若冰	2021年第四届江苏省教育硕士实践创新能力大赛一等奖	江苏省教育学类研究生教育指导委员会	2020年11月
李恬静	2022年第四届江苏省教育硕士实践创新能力大赛二等奖		
社会发展与公共管理学院			
林 焰　陈明慧　董孟舒	"华政杯"长三角高校大学生调研大赛二等奖*		
刘 迪　杨 甜　徐 苗 顾修妍　周心怡　王柏宇 穆佳琳　浦 峻　李晓晓 杨 甜	"华政杯"长三角高校大学生调研大赛三等奖*	华东政法大学	2019年12月
郭语涵　张琦洁	"华政杯"长三角高校大学生调研大赛优秀奖*		
李丽媛　吴 方　王子尚 王秋予　曲 媛　周 倩	"陆由杯"长三角区域大学生社会工作知识技能大赛特等奖	上海大学社会学院、复旦大学社会发展与公共政策学院、华东理工大学社会与公共管理学院、华东师范大学社会发展学院、华东政法大学社会发展学院	2020年11月
刘奕男　陈心棋　蒋晨怡 姚子鸥　张 辞　张盼瑶	"陆由杯"长三角区域大学生社会工作知识技能大赛一等奖		
商佳一　马可乐　李 婷 马千懿　杨美玉	"陆由杯"长三角区域大学生社会工作知识技能大赛二等奖		

续表

受表彰的集体或个人	被授予的荣誉称号或奖项	表彰单位	获奖日期
教育学院			
张　超	2019年江苏省心理学会心理学专业本科生教学技能大赛一等奖*	江苏省心理学会	2019年12月
项佳敏	2019年江苏省心理学会心理学专业本科生教学技能大赛二等奖*		
刁丹梅　曹瑞瑞	2019年江苏省心理学会心理学专业本科生教学技能大赛三等奖*		
虞清清　周锶涵　张方圆	江苏省心理学本科生学术论文比赛二等奖	江苏省心理学会	2020年11月
王一溢　占继尔　陈泽龙 田渊明	江苏省心理学本科生学术论文比赛三等奖		
施　琳	2020年第四届江苏省教育硕士实践创新能力大赛一等奖	江苏省教育学类研究生教育指导委员会	2020年11月
数学科学学院			
董子硕　沈嘉听　宋亚豪 朱　上　斫　振　范　楠 张枫幸　吴子涵　周　俊 张天宇　鲍紫阳　张龙泉 刘钰前	江苏省第十七届高等数学竞赛一等奖	江苏省数学学会	2020年11月
钱青云　李子阳　段相龙 赵思浩　梅彦杰　吴　逸 钱帮远　张　岗　薛敬业 周　岑　王　浩　刘吴彤 夏宇浩　赵含笑　杨国发 王成鹏　秦　旭　顾欣语 黄钰文　郑　婧　吕南坤 王澜静　张桐源	江苏省第十七届高等数学竞赛二等奖		

续表

受表彰的集体或个人	被授予的荣誉称号或奖项	表彰单位	获奖日期
袁铨 舒琪 裴锦 张俊杰 封士光 牛松荧 朱官超 王科一 黄绮祯 谢凡 包俊裕 施智明 张雨奇 邢辉辉 俞斯亮 曹佳伟 刘玉龙 夏文浩 陈志 夏晓雪 蒋禹涛 顾星宇 孙心怡 张艳 梁雅倩 张健 田海燕 戴世荣 薛璐瑶 李娜 常哲 宋宁梅 胡亦波 王亚宁 李奇骏 卢帅 傅梓阳	江苏省第十七届高等数学竞赛三等奖	江苏省数学学会	2020年11月
吴子涵 沈云瑶 梅彦杰	2020年全国大学生数学建模竞赛江苏省省赛一等奖	全国大学生数学建模竞赛组委会	2020年11月
物理科学与技术学院			
吴抒阳 徐康怡 胡亦有 周泽 沈嘉昕 霍炜霄 仲俊宇 吉成 李栋	第十七届江苏省高校大学生物理与实验创新竞赛一等奖	江苏省物理学会	2020年11月
物理科学与技术学院			
赵顺彧 罗中慎 梁熠 吴思慧 唐璟娴 童欣 徐思宇 谢禹 顾嘉琦 骆康萍 任妍静 王骁 潘倩倩 张雨芬 侯丹丹 顾嘉琦	第十七届江苏省高校大学生物理与实验创新竞赛二等奖	江苏省物理学会	2020年11月
施欣玉 张烨 刘一周	第十七届江苏省高校大学生物理与实验创新竞赛三等奖		
蒯家靖 高贝	2020年江苏省研究生新能源材料与器件科研创新实践大赛二等奖	江苏省理学Ⅰ研究生教育指导委员会、苏州大学物理科学与技术学院	2020年12月
黄根生 龚帅楠	2020年江苏省研究生新能源材料与器件科研创新实践大赛三等奖		

续表

受表彰的集体或个人	被授予的荣誉称号或奖项	表彰单位	获奖日期
化学与生命科学学院			
邢 正　徐晓岚　周 悦 徐 川　谢笑天	江苏省第九届大学生化工设计竞赛一等奖	江苏省化学化工学会、江苏省化工行业协会、江苏省高等学校实验室研究会、江苏省高等学校化学化工实验教学示范中心联席会	2020年7月
邢 正　徐晓岚　周 悦 徐 川　谢笑天	2020年大学生化工设计竞赛华东赛区二等奖	中国化学学会、中国化工教育协会	2020年8月
材料科学与工程学院			
李 鑫	2020年江苏省研究生数学建模科研创新实践大赛一等奖	江苏省理学Ⅰ类研究生教育指导委员会、2020年江苏省研究生数学建模科研创新实践大赛组委会	2020年8月
艺术学院			
陈 成	江苏省第七届新人美术作品展览入选*	江苏省美术家协会	2019年12月
陈 成	"70年在祖国怀抱"第四届福建省迎春画展入选	福建省美术家协会、福建省当代画院、福建省收藏文化协会	2020年1月
陈嘉明　徐 嫣　崔雪纯	"永隆·星空间杯"江苏省室内、陈设设计大赛奖二等奖	江苏省室内设计学会	2020年1月
张文港　程思佳　严进梅 岑 锈　殷 瑛　陈 成 马炎炎　鲁 凌　李雪融 刘建平	"永隆·星空间杯"江苏省室内设计、陈设设计大奖赛三等奖		
陈嘉明　徐 嫣　池梦婷 王雨佳　刘思琦　齐 继 陈婉鑫　邓孟莲　王梦真	"永隆·星空间杯"江苏省室内设计、陈设设计大奖赛优秀奖		

续表

受表彰的集体或个人	被授予的荣誉称号或奖项	表彰单位	获奖日期
陈成　周群力　李欣怡　周若冰	第11届中国高校美术作品学年展优秀奖	中外视觉艺术院、中国高校美术作品学年展组委会	2020年3月
周天悦	中国大学生广告艺术节学院奖2019年秋季征集活动金奖		
魏　多　李晨烨　沈麟枫 王晓玉　姜旖婷　周天悦 王一帆　杨舒玥　陈家麒 王　康　李紫源　武明泽 王安妮　周　煜　杨一梵 杨荣昊　曹潇文　卢九艺 石文杰　沙　俊　钟　威 郭　虎　王文卉　郑静静 张　姗　朱艳红　郭　蓉 赵恩益　周琳莎　毛诗宁 钟　意　牛汐予　姜　俊 龚少游　石蕴芹　王　鑫	中国大学生广告艺术节学院奖2019年秋季征集活动优秀奖		
朱　希　陆婷婷　李晨烨 沈麟枫　王晓玉　王竞娴 王一帆　陆怡晴　曹　超 杨　恒　陈雯慧　刘　璇 王浩宇　陈　濛　黄　诚 李瑞琪　韩　阳　祝巍铖 宋世杰　刘正坤　李海洋 郑巧芸　朱梓菁　杨荣昊 求青云　崔谨鹏　刘小璐 何　旺　刘卓尔　石文杰 沙　俊　李高瞻　杨荣昊 胡　岚　赵雨欣　杨宇燕 孟英健　卫振楠　万田丽 魏持彬　张　姗　周琳莎 王佳婧　卫振楠　苗冬雪 曹　颖　牛汐予　吴晨靓 李吉宁　季　铖　公丹青 赵雨希　袁盼盼　程宁静 张盈盈　陈　丹　刘冬佳 杨欣然　沈　瑜　钟　意	中国大学生广告艺术节学院奖2019年秋季征集活动入围奖	中国广告协会	2020年3月

续表

受表彰的集体或个人	被授予的荣誉称号或奖项	表彰单位	获奖日期
郑静静	第三届CAA艺术社区全民设计大赛暨首届高等院校艺术设计大赛优秀奖	中国轻工业联合会、全国轻工职业教育教学指导委员会	2020年4月
徐嫣　崔雪纯	第三届CAA艺术社区全民设计大赛暨首届高等院校艺术设计大赛入围奖		
马介莉	"你好，中国就好"公益作品征集活动银奖	中国广告协会	2020年5月
袁凡　薛剡东　葛文硕 沈云瑶　朱媛媛　赵敏辰 王晓玉　杨逸青	2020年江苏省大学生计算机设计大赛优胜奖	中国大学生计算机设计大赛组委会江苏省级赛组委会、江苏省大学生计算机设计大赛组委会	2020年6月
陈成	战役·黑龙江美术家防疫抗疫主题作品展入选	黑龙江省文学艺术界联合会、黑龙江省美术家协会、黑龙江美术出版社	2020年6月
徐慧	"抗疫鏖战我们都在"专题公益广告入围奖	陕西省广告协会	2020年6月
陈成　马炎炎	第一届东方创意之星设计大赛二等奖	工业和信息化部国际经济技术合作中心、东方创意之星设计大赛组委会	2020年8月
陈成	第一届东方创意之星设计大赛三等奖		2020年8月
彭枳雄　邓孟莲　王梦真 唐玉婷　陈诗雅　陶欣宇	"室内设计6+"2020（第八届）联合毕业设计（华东区）入展	中国建筑学会	2020年8月
胡昕月　丁明月　郑梦媛 许青青　乐子妍　王琳琳	中国大学生广告艺术节学院奖2020年春季征集活动银奖	中国广告协会	2020年8月

续表

受表彰的集体或个人	被授予的荣誉称号或奖项	表彰单位	获奖日期
雷　梦　时　新　苗冬雪 吴维佳　刘　贺　高东阳 汪悦菱　倪孟杨　徐澄茗 毛诗宁　王竞娴　曾　斐 陈梦琪　崔雪纯　马炎炎 王一帆　陈　成　胡昕月 畅淑敏　夏伟浩　陈锦钰 杨一梵　周天悦　姜若然 刘　畅　沈思昊　孙宏萍 丁明月	中国大学生广告艺术节学院奖2020年春季征集活动优秀奖		
施　思　袁　浩　吴育银 胡昕月　卢　敏　路　昊 于伟娟　熊燕青　谢文娜 时　新　金　炜　马炎炎 雷　梦　伍梦迪　冯睦清 汪悦菱　马晏佳　王一帆 黄　洲　陆静静　袁宇晨 丁明月　杨一梵　李瑞琪 马介莉　陈　成　沈思昊 刘　畅　李彤彤　郭宇博 林子寒　张玉梅　王晗笑 周汀芷　刘忆琳　汪　洋 师锌桢　吴育银　吴维佳 汪　鑫　廖　运　陈锦钰	中国大学生广告艺术节学院奖2020年春季征集活动入围奖	中国广告协会	2020年8月
章嘉宜　唐晓玥　畅淑敏 王一帆　马炎炎　王晓玉 沈麟枫　张　昕　陈　成 李紫源　陆闻君　刘　楠 张宇帆　徐铷忆　吴　娱 韦　莉　吴陈夏阳	第八届全国高校数字艺术设计大赛（华东赛区）一等奖		
苗冬雪　葛　纯　朱桢桢 谷　颖　曾　斐　周　煜 李云慧　王康阳　乔爱婷 邢晓梅　李昕阳　栗源伟 杨荣昊　张　璐　裴智凡 陈锦钰　钱惠丽　陈　成 马炎炎　王一帆　沈麟枫 顾飞飞	第八届全国高校数字艺术设计大赛（华东赛区）二等奖	工业和信息化部人才交流中心	2020年9月

续表

受表彰的集体或个人	被授予的荣誉称号或奖项	表彰单位	获奖日期
袁　源　梁越屿　韩泽轩 孙　洁　谢　鑫　朱晓敏 朱　健　吴育银　孙可莹 徐　莹　何怡珂　刘小璐 陈雨欣　郑巧芸　李稷来 吕亚一　周　苗　朱梓菁 李辰琪　殷露露　吴沈情 李　超　韦　莉　马炎炎 陈锦钰　陈　成　吴熠玲 王一帆　周天悦　张　昕 沈麟枫　王晓玉	第八届全国高校数字艺术设计大赛（华东赛区）三等奖	工业和信息化部人才交流中心	2020年9月
曹雅萍	第七届中国高等院校设计作品大赛三等奖	《设计》杂志社	2020年9月
胡昕月　雷　梦	第十二届全国大学生广告艺术大赛江苏赛区二等奖	全国大学生广告艺术大赛江苏赛区组委会	2020年10月
袁　浩　郑巧芸	第十二届全国大学生广告艺术大赛江苏赛区三等奖		
李紫源　沈麟枫　王晓玉 丁明月　陈宏阳　袁宇晨 黄　洲　陆静静　朱梓菁 周　煜　孙可莹　张雨潇	第十二届全国大学生广告艺术大赛江苏赛区优秀奖		
陈　成　马炎炎　崔雪纯 徐　嫣　陈嘉明　王歆韵 邓　畅　贾　墼　苗冬雪 莫月莲　宋文鑫　田　荣 王晓玉　强　波　王一帆 吴　娱　谢忠伟　谢重阳 杨鸿延　周天悦　庄博勋 刘芳宇	2020"艺融杯"江苏省艺术设计大赛金奖	江苏省工艺美术行业协会、江苏省工艺美术学会等	2020年10月

续表

受表彰的集体或个人	被授予的荣誉称号或奖项	表彰单位	获奖日期
曹佳妮　陈　成　钱咏菁 何亚楠　陈锦钰　陈　婧 戴子喧　范佳琳　李倩倩 顾飞飞　范宣宣　葛奇林 何　旺　袁宇晨　陈宏阳 陈　磊　胡　瑚　金　炜 李大伟　李彤彤　郭宇博 李紫源　刘怡婷　陆闻君 刘　楠　林文曼　林钰冰 刘　雷　刘　茜　李依雯 刘新月　陆熙宇　路　昊 乔　武　任　绮　沈　媛 石芸芹　石若昕　王晓玉 王　怡　吴熠玲　王玲玲 吴郁诚　谢忠玮　许慧文 赵雅雯　许青青　薛涵文 袁　亚　张馨冰　张译文	2020"艺融杯"江苏省艺术设计大赛银奖	江苏省工艺美术行业协会、江苏省工艺美术学会等	2020年10月
白雪珂　畅淑敏　郑玉玲 陈　婧　陈　磊　陈梦琪 成心仪　卞　雯　崔雪纯 沙　琼　范宣宣　李倩倩 顾飞飞　范佳琳　高锦亮 朱　滢　李　响　葛文硕 庄博勋　刘芳宇　王晓庆 黄　洲　季　铖　乐子妍 李欣雨　李依雯　刘　茜 刘新月　郦雨琪　林文曼 刘　楠　刘少鹏　马　丽 马炎炎　王一帆　韦　莉 茅奕宁　明佳琪　牟镐霏 牛汐予　裴智凡　钱惠丽 时　新　孙　宇　唐　堂 王　玥　魏持彬　袁泰格 张　婧　赵诗雨　周明哲 朱　庆　朱玉林　吴梦瑶	2020"艺融杯"江苏省艺术设计大赛铜奖		
陈　成	"唯心·维新"山东省第二届综合绘画青年提名展（网络展）入选	山东省美术家协会	2020年10月

续表

受表彰的集体或个人	被授予的荣誉称号或奖项	表彰单位	获奖日期
周兆群	2020年江苏省高校音乐美术教育专业大学生基本功展示活动二等奖	江苏省教育厅	2020年11月
周兆群	2020年江苏省高校音乐美术教育专业大学生基本功展示活动教学与微课单项奖		
周兆群	2020年江苏省高校音乐美术教育专业大学生基本功展示活动必选项目单项奖		
周兆群　王甜园	2020年江苏省高校音乐美术教育专业大学生基本功展示活动自选项目单项奖		
王晓玉　马炎炎　沈麟枫	江苏省第26届优秀广告作品大赛一等奖	江苏省广告协会	2020年11月
马炎炎　王一帆　沈麟枫　王晓玉　陈　成	江苏省第26届优秀广告作品大赛二等奖		
马炎炎　王一帆　谢忠玮　陈锦钰　应乾豪	江苏省第26届优秀广告作品大赛三等奖		
沈麟枫	学习强国山东学习平台文化创意设计大赛三等奖	中共山东省委宣传部	2020年
许双艳	2020大艺时代全国原创插画设计大赛入围	大艺时代组委会	2020年

外国语学院

受表彰的集体或个人	被授予的荣誉称号或奖项	表彰单位	获奖日期
倪　月　薛思雯　朱容嘉　刘瑜璐	第六届"LSCAT杯"江苏省笔译大赛（英译汉）一等奖	江苏省翻译协会、中国翻译协会、语言服务创业创新中心	2020年6月
郑笑奕　张　蓁　胡　怡　陈心钰　杨静雅　焦子叶　姚　红　沈若愚　汤　玥　蔡钰琪　何新雨　季凌瑾　李罗慧　邓　琳　沈乐陶　陈旭雅	第六届"LSCAT杯"江苏省笔译大赛（英译汉）二等奖		

续表

受表彰的集体或个人	被授予的荣誉称号或奖项	表彰单位	获奖日期
吕乐薇 于庆怡 黄婷婷 曹秋菊 张子严 武亦然 唐羽佳 华苏红 朱辰佳 呙诚诚 张佩耘 严 格 侯庆迪 卢晓怡 陈倩婷 黄家昕 高 静 陆濛丹 顾有为 童晓宇 朱平静 周 颖 陈嘉露 汪 琦 周顺意 王瑜丹 张 赟 梅思颖 沈袁煦 李韫宁 卞翊人 徐紫薇 刘睿昕 李珂滢 周玉玲 何雨茗 王文静 李 静 赵陆锶云	第六届"LSCAT杯"江苏省笔译大赛（英译汉）三等奖	江苏省翻译协会、中国翻译协会、语言服务创业创新中心	2020年6月
温怡颖 沈 枭 胡清源 王宇琴 邵嘉豪 吴媚佳 吴 郡 王海平 肖姝佑 肖俊琪 刘庭轩 杨倩倩 董世佳 程凤洁 徐思佳 张 寅 顾有为 刘 彤 朱易安 郑 慧 浦雨婷 张婷钰 谢 颖 董海鸥 李 伊 高睿康 王丽娟 陈 吉 欧 杰 范恺怡 张佳佳 沈秀文 顾 颖 倪天乐 邹董瑜 洪 瑶 成 恬 王芸琪 金丹清 姚 佳 许文璐 李佳宁 陈祎哲 杨 楠	第六届"LSCAT杯"江苏省笔译大赛（英译汉）优胜奖		
倪 月 黄婷婷 伍佩佩 陈 吉 焦子叶	第六届"LSCAT杯"江苏省笔译大赛（汉译英）一等奖		
焦子叶 于庆怡 吕乐薇 朱辰佳 周 央 程婧涵 沈乐陶 陈小兰 陈 羚 杨静雅 张 冉	第六届"LSCAT杯"江苏省笔译大赛（汉译英）二等奖		

续表

受表彰的集体或个人	被授予的荣誉称号或奖项	表彰单位	获奖日期
侯庆迪　钱熙磊　夏程清 文　怡　葛　恒　杨　楠 夏毓铭　庞舒婕　冯馨仪 曹凯悦　徐紫薇　徐　静 许　柯　张子严　张　蓉	第六届"LSCAT杯"江苏省笔译大赛（汉译英）三等奖	江苏省翻译协会、中国翻译协会、语言服务创业创新中心	2020年6月
曹秋菊　王宇琴　倪　蔚 王瑜丹　费敏涛　周家圻 陈路凤　田美菊　陆旻敏 朱易安　沈若愚　宣欣雨 周玉玲　戴铭蔓　陆丽雯 陈嘉露　张慧琴　陆濛丹 郑　慧	第六届"LSCAT杯"江苏省笔译大赛（汉译英）优胜奖		
郭宇晴	2020"外研社·国才杯"全国英语演讲大赛江苏省级复赛一等奖	外语教学与研究出版社	2020年6月
黄嘉硕	第九届全国口译大赛（英语）江苏赛区复赛比赛二等奖	江苏省翻译协会、中国翻译协会语言服务创业创新中心	2020年7月
施　旺	第九届全国口译大赛（英语）江苏赛区复赛比赛三等奖		
孔易安	2020"外研社·国才杯"全国英语阅读大赛江苏省级复赛二等奖	外语教学与研究出版社责任有限公司、"外研社·国才杯"全国英语阅读大赛组委会	2020年10月
夏以诚　苏晓林	2020"外研社·国才杯"全国英语阅读大赛江苏省级复赛三等奖		
朱　珂	2020"外研社·国才杯"全国英语写作大赛江苏省级复赛二等奖		
孙　斌　谢一菲	2020"外研社·国才杯"全国英语写作大赛江苏省级复赛三等奖		

续表

受表彰的集体或个人	被授予的荣誉称号或奖项	表彰单位	获奖日期
张邯丹	2020"外研社·国才杯"全国英语演讲比赛江苏省级复赛三等奖	外语教学与研究出版社责任有限公司、"外研社·国才杯"全国英语阅读大赛组委会	2020年10月
赵子璇	中华全国日语演讲大赛华东赛区决赛优胜奖	中国日语教学研究会、中国教育国际交流协会	2020年11月
赵子璇	"九外杯"高校日语演讲比赛三等奖	江苏省高校外语教学研究会、南京林业大学外国语学院、日本九州外国语学院、江苏龙行教育科技发展有限公司	2020年11月
王瑜丹	2020第二届"亿学杯"全国大学生日语词汇及综合能力大赛省赛一等奖	全国商务人才职业测评办公室、"亿学杯"全国大学生赛事组委会	2020年11月
胡盈盈	2020第二届"亿学杯"全国大学生日语词汇及综合能力大赛省赛二等奖		2020年11月
音乐学院			
任韵竹 吴乐玲 曹雅晴	第二届韩中国际钢琴艺术节暨演奏比赛苏州赛区金奖*	香港国际音乐家协会	2019年12月
张译丹	第二届韩中国际钢琴艺术节暨演奏比赛苏州赛区银奖*		
曾子淇	2020"李斯特纪念奖"国际钢琴公开赛线上选拔赛一等奖	香港国际音乐家协会	2020年8月
沈嘉琪	2020"李斯特纪念奖"国际钢琴公开赛线上选拔赛二等奖		
任韵竹	2020"李斯特纪念奖"国际钢琴公开赛线上选拔赛三等奖		

续表

受表彰的集体或个人	被授予的荣誉称号或奖项	表彰单位	获奖日期
叶子豪	第二届江苏省打击乐艺术节一等奖	江苏省打击乐协会	2020年10月
叶子豪　施睿妮　曹雅晴	第六届江苏省大学生艺术展演二等奖	江苏省教育厅	2020年11月
吴昱洁	2020江苏省第九届高校音乐教育专业大学生基本展示个人全能三等奖	江苏省教育厅	2020年11月
地理科学与测绘工程学院			
张　振	江苏省高校测绘类本科优秀毕业论文大赛一等奖	江苏省测绘地理信息学会	2020年11月
蒋卓然　万根奕　惠珂然	江苏省高校测绘类本科优秀毕业论文大赛二等奖		
孟羽娃　邱锦为　马　猛 李　媛	江苏省高校测绘类本科优秀毕业论文大赛三等奖		
黄洁银　汤轶雯　郭雨凡 焦若垠	第五届江苏省高校测绘地理信息创新创业大赛优胜奖	江苏省测绘地理信息学会	2020年11月
教务处			
徐思璇　鲍紫阳　顾嘉宸 王澜静　钱　斌　王旖凝 许　媛	第六届中国国际"互联网+"大学生创新创业大赛江苏省选拔赛二等奖		
胡　凯　申浙锋　孔维柏 袁晨翔　邓星维　王亦男 徐有恒　丁　飞　顾嘉琦 赵　磊　梁嘉汇　谈　阳 朱静怡　赵顺彧　刘　睿 谢　禹　刘　冉　缪佳旸 陈天好　彭韵璇　朱承晨 黄晓雯　陈泽杰　谢卿超 丁　浩　余小满　李秉研 陈　实　徐英梅　余晨旭	第六届中国国际"互联网+"大学生创新创业大赛江苏省选拔赛三等奖	江苏省教育厅	2020年8月

标"＊"者为《苏州科技大学年鉴2020》学生参加课外各类学科竞赛荣获省部级以上奖项情况未收录部分

苏州科技大学 2020 年度江苏省高校三好学生、优秀学生干部、先进班集体名单

一、江苏省三好学生（11 人）

陈力哲　　史　怡　　董子硕　　刘予辰　　承　悦　　陈明慧　　邱义莹
冀小草　　张　文　　黄婷婷　　吴昱洁

二、江苏省优秀学生干部（9 人）

张星星　　陈少鹏　　李子阳　　钱晓燕　　邹　友　　汤　玥　　徐　嫣
沈　灿　　秦杨一

三、江苏省先进班集体（8 个）

环境科学与工程学院	人文地理 1712
土木工程学院	工管 1812
商学院	金融 1712
社会发展与公共管理学院	社保 1711
化学与生命科学学院	生工 1712
教育学院	学前 1712
艺术学院	视传 1711
机械工程学院	机电 1712

苏州科技大学 2019—2020 学年校三好学生标兵、优秀学生干部标兵、优良学风班标兵、优良学风班名单

一、校三好学生标兵

建筑与城市规划学院（3 人）
朱　江　　周凌赟　　周　鸣

环境科学与工程学院（4 人）
吴宇涵　　包　毅　　丛瞿欣　　吴志娟

土木工程学院（6 人）
李思佳　　戴浩天　　杨宇宸　　杨汉清　　姚晟飞　　董子硕

电子与信息工程学院（6人）
赵浩东　　沈云瑶　　马诗雨　　李子阳　　邓佳玮　　姜皓文

商学院（8人）
李煜震　　唐榛　　黄钰文　　陈圆　　陈子楠　　刘岩　　沈洁
圣沂江

文学院（4人）
袁晓晴　　徐珊姗　　赵怡婷　　王晓娟

社会发展与公共管理学院（2人）
蒋宁　　杜欣茹

马克思主义学院（1人）
惠树倩

教育学院（2人）
高菲　　何雨真

数学科学学院（2人）
黄瑜琦　　黄贤明

物理科学与技术学院（1人）
钱睿琳

化学与生命科学学院（4人）
黄子玲　　何凯　　任姗　　李爱丞

艺术学院（4人）
魏艺华　　徐嫣　　陈琪　　张苏慧

外国语学院（3人）
陈敏　　金丹清　　陈吉

音乐学院（1人）
吕大权

机械工程学院（3人）
范希喆　　钟意　　李佳薇

地理科学与测绘工程学院（3人）
陆　烨　　　刘　彦　　　徐伶媛

国际教育学院（1人）
刘松青

敬文书院（3人）
魏清高　　　蔡玉霜　　　邢尚翎

二、校优秀学生干部标兵

建筑与城市规划学院（2人）
左桐祯　　　王瀚坤

环境科学与工程学院（2人）
常淑惠　　　周　婷

土木工程学院（4人）
郑靖文　　　彭茂珂　　　严啸天　　　田志宗

电子与信息工程学院（3人）
蔡祯杨　　　史经允　　　胡新宇

商学院（5人）
颜怡静　　　曹鑫艳　　　陆　妍　　　蔡玥儿　　　陈　玲

文学院（2人）
张　敏　　　毛垠伶

社会发展与公共管理学院（2人）
王柏宇　　　季梦妍

教育学院（1人）
万　琦

数学科学学院（2人）
徐佳怡　　　汤　池

物理科学与技术学院（1人）
施欣玉

化学与生命科学学院（3人）
沈祖妍　　　张　帅　　　汤　杰

艺术学院（3人）
师锌桢　　　张　盼　　　张　文

外国语学院（2人）
常　菁　　　童晓宇

机械工程学院（2人）
王泽宇　　　鞠　程

地理科学与测绘工程学院（2人）
钱贝尔　　　孙炎皓

国际教育学院（1人）
王跃霏

敬文书院（2人）
庞韵如　　　黄婷婷

三、校优良学风班标兵（10个）

建筑与城市规划学院	城规1911
土木工程学院	土木1914
	交通1911
商学院	人力1812
	物流1812
教育学院	学前1811
数学科学学院	统计1812
物理科学与技术学院	物理1911
外国语学院	英师1912
机械工程学院	机械1912

四、校优良学风班（10个）

| 环境学院与工程学院 | 环工1912 |

电子与信息工程学院	计算机 1912
	通信 1811
文学院	汉师 1812
社会发展与公共管理学院	史师 1811
化学与生命科学学院	生物工程 1811
材料科学与工程学院	功材 1911
艺术学院	数媒 1911
音乐学院	音师 1811
地理科学与测绘工程学院	人文地理 1811

苏州科技大学 2019—2020 学年三好学生名单

建筑与城市规划学院（37 人）

陈潇雨	刘雯婷	孙 璇	葛舒彤	孙 筱	蒋昀同	何远艳
陈 佳	袁文欣	陈明杰	林陈诗	田 静	曾婉仪	史雯婷
顾瑜雯	卢添翼	胡振怡	吴 双	于新兰	王欣然	薛逸帆
邹庆泽	耿汐雯	张梦欣	徐文妍	贝 琰	林一诺	李媛媛
唐之韵	黄晓雯	王雨琴	陆毅涵	邵 恒	周根荣	王沛颖
袁文怡雪	陆夏雨璇					

环境科学与工程学院（38 人）

孙婉佩	王垚兵	彭蔎程	武新颖	王卫宇	居 婷	张绎如
曹丽雯	李晓涵	徐婕妤	许鑫澎	杨雨姝	吴 迪	耿心泽
卫千霆	茅思楠	杨隆骐	薛东鑫	赵丹青	王羽菲	周欣仪
缪志婷	李 岱	杨晨琦	郭 丽	王 乐	李璐楠	于璇卿
朱雨超	韩晓雯	王雪卉	陈俐言	叶 铭	朱亦凡	黄恬颖
侯雅平	王羽婷	蔡越洋				

土木工程学院（54 人）

陈明燕	朱 洁	邹一韬	童 伟	郝 晶	李文杰	牛松荧
蒋雅琪	恽诚涛	赵伟玲	胡子涵	许前程	张俊杰	陶 陶
黄 豆	陈 建	王研州	严 欢	周中林	曹羿璇	张明月
王舒晨	沈家晨	何子涵	倪嘉骏	徐家明	郑宝妍	杨佳怡
张佳敏	陈馨怡	黄 立	刘星仪	姚洪宇	钱中月	朱 海
匡雨婷	严泽航	沈佳燕	刘雨萌	刘 宇	胡云雷	樊世悦
田海燕	张耀阳	王亚杰	王乐瑾	王保淇	仲浩然	吴 逸

张　艳　　顾晨悦　　赵雨欣　　闫梦宇　　史文倩

电子与信息工程学院（52人）

高　举	武育麒	许　凯	黄　明	刘淼尹	李英杰	张仁泽
沈珂昕	尹怡芊	黄小钧	浦文昊	聂宏通	朱光雷	宗　诚
张雨星	尤欣玥	居　倩	徐可悦	白钰傅	景鑫磊	沈　一
王佳琪	张　沛	王舒心	肖勇飚	沈玉东	郭昭志	汤豪杰
刘淑琳	钱　政	张正雅	梁东民	陈　娟	徐　乾	周韵琪
张　楠	王庆晨	张帅男	刘雨晨	卞伟涛	孙猛伟	陈　珣
丁家炜	宋　毅	刁宇璇	王迎庆	毛绍辰	顾晶晶	周语辰
刘德政	季玉洁	吴鹏飞				

商学院（69人）

朱馨雨	张晶晶	高之昱	卞安平	梁龙翔	章守艳	冯誉莹
沈　胤	刘　盼	张心妤	鞠梓怡	成志荃	张　静	王思雅
周佳璐	卢陈霞	智　慧	徐雪婷	邵雨潇	吴　璇	陈思羽
汤　可	徐品康	袁晓琪	孟　慧	郭雨婷	张美娜	陈　欣
武静怡	邢远思	张　恒	王兴月	纪安琪	季　丞	张梦慧
陈思佳	路朵朵	邵心钰	泮楚微	钱湘如	王　梦	马金玉
梁雅倩	王灵婧	赵树慧	尚珂珂	许钱洁	吴小勇	苏新雅
刘予辰	王　丹	余　薇	钱　盼	赵小宇	闫清扬	任顺利
褚文怡	王　睿	季雨薇	肖雅玲	江　倩	李之妍	王通凡
周子怡	刘滢滢	王鹤潼	李嘉琦	张楚洁	袁玉娟	

文学院（35人）

沈曼婷	秦杨一	张亚杰	承　悦	黄　丹	王思婕	张巧妙
侍加旭	杨　川	钱佳宁	顾星月	史欣然	汤玮琪	祝　睿
单　玥	唐新雨	张　婧	应　晨	陈婧婧	李雪琪	谢奕晁
朱　珊	李孟柯	虞子涵	赵泽洋	房子涵	齐　蓉	张涵祺
吕铭萱	毕小茹	陆菲儿	姜雨婷	陈琪然	俞张楚楚	
朱颜悦悦						

社会发展与公共管理学院（25人）

赵子聪	蒋建璐	吴　越	李娇园	李　婷	傻晶晶	李　卉
许涵薇	张舒辰	李涌郗	穆佳琳	朱夏影	蒋瑞婷	张　涵
商佳一	罗雯蕙	陈心怡	王秋雯	刘　迪	夏　濛	徐　莹

蒋晨怡　　　兰心怡　　　史欣宜　　　李杨洋

马克思主义学院（8人）

赵雨婷　　　徐一鸣　　　王昱婷　　　王淳伊　　　黄斯玉　　　司术明　　　许　珂
王心怡

教育学院（17人）

颜　玲　　　李奕欣　　　刘越佳　　　周锶涵　　　常　源　　　刁丹梅　　　周淑阳
赵文琳　　　陈宁宁　　　王志亲　　　颜　艾　　　姜楚玥　　　吴　蓓　　　虞清清
姚　奕　　　曹瑞瑞　　　陶瀚霖

数学科学学院（30人）

胡　璇　　　薛怡梅　　　周　浩　　　吴丹丹　　　陈小艺　　　石兴华　　　李心怡
何宇航　　　陈思思　　　陈奕颖　　　杨小乐　　　高　洁　　　邹　友　　　沈玉晔
张莘茹　　　李任羽　　　奚婧晔　　　崔　棋　　　潘怡好　　　陈　忱　　　潘　欣
朱巧红　　　施栋辉　　　谭长鑫　　　高瑞雪　　　张心怡　　　马　君　　　张　莹
高　磊　　　王海圣

物理科学与技术学院（14人）

童　欣　　　徐康怡　　　丁月娇　　　周　泽　　　吴抒阳　　　袁　梦　　　殷凌煜
杨　峥　　　李　栋　　　季鸿田　　　曹　颖　　　杨晓龙　　　周游晨晨
梁熠WEI

化学与生命科学学院（37人）

杨婧瑶　　　何秋菊　　　陈　梅　　　顾栩境　　　高雯昕　　　陈小宝　　　汤　玥
金艺伦　　　于　扬　　　李佳恬　　　李　晴　　　郁梦邱　　　周宇琪　　　金雨馨
刘睿冰　　　傅书雨　　　朱海莉　　　邹诗琪　　　夏顺晓　　　袁　国　　　李　昶
严玉栋　　　张元辰　　　冀小草　　　王艺静　　　刘钰前　　　徐　蕾　　　朱韵飞
张　倩　　　张静雪　　　章成法　　　张棋源　　　姜　瑶　　　吕梦杰　　　张　娟
徐艳霞　　　梁　枫

材料科学与工程学院（5人）

严红艳　　　赵轩宇　　　俞朱敏　　　张圣杰　　　晓　泉

艺术学院（38人）

曹颖妮	孙 璐	池梦婷	张一凡	胡昕月	尚艺佳	郑巧芸
何怡珂	盛 傲	刘建平	樊欣悦	何艳茹	朱 旻	刘文烨
徐 莹	丁文静	刘一丁	彭易鸣	岳思嘉	王敏敏	杜梦妍
李 昊	徐仟仟	沈晴好	张康燃	孟英健	张盈盈	张 文
李玉兰	徐 慧	聂雨桐	项可欣	焦欣雨	沈芊妤	周汀芷
姜若然	杨 帆	蒋晓楠				

外国语学院（30人）

汤天逸	王瑜丹	胡盈盈	禹诚诚	李曼思	孙 斌	刘瑜璐
徐紫薇	姚 红	陈嘉露	刘珍珍	徐 雯	赵健淇	侯庆迪
曲丹丹	华苏红	缪 然	张 藜	林 容	于 贤	丁俊诚
周 韵	周妍兵	倪 蔚	罗 兰	沈芸丝	卫范敏	李罗慧
李海利	姚 佳					

音乐学院（8人）

柴力元	王钰汶	陈思远	罗艺文	金 璇	陈婧阳	邢小龙
王星熠						

机械工程学院（25人）

潘亭妍	羊仕禹	胡亦波	赵航宇	侯永昌	许子豪	王仕贤
杨 鑫	严洁辉	孙彤彤	林春超	王立智	袁 铨	许 伟
秦 旭	林永祺	周旻晖	张龙泉	王海亮	林筱山	陈锡夫
胡淇译	祁 鹏	卫嘉文	李 霞			

地理科学与测绘工程学院（24人）

孙静怡	李孟如	张枫幸	黄绮祯	李晨映	陈欣颖	陈住红
王义诺	许思怡	王 婧	姜 睿	陈 艳	姜琳琳	于佳民
崔辰昀	黄雪真	孙 陈	侯晓玲	范 颐	黄洁银	李 焕
吴小洁	张钰娇	孙佳倩				

国际教育学院（15人）

蒋诚仁	张 鹏	周子桐	陈奕卓	朱凌弘	徐 颖	郑瑛秀
张玉泓	王 悦	诸辰洋	赵敏菡	黄嘉硕	方一诺	唐宴旖
江新谱						

敬文书院（24人）

朱家亨	杜文宇	孙洛熙	王澜静	夏以诚	刘铸慷	黄晖巾
宋知衡	王琦玮	史 怡	钱知仪	孙心怡	费闻銎	王梦园
唐益萍	施智明	刘吴彤	田 甜	陈嘉巧	郭子一	张 皓
朱英杰	孙琳玲	霍依宁				

苏州科技大学2019年度优秀共青团干部名单

建筑与城市规划学院团委（12人）

严 俊	任建康	刘朴阳	周 鸣	宋忠怡	韩 煜	霍玉昆
周凌赟	戎 煜	庄 颖	芃 妍	袁文怡雪		

环境科学与工程学院团委（23人）

吴晨旭	李 杰	李纬承	黄 智	姜 睿	吴宇涵	徐伶媛
刘赫琛	郑 艺	蔡天宁	刘 浔	刘腾云	代凡钧	徐昕雨
张仲璟	常淑惠	陈浩南	孟子淇	钱贝尔	施怡昕	王艺飞
薛婷婷	周 扬					

土木工程学院团委（22人）

庄煜涵	陆 鹏	何胜利	张 睿	顾忻愉	倪文斌	茆 茜
梁 辰	蔡毅敏	蒋 婷	夏李同	徐心悦	郑靖文	刘新龙
刘晓光	王晨晨	殷佳怡	王研州	万宇凡	郭玲丽	胡子涵
王嘉慧						

电子与信息工程学院团委（17人）

朱 玲	叶高睿	冯恺奕	王兆丹	李晨亮	赵 飞	杨文晖
沙 刘	肖勇飚	周韵琪	孙 涛	顾康民	罗娅婧	王柳笛
陆建华	谢志伟	凌华靖				

商学院团委（24人）

李煜震	马金玉	朱晓园	虞景越	叶 春	张明睿	颜怡静
刘 冉	薛璐瑶	崔佳雯	刘 艳	张 锟	张 冉	杨钰雯
李 卓	王楚怡	潘丽琪	徐雪婷	邵心钰	刘天雯	蒋静怡
金云峰	沈 梦	华雨舟				

文学院团委（10 人）

| 申东彪 | 高妍 | 承悦 | 单玥 | 毛垠伶 | 袁晓晴 | 张敏 |
| 杜心逸 | 卞嘉仪 | 柏梦婷 | | | | |

社会发展与公共管理学院团委（9 人）

| 徐昕 | 徐龙斌 | 曾嘉俊 | 穆佳琳 | 李娇囡 | 蒋晨怡 | 杨帆 |
| 殷花 | 夏濛 | | | | | |

马克思主义学院团委（2 人）

刘嘉雯　　徐一鸣

教育学院团委（5 人）

刘琴琴　　万琦　　杨意　　莫家忆　　施海龙

数理学院团委（11 人）

| 陆成荟 | 仲海玲 | 赵啸吟 | 徐佳怡 | 马君 | 徐心和 | 陆欣怡 |
| 吉颖 | 吴其兴 | 徐梦煜 | 李丹彤 | | | |

化学生物与材料工程学院团委（14 人）

| 王姝欣 | 吴羽熙 | 陈煜炜 | 廖鑫章 | 房媛媛 | 陈小宝 | 李昶 |
| 吕辰晨 | 刘悦倩 | 丁佳欣 | 李磊 | 沈祖妍 | 任姗 | 陈俊杰 |

艺术学院团委（12 人）

| 单志伟 | 刘闯 | 徐嫣 | 张文 | 王永亮 | 李曼 | 陈琪 |
| 张一凡 | 阮炜珊 | 陈柳 | 师锌桢 | 王诗瑶 | | |

外国语学院团委（9 人）

| 季维雨 | 段隽 | 王忆琪 | 童晓宇 | 陆濛丹 | 陈怡 | 卢亦诺 |
| 韩植 | 李丽萍 | | | | | |

音乐学院团委（2 人）

吴昱洁　　杨依芸

机械工程学院团委（8人）

唐晓虎	吕星辰	吴子健	张大庆	李佳薇	王泽宇	韩佳琦
牛菁嵩						

国际教育学院团委（6人）

周婷怡	杨圳鸿	马一晗	艾天程	李雨祺	李 卓

敬文书院团委（14人）

金 蕾	陈俊江	邹若珉	朱 叶	顾嘉宸	王启凡	李天宇
汪巧蕊	董小炜	俞 靖	方 政	谢瑜欣	陆叶梓	金子意

天平学院团委（63人）

黄显坤	何桂林	尚 羿	曹银宇	朱 颖	曹裕坤	孙 颖
汪月桂	刘 盈	谭晶晶	崔 佳	曹解宸	刘思浓	刘 唯
朱铮宇	倪嗣锦	黄登花	刘 叶	朱 莹	何思源	段云飞
胡佳丽	袁 璐	徐思妍	王思璇	杨 京	李小彤	张欢欢
张风轩	李 洁	尹王杰	郭 瞿	朱斐雯	陈芙蓉	沈雨荷
耿冰妍	陈冠霖	殷海燕	王 猛	张 纯	周 琳	程 倩
蔡 倩	赖文婧	王 鑫	刘 婵	戴敏婕	张菱苇	张津津
曾缨络	吉姗姗	鲁雪婷	王一航	陶啸威	张 成	严寒依
芦浩然	孟凡浩	朱 霞	陈遂心	陆赟汐	周晨曦	
张顺宇龙						

苏州科技大学2019—2020学年优秀学生干部名单

建筑与城市规划学院（23人）

胡念晨	翟 洋	秦华源	庄 颖	黄子珊	宋忠怡	左思静
张 劲	许 悦	刘 童	杨思程	李 伟	陈力哲	刘聿星
张文茜	奚秋华	孔 睿	朱 璇	杨欣悦	俞喆涵	陆妍洁
石 玉	胡丹妍					

环境科学与工程学院（25人）

李 熙	王艺飞	杨 玥	詹立洲	高 波	李 杰	黄佳怡
隋臻智	谢沁璇	朱玉婷	奚 萍	丁硕硕	张静怡	郭炳焜

| 郝 悦 | 梁忠凯 | 郭杲麒 | 王 欣 | 胡嘉仪 | 杨 焱 | 刘翠翠 |
| 张 敏 | 周 澜 | 包 慧 | 黄莉萍 | | | |

土木工程学院（33人）

周承玮	周 俊	石涵菲	夏李同	黄晏晗	柏雪纯	汪 婷
龙禧麟	李旭辉	于淼淼	吴沛然	蔡锦祥	张文弢	季添翼
顾 昕	吴宣哲	米晓越	陆云涛	高艳娇	宗定宸	徐心悦
王轩祥	邢辉辉	冯泽青	张 锐	曹赛骏	刘茜晴	周 奕
钱佳宸	顾忻愉	周梦霞	万宇凡	马苏苏		

电子与信息工程学院（35人）

陈小峰	周国强	李渊博	杨文晖	王长凯	周 岑	黄新程
朱 玲	张珂明	刘宇洲	周 慧	姜晨涛	金宇锋	王 敏
黄孝文	解 朕	孔德宇	范思仁	徐 伟	丁加琪	赵敏辰
李晨亮	周 波	史殊姝	陈彦宇	张 能	潘一凡	李聪聪
程海馨	孙 涛	陆建华	陈宇宽	杨 嵩	董亚婷	吕 洋

商学院（47人）

鲁佳丽	徐靖怡	张旭东	高影星	彭小龙	陈鑫忆	肖美川
周雪梅	马金玉	徐 瑶	徐誉文	刘 冉	黄嘉悦	石淼淼
韩 越	韩 玥	张明睿	戴佳敏	王 浩	刘安桐	吴佳蔚
谢 姣	顾文清	陈 晞	梁彩荣	张 锟	崔佳雯	赵永远
蔡佳婷	伏相宇	杨钰雯	吴晨煜	王 莹	梁嘉汇	司 音
金云峰	左遥浪	金 琪	陈泽顿	包培欣	饶永琪	郭兰玉
朱家正	朱洛辉	王旭影	邱 仪	蒋静怡		

文学院（21人）

查浚哲	邵睿哲	黄可月	童文琪	施 科	柏梦婷	何胤怡
刘新宇	梅龙姣	王紫玥	陈 涵	马雯埙	单 玥	谢文莹
王滢悦	徐 颖	余紫雯	牛婧雯	唐寅琦	江晨晨	杜心逸

社会发展与公共管理学院（15人）

徐 苗	黄艳燕	刘丹辰	丁嘉宜	段姿邑	李欣悦	王天骄
张盼瑶	郭绕虹	王佳宇	顾小灵	杨 帆	左 依	朱咏仪
唐睦柔						

马克思主义学院（4人）

杨紫艺　　　许雲珠　　　高睿佳　　　王宇恒

教育学院（12人）

王维一　　　莫家忆　　　陆玲玉　　　刘家乐　　　沈心妤　　　杨艺颖　　　周紫琪
王欣然　　　蔡　宇　　　徐宸飞　　　陈敏濡　　　黄　洁

数学科学学院（20人）

张素素　　　曹诗潋　　　陆晓雯　　　徐梦煜　　　张曦文　　　刘　权　　　张　洁
尤希舟　　　李丹彤　　　金　煜　　　仲海玲　　　吉　颖　　　翟羽锐　　　翟安琪
吴东阳　　　景　雪　　　李荣佳　　　徐　冉　　　高　月　　　刘琳钰

物理科学与技术学院（9人）

王　骁　　　吴其兴　　　吴思慧　　　殷　玥　　　张　志　　　刘一周　　　钱青云
杨　钖　　　郁金滋

化学与生命科学学院（27人）

李爱清　　　万文羽　　　王　威　　　廖鑫章　　　管崎宇　　　杜哲涵　　　李东升
徐国杰　　　钱雅萍　　　孙浩清　　　潘浩杰　　　侍崇敬　　　王　玉　　　王殊欣
房媛媛　　　庞秋雯　　　周　昊　　　刘丹妮　　　徐子龙　　　陈方宇　　　冯昱玮
沈一鸣　　　徐柯楠　　　李佩原　　　钦子玉　　　茚　超　　　王家成

材料科学与工程学院（3人）

崔雅静　　　胡浩洋　　　沙雯沁

艺术学院（24人）

李佳秋　　　樊江军　　　单志伟　　　胡扬扬　　　陈天宏　　　谢　雯　　　徐　嫣
阮炜珊　　　孔宁昕　　　陈顺航　　　张一凡　　　陈　琪　　　李　曼　　　刘文烨
王永亮　　　路　昊　　　许心怡　　　杨　慧　　　李欣蕊　　　石　悦　　　李和阳
郑雯宁　　　陈可爱　　　宋星宇

外国语学院（19人）

贺晓轩　　　魏晓静　　　张佩耘　　　崔　倩　　　汤孜瑞　　　张宇迪　　　葛　恒
岳依帆　　　郭宇晴　　　徐　静　　　张慧琴　　　陈晓慧　　　沈袁煦　　　王洁迪

陆濛丹　　　阙嘉琦　　　付　娜　　　伍玲慧　　　陆旻敏

音乐学院（6人）

陈　健　　　黄艳艳　　　张煜婕　　　应　岚　　　柯娟娟　　　黄传奇

机械工程学院（15人）

张　馨　　　袁张霞　　　刘春博　　　张淑茹　　　陈　威　　　张大庆　　　周大卫
牛菁嵩　　　竺思望　　　韩佳琦　　　王　凯　　　袁贺祥　　　孙鸿羽　　　李洪哲
张施凯

地理科学与测绘学院（17人）

郑　婧　　　王　迅　　　王　浩　　　王　鹏　　　焦若垠　　　徐　超　　　徐　昱
张仲璟　　　倪　悦　　　卢承祥　　　贾新宇　　　韩沁怡　　　连　卓　　　祝真航
付海霞　　　戴天宇　　　罗　笑

国际教育学院（13人）

孙泽林　　　贠　河　　　缪林晨　　　施嘉毅　　　杨圳鸿　　　冯晨阳　　　李　玥
李雨祺　　　张心远　　　周　易　　　薛懿楠　　　张丰麟　　　宗煜捷

敬文书院（17人）

朱　叶　　　陈兴旺　　　王玉龙　　　朱云枫　　　陈钰漾　　　石宇婷　　　王嘉茜
李文皓　　　邓维仁　　　王嘉敏　　　邹若珉　　　吴昱洁　　　金子意　　　宋雨桐
马浩玲　　　郑雨馨　　　王涵妍

苏州科技大学2019—2020学年优秀研究生干部名单

建筑与城市规划学院（1人）

赵彬元

环境科学与工程学院（1人）

鲍秀敏

土木工程学院（3 人）

徐祎恬　　　仲启庆　　　陆健炜

电子与信息工程学院（1 人）

郑志华

社会发展与公共管理学院（1 人）

吴方意

马克思主义学院（1 人）

包　春

数学科学学院（1 人）

荀宝银

物理科学与技术学院（1 人）

高　贝

化学与生命科学学院（1 人）

仲雨晴

艺术学院（3 人）

陈　成　　　沈麟枫　　　马炎炎

苏州科技大学 2019—2020 学年优秀研究生名单

建筑与城市规划学院（13 人）

张雨清　　　赵莹莹　　　杨　爽　　　倪烨昭　　　韩　纯　　　蒋文杰　　　谢　欢
黄佳昕　　　嵇　淋　　　杨世奇　　　许濒方　　　殷文彧　　　李鹏程

环境科学与工程学院（12 人）

张星星　　　张林彬　　　夏　敏　　　徐楚天　　　蔡若楠　　　陈　壮　　　谢军祥

赵晨曦　　　谢嘉玮　　　常洋珲　　　刘令语　　　沈景涛

土木工程学院（12人）

汤　杰　　　朱鹏飞　　　龚桢佳　　　张鹏杰　　　常婷婷　　　邵明洁　　　殷志欢
姜　雨　　　刘可卿　　　袁方赟　　　范新宇　　　张文达

电子与信息工程学院（4人）

杨　伟　　　王　昊　　　杨立坚　　　马　敏

商学院（2人）

李晓华　　　王依婷

文学院（1人）

代若冰

社会发展与公共管理学院（3人）

陈昱圣　　　赵戈晨　　　安文丽

马克思主义学院（2人）

张　露　　　王宇宸

教育学院（1人）

曹　萌

数学科学学院（2人）

丁娟娟　　　崔　磊

物理科学与技术学院（2人）

黄根生　　　邵雅婷

化学与生命科学学院（3人）

周　正　　　李绍南　　　汤晓蕾

材料科学与工程学院（1人）

李 鑫

外国语学院（1人）

沈乐陶

艺术学院（5人）

钮丹丽　　周天悦　　陆政成　　张城玮　　李紫源

音乐学院（1人）

唐新育

机械工程学院（1人）

王嘉祺

苏州科技大学2020届优秀毕业研究生名单

建筑与城市规划学院（2人）

戴稼雄　　徐影秋

环境科学与工程学院（3人）

张振宗　　周麟晨　　夏 楷

土木工程学院（3人）

岁 亮　　李真真　　孔 燕

电子与信息工程学院（1人）

曹松青

马克思主义学院（1人）

包晨婷

社会发展与公共管理学院（1人）

贾凌雁

化学生物与材料工程学院（1人）

周　敏

数理学院（1人）

朱　冯　　丁　馨

苏州科技大学2020届优秀本科毕业生名单

建筑与城市规划学院（13人）

| 徐　程 | 赵敏君 | 徐　洁 | 梁正虹 | 林　垚 | 王佳钰 | 钟　雯 |
| 韩　煜 | 缪雨钦 | 魏中一 | 余春华 | 高璟怡 | 黄映瑜 | |

环境科学与工程学院（24人）

孟羽娃	李　媛	徐浩栋	陈一凡	蒋卓然	匡天琪	李　虔
刘一帆	王　倩	曹　迪	马一飞	邓　荣	朱雅文	康雅文
项晨燕	许　静	周宇恒	张　彦	卢道莎	吴　珺	眭霞芸
朱佳怡	张一秀	顾　浩				

土木工程学院（22人）

王梦悦	徐　洁	仇静轩	马潇驰	白霖涵	吴雪娜	甄啸虎
宋康佳	周万志	陈　曜	张慧敏	仇　敏	董嘉颖	朱陈忱
张诗睿	朱月柳	李　婷	邱倚天	邱昕玥	丁予铭	杨韵仪
庞　琳						

电子与信息工程学院（15人）

殷允桥	刘　芸	王丹芮	齐恬恬	赵浩剀	闫儒坤	郁　凯
郁志豪	刘　聪	叶翔宇	沈佳敏	顾斯佳	赵莹莹	陆　群
张雪言						

商学院（31人）

孙 伟	朱诗晗	韦雨霏	龚 奕	严静琦	张英玉	王佳瑜
许旭璐	孙照寒	李 乐	沈 梦	张 丹	邵 沣	唐思谨
韩君奕	许 蒙	李雨璇	钱思毓	张明明	王欢欢	陆 漪
马文静	王丽丽	陈依子	吴淇妃	周佳纯	顾令畑	孙子淞
周媛媛	刁俊丽	张玉莹				

文学院（16人）

项 娟	叶滢超	钱 雯	彭雨菲	周艳芬	张瀚元	商 敏
杨 潇	汪 敏	奚 月	李 慧	潘昱彤	王艳杨	鞠文静
黄 滢	贾晓琳					

社会发展与公共管理学院（10人）

| 陈彦冰 | 常 易 | 李梓瑄 | 殷 茵 | 王蔚然 | 王化婷 | 周志洁 |
| 邓力博 | 沈 婕 | 王婷婷 | | | | |

马克思主义学院（1人）

赵学坤

教育学院（6人）

| 严安琪 | 朱奕蓉 | 李卓繁 | 顾正寅 | 谢 宇 | 马 慧 |

数学科学学院（11人）

| 许 珂 | 郑天航 | 王 勰 | 丁麟惠 | 袁超超 | 陈琪欣 | 李 玲 |
| 归艳兰 | 任晓燕 | 姚小玲 | 王艳洁 | | | |

化学生物与材料工程学院（20人）

丁文娟	王 悦	何浩波	李 萌	宋敬璇	陆友文	练金萍
张芸怡	殷明月	曹灿灿	杨钧君	奚佳豪	雷嘉华	王达浩
赵舒鹏	刘 雨	黄诗漪	宋鑫弢	丁 妍	周运峰	

艺术学院（18人）

| 李松铎 | 王晓玉 | 顾轩铭 | 李智成 | 杨萌岩 | 陆明玉 | 潘雪琪 |
| 刘 闻 | 陈家森 | 周鹏飞 | 刘珂言 | 阮丽莎 | 王瑞琪 | 孙 婕 |

沈超群　　　段合洋　　　施莹凡　　　唐玉婷

外国语学院（12人）

董丹婷　　　朱广慧　　　陈　帆　　　王海琴　　　徐　悦　　　刘梦兰　　　刘泽慧
季炜镓　　　顾品娴　　　孙筱蕊　　　孙筱雯　　　朱憬晟

音乐学院（3人）

邱　娟　　　朱　蝶　　　杜吉拉姆

机械工程学院（9人）

郑建伟　　　张宇翔　　　沈楚楚　　　蔡家轩　　　陈嘉皓　　　盛洋洋　　　邰永耘
何睿杰　　　匡铭杰

国际教育学院（9人）

路庆轶　　　王　菲　　　张梓远　　　丁浩南　　　吴　琼　　　尹紫蔚　　　王文佳
冯羽丰　　　孙　琳

敬文书院（7人）

陈苏阳　　　李　扬　　　闫金礼　　　卞嘉楠　　　夏嗣禹　　　王巧巧　　　吉柏熠

重要资料及统计

办学规模

2020年度全校教学单位情况

教学单位一览表

院　部
建筑与城市规划学院
环境科学与工程学院
土木工程学院
电子与信息工程学院
商学院
文学院
社会发展与公共管理学院
马克思主义学院
教育学院
数学科学学院
物理科学与技术学院
化学与生命科学学院
材料科学与工程学院
艺术学院
外国语学院
音乐学院
机械工程学院
地理科学与测绘工程学院
体育部
国际教育学院

2020年全校各类学生在校人数情况

2020年全校各类学生在校人数一览表

单位：人

类 别	人 数
研究生	2 377
全日制本科生（公办）	18 911
天平学院学生	8 736
成教生	11 860
合计	41 884

2020年研究生毕业、入学和在校人数情况

2020年研究生毕业、入学和在校人数一览表

单位：人

	毕业生数	授予学位数	入学数	在校研究生数
硕士生	573	584	997	2 377
总计	573	584	997	2 377

2020年全日制本科生毕业、入学和在校人数情况

2020年全日制本科生毕业、入学和在校人数一览表

单位：人

	毕业生数	授予学位数	入学数	在读学生数
本科生	4 735	4 525	5 105	18 911
天平学院本科生	2 051	1 960	2 574	8 736
总计	6 786	6 485	7 679	27 647

2020年成人学历教育学生毕业、在读人数情况

2020年成人学历教育学生毕业、在读人数一览表

单位：人

毕业生数			在读学生数	
专科	本科	小计	本科	小计
24	3 286	3 310	11 860	11 860

2020年度各类外国留学生人数情况

2020年度各类外国留学生人数一览表

单位：人

男	女	国家、地区数	硕士生	本科生	短期生	总人数
60	19	34	79	0	0	79

2020 年度全日制本科招生情况

苏州科技大学 2020 年省内各专业录取分数统计表

专业名称	学制/年	文科				理科			
		录取数/人	最高/分	最低/分	平均/分	录取数/人	最高/分	最低/分	平均/分
财务管理	4	20	358	350	352.5	24	365	359	360.3
城乡规划	5	18	353	350	350.8	32	371	361	362.1
风景园林	4	18	356	349	350.6	24	362	358	359.3
工商管理	4	20	354	349	350.7	20	364	357	359.0
广播电视学	4	35	360	349	351.5				
汉语国际教育	4	17	358	350	350.8				
汉语言文学	4	46	358	349	351.8				
汉语言文学(师范)	4	60	367	352	356.2				
建筑学	5	18	361	351	355.1	34	377	361	365.3
金融工程	4	20	364	350	352.6	21	362	359	359.8
劳动与社会保障	4	32	353	349	349.4				
历史学（师范）	4	37	358	350	353.2				
旅游管理	4	25	351	349	349.8				
人力资源管理	4	28	355	349	350.5	16	360	356	357.5
人文地理与城乡规划	4	20	351	349	349.6	26	359	355	356.7
日语	4	26	353	349	350.2	10	359	357	357.9
社会工作	4	27	352	349	349.7				
思想政治教育(师范)	4	35	357	349	351.8				
物流管理	4	26	353	349	349.6	20	358	356	356.5
物流管理（中外合作办学）	4	15	373	344	348.5	12	359	349	351.3
学前教育（师范）	4	48	362	349	350.4	24	363	355	358.2

续表

专业名称	学制/年	文科				理科			
		录取数/人	最高/分	最低/分	平均/分	录取数/人	最高/分	最低/分	平均/分
英语	4	28	358	351	352.3	20	362	357	358.9
英语（师范）	4	38	384	353	358.4	20	375	362	366.3
应用心理学	4	25	360	349	351.4	25	361	357	358.2
材料成型及控制工程	4					70	358	355	355.6
材料化学	4					44	361	355	356.0
测绘工程	4					55	357	355	355.6
地理信息科学	4					52	360	355	356.1
电气工程及其自动化	4					64	366	357	359.8
电子信息工程	4					62	369	358	360.9
给排水科学与工程	4					39	364	355	358.2
工程管理	4					68	360	355	355.8
工程管理（中外合作办学）	4					30	364	349	351.0
工程力学	4					48	359	355	356.4
功能材料	4					56	358	355	355.9
化学（师范）	4					19	362	357	359.3
环境科学与工程类（环境工程、环境科学）	4					80	364	356	358.5
机械电子工程	4					58	362	355	356.1
机械设计制造及其自动化	4					92	362	355	356.9
机械设计制造及其自动化（中外合作办学）	4					27	354	349	350.0

续表

专业名称	学制/年	文科				理科			
		录取数/人	最高/分	最低/分	平均/分	录取数/人	最高/分	最低/分	平均/分
计算机科学与技术	4					60	365	359	361.7
建筑电气与智能化	4					60	359	356	356.9
建筑环境与能源应用工程	4					65	363	355	356.0
交通工程	4					63	358	355	356.0
生物工程	4					46	363	355	355.8
生物技术	4					36	364	355	357.9
数学与应用数学（师范）	4					78	374	361	363.3
通信工程	4					60	362	356	358.7
统计学	4					37	360	355	357.9
土木工程	4					98	368	356	359.2
土木工程（中外合作办学）	4					29	386	351	354.9
无机非金属材料工程	4					34	357	355	355.1
物理学（师范）	4					37	371	359	361.4
信息与计算科学	4					44	363	356	358.7
应用化学	4					44	367	355	356.8
应用物理学	4					50	362	355	356.8
动画	4	6	533	530	531.7				
环境设计	4	28	545	530	532.9				
美术学	4	12	533	528	529.8				
美术学（师范）	4	12	553	534	540.6				
视觉传达设计	4	26	538	529	530.6				
数字媒体艺术	4	20	533	529	530.1				
音乐学（师范）	4	21	219	202	207.6				

各省、直辖市、自治区录取分数统计表

省份	科类	批次（投档单位）	执行计划/个 文科	执行计划/个 理科	2020年省控线/分 文科	2020年省控线/分 理科	最高分 文科	最高分 理科	最低分 文科	最低分 理科
北京	普通类	本科普通批	4		436		513		507	
天津	普通类	本科批次A阶段	20		476		见附件		见附件	
河北	音乐类	本科提前批B	2		291/128 291/115		519		518	
河北	美术类	本科提前批B	12		291/180		571		553	
河北	普通类	本科批	14	22	465	415	582	608	569	593
山西	音乐类	第二批本科A类	2		328/75		88.98		80.4	
山西	美术类	第二批本科A类	20		328/211		652		578	
山西	普通类	第一批本科B类	10	20	542	537	556	572	547	552
山西	普通类	第二批本科A类	18	12	469	449	541	539	538	525
山西	普通类	第二批本科B类（中外合作办学）		5	469	449		510		507
辽宁	音乐类	艺术类本科批第二阶段	2		354/170		225.3		218.6	
辽宁	普通类	普通类本科批	14	14	472	359	588	565	580	548
吉林	普通类	第二批（A）段			371	336				
黑龙江	美术类	艺术类本科一批（A）	4		247		517		515	
黑龙江	普通类	一批本科（A）	6	14	483	455	549	566	537	541
上海	音乐类	本科艺术甲批平行段	2		260/210		485		485	
上海	美术类	本科艺术甲批平行段	10		260/270		471		461	
上海	普通类	本科普通批	44		400		见附件		见附件	
上海	普通类	本科普通批（中外合作办学）	6		400		449		435	

续表

省份	科类	批次（投档单位）	执行计划/个		2020年省控线/分		最高分		最低分	
			文科	理科	文科	理科	文科	理科	文科	理科
浙江	音乐类	艺术本科2小批	4		一段468/50		528		526	
	美术类	艺术本科2小批	14		一段511/65		576		556	
	普通类	普通类	50		一段594		见附件		见附件	
	普通类	普通类（中外合作）	8		一段594		见附件		见附件	
安徽	音乐类	艺术第二批	6		349		755		749	
	美术类	艺术第二批	11		349		765		761	
	普通类	文理科本科一批	20	26	541	515	579	599	573	590
	普通类	文理科本科一批（中外合作办学）		4	541	515		578		575
福建	普通类	本科批	12	18	465	402	559	543	548	523
江西	音乐类	提前本科（一）	5		347/100（140）		168		163	
	美术类	提前本科（一）	16		347/270（316.67）		555		552	
	普通类	第一批本科	16	28	547	535	573	596	565	571
	普通类	第一批本科（中外合作办学）		4	547	535		574		572
山东	美术类	艺术类本科批统考	10		314		585		见附件	
	普通类	本科普通批	32		一段449		见附件		见附件	
	普通类	本科普通批（中外合作办学）	4		一段449		见附件		见附件	
河南	音乐类	本科A段	6		357/140		164		142	
	美术类	本科A段	24		370/206		772		694	
	普通类	本科一批	32	54	556	544	592	617	583	604
	普通类	本科一批（中外合作办学）		7	556	544		601		576

续表

省份	科类	批次（投档单位）	执行计划/个		2020年省控线/分		最高分		最低分	
			文科	理科	文科	理科	文科	理科	文科	理科
湖北	音乐类	艺术类本科（二）	2		297/227		615		613	
	美术类	艺术类本科（二）	13		305/186		656		583	
	普通类	本科第二批	8	14	426	395	540	551	533	526
湖南	音乐类	本科二批平行组	2		376/254		320		318	
	美术类	本科二批平行组	10		386/230		302		299	
	普通类	本科二批	10	16	526	464	573	555	565	533
广东	音乐类	本科			250/190		514		507	
	普通类	本科	10	16	430/536	410/524	541	574	535	541
广西	音乐类	本科提前批	2		286/210		568		562	
	美术类	本科提前批	16		286/205		570		549	
	普通类	本科第一批	30	59	500	496	529	563	516	525
海南	普通类	本科普通批	15		463		见附件		见附件	
重庆	美术类	艺术本科批A段	8		332/214	218	214			
	普通类	本科第一批		16		500		540		516
四川	音乐类	本科一批	4		340/200		269		268	
	美术类	本科一批	8		355/200		263		257	
	普通类	本科一批	46	70	527	529	554	597	545	576
	普通类	本科一批（中外合作办学）		9		529		597		560
贵州	普通类	第一批本科	30	46	548	480	576	552	566	510
	普通类	第二批本科	52	72	463	384	560	493	541	478
云南	普通类	一本	12	27	555	535	585	591	578	562
陕西	普通类	本科二批		18	405	350		479		456
甘肃	音乐类	艺术体育类本一U段	2		278/246 222/216		272		265	
	普通类	本科一批	20	46	520	458	553	523	545	497

续表

省份	科类	批次（投档单位）	执行计划/个		2020年省控线/分		最高分		最低分	
			文科	理科	文科	理科	文科	理科	文科	理科
青海	普通类	提前本科（定向）	3		439		481		443	
	普通类	本科一段		7		352		469		411
宁夏	普通类	一批本科	18	32	523	434	581	499	548	473
新疆	音乐类	本科提前批			222/148		326		303	
	普通类	本科一批次	20	30	482	431	529	526	520	484
	普通类	贫困南单本一（统招）	3	—	397	358	509	—	494	—
	普通类	贫困南单本一（定向克州）	—	0	397	358	—	—	—	—
	普通类	贫困南单本一（定向伊犁）	7	13	397	358	523	490	496	462
	普通类	民族预科	6	10	345	288	见附件		见附件	
	普通类	本科第一批（内高）	4	11	482	431	见附件		见附件	

附件

2020年天津市本科普通批录取情况表

院校专业组	省控线	计划数	录取数	录取最高分	录取最低分
物或史或地	476	6	6	606	594
物或化或生	476	4	4	583	579
不限	476	10	10	594	579
总计	—	20	20	—	—

2020年山东省本科普通批录取情况表

院校专业组	省控线	计划数	录取数	录取最高分	录取最低分
物或史或地	449	2	2	596	595
物或化或生	449	8	8	588	582
物	449	8+2（中外）	8+2（中外）	589	582（567中外）
化	449	2	2	591	581
史、地	449	2	2	584	583
政	449	2	2	579	579
不限	449	8+2（中外）	8+2（中外）	590	577（560中外）
总计	—	36	36	—	—

2020年海南省本科普通批录取情况表

院校专业组	省控线	计划数	录取数	录取最高分	录取最低分
物或史或地	463	6	6	649	589
不限	463	9	9	604	583
总计	—	15	15	—	—

2020年上海市本科普通批录取情况表

院校专业组	省控线	计划数	录取数	录取最高分	录取最低分
物或史或地	400	6	6	494	476
物或化或生	400	6	6	469	463
物	400	18	18	485	437
物（中外）	400	6	6	449	435
化	400	6	6	462	458
不限	400	8	8	483	469
总计	449	50	50	—	—

2020年新疆民语言、内高班录取情况表

批次	科类	计划性质	省控线	计划数	录取数	最高分	最低分
本科一批	文科	民语言	345/数学34	5	5	367	356
本科一批	理科	民语言	288/数学36	9	9	318	297
贫困南单对口本一	文科	民语言	345/数学34	1	1	353	353
贫困南单对口本一	理科	民语言	288/数学36	1	1	367	367
小计				16	16	—	—
内高班本科一批	文科	单列类（12省）	453	1	1	482	482
内高班本科一批	文科	单列类（2省）	474	1	1	501	501
内高班本科一批	文科	普通类（12省）	487	1	1	526	526
内高班本科一批	文科	单列类4年（12省）	368	1	1	415	415

续表

批次	科类	计划性质	省控线	计划数	录取数	最高分	最低分
内高班本科一批	理科	普通类（12省）	455	1	1	497	497
内高班本科一批	理科	单列类（12省）	402	4	4	443	431
内高班本科一批	理科	普通类（2省）	512	1	1	551	551
内高班本科一批	理科	单列类（2省）	472	1	1	508	508
内高班本科一批	理科	单列类4年（12省）	390	3	3	416	404
内高班本科一批	理科	单列类4年（2省）	447	1	1	526	526
小计				15	15	—	—

苏州科技大学天平学院 2020 年省内各专业录取分数统计表

专业名称	学制/年	文科/分				理科/分			
		录取数/人	最高分	最低分	平均分	录取数/人	最高分	最低分	平均分
建筑环境与能源应用工程	4					57	350	323	324.84
机械设计制造及其自动化（4+0）	4					30	326	320	321.64
风景园林	4	18	345	309	316.66	20	352	324	331.95
风景园林（4+0）	4	10	309	303	305.2	20	324	320	321.69
土木工程	4					163	369	323	326.22
市场营销	4	23	326	309	311.35	22	338	325	327.74
机械设计制造及其自动化	4					51	355	325	328.59
人文地理与城乡规划	4	20	324	311	315.2	20	336	324	328.5
工程管理	4					54	357	324	327.58
工程造价	4	50	324	310	315.19	57	351	323	329.16
酒店管理	4	22	314	309	309.82	18	334	324	326
电气工程及其自动化	4					56	355	324	330.99
计算机科学与技术	4					56	350	329	334.82
电子信息工程	4					46	339	325	329.82
给排水科学与工程	4					42	364	324	328.88
环境工程	4					39	343	325	329.58
应用化学	4					5	334	327	330
人力资源管理	4	26	324	309	311.78	27	352	326	330.29

续表

专业名称	学制/年	文科/分				理科/分			
		录取数/人	最高分	最低分	平均分	录取数/人	最高分	最低分	平均分
通信工程	4					49	335	325	327.64
物流管理	4	25	315	309	310.36	25	333	324	326.28
财务管理	4	37	332	312	314.88	41	366	329	335.99
翻译	4	34	325	309	311.46				
英语	4	46	347	314	318.27				
商务英语	4	20	321	311	313.56				
日语	4	26	347	310	315.16				
汉语言文学	4	44	322	314	317.71				
秘书学	4	38	317	309	311.23				
环境设计（4+0）	4	30	466	446	453.26				
环境设计	4	47	487	472	477.42				
视觉传达设计	4	45	489	475	479.28				
音乐学（乐器与打击乐表演）	4	11	189	180	183.83				
音乐学	4	6	186	178	180.17				

苏州科技大学天平学院2020年各省、自治区、直辖市录取分数统计表

省份	科类	批次	录取数/人 文科	录取数/人 理科	文科/分 省控线	文科/分 最高分	文科/分 最低分	理科/分 省控线	理科/分 最高分	理科/分 最低分
重庆市	文/理科	本科第二批		7				411	447.22	435.17
安徽省	文/理科	文理科本科二批	10	6	499	531.74	523.94	435	503.29	469.52
	音乐	艺术二批（B段）	5		349	673.43	652.87			
	美术	艺术二批（B段）	6		349	704.62	699.20			
福建省	文/理科	本科批	4	6	465	487.98	481.98	402	445.93	439.93
甘肃省	文/理科	本科二批普通类	11		439	488.11	471.11			
广东省	文/理科	本科	22	28	430	496.95	488.95	410	469.86	454.84
	音乐	本科	4		250/190	471.00	445.99			
广西壮族自治区	文/理科	本科第二批	51	61	381	444.98	381.95	353	396.90	364.88
	音乐	本提前艺术二批	4		286/210	529.93	498.80			
贵州省	文/理科	第二批本本科	54	57	463	502.10	477.10	384	454.09	399.09
	音乐	艺术平行体育二本	4			223.40	210.20			
河南省	文/理科	本科第二批	20	20	465	523.12	510.11	418	528.10	487.11
	音乐	艺术本科B段	4		345/125	173.00	160.00			
	美术	艺术本科B段	16		350/190	685.00	629.00			

续表

省份	科类	批次	录取数/人 文科	录取数/人 理科	文科/分 省控线	文科/分 最高分	文科/分 最低分	理科/分 省控线	理科/分 最高分	理科/分 最低分
湖北省	文、理科	本科第二批	10	12	426	489.11	476.11	395	461.10	455.10
	音乐	艺术本科(二)	4		297/227	601.40	577.58			
江西省	文、理科	第二批本科	10	12	488	524.98	510.97	463	491.92	484.91
	音乐	提前本科(一)	3		347/101	139.92	139.64			
山东省	文不分文理	常规批	20		449	543.00	475.00	449		
	美术	艺术类本科批统考	6		314/203	534.77	521.68			
山西省	文、理科	第二批本科C类	22	42	400	464.11	447.11	370	441.11	412.08
	音乐	第二批本科C类	5		280/75	84.31	79.96			
上海市	不分文理	本科普通批	20		400	451.00	414.00	400		
四川省	文、理科	本科二批	52	48	459	493.10	472.10	443	484.09	454.11
	音乐	艺术二批	6		340/200	228.08	218.35			
新疆维吾尔自治区	文、理科	贫困专单对口本二	1		343	349.09	349.09			
	文、理科	本科第二批	9		370	437.10	409.10			
云南省	文、理科	二本及预科	52	55	480	514.96	495.95	440	465.96	448.94
	音乐	二本及预科	4		390/145	187.94	148.47			
浙江省	不分文理	普通类	12		495	567.00	463.00	495		

办学层次

硕士研究生授权点情况

苏州科技大学一级学科硕士学位授权点情况一览表

学科代码	学位点名称	硕士点批准日期
0833	城乡规划学	2011年8月
0834	风景园林学	
0813	建筑学	
0603	世界史	
0830	环境科学与工程	2011年3月
0814	土木工程	
1201	管理科学与工程	
0101	哲学	
0701	数学	
0803	光学工程	
0817	化学工程与技术	
0805	材料科学与工程	
0602	中国史	2018年3月
0702	物理学	
0802	机械工程	
0812	计算机科学与技术	

硕士专业学位授权点情况一览表

学科代码	学位点名称	硕士点批准日期
1351	艺术	2014年5月
0853	城市规划	2014年7月
0251	金融	2018年3月
0451	教育	
0953	风景园林	
0851	建筑学	2019年5月
0857	资源与环境	
0859	土木水利	

全日制本科专业情况

苏州科技大学本科专业设置一览表

（以学院排序）

学院	学院（部）代号	本科专业/专业方向名称
建筑与城市规划学院	201	建筑学 城乡规划 风景园林 建筑学（建筑幕墙设计）
环境科学与工程学院	202	环境科学与工程类（环境工程、环境科学） 给排水科学与工程 建筑环境与能源应用工程
土木工程学院	203	土木工程 工程力学 交通工程 无机非金属材料工程 工程管理
电子与信息工程学院	204	电子信息工程 通信工程 计算机科学与技术 电气工程及其自动化 建筑电气与智能化 电子信息科学与技术

续表

学院	学院（部）代号	本科专业/专业方向名称
商学院	205	工商管理 旅游管理 市场营销 物流管理 金融工程 人力资源管理 财务管理
文学院	216	汉语言文学（师范、非师范） 广播电视学 汉语国际教育
社会发展与公共管理学院	217	历史学（师范） 社会工作 劳动与社会保障
马克思主义学院	214	思想政治教育（师范）
教育学院	215	应用心理学 学前教育（师范）
数学科学学院	218	数学与应用数学（师范） 信息与计算科学 统计学
物理科学与技术学院	219	应用物理学 物理学（师范）
化学与生命科学学院	220	应用化学 生物工程 化学（师范） 生物技术 材料化学
材料科学与工程学院	221	功能材料
艺术学院	210	数字媒体艺术 美术学（师范、非师范） 动画 视觉传达设计 环境设计 教育技术学 产品设计

续表

学院	学院（部）代号	本科专业/专业方向名称
外国语学院	211	英语（师范、非师范） 日语
音乐学院	212	音乐学（师范）
机械工程学院	213	机械设计制造及其自动化 机械电子工程 材料成型及控制工程
地理科学与测绘工程学院	222	测绘工程 地理信息科学 人文地理与城乡规划
国际教育学院	260	机械设计制造及其自动化（中外合作） 物流管理（中外合作） 工程管理（中外合作） 土木工程（中外合作）

成人学历教育专业情况

【高中起点本科】

金融工程　　　　　　　　　工商管理
物流管理　　　　　　　　　人力资源管理
学前教育　　　　　　　　　英语
日语　　　　　　　　　　　机械设计制造及其自动化
应用化学　　　　　　　　　计算机科学与技术
土木工程　　　　　　　　　工程管理
市场营销

【专科起点升本科】

金融工程　　　　　　　　　土木工程
机械设计制造及其自动化　　电气工程及其自动化
计算机科学与技术　　　　　应用化学
工程管理　　　　　　　　　工商管理
物流管理　　　　　　　　　市场营销

学前教育	人力资源管理
英语	日语
社会工作	汉语言文学
数学与应用数学	物理学
风景园林	劳动与社会保障
环境工程	旅游管理
思想政治教育	

办 学 条 件

2020年苏州科技大学总资产情况

2020年苏州科技大学总资产情况

单位：万元

序号	项目	年初数	本年度增加数	本年度减少数	年末数
1	流动资产	62 480.88	355 276.78	346 638.87	71 118.79
2	固定资产	118 247.41	6 789.12	6 728.74	118 307.79
	（1）房屋	95 436.65	8.76	2 461.30	92 984.11
	（2）汽车	13.34	0.00	7.86	5.48
	（3）单价在20万元以上的设备	2 465.90	1 993.87	0.00	4 459.77
	（4）其他固定资产	20 331.52	4 786.49	4 259.58	20 858.43
3	其他资产	75 233.00	5 212.85	323.61	80 122.24
4	合计	255 961.29	367 278.75	353 691.22	269 548.82

2020年苏州科技大学土地面积和已有校舍建设面积情况

【学校土地面积】（单位：亩）

江枫校区　　　　　　　　　　475.98（含家属区70亩）
石湖校区　　　　　　　　　1 500.00（含石湖老校区）
天平校区　　　　　　　　　　284.26（含民办天平学院250亩）
合计　　　　　　　　　　　2 260.24

【已有校舍建设面积】（单位：平方米）

1 教学科研及辅助用房　　　　　　　310 536
　　（1）教室　　　　　　　　　　　143 228
　　（2）图书馆　　　　　　　　　　 45 340
　　（3）实验室、实习场所　　　　　 71 669
　　（4）专用科研用房　　　　　　　 16 927
　　（5）体育馆　　　　　　　　　　 28 759
　　（6）会堂　　　　　　　　　　　 4 613
2 行政办公用房　　　　　　　　　　 35 038
3 生活用房　　　　　　　　　　　　245 211
　　（1）学生宿舍　　　　　　　　　209 399
　　（2）学生食堂　　　　　　　　　 28 680
　　（3）生活福利及附属用房　　　　 7 132
4 教工住宅　　　　　　　　　　　　 5 037
　 总计　　　　　　　　　　　　　　595 822

（时间截至2020年8月31日）

2020年苏州科技大学实验室设备情况

2020年全校（教学）实验室设备情况一览表

序号	单位名称	实验中心数/个	实验室数/个	省级实验教学示范中心数/个	教学科研仪器设备值/万元
1	建筑与城市规划学院	1	16	1	3 789.6
2	环境科学与工程学院	1	29	1	7 018.5
3	土木工程学院	1	10	2	5 001.6
4	电子与信息工程学院	1	40	2	3 646.5
5	商学院	1	8	0	832.9
6	文学院	1	7	0	309.2
7	社会发展与公共管理学院	1	9	0	325.8
8	教育学院	1	15	0	667.3
9	数学科学学院	1	3	0	345.6

续表

序号	单位名称	实验中心数/个	实验室数/个	省级实验教学示范中心数/个	教学科研仪器设备值/万元
10	物理科学技术学院	1	49	1	4 259.9
11	化学与生命科学学院	1	101	3	2 512.3
12	材料科学与工程学院	0	1	0	5 788.0
13	艺术学院	1	30	1	1 738.0
14	外国语学院	1	11	0	639.3
15	音乐学院	1	3	0	1 158.6
16	机械工程学院	1	30	1	2 274.2
17	地理科学与测绘工程学院	1	8	0	1 429.4

2020年苏州科技大学图书馆馆藏情况

2020年全校图书馆馆藏情况统计表

单位：册

类别	上年积累	本年实增	本年实减	本年积累
中文图书	1 544 048	54 637	36	1 598 649
外文图书	40 619	528	0	41 147
中文过刊合订本	108 589	2 591	0	111 180
外文过刊合订本	26 448	249	0	26 697
资料室	168 733	1 811	0	170 544
合计	1 888 437	59 816	36	1 948 217

教学质量与学科实力

科研机构情况

苏州科技大学科研机构一览表

序号	名称	级别				批准机构	挂靠学院（部门）	负责人	成立日期	备注
		国家级	省部级	市级	校级					
1	城市生活污水资源化利用技术国家地方联合工程实验室	√				国家发改委	环境科学与工程学院	黄勇	2016年10月	
2	江苏省环境科学与工程重点实验室		√			江苏省教育厅	环境科学与工程学院	李勇	2000年9月	
3	江苏省结构工程重点实验室		√			江苏省教育厅	土木工程学院	毛小勇	2005年9月	
4	江苏环境功能材料重点实验室		√			江苏省教育厅	材料科学与工程学院	陈志刚	2010年10月	
5	江苏省建筑智慧节能重点实验室		√			江苏省教育厅	电子与信息工程学院	陈建平	2014年6月	
6	江苏省微纳热流技术与能源应用重点实验室		√			江苏省教育厅	物理科学与技术学院	陈永平	2016年12月	

续表

序号	名称	级别				批准机构	挂靠学院（部门）	负责人	成立日期	备注
		国家级	省部级	市级	校级					
7	江苏省环境工程技术工程实验室		√			江苏省发改委	环境科学与工程学院	黄勇	2010年12月	
8	江苏省生化传感与芯片技术工程实验室		√			江苏省发改委	材料科学与工程学院	郭春显	2016年12月	
9	江苏省生态道路工程技术产业化工程研究中心		√			江苏省发改委	土木工程学院	沈菊男	2019年12月	
10	江苏省分离净化材料与技术工程研究中心		√			江苏省发改委	环境科学与工程学院	李勇	2020年12月	
11	江苏省现代测绘仪器工程技术研究中心		√			江苏省科技厅	地理科学与测绘工程学院	张序	2008年10月	
12	江苏省苏州太阳能和风能发电设备检测公共技术服务中心		√			江苏省科技厅	电子与信息工程学院	董兴法	2009年8月	
13	江苏省无卤阻燃聚酯工程塑料工程技术研究中心		√			江苏省科技厅	化学与生命科学学院	董延茂	2010年7月	
14	苏州城乡一体化改革发展研究院		√			江苏省教育厅	苏州科技大学	袁中金	2012年1月	江苏省普通高校人文社科研究基地

续表

序号	名称	级别				批准机构	挂靠学院（部门）	负责人	成立日期	备注
		国家级	省部级	市级	校级					
15	江苏省精密铜管加工装备工程技术研究中心		√			江苏省科技厅	电子与信息工程学院	肖金球	2012年6月	
16	水处理技术与材料协同创新中心		√			江苏省政府办公厅	环境科学与工程学院、材料科学与工程学院、化学与生命科学学院	李勇	2013年4月	2021年1月升级为建设点
17	亚太国家现代化与国际问题研究中心		√			江苏省教育厅	社会发展与公共管理学院	姚海	2013年6月	江苏高校国际问题研究中心
18	苏州科技大学技术转移中心		√			江苏省科技厅	苏州科技大学	范凌云	2015年11月	
19	苏州国家历史文化名城保护研究院		√			江苏省教育厅	苏州科技大学	夏健	2017年7月	江苏省普通高校人文社科校外研究基地（培育点）
20	苏州科技大学城市发展智库		√			江苏省教育厅	苏州科技大学	田晓明	2018年7月	江苏省普通高校哲学社会科学重点研究基地
21	长三角一体化发展研究基地		√			江苏省社科联	商学院、环境科学与工程学院	宋青	2019年8月	江苏省决策咨询研究基地

续表

序号	名称	级别				批准机构	挂靠学院（部门）	负责人	成立日期	备注
		国家级	省部级	市级	校级					
22	心理与行为科学研究中心		√			江苏省教育厅	教育学院	田晓明	2020年9月	江苏省普通高校哲学社会科学重点研究基地
23	苏州市建筑环境技术重点实验室			√		苏州市科技局	建筑与城市规划学院	赵书杰	2006年7月	
24	苏州市测绘仪器综合测试中心			√		苏州市科技局	地理科学与测绘工程学院	陈德超	2008年8月	
25	苏州市微机电薄膜技术重点实验室			√		苏州市科技局	物理科学与技术学院	潘涛	2009年7月	
26	苏州市建筑节能工程技术研究中心			√		苏州市科技局	建筑与城市规划学院	赵书杰	2009年7月	
27	苏州市智能测控工程技术研究中心			√		苏州市科技局	电子与信息工程学院	肖金球	2009年7月	
28	苏州市申龙电梯工程技术研究中心			√		苏州市科技局	机械工程学院	朱其新	2009年7月	
29	苏州市环境功能材料重点实验室			√		苏州市科技局	材料科学与工程学院	陈志刚	2010年7月	
30	苏州市基于物联网的公共安全服务平台			√		苏州市科技局	电子与信息工程学院	胡伏原	2010年7月	
31	苏州科技学院大学科技园科技创业服务平台			√		苏州市科技局	苏州科技大学	周溢	2010年7月	

续表

序号	名称	级别 国家级	级别 省部级	级别 市级	级别 校级	批准机构	挂靠学院（部门）	负责人	成立日期	备注
32	苏州市铜管加工装备工程技术研究中心			√		苏州市科技局	电子与信息工程学院	肖金球	2011年12月	
33	苏州市光学精密测试技术重点实验室			√		苏州市科技局	物理科学与技术学院	吴泉英	2012年7月	
34	苏州市新能源材料与低碳技术重点实验室			√		苏州市科技局	材料科学与工程学院	王筱梅	2012年7月	
35	苏州市移动网络技术与应用重点实验室			√		苏州市科技局	电子与信息工程学院	陈建平	2013年7月	
36	苏州市道路工程重点实验室			√		苏州市科技局	土木工程学院	沈菊男	2014年8月	
37	苏州市分离净化材料与技术重点实验室			√		苏州市科技局	环境科学与工程学院	白仁碧	2015年8月	
38	苏州市低维光电材料与器件重点实验室			√		苏州市科技局	电子与信息工程学院	姚金雷	2016年6月	
39	苏州市虚拟显示智能交互及应用技术重点实验室			√		苏州市科技局	电子与信息工程学院	崔志明	2016年6月	

续表

序号	名称	级别				批准机构	挂靠学院（部门）	负责人	成立日期	备注
		国家级	省部级	市级	校级					
40	苏州市精密与高效加工技术重点实验室			√		苏州市科技局	机械工程学院	李 华	2017年6月	
41	苏州市大数据与信息服务重点实验室			√		苏州市科技局	商学院	施琴芬	2018年6月	
42	苏州市微纳光电材料与传感器重点实验室			√		苏州市科技局	材料科学与工程学院	刘 波	2018年6月	
43	苏州创新生态研究院			√		苏州市科技局	商学院	施琴芬	2019年	
44	苏南地方音乐文化艺术研究所				√	苏州科技学院	音乐学院	陈 林	2008年1月	
45	企业社会责任研究中心				√	苏州科技学院	马克思主义学院	王建明	2009年11月	
46	苏州科技学院苏南现代物流研究所				√	苏州科技学院	商学院	邵举平	2013年10月	
47	苏州科技学院金融研究所				√	苏州科技学院	商学院	万正晓	2013年10月	
48	苏州科技学院江南历史文化研究所				√	苏州科技学院	文学院	丁国祥	2013年10月	
49	苏州科技学院古籍整理研究所				√	苏州科技学院	文学院	阮堂明	2013年10月	

续表

序号	名称	级别				批准机构	挂靠学院（部门）	负责人	成立日期	备注
		国家级	省部级	市级	校级					
50	苏州科技学院苏南特色传媒文化研究所				√	苏州科技学院	文学院	李斌	2013年10月	
51	苏州科技学院吴语吴文化研究所				√	苏州科技学院	文学院	薛志霞	2013年10月	
52	苏州科技学院历史文献研究所				√	苏州科技学院	社会发展与公共管理学院	董粉和	2013年10月	
53	苏州科技学院应用社会学研究所				√	苏州科技学院	社会发展与公共管理学院	高钟	2013年10月	
54	苏州科技学院全球政治发展研究所				√	苏州科技学院	马克思主义学院	王建明	2013年10月	
55	苏州科技学院应用伦理学研究所				√	苏州科技学院	马克思主义学院	陈建明	2013年10月	
56	苏州科技学院女性发展研究所				√	苏州科技学院	教育学院	牟艳杰	2013年10月	
57	苏州科技学院工业与组织管理心理研究所				√	苏州科技学院	教育学院	邵爱国	2013年10月	
58	苏州科技学院英语文学文化研究所				√	苏州科技学院	外国语学院	祝平	2013年10月	
59	苏州科技学院翻译研究所				√	苏州科技学院	外国语学院	张顺生	2013年10月	

续表

序号	名称	级别				批准机构	挂靠学院（部门）	负责人	成立日期	备注
		国家级	省部级	市级	校级					
60	苏州科技学院语言教育研究院				√	苏州科技学院	外国语学院	徐晓晴	2013年10月	
61	苏州科技学院日本文化研究所				√	苏州科技学院	外国语学院	罗时光	2013年10月	
62	苏州科技学院传统手工艺研究所				√	苏州科技学院	艺术学院	伍立峰	2013年10月	
63	苏州科技学院视觉传播研究所				√	苏州科技学院	艺术学院	朱永明	2013年10月	
64	苏州科技学院数字化产业研究所				√	苏州科技学院	艺术学院	邵斌	2013年10月	
65	苏州科技学院新媒体交互设计与应用研究所				√	苏州科技学院	艺术学院	陈卫东	2013年10月	
66	苏州科技学院江南艺术研究所				√	苏州科技学院	艺术学院	郑英峰	2013年10月	
67	苏州科技学院吴文化创意与设计研究所				√	苏州科技学院	艺术学院	莫军华	2013年10月	
68	苏州科技学院姑苏非物质文化遗产研究所				√	苏州科技学院	艺术学院	王於中	2013年10月	
69	苏州科技学院传媒文化产业研究所				√	苏州科技学院	艺术学院	万华明	2013年10月	

续表

序号	名称	级别				批准机构	挂靠学院（部门）	负责人	成立日期	备注
		国家级	省部级	市级	校级					
70	苏州科技学院体育文化发展研究所				√	苏州科技学院	体育部	汤际澜	2013年10月	
71	苏州科技学院信息资源与技术开发研究所				√	苏州科技学院	图书馆	顾永时	2013年10月	
72	江南文化保护与传承协同创新中心				√	苏州科技学院	社会发展与公共管理学院	陆道平	2014年1月	
73	苏州国家旅游标准研究与推广示范中心				√	苏州科技学院	商学院	邢夫敏	2015年3月	
74	苏州科技学院政府管理与社会创新研究所				√	苏州科技学院	社会发展与公共管理学院	陆道平	2016年4月	
75	苏州科技学院名城历史文化与公众史学研究所				√	苏州科技学院	社会发展与公共管理学院	张笑川	2016年4月	
76	苏州科技学院社区心理学研究所				√	苏州科技学院	教育学院	鲍谧清	2016年4月	
77	苏州科技学院中小学生学业支持和促进发展研究所				√	苏州科技学院	教育学院	吴红耘	2016年4月	
78	苏州与国内外先进地区创新竞争力比较研究中心				√	苏州科技学院	苏州科技大学	陆道平	2016年6月	

续表

序号	名称	级别				批准机构	挂靠学院（部门）	负责人	成立日期	备注
		国家级	省部级	市级	校级					
79	苏州科技大学创新管理与评价研究所				√	苏州科技大学	商学院	夏海力	2016年9月	
80	苏州科技大学中国书法文化研究所				√	苏州科技大学	艺术学院	王伟林	2016年9月	
81	苏南国情研究基地				√	苏州科技大学	马克思主义学院	温波	2017年5月	
82	苏州科技大学和合文化研究院				√	苏州科技大学	马克思主义学院	温波	2019年5月	
83	苏州科技大学国外智库涉华舆情分析研究中心				√	苏州科技大学	外国语学院	支永碧	2019年5月	
84	苏州科技大学文化协同创新设计研究所				√	苏州科技大学	艺术学院	狄野	2019年10月	

重点学科、优势学科建设项目

江苏省优势学科一期项目

序号	学科名称	依托学科	学科代码	批准时间	验收时间	验收结果
1	土木与环境工程学科群	土木工程	0814	2011年1月	2014年5月	B
		环境科学与工程	0830			
2	城乡规划与管理学	城乡规划学	0833	2011年10月		B
		建筑学	0813			
		公共管理	1204			

江苏省优势学科二期项目

序号	学科名称	依托学科	学科代码	项目类型	批准时间	验收时间	验收结果
1	环境功能材料与技术	环境科学与工程	0830	立项学科	2014年5月	2018年11月	合格
		材料科学与工程	0805				合格
2	土木工程	土木工程	0814	重点序列学科			合格
3	城乡规划学	城乡规划学	0833	重点序列学科			

江苏省优势学科三期项目

序号	学科名称	学科代码	建设类型	批准时间
1	城乡规划学	0833	B	2018年11月
2	土木工程	0814	C	
3	环境科学与工程	0830	C	

"十一五"江苏省重点学科

序号	学科名称	学科代码	批准时间
1	世界史	060108	2006年7月
2	结构工程	081402	
3	环境工程	083002	

"十二五"江苏省重点学科

序号	学科名称	学科代码	批准时间
1	世界史	0603	2011年11月
2	风景园林学	0834	2012年2月

"十三五"江苏省重点学科

序号	学科名称	学科代码	批准时间
1	世界史	0603	2016年11月
2	数学	0701	
3	光学工程	0803	
4	建筑学	0813	

苏州科技大学2020年度教育质量工程项目

2020年度国家级一流本科专业建设点

教高厅函〔2021〕7号
2021年2月22日

序号	专业名称	专业负责人
1	风景园林	张 兴
2	环境科学	王慧利
3	工程管理	祝连波

续表

序号	专业名称	专业负责人
4	建筑电气与智能化	付保川
5	历史学	祝曙光
6	应用心理学	田晓明
7	数学与应用数学	吴健荣
8	视觉传达设计	伍立峰

2020年江苏省现代职教体系贯通培养项目

苏教职函〔2020〕9号
2020年5月22日

"3+2"贯通培养项目

序号	牵头院校	合作院校	前段专业	后段专业
1	苏州科技大学	苏州市职业大学	文秘	汉语言文学
2	苏州科技大学	苏州市职业大学	电气自动化技术	电气工程及其自动化
3	苏州科技大学天平学院	苏州健雄职业技术学院	酒店管理	酒店管理
4	苏州科技大学天平学院	苏州农业职业技术学院	园林工程技术	土木工程

"3+4"贯通培养项目

序号	牵头院校	合作院校	合作企业	前段专业	后继专业
1	苏州科技大学天平学院	苏州高等职业技术学校	苏州固锝电子股份有限公司	电子技术应用	电子信息工程
2	苏州科技大学天平学院	苏州旅游与财经高等职业技术学校	苏州直通国际物流有限公司	商务英语	商务英语

2020年江苏省研究生工作站设站单位名单

苏教研〔2020〕9号
2020年12月30日

序号	合作高校	申请单位	联合培养学科或专业类别	工作站类型
1	苏州科技大学	苏州安靠电源有限公司	材料科学与工程	企业
2	苏州科技大学	江苏省陶瓷研究所有限公司	材料科学与工程	企业
3	苏州科技大学	苏州全域国土空间规划研究中心	城市规划	社会组织
4	苏州科技大学	苏州园科生态建设集团有限公司	风景园林	企业
5	苏州科技大学	苏州金宏气体股份有限公司	化学工程与技术	企业
6	苏州科技大学	苏州嘉乐威新材料股份有限公司	化学工程与技术、材料科学与工程、环境科学与工程	企业
7	苏州科技大学	苏州湛清环保科技股份有限公司	环境科学与工程	企业
8	苏州科技大学	苏州苏净环保新材料有限公司	环境科学与工程	企业
9	苏州科技大学	华东理工大学苏州工业技术研究院	计算机科学与技术	事业单位
10	苏州科技大学	苏州柯利达装饰股份有限公司	建筑学	企业
11	苏州科技大学	苏州韩博环境科技有限公司	建筑智能化技术	企业
12	苏州科技大学	苏州创元投资发展（集团）有限公司	金融专硕	企业
13	苏州科技大学	中建四局第六建设有限公司	土木工程	企业
14	苏州科技大学	苏州朗捷通智能科技有限公司	土木水利	企业
15	苏州科技大学	苏州市教育科学研究院	心理健康教育	事业单位
16	苏州科技大学	苏州学府中学校	学科教学（数学）	事业单位
17	苏州科技大学	苏州市档案馆	中国史	事业单位

2020年国家大学生创新创业训练计划立项项目

教高司函〔2020〕13号
2020年9月2日

创新训练项目（30项）

序号	项目编号	项目名称	项目成员	指导教师	承担单位
1	202010332001	新型地表径流污染生态净化技术研究	鲍紫阳 钱 斌 徐思璇 郝 悦 谈 颖	钱飞跃 姜 晶	环境科学与工程学院
2	202010332002	新冠流疫冲击下美国重要媒体涉华疫情舆论研究	王心怡 张旭峰 邵震琪	刘雅贤 郭丹凤	马克思主义学院
3	202010332003	现代综合立体交通体系建设对策研究——以苏州为例	王琪玮 朱诺诺 王亚杰 任思佳 丁嘉亮	张丽岩	环境科学与工程学院
4	202010332004	白云石粉水泥基材料中水滑石的生成及其抗化学侵蚀性能研究	田志宗 张晟涛 张 艳 任凤存 徐诗瑶	陈 登	土木工程学院
5	202010332005	疫情常态化背景下缓解居民精神压力的居住区景观环境实证与优化研究	葛庆婷 冯 钰 宋之强 钱顾林 王心钰	李 畅	建筑与城市规划学院
6	202010332006	预制外包配筋ECC-PVC管约束混凝土柱高温性能试验研究	陈思凡 蔡苏童 管利祥 茆 茜 潘傲龙	蔡新江	土木工程学院
7	202010332007	文旅融合背景下非物质文化遗产的传播和传承	张盈盈 李和阳 刘汪雨希 苏 淼	陈卫东	艺术学院
8	202010332008	当代大学生的心理健康与人格培养研究——以高校美育课程为例	韩沛轩 任中璇	周 欣	艺术学院
9	202010332009	后疫情时期社区品质的再审视及规划对策研究——以苏州古城西大街社区为例	褚 楚 王虹雲 陈嘉宝 曲 莹 王 元	王雨村	建筑与城市规划学院

续表

序号	项目编号	项目名称	项目成员	指导教师	承担单位
10	202010332010	苏州市城镇老旧小区现状调研及改造策略研究——以姑苏区为例	朱璇　陆佳杰 苏子淮　孙佳萱 高明宇	刘长春	建筑与城市规划学院
11	202010332013	全球疫情期间美国污名化中国行为的话语分析与应对措施研究	陈嘉棋　赵雨嫣 刘瑜璐　陆芝静	张生祥	外国语学院
12	202010332014	球面 blaschke-Laebesgue 问题	柴洁　徐梦煜 钱菲　张延婷 张凤燕	金海林	数学科学学院
13	202010332016	基于深度强化学习的量化金融分析、预测与策略的研究及平台开发	李平　陈珣 沈云瑶　杨旻昊 顾真源	陆悠 傅启明	电子与信息工程学院
14	202010332017	基于麦克风阵列的时频域声源定位系统研究	沈一　李彦瑭 夏文浩　郭笑非 周岑	孙云飞 潘欣裕	电子与信息工程学院
15	202010332018	"新冠肺炎"疫情环境下《苏州日报》建设性新闻的实践与探索	朱颜悦悦　金欣 沈曼婷	李斌	文学院
16	202010332019	基于 Hausdorff 距离的复杂曲面高效率五轴数控加工刀轨生成方法研究	唐峰　王天力 孙嘉芋　王海亮 吴心渝	刘威 朱淑梅	机械工程学院
17	202010332020	基于 DEA 模型的中国省域雾霾排放效率比较研究	陈欣　陈晓雅 卓青青　任心如 赵彦茹	杨传明 项寅	商学院
18	202010332021	基于 CORS 站的多因子 PWV 线性回归模型	范頔　韦晔 刘彦	李黎	地理科学与测绘工程学院
19	202010332022	和谐劳动关系语境下的苏州企业诚信状况调查与分析	刘一诺　夏濛 杨奕滢　刘伊杰	丁福兴	社会发展与公共管理学院

续表

序号	项目编号	项目名称	项目成员	指导教师	承担单位
20	202010332023	国内外经验对苏州建设现代国际大都市的启示与对策研究	闫清扬 陈 圆 曹鑫艳 王潇萱 江 倩	夏海力	商学院
21	202010332024	高性能双功能（水氧化，产氢）硒化不锈钢/Pt单原子复合电极的研制及应用	尤浚臣 高 岩 周游晨晨	杨鸿斌 胡芳馨	材料科学与器件研究院
22	202010332025	飞秒激光内直写微流控芯片的加工机理与工艺研究	佴庆翔 唐 钰 郑奇雨 孙卢龙 蔡 尧	卢金斌 汪帮富	机械工程学院
23	202010332026	芳纶纸蜂窝材料超声振动切割刀设计研究	应 杰	殷 振	机械工程学院
24	202010332027	多铁二硫化铼纳米体系在肿瘤多模态诊疗的应用	钱睿琳 季鸿田 瞿灿煜 蔡知函 张 滢	吴淑毅	物理科学与技术学院
25	202010332029	动物骨制生物炭对土壤性能的研究评估	高 波 童金朋 田家乐 金宇航	李大鹏 陈重军	环境科学与工程学院
26	202010332030	当代戏曲艺术的生存状况与发展愿景——以昆曲和淮剧为例	钱龙平 钱佳宁 李鸿玲 金 禧	鲍开恺	文学院
27	202010332031	大学生视角下"四有好教师"的评价标准研究	金榆凯 陈奕鹏 张宇姣 殷志慧 蔡 宇	邵爱国 徐 瑾	教育学院
28	202010332032	磁性纳米钯催化剂的制备及其在双氟尼酸合成中的应用	苏子桢 朱雯君 邹诗琪 胡 旭 刘凯民	张 强	化学与生命科学学院
29	202010332033	传承与重塑：苏州食品类老字号企业历史文化遗产的调查及研究	朱欣然 殷 花 施艺瑶 李 喆 马畅达	赵 伟	社会发展与公共管理学院
30	202010332034	传播学视角下曹文轩英译作品的译介主体研究——以《草房子》为例	单文婧 陆周媛 杨 晨 俞 菁 吴锡茜	周福娟	外国语学院

创业训练项目（4项）

序号	项目编号	项目名称	项目成员	指导教师	承担单位
1	202010332011X	"膜"力无穷——助力乡村振兴	崔雅静 李辉 李磊 阎东 刘予辰	梁作芹	材料科学与工程学院
2	202010332012X	食行姑苏	李煜震 华雨舟 张梦慧 田依明 岑沈参	李文 杨传明	商学院
3	202010332015X	基于视觉深度学习的室外自主导航清扫机器人	陆康亮 谢秉博 袁伊桉 沈士博 卞伟涛	陶重犇	电子与信息工程学院
4	202010332028X	多方数据安全计算平台与通信加密系统的设计与实现	邵渭 彭宇昂 谢东 陈诺 吴子涵	奚雪峰	电子与信息工程学院

2020年江苏省研究生培养创新工程研究生科研与实践创新计划名单

苏学位字〔2020〕3号

2020年6月23日

科研创新计划（55项）

序号	项目编号	项目名称	负责人	指导教师	承担单位
1	KYCX20_2736	新马克思主义城市学派城市空间正义思想研究	包春	孙江	马克思主义学院
2	KYCX20_2737	"空间修复"语境下城市无意义空间转化研究	梁鑫铭	孙江	马克思主义学院
3	KYCX20_2738	叔本华悲剧主义幸福思想的阐释学研究	王宇宸	陈建明	马克思主义学院
4	KYCX20_2739	马克思恩格斯居住思想的当代价值研究	张宇文	姚新立	马克思主义学院
5	KYCX20_2740	古代瘟疫时僧医的救治活动研究	安文丽	董粉和	社会发展与公共管理学院

续表

序号	项目编号	项目名称	负责人	指导教师	承担单位
6	KYCX20_2741	近代《申报》进口商品广告研究	骆军	赵伟	社会发展与公共管理学院
7	KYCX20_2742	赫伯特·塞缪尔对巴勒斯坦地区的治理研究	陈昱圣	王本立	社会发展与公共管理学院
8	KYCX20_2743	从历史角度分析俄乌关系的破裂——以《佩列亚斯拉夫协议》为例	贾芸	姚海	社会发展与公共管理学院
9	KYCX20_2744	时间尺度上非迁移 Pfaff-Birkhoff 变分原理及其对称性与守恒量	陈金月	张毅	数学科学学院
10	KYCX20_2745	Grünbaum 仿射直径猜想及相关问题	赖丹丹	金海林	数学科学学院
11	KYCX20_2746	接触哈密尔顿-雅克比方程中若干问题的研究	汪玉洁	李霞	数学科学学院
12	KYCX20_2747	微分与差分方程解的值分布与动力学	王正	黄志刚	数学科学学院
13	KYCX20_2748	时间相依风险模型的破产概率研究	荀宝银	王开永	数学科学学院
14	KYCX20_2749	外电场对过渡金属硫化物电子结构的调控研究	高贝	马春兰	数学科学学院
15	KYCX20_2750	宽频红外热发射器件的电光转换效率及其失效机制研究	刘恒	姚金雷 赵蒙	物理科学与技术学院
16	KYCX20_2751	Fe-N 基软磁薄膜高频电感的研究	谈阳	张晓渝	物理科学与技术学院
17	KYCX20_2752	基于深度迁移学习的旋转机械健康状态评估方法研究	钱晨晖	张庆奎	机械工程学院
18	KYCX20_2753	二维材料/二维电子气异质结的光电特性研究	龚帅楠	姜昱丞	物理科学与技术学院

续表

序号	项目编号	项目名称	负责人	指导教师	承担单位
19	KYCX20_2754	非球面镜测量的研究	贾文昕	韩森	物理科学与技术学院
20	KYCX20_2755	基于视觉感知的液晶显示动态图像质量研究	宋玉	夏振平	电子与信息工程学院
21	KYCX20_2756	WO_3外延薄膜的气敏性能研究	魏杰	赵蒙	物理科学与技术学院
22	KYCX20_2757	Z型结构的$g-C_3N_4$/量子点复合光催化材料的合成及其性能研究	金涛	刘成宝	材料科学与工程学院
23	KYCX20_2758	功能化离子液体构筑新型镁电解液及其性能研究	李鑫	李宛飞	材料科学与工程学院
24	KYCX20_2759	新型Cr掺杂$Sb2Te_1$相变材料的微观结构与性能的构效关系研究	林聪	刘波	材料科学与工程学院
25	KYCX20_2760	基于三线态-三线态上转换发光的检测体系制备与研究	徐磊	叶常青	材料科学与工程学院
26	KYCX20_2761	高氧缺陷氧化铈纳米材料的合成及光热催化机理研究	张萌	陈丰	材料科学与工程学院
27	KYCX20_2762	基于ALBERT与模型融合的医疗命名实体识别	陈杰	盛胜利	电子与信息工程学院
28	KYCX20_2763	基于BERT和CRF模型的金融事件主体抽取方法研究	皮洲	井志明	电子与信息工程学院
29	KYCX20_2764	基于地域主义的苏州建筑特色挖掘与传承研究	吴天琪	楚超超	建筑与城市规划学院
30	KYCX20_2765	$UV/MnO_2/PS$体系降解双氯芬酸反应动力学与产物毒性研究	葛丹丹	黄天寅	环境科学与工程学院
31	KYCX20_2766	水合物快速生长促进技术研究	李荣	孙志高	环境科学与工程学院

续表

序号	项目编号	项目名称	负责人	指导教师	承担单位
32	KYCX20_2767	改性碳纳米管混凝土桥墩在连接节点处健康监测的研究	李振东	孙 敏	土木工程学院
33	KYCX20_2768	装配式钢牛腿节点抗火性能研究	刘 冰	毛小勇	土木工程学院
34	KYCX20_2769	AMTD 功能化的磁性 MOFs 核壳材料对金属汞及染料的协同去除研究	钱 琳	郭永福	环境科学与工程学院
35	KYCX20_2770	自复位轻钢框架加固砌体文物建筑抗震性能与设计方法	钱胜力	陈 鑫	土木工程学院
36	KYCX20_2771	腹板开孔耗能支撑稳定承载能力研究	沈婷悦	赵宝成	土木工程学院
37	KYCX20_2772	型钢混凝土叠合梁受剪承载力试验与分析	孙德康	邵永健	土木工程学院
38	KYCX20_2773	考虑关键构件损伤的矮塔斜拉桥地震响应分析与减震控制研究	王 尧	陈建兵	土木工程学院
39	KYCX20_2774	重载交通下中小桥服役性能研究	谢任超	黎 明	土木工程学院
40	KYCX20_2775	BIM+IOT 在桥梁健康监测系统中的应用研究	谢 艳	常 军	土木工程学院
41	KYCX20_2776	水凝胶微球固定化纤维素酶的可控制备及酶解生物质规律	周 正	李良智	化学与生命科学学院
42	KYCX20_2777	基于磷回收的聚磷生物膜强化蓄磷的机制与途径研究	陈 越	潘 杨	环境科学与工程学院
43	KYCX20_2778	铁碳微电解耦合厌氧氨氧化运行条件及脱氮效能研究	李天皓	沈耀良	环境科学与工程学院
44	KYCX20_2779	基于表面活性剂增溶洗脱的功能菌协同降解多环芳烃特性研究	温 妍	许晓毅	环境科学与工程学院

续表

序号	项目编号	项目名称	负责人	指导教师	承担单位
45	KYCX20_2780	生物电化学耦合厌氧预处理难降解废水的电极模块优化研究	谢嘉玮	陈重军	环境科学与工程学院
46	KYCX20_2781	双官能团离子液体对酚类雌激素的协同荧光增敏机理及分析应用	章敷凡	王学东	环境科学与工程学院
47	KYCX20_2782	非正规经济视角下苏南乡村空间格局变化特征及其规划应对	程 杰	王 勇	建筑与城市规划学院
48	KYCX20_2783	多目标协同下的城市老旧社区改造策略	何欣蔚	吕 飞	建筑与城市规划学院
49	KYCX20_2784	乡村绅士化背景下村落治理路径研究——基于新内生视角	嵇 淋	李广斌	建筑与城市规划学院
50	KYCX20_2785	江苏自贸区（苏州片区）产业-空间高质量发展互动机制研究	李瑶鸿敏	张振龙	建筑与城市规划学院
51	KYCX20_2786	太湖流域湿地景观格局动态变化模拟及其影响研究	王 杉	朱 颖	建筑与城市规划学院
52	KYCX20_2787	基于多源数据的公园综合发展水平评价——以苏州市为例	姚夏晴	刘志强	建筑与城市规划学院
53	KYCX20_2788	城市公园绿地与居住空间的交互作用机理研究——以苏州为例	殷文彧	邵大伟	建筑与城市规划学院
54	KYCX20_2789	长三角地区乡村振兴水平综合评价及策略比较研究	史欢欢	陈俊梁	商学院
55	KYCX20_2790	大规模流行病疫情下医疗物资及人员配置优化问题研究	许智琪	程郁琨	商学院

实践创新计划（57 项）

序号	项目编号	项目名称	负责人	指导教师	承担单位
1	SJCX20_1084	基于文本舆情的股票量化投资策略研究	王依婷	王世文	商学院
2	SJCX20_1085	面孔可信度与网络人际信任对网络自我表露的影响	曹萌	姚远	教育学院
3	SJCX20_1086	初中英语阅读教学中思维品质的培养研究	常雪梅	杨建玫	外国语学院
4	SJCX20_1087	任务群视角下统编高中语文必修教科书使用策略研究	代若冰	鲍开恺	文学院
5	SJCX20_1088	"中国革命传统作品研习"学习任务群的情境教学法研究	华文楠	王海远	文学院
6	SJCX20_1089	情感因素对初中生英语学习的影响研究	温怡颖	张生祥	外国语学院
7	SJCX20_1090	英语词汇记忆类 APP 在初中英语学习中的应用研究	赵莹	罗媛	外国语学院
8	SJCX20_1091	基于 BIM 的摇摆结构体系抗震性能评估方法与系统开发	卞明月	谈丽华 陈鑫	土木工程学院
9	SJCX20_1092	基于改进傅立叶级数的框-剪结构动力问题的变分原理分析	常婷婷	鲍四元	土木工程学院
10	SJCX20_1093	二元相变材料微胶囊潜热功能流体制备及性能研究	常洋珲	孙志高	环境科学与工程学院
11	SJCX20_1094	挤压型磁性形状记忆合金阻尼器力学性能与试验研究	陈超	陈鑫	土木工程学院
12	SJCX20_1095	微塑料在改进型生物滤池中的共迁移行为及去除机理研究	陈国栋	刘海成	环境科学与工程学院
13	SJCX20_1096	玻璃幕墙斜向冲击破坏的有限离散元耦合方法研究	陈翔翔	陈旭东	土木工程学院
14	SJCX20_1097	基于磁分离技术和铱配合物标记的多菌灵电化学发光免疫分析检测方法研究	丁杨铭	周宇扬	化学与生命科学学院
15	SJCX20_1098	基于健康城市理念的慢行空间环境改善研究	高雪	刘皆谊	建筑与城市规划学院
16	SJCX20_1099	洞口对半刚接钢框架内填 RC 墙结构滞回性能的影响研究	胡月华	孙国华	土木工程学院

续表

序号	项目编号	项目名称	负责人	指导教师	承担单位
17	SJCX20_1100	面向大规模搜索空间的暖通空调综合节能方法研究	黄泽天	陈建平	电子与信息工程学院
18	SJCX20_1101	PN/A 颗粒污泥在城镇污水厂再生水安全评价中的应用研究	黄子恒	钱飞跃	环境科学与工程学院
19	SJCX20_1102	聚偏氟乙烯(PVDF)膜的耐腐蚀改性及优化研究	刘天澍	白仁碧	环境科学与工程学院
20	SJCX20_1103	复合纳米材料基的磁性泡腾片制备及在环境监测中的应用	马 赛	王学东	环境科学与工程学院
21	SJCX20_1104	氮硼共掺杂类石墨烯在电化学检测苯二酚中的应用研究	饶强海	李长明	材料科学与工程学院
22	SJCX20_1105	MXene(Nb_2CTx)/$Bi_7O_9I_3$ 纳米复合材料对水中污染物的光催化降解研究	沈景涛	郭永福	环境科学与工程学院
23	SJCX20_1106	姜黄素/TiO_2/三维石墨烯复合气凝胶光催化降解有机染料研究	汤晓蕾	董延茂	化学与生命科学学院
24	SJCX20_1107	$g-C_3N_4$/MoS_2 复合光催化材料的设计合成及其光催化治污性能研究	唐 飞	刘成宝	材料科学与工程学院
25	SJCX20_1108	智能建筑群分布式能源管理方法研究	吴建悍	付保川	电子与信息工程学院
26	SJCX20_1109	钢筋增强 ECC 构件复合受扭性能试验研究	吴 桐	邵永健	土木工程学院
27	SJCX20_1110	城市记忆视角下的苏州观前街地区更新改造策略研究	谢 欢	洪 杰	建筑与城市规划学院
28	SJCX20_1111	多旋翼飞行器固定时间自适应控制研究	杨 伟	崔国增	电子与信息工程学院
29	SJCX20_1112	考虑残余应力的钢桥焊接接头疲劳寿命评估	殷志欢	常 军	土木工程学院

续表

序号	项目编号	项目名称	负责人	指导教师	承担单位
30	SJCX20_1113	外源多胺对植物修复Cd、Ni、Zn复合污染废水的强化效应研究	余志强	史广宇	环境科学与工程学院
31	SJCX20_1114	城市高架桥下空间调查及再利用研究——以苏州西环高架为例	袁梦蝶	邱德华	建筑与城市规划学院
32	SJCX20_1115	多孔陶瓷负载过氧化钙从底泥中回收磷的研究	岳薇	李大鹏	环境科学与工程学院
33	SJCX20_1116	木-混凝土组合梁装配式抗剪连接件力学性能研究	张赫男	凌志彬	土木工程学院
34	SJCX20_1117	基于"互联网+"的交通大数据分析关键技术研究	张敏	马健	土木工程学院
35	SJCX20_1118	TCC靶向miR-384异常表达对斑马鱼肾脏毒性效应的调控机制	赵晨曦	王慧利	环境科学与工程学院
36	SJCX20_1119	循环对抗生成网络的文本修改图像方法	赵柳清	胡伏原	电子与信息工程学院
37	SJCX20_1120	近场动力学与有限元耦合模型在混凝土破坏分析中的应用	郑佳	沈峰	土木工程学院
38	SJCX20_1121	我国建筑业项目管理人员的工作压力现状与应对措施研究	仲启庆	张尚	土木工程学院
39	SJCX20_1122	基于GIS和生态足迹方法的环太湖地区生态安全评价	周益	陈德超	环境科学与工程学院
40	SJCX20_1123	Zr-MOFs材料强化氢促Fenton反应的协同增效机制	朱紫燕	刘忻	环境科学与工程学院
41	SJCX20_1124	苏州传统村落保护智慧化评估研究	王崴	张振龙	建筑与城市规划学院
42	SJCX20_1125	苏州平江历史文化街区公共空间的图式语言表达与构建研究	许濒方	王勇	建筑与城市规划学院

续表

序号	项目编号	项目名称	负责人	指导教师	承担单位
43	SJCX20_1126	产权视角下苏南都市型工业用地更新模式与绩效评价研究	杨世奇	顿明明	建筑与城市规划学院
44	SJCX20_1127	健康城市背景下高校单位社区更新研究——以苏医新村为例	易乐	罗超	建筑与城市规划学院
45	SJCX20_1128	苏州城市新区空间生产的格局演变与优化调控研究	仲思敏	尚正永	建筑与城市规划学院
46	SJCX20_1129	城市旅游线路街景特征的机器学习分析研究：以苏州为例	李鹏程	李畅	建筑与城市规划学院
47	SJCX20_1130	基于最小累积阻力模型的水网乡村景观安全格局构建研究	王添翼	丁金华	建筑与城市规划学院
48	SJCX20_1131	城乡非建设用地转用的时空分异研究——以苏州为例	喻茜	邵大伟	建筑与城市规划学院
49	SJCX20_1132	基于苏州地域文化特色的轨道交通艺术墙设计	崔雪纯	伍立峰	艺术学院
50	SJCX20_1133	符号学视域下社会主义核心价值观图式艺术创新设计研究	李彤彤	朱永明	艺术学院
51	SJCX20_1134	恽寿平没骨花鸟技法的探究与运用	李彦錂	张迎春	艺术学院
52	SJCX20_1135	苏州传统和合艺术图式及其创新设计研究	马介莉	朱永明	艺术学院
53	SJCX20_1136	江南园林花窗造型在工笔人物创作中的应用	钮丹丽	徐惠泉	艺术学院
54	SJCX20_1137	高校古筝社团的组织与训练研究——以苏州科技大学筝鸣乐团为例	唐新育	陈林	音乐学院
55	SJCX20_1138	中国古诗词合唱作品研究	杨侬芸	黄祖平	音乐学院
56	SJCX20_1139	民间十二生肖剪纸图式的类型及流变研究	张城玮	崔冀文	艺术学院
57	SJCX20_1140	苏州大运河非物质文化遗产文创产品创新设计研究	周明哲	朱永明	艺术学院

苏州科技大学 2020 年度全日制学生就业情况

2020 届全日制研究生就业情况一览表

学院	毕业生数	签约数	升学数（含出国）	签约和升学率/%	灵活就业数（含创业）	灵活就业率/%	总就业率/%
建筑与城市规划学院	114	98	1	86.84%	9	0.08%	94.74%
环境科学与工程学院	107	88	4	85.98%	9	0.08%	94.39%
土木工程学院	130	123	1	95.38%	2	0.02%	96.92%
电子与信息工程学院	30	30	0	100.00%	0	0%	100.00%
商学院	6	6	0	100.00%	0	0%	100.00%
社会发展与公共管理学院	26	16	3	73.08%	3	0.12%	84.62%
马克思主义学院	24	19	0	79.17%	3	0.13%	91.67%
数学科学学院	17	16	1	100.00%	0	0%	100.00%
物理科学与技术学院	16	15	0	93.75%	0	0%	93.75%
化学与生命科学学院	21	17	2	90.48%	0	0%	90.48%
材料科学与工程学院	6	6	0	100.00%	0	0%	100.00%
艺术学院	48	29	0	60.42%	17	0.35%	95.83%
音乐学院	15	12	1	86.67%	0	0%	86.67%
机械工程学院	2	1	1	100.00%	0	0%	100.00%
总计	562	476	14	87.19%	43	0.08%	94.84%

2020 届全日制本科生就业情况一览表

学院（部）	毕业生数	签约数	升学数（含出国）	签约和升学率（含出国）/%	灵活就业数	灵活就业率/%	总就业率/%
建筑与城市规划学院	215	128	60	87.44%	14	0.07%	93.95%
环境科学与工程学院	295	177	75	85.42%	20	0.07%	92.20%
土木工程学院	445	318	88	91.24%	20	0.04%	95.73%
电子与信息工程学院	468	341	86	91.24%	16	0.03%	94.66%
商学院	664	519	68	88.4%	38	0.06%	94.13%
文学院	284	200	40	84.51%	32	0.11%	95.77%
社会发展与公共管理学院	208	145	35	86.54%	18	0.09%	95.19%
马克思主义学院	25	14	8	88%	2	0.08%	96.00%
教育学院	122	95	11	86.89%	7	0.06%	92.62%
数学科学学院	120	76	16	76.67%	19	0.16%	92.50%
物理科学与技术学院	98	59	15	75.51%	16	0.16%	91.84%
化学与生命科学学院	372	231	81	83.87%	35	0.09%	93.28%
材料科学与工程学院	37	19	15	91.89%	1	0.03%	94.59%
艺术学院	340	117	30	43.24%	168	0.49%	92.65%
外国语学院	266	181	40	83.08%	24	0.09%	92.11%
音乐学院	62	49	5	87.1%	5	0.08%	95.16%
机械工程学院	245	183	31	87.35%	16	0.07%	93.88%
地理科学与测绘工程学院	220	115	56	77.73%	15	0.07%	84.55%
国际教育学院	207	82	92	84.06%	17	0.08%	92.27%
总计	4 693	3 049	852	83.12%	483	0.10%	93.42%

全校非计算机专业计算机等级考试本科生通过情况

2020年全校非计算机专业计算机等级考试本科生通过率一览表

人数	江苏省计算机一级	江苏省计算机二级	全国计算机二级	江苏省计算机三级	全国计算机三级
参加人数	疫情原因暂停	疫情原因暂停	1 907	疫情原因暂停	31
合格人数			416		13
合格率			21.8%		41.9%
优秀人数			18		1
优秀率			0.94%		3.2%

全校非英语专业大学英语等级考试本科生通过情况

2020年全校非英语专业CET4、CET6等级考试本科生通过率一览表

2020年6月非艺术

人数	CET-4	CET-6
参加人数	4 312	2 271
合格人数	2 810	372
合格率	65.2%	16.4%

2020年6月艺术

人数	CET-4	CET-6
参加人数	527	126
合格人数（按照国家线425分算）	105	12
合格率	19.9%	9.5%
合格人数（按照学校授予学位的325分算）	412	92
合格率	78.2%	73%

2020 年 12 月非艺术

人数	CET-4	CET-6
参加人数	1 391	3 988
合格人数	549	1 372
合格率	39.5%	34.4%

2020 年 12 月艺术

人数	CET-4	CET-6
参加人数	362	185
合格人数（按照国家线 425 分算）	56	21
合格率	15.5%	11.4%
合格人数（按照学校授予学位的 325 分算）	292	140
合格率	80.7%	75.7%

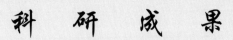

科研成果

2020年度苏州科技大学科研成果情况

2020年度苏州科技大学科研成果一览表

单位：项

序号	单位	获奖成果	SCI/SSCI/A&HCI	EI	CPCI/ISTP	CSSCI/CSCD	核心期刊论文	授权专利及软件著作权
1	建筑与城市规划学院		4	4		11	3	1
2	环境科学与工程学院		136	147		93	6	36
3	土木工程学院	1	81	70		39	22	30
4	电子信息与工程学院		71	81	1	6	12	68
5	商学院	10	1			18		7
6	文学院	4				7		5
7	社会发展与公共管理学院	5				6		1
8	马克思主义学院	1				4		
9	教育学院	5	4			2		2
10	数学科学学院		41	31		2	10	
11	物理科学与技术学院	1	70	59		6	4	14
12	化学与生命科学学院		55	37		25	1	19
13	材料科学与工程学院	1	108	94		10		19
14	艺术学院	3	1		1	19		14
15	外国语学院	3				5		4
16	音乐学院	1				7		1
17	机械工程学院	3	34	36	1	5	1	41
18	地理科学与测绘工程学院		12	2		9		7
19	机关					3		

2020年度苏州科技大学科研成果获奖情况

2020年度苏州科技大学科研成果获奖情况一览表

自然科学类

序号	项目名称	所获奖项	等级	完成单位	主要完成人
1	平台网纹珩磨加工关键技术及应用	江苏省科学技术奖	三等奖	苏州科技大学	李学武 刘 忠 李 华 任传文 王 涛 罗晓锋 祝小兴
2	新型超声椭圆振动精密企鹅学装备研制与产业化	中国商业联合会科学技术奖	三等奖	苏州科技大学	殷 振 李 艳 陈 远 戴晨伟 曹自洋 任 坤 蒋全胜 汪帮富 马振武 牛福洲 卢金斌 李 华
3	机器人控制的若干关键技术及应用	中国商业联合会科学技术奖	一等奖	苏州科技大学、苏州富强科技有限公司、深圳市大族机器人有限公司	朱其新 覃 平 沈晔湖 张国平 谢 鸥 牛福洲 牛雪梅 尚 文 汪 鹏 陈健亨
4	自由曲面渐进多焦点眼用镜片的制备方法	中国机械工业科学技术奖获得者	三等奖	苏州科技大学	吴泉英 唐运海 陈晓翌 余浩墨
5	大型风敏感设施风振预测及其控制精细理论、关键技术及应用	中国振动工程学会科学技术奖	一等奖	苏州科技大学	王 浩 柯世堂 陶天友 张宇峰 李爱群 陈 鑫 吴 腾 张文明 王 莹 孙 震 卢红前 茅建校 徐 璐 季新强 徐梓栋
6	新型高比功率能量储存转换装置技术及产业化	中国发明协会发明创业奖创新奖	二等奖	苏州科技大学、青岛九环新越新能源科技股份有限公司、西南大学	李长明 辛民昌 陈久存 邓雯雯 吴 越 辛程勋

人文社科类

序号	项目名称	所获奖项	等级	完成单位	主要完成人
1	音程循环向音列循环的扩展及其理论构建	江苏省第十六届哲学社会科学优秀成果奖	省部级一等奖	音乐学院	陈 林
2	渐行渐近:"苏州文艺三朵花"传承与发展调查研究	江苏省第十六届哲学社会科学优秀成果奖	省部级二等奖	文学院	金 红
3	民营企业投资效率:政治联系的制度效应与宏观经济波动	2019年度江苏省社科应用研究精品工程奖	市厅级二等奖	商学院	段 姝
4	升级中德(太仓)产业合作,开放再出发推进现代国际大都市建设	2019年度江苏省社科应用研究精品工程奖	市厅级二等奖	商学院	夏海力
5	苏州提升城市精细化管理水平问题及对策研究	2019年度江苏省社科应用研究精品工程奖	市厅级二等奖	商学院	杨传明
6	私募股权投资中小家族企业的议价能力研究	2018年度江苏省社科应用研究精品工程奖(财经发展专项)	市厅级三等奖	商学院	段 姝
7	性别偏差态度研究:基于内隐和外显双系统解析	苏州市第十五次哲学社会科学优秀成果奖	市厅级二等奖	教育学院	贾凤芹
8	Interactive effect of motivational motor action and emotion on divergent thinking(动机动作与情绪对发散性思维的交互效应)	苏州市第十五次哲学社会科学优秀成果奖	市厅级二等奖	教育学院	袁 欢
9	马克思的空间生产思想及其当代意义研究	苏州市第十五次哲学社会科学优秀成果奖	市厅级二等奖	马克思主义学院	孙 江
10	节能减排约束下长三角制造业发展研究	苏州市第十五次哲学社会科学优秀成果奖	市厅级二等奖	商学院	李雪冬
11	境内外人民币汇率动态信息份额研究:兼论人民币定价权归属	苏州市第十五次哲学社会科学优秀成果奖	市厅级二等奖	商学院	钱 燕

续表

序号	项目名称	所获奖项	等级	完成单位	主要完成人
12	中国城镇居民文化消费行为研究	苏州市第十五次哲学社会科学优秀成果奖	市厅级二等奖	商学院	王晓彦
13	《苏州明报》香烟广告研究——以广告营销策略为指向的讨论	苏州市第十五次哲学社会科学优秀成果奖	市厅级二等奖	社会发展与公共管理学院	董粉和
14	养育快乐的孩子——流行育儿杂志中亲职话语的爱与迷思	苏州市第十五次哲学社会科学优秀成果奖	市厅级二等奖	社会发展与公共管理学院	陶艳兰
15	索尔·贝娄小说的伦理指向	苏州市第十五次哲学社会科学优秀成果奖	市厅级二等奖	外国语学院	祝 平
16	张溥评传	苏州市第十五次哲学社会科学优秀成果奖	市厅级二等奖	文学院	丁国祥
17	初级视觉皮层在注意振荡中的作用	苏州市第十五次哲学社会科学优秀成果奖	市厅级三等奖	教育学院	陈艾睿
18	教学设计样式论	苏州市第十五次哲学社会科学优秀成果奖	市厅级三等奖	教育学院	刘 强
19	大学生团队学习认知互动分析	苏州市第十五次哲学社会科学优秀成果奖	市厅级三等奖	教育学院	彭杜宏
20	专业中介对私募股权基金议价能力的影响研究——来自江浙沪深私募股权基金经理的调查	苏州市第十五次哲学社会科学优秀成果奖	市厅级三等奖	商学院	段 姝
21	旅游大发展阶段的治理困境——阳朔西街市场乱象的特征及其发生机制	苏州市第十五次哲学社会科学优秀成果奖	市厅级三等奖	商学院	杨 昀
22	要素空间集聚、制度质量对全要素生产率的影响研究	苏州市第十五次哲学社会科学优秀成果奖	市厅级三等奖	商学院	周 璇

续表

序号	项目名称	所获奖项	等级	完成单位	主要完成人
23	"一带一路"倡议实施中的横向政府间关系协调	苏州市第十五次哲学社会科学优秀成果奖	市厅级三等奖	社会发展与公共管理学院	陆道平
24	民国时期吴县人口与城市发展	苏州市第十五次哲学社会科学优秀成果奖	市厅级三等奖	社会发展与公共管理学院	张笑川
25	新型农村社区老年社会服务体系构建研究	苏州市第十五次哲学社会科学优秀成果奖	市厅级三等奖	社会发展与公共管理学院	朱爱华
26	伍尔夫小说民族叙事研究	苏州市第十五次哲学社会科学优秀成果奖	市厅级三等奖	外国语学院	綦亮
27	汉英心理动词双字/词语符逆序表征对比研究——来自掩蔽启动范式的证据	苏州市第十五次哲学社会科学优秀成果奖	市厅级三等奖	外国语学院	王云
28	渐行渐远:"苏州文艺三朵花"传承与发展调查研究	苏州市第十五次哲学社会科学优秀成果奖	市厅级三等奖	文学院	金红
29	元组诗论稿:以历史文化为视角的考察	苏州市第十五次哲学社会科学优秀成果奖	市厅级三等奖	文学院	李正春
30	4D打印技术及其教育应用展望——兼论与"人工智能+"教育的融合	苏州市第十五次哲学社会科学优秀成果奖	市厅级三等奖	艺术学院	陈卫东
31	广告符号意义研究	苏州市第十五次哲学社会科学优秀成果奖	市厅级三等奖	艺术学院	梁建飞
32	明清明式家具文献比较研究——以社会学和人类学的视角	苏州市第十五次哲学社会科学优秀成果奖	市厅级三等奖	艺术学院	苏燕

2020 年度苏州科技大学科研成果专利授权情况

2020 年度苏州科技大学科研成果专利授权情况一览表

（按学院排列、以授权公告日先后为序）

序号	专利号	专利名称	类别	第一发明人	所在单位	授权公告日
1	CN201711062273.9	抗寒月季组织培养繁育方法	发明专利	曲彦婷	建筑与城市规划学院	2020年8月14日
2	CN201710316605.5	一种改性纳米二氧化硅和PVDF微滤膜及其用途	发明专利	张干伟	环境科学与工程学院	2020年1月14日
3	CN201610810050.5	一种快速相变蓄冷剂及其制备方法与应用	发明专利	孙志高	环境科学与工程学院	2020年2月7日
4	CN201611108779.4	一种铁基纳米污水处理剂及其使用方法	发明专利	吴建华	环境科学与工程学院	2020年4月7日
5	CN201811092386.8	一种大气悬浮颗粒收集装置	发明专利	周 博	环境科学与工程学院	2020年4月14日
6	CN201711049838.X	一种水体中氨氮和硝酸盐氮同步去除的方法	发明专利	李 祥	环境科学与工程学院	2020年5月12日
7	CN201910891516.2	一种分散型污水处理设施的运行维护方法	发明专利	李 勇	环境科学与工程学院	2020年6月30日
8	CN201910188155.5	一种基于硫循环实现含氨氮和硫酸盐无机废水的处理方法	发明专利	袁 砚	环境科学与工程学院	2020年6月30日
9	CN201710316450.5	一种聚合物混合接枝改性磁性纳米二氧化硅及其应用	发明专利	张干伟	环境科学与工程学院	2020年7月14日
10	CN201810724036.2	氨基改性磁性$CoFe_2O_4$复合材料的制备方法及应用	发明专利	郭永福	环境科学与工程学院	2020年8月18日

续表

序号	专利号	专利名称	类别	第一发明人	所在单位	授权公告日
11	CN201610265788.8	一种生物膜法同步去除与富集磷的工艺	发明专利	潘 杨	环境科学与工程学院	2020年9月4日
12	CN201910166514.7	土壤中复杂污染源VOCs热脱附动力学试验方法	发明专利	许 伟	环境科学与工程学院	2020年10月23日
13	CN201910525517.5	一种用于污水脱氮除磷的一体化竖向循环反应器	发明专利	黄 勇	环境科学与工程学院	2020年11月10日
14	CN201811474191.X	一种同时修复重金属和草甘膦的复合材料及其制备方法	发明专利	梁 媛	环境科学与工程学院	2020年11月13日
15	CN201910597851.1	一种用于沙漠缺水地区的仿生取水装置	发明专利	陈永平	环境科学与工程学院	2020年11月24日
16	CN201811465345.9	一种现场快速检测土壤重金属含量的方法	发明专利	许 伟	环境科学与工程学院	2020年12月1日
17	CN201811465340.6	一种基于神经网络的现场快速检测土壤重金属含量的方法	发明专利	许 伟	环境科学与工程学院	2020年12月22日
18	CN201611113483.1	一种铁基纳米污水处理剂	发明专利	吴建华	环境科学与工程学院	2020年12月25日
19	CN201610384932.X	一种交通系统多分辨率仿真建模方法	发明专利	马 健	土木工程学院	2020年4月7日
20	CN201710865569.8	一种二灰碎石的筛分方法及一种改性水泥	发明专利	王 健	土木工程学院	2020年5月19日
21	CN201810428878.3	一种磷酸镁水泥基路面修补材料及其制备方法	发明专利	余献明	土木工程学院	2020年10月27日
22	CN201810474103.X	一种基于立体显示的中央眼测试系统及方法	发明专利	夏振平	电子与信息工程学院	2020年3月20日

续表

序号	专利号	专利名称	类别	第一发明人	所在单位	授权公告日
23	CN201811642233.6	硫化工艺的集散控制方法、电子设备及存储介质	发明专利	李 泽	电子与信息工程学院	2020年9月29日
24	CN201711465027.8	一种磁致冷稀土-铁-铝材料、制备方法及其应用	发明专利	姚金雷	物理科学与技术学院	2020年1月7日
25	CN201610824786.8	双随机相位加密系统部分密文的压缩感知重构方法	发明专利	徐晓滨	物理科学与技术学院	2020年2月21日
26	CN201711491335.8	一种适用于虚拟现实设备的光学系统	发明专利	范君柳	物理科学与技术学院	2020年4月3日
27	CN201711467029.0	一种稀土-镍-铝材料、制备方法及其应用	发明专利	姚金雷	物理科学与技术学院	2020年6月9日
28	CN201811557240.6	Hartley变换和交叉编码的彩色图像加解密方法	发明专利	张海平	物理科学与技术学院	2020年6月30日
29	CN201810108589.5	倾斜波面干涉测量非球面中的参数确定方法	发明专利	孙文卿	物理科学与技术学院	2020年9月25日
30	CN201910090044.0	一种高精度非接触式管径测量方法及装置	发明专利	吴幸智	物理科学与技术学院	2020年10月9日
31	CN201910557586.4	一种基于眼镜佩戴者个性化特征检测眼镜片的方法	发明专利	唐运海	物理科学与技术学院	2020年11月10日
32	CN201811325287.X	钛酸锶钡单晶及制备方法	发明专利	张红芳	物理科学与技术学院	2020年12月25日
33	CN201810328739.3	含二苯并噻吩环金属铱配合物及其作为有机电致发光器件发光层掺杂材料的应用	发明专利	周宇扬	化学与生命科学学院	2020年6月5日

续表

序号	专利号	专利名称	类别	第一发明人	所在单位	授权公告日
34	CN201810329603.4	含亚砜环金属铱配合物及其在制备有机电致发光器件中的应用	发明专利	周宇扬	化学与生命科学学院	2020年6月5日
35	CN201710492759.X	利用TiO_2纳米管修饰ito电极测定水溶液中葡萄糖的方法	发明专利	程宏英	化学与生命科学学院	2020年6月16日
36	CN201810328740.6	含砜环金属铱配合物及基于该配合物的有机电致发光器件	发明专利	周宇扬	化学与生命科学学院	2020年6月26日
37	CN201810117994.3	荩草黄酮提取工艺及其应用	发明专利	王桃云	化学与生命科学学院	2020年7月17日
38	CN201810318292.1	一种复合型消泡剂	发明专利	李 理	化学与生命科学学院	2020年9月8日
39	CN201711466107.5	改性净水污泥负载纳米零价铁材料及其制备方法与应用	发明专利	王东田	化学与生命科学学院	2020年10月16日
40	CN201810783081.5	有色阻燃成炭剂四硅笼氧基对苯醌化合物及其制备方法	发明专利	韩志慧	化学与生命科学学院	2020年10月16日
41	CN201810783083.4	有色阻燃成炭剂四（二甲基硅酸甘油酯氧基）对苯醌化合物及其制备方法	发明专利	韩志慧	化学与生命科学学院	2020年10月16日
42	CN201710334335.0	一种甲基苯硫基硅酸季戊四醇酯的制备方法及其应用	发明专利	程宏英	化学与生命科学学院	2020年10月20日
43	CN201811298987.4	反应型有机硅阻燃剂烯丙基硅酸三硅笼醇酯化合物及其制备方法	发明专利	刘 垚	化学与生命科学学院	2020年11月20日

续表

序号	专利号	专利名称	类别	第一发明人	所在单位	授权公告日
44	CN201811299137.6	阻燃成炭剂二甲基硅酸二硅笼醇酯化合物及其制备方法	发明专利	韩志慧	化学与生命科学学院	2020年11月20日
45	CN201811299139.5	有机硅氯阻燃剂氯丙基硅酸三硅笼醇酯化合物及其制备方法	发明专利	韩志慧	化学与生命科学学院	2020年11月20日
46	CN201811297657.3	有机硅阻燃成炭剂苯基硅酸三硅笼醇酯化合物及其制备方法	发明专利	韩志慧	化学与生命科学学院	2020年12月4日
47	CN201811297658.8	有机硅阻燃成炭剂甲基硅酸三硅笼醇酯化合物及其制备方法	发明专利	韩志慧	化学与生命科学学院	2020年12月4日
48	CN201811298989.3	有机硅氮阻燃剂三硅笼亚甲氧基三嗪化合物及其制备方法	发明专利	刘垚	化学与生命科学学院	2020年12月4日
49	CN201811299138.0	反应型有机硅阻燃剂乙烯基硅酸三硅笼醇酯化合物及其制备方法	发明专利	韩志慧	化学与生命科学学院	2020年12月4日
50	CN201711073438.2	一类邻菲啰啉衍生物、锌离子荧光探针及其应用	发明专利	梁作芹	材料科学与工程学院	2020年4月17日
51	CN201810851324.4	一种光催化复合材料及其制备方法与应用	发明专利	陈丰	材料科学与工程学院	2020年7月14日
52	CN201811045352.3	固态红-转-黄上转换共聚物体系的制备方法	发明专利	王筱梅	材料科学与工程学院	2020年8月18日
53	CN201810977260.2	温敏性上转换体系及其制备方法与在制备温度传感器中的应用	发明专利	叶常青	材料科学与工程学院	2020年8月25日

续表

序号	专利号	专利名称	类别	第一发明人	所在单位	授权公告日
54	CN201811204981.6	一种上转换白光固体材料及其在产生白光中的应用	发明专利	叶常青	材料科学与工程学院	2020年10月9日
55	CN201910363999.9	磷化不锈钢材料及其制备方法和应用	发明专利	杨鸿斌	材料科学与工程学院	2020年10月27日
56	CN201910472584.5	上转换荧光探针罗丹明衍生物及其应用	发明专利	王筱梅	材料科学与工程学院	2020年11月6日
57	CN202010739634.4	氮杂蒽衍生物作为单光子弱光上转换发光剂材料的应用	发明专利	王筱梅	材料科学与工程学院	2020年11月6日
58	CN202010739652.2	氮杂蒽衍生物TTA-UC弱光上转换体系及其制备方法与应用	发明专利	王筱梅	材料科学与工程学院	2020年11月10日
59	CN201910510602.4	氮掺杂多孔碳材料及其制备方法和应用	发明专利	史转转	材料科学与工程学院	2020年12月15日
60	CN201810756561.2	单目视觉包装箱体积测量方法	发明专利	沈晔湖	机械工程学院	2020年2月7日
61	CN201810009136.7	一种等离子束合金化制备高熵合金涂层的方法	发明专利	卢金斌	机械工程学院	2020年5月22日
62	CN201810663909.3	一种高熵合金钎焊立方氮化硼砂轮的制作方法	发明专利	卢金斌	机械工程学院	2020年5月22日
63	CN201811201127.4	一种永磁同步电机的鲁棒两自由度控制器的实现方法	发明专利	朱其新	机械工程学院	2020年7月10日
64	CN201810179655.8	基于极点配置和帕德近似的空调系统温度控制方法	发明专利	朱其新	机械工程学院	2020年7月14日

续表

序号	专利号	专利名称	类别	第一发明人	所在单位	授权公告日
65	CN201810884182.1	一种便携式机械加工铣床设备	发明专利	曹自洋	机械工程学院	2020年7月28日
66	CN201910017524.4	一种金刚石增强高熵合金复合涂层的制备方法	发明专利	卢金斌	机械工程学院	2020年8月28日
67	CN201810664984.1	一种感应钎焊单层金刚石砂轮的制备方法	发明专利	卢金斌	机械工程学院	2020年9月8日
68	CN201910017536.7	一种基于反应磁控溅射技术制备高熵合金涂层的方法	发明专利	卢金斌	机械工程学院	2020年10月9日
69	CN201810134489.X	一种数控系统轨迹规划中加减速控制方法	发明专利	朱其新	机械工程学院	2020年11月20日
70	CN201911002206.7	一种壁板超声辅助批量蠕变时效成形装置的使用方法	发明专利	马振武	机械工程学院	2020年12月25日
71	CN201810431770.X	滚珠丝杠进给驱动系统速度环增益与积分时间优化方法	发明专利	杨勇	机械工程学院	2020年12月29日
72	CN201910351271.4	一种城市景观水体颜色定量分类方法	发明专利	唐毅	地理科学与测绘工程学院	2020年11月6日
73	CN201821228800.9	一种纱线起毛装置	实用新型	田永静	环境科学与工程学院	2020年1月10日
74	CN201822226107.4	一种带高反射相变隔热屋面的活动板房	实用新型	孟二林	环境科学与工程学院	2020年1月24日
75	CN201920756007.4	一种基于PCM材料的便携式药剂保冷瓶	实用新型	吴珺	环境科学与工程学院	2020年2月7日
76	CN201920314584.8	一种便捷式环境监测仪	实用新型	顾海东	环境科学与工程学院	2020年2月14日

续表

序号	专利号	专利名称	类别	第一发明人	所在单位	授权公告日
77	CN201920340055.5	一种污水分类处理设备	实用新型	顾海东	环境科学与工程学院	2020年2月14日
78	CN201920304823.1	一种生物相分离装置	实用新型	吴 鹏	环境科学与工程学院	2020年2月18日
79	CN201920305284.3	一种短程硝化和反硝化除磷耦合装置	实用新型	吴 鹏	环境科学与工程学院	2020年2月18日
80	CN201920919035.3	一种氨氮废水处理装置	实用新型	黄 勇	环境科学与工程学院	2020年3月31日
81	CN201920777817.8	一种分离式微槽道毛细虹吸管式热交换机	实用新型	陈永平	环境科学与工程学院	2020年4月14日
82	CN201922264818.5	一种地表径流生态净化装置	实用新型	王旖凝	环境科学与工程学院	2020年6月2日
83	CN201921690827.4	一体式短程反硝化厌氧氨氧化水处理系统	实用新型	张星星	环境科学与工程学院	2020年6月30日
84	CN201920914152.0	一种带相变材料的双夹层玻璃窗	实用新型	孟二林	环境科学与工程学院	2020年7月3日
85	CN201920304931.9	一种低温环境厌氧氨氧化快速启动装置	实用新型	吴 鹏	环境科学与工程学院	2020年7月17日
86	CN201921782555.0	一种全空气空调系统控制与模拟试验台	实用新型	刘润东	环境科学与工程学院	2020年7月24日
87	CN201921176513.2	自冷型节能卷帘	实用新型	程向明	环境科学与工程学院	2020年8月7日
88	CN201922244258.7	一种移动式静电除尘设备	实用新型	覃盟琳	环境科学与工程学院	2020年9月4日
89	CN201922237175.5	一种便于水生植物附着而改善生态环境的生态砖	实用新型	覃盟琳	环境科学与工程学院	2020年9月25日

续表

序号	专利号	专利名称	类别	第一发明人	所在单位	授权公告日
90	CN202020214333.5	静态水合物蓄冷装置	实用新型	孙志高	环境科学与工程学院	2020年11月6日
91	CN202020499334.9	一种模块化精密气浴恒温箱	实用新型	周博	环境科学与工程学院	2020年12月15日
92	CN201822256231.5	用于提高砖砌体抗压性能的弧形砖	实用新型	韦俊	土木工程学院	2020年3月31日
93	CN201920308293.8	拉索复合阻尼自复位耗能管线抗震支架	实用新型	陈鑫	土木工程学院	2020年1月10日
94	CN201920308307.6	套筒摩擦型可调节阻尼耗能减震支架	实用新型	陈鑫	土木工程学院	2020年1月10日
95	CN201920308308.0	套筒式阻尼材料耗能型减震设备支架	实用新型	陈鑫	土木工程学院	2020年1月10日
96	CN201920345073.2	一种多维黏滞阻尼调谐质量减震支架	实用新型	陈鑫	土木工程学院	2020年1月10日
97	CN201920345074.7	一种多维集成摩擦阻尼调谐质量减震支架	实用新型	陈鑫	土木工程学院	2020年1月10日
98	CN201921139320.X	基于光纤光栅的一体式三维应力传感器	实用新型	陆勇	土木工程学院	2020年1月10日
99	CN201920308724.0	磁性形状记忆合金智能自复位约束屈曲支撑	实用新型	陈鑫	土木工程学院	2020年1月21日
100	CN201920345090.6	一种肘形弹性体振动耗能转动型流体阻尼节点	实用新型	陈鑫	土木工程学院	2020年1月21日
101	CN201920354059.9	一种杆距可调的U型螺栓连接件的装配式组合桥面板体系	实用新型	黎明	土木工程学院	2020年2月7日

续表

序号	专利号	专利名称	类别	第一发明人	所在单位	授权公告日
102	CN201920979646.7	一种高强螺栓轴力检测系统	实用新型	黎　明	土木工程学院	2020年2月7日
103	CN201920411578.4	一种远区等离子体粉体处理设备	实用新型	孙　敏	土木工程学院	2020年2月18日
104	CN201920518450.8	一种简支梁桥教学仿真结构体	实用新型	李新生	土木工程学院	2020年2月21日
105	CN201920308725.5	桩涵整体装配式钢骨混凝土综合管廊	实用新型	陈　鑫	土木工程学院	2020年3月20日
106	CN201920527730.5	一种延性装配式防屈曲钢支撑	实用新型	孙国华	土木工程学院	2020年4月3日
107	CN201920246084.5	一种阻尼接地型装配式钢筋混凝土调谐质量阻尼墙	实用新型	陈　鑫	土木工程学院	2020年4月10日
108	CN201920246173.X	一种阻尼接地型装配式钢板组合调频减震墙	实用新型	陈　鑫	土木工程学院	2020年4月14日
109	CN201920246097.2	一种阻尼接地型钢支撑填充质量调谐阻尼支架	实用新型	陈　鑫	土木工程学院	2020年4月28日
110	CN201921400244.3	多功能偏心受压加载装置	实用新型	唐兴荣	土木工程学院	2020年5月1日
111	CN201921317637.8	一种避免推移及车辙的路面结构	实用新型	葛　婷	土木工程学院	2020年5月8日
112	CN201921401297.7	多筋植筋粘结拉拔加载装置	实用新型	唐兴荣	土木工程学院	2020年6月16日
113	CN201921548456.6	一种新型抗拉剪的钢-混凝土组合梁结构	实用新型	袁晓静	土木工程学院	2020年7月28日

续表

序号	专利号	专利名称	类别	第一发明人	所在单位	授权公告日
114	CN201921558462.X	一种新型自平衡式多阶段耗能防屈曲支撑	实用新型	袁晓静	土木工程学院	2020年7月28日
115	CN202020093157.4	一种具有双重复位系统的自复位节点	实用新型	孙国华	土木工程学院	2020年12月22日
116	CN201920673531.5	智能交通信号灯防堵塞控制系统	实用新型	黄泽天	电子与信息工程学院	2020年1月3日
117	CN201920378790.5	一种具有自动检测功能的加热杯垫	实用新型	夏振平	电子与信息工程学院	2020年2月7日
118	CN201920498482.6	一种LED特征参量自动采集系统	实用新型	石颉	电子与信息工程学院	2020年3月31日
119	CN201920342844.2	基于Zigbee技术的混合光照明调节装置	实用新型	李佳雨	电子与信息工程学院	2020年3月31日
120	CN201920928083.9	一种熔断器故障报警系统	实用新型	杨薛钰	电子与信息工程学院	2020年3月31日
121	CN201920498483.0	一种LED试验自动控制系统	实用新型	石颉	电子与信息工程学院	2020年4月21日
122	CN201920215460.4	一种LED夜间防护服	实用新型	夏振平	电子与信息工程学院	2020年4月28日
123	CN201921063426.6	屋脊棱镜成像方向演示仪	实用新型	王军	电子与信息工程学院	2020年5月5日
124	CN201920458111.5	一种节能型路灯设备	实用新型	李长宁	电子与信息工程学院	2020年6月12日
125	CN201920458112.X	一种节能型室内照明控制设备	实用新型	李长宁	电子与信息工程学院	2020年6月12日
126	CN201920544178.0	多轿厢电梯控制系统	实用新型	黄泽天	电子与信息工程学院	2020年6月26日

续表

序号	专利号	专利名称	类别	第一发明人	所在单位	授权公告日
127	CN201921662470.9	一种基于待通行量的交通信号灯控制系统	实用新型	傅启明	电子与信息工程学院	2020年6月26日
128	CN201922427587.5	建筑能耗监控系统	实用新型	傅启明	电子与信息工程学院	2020年7月14日
129	CN202020222218.2	一种LED寿命特征参量自动采集系统	实用新型	石颉	电子与信息工程学院	2020年11月3日
130	CN202020813600.0	一种具有防水防潮功能的互联网无线信号增幅装置	实用新型	陆悠	电子与信息工程学院	2020年11月17日
131	CN201920257156.6	一种用于虚拟现实头盔的光学镜头	实用新型	徐越	物理科学与技术学院	2020年1月3日
132	CN201920087684.1	一种可演示室外景物小孔成像的简易观察装置	实用新型	田芬	物理科学与技术学院	2020年2月7日
133	CN201920488378.9	一种适用于三片式VR光学镜头的镜筒结构	实用新型	袁超超	物理科学与技术学院	2020年2月7日
134	CN201921450366.3	一种水体表观质量在线测量装置	实用新型	吴泉英	物理科学与技术学院	2020年4月24日
135	CN201921768297.0	一种氢气传感器	实用新型	金城	物理科学与技术学院	2020年8月18日
136	CN201822260262.8	微生物生态床	实用新型	钱玮	化学与生命科学学院	2020年1月14日
137	CN201920926566.5	一种便携式净水装置	实用新型	袁妍	化学与生命科学学院	2020年4月14日
138	CN201920609961.0	多通道微流控荧光检测装置	实用新型	李艳玲	材料科学与工程学院	2020年3月3日

续表

序号	专利号	专利名称	类别	第一发明人	所在单位	授权公告日
139	CN201920967141.9	结构色压感复写纸	实用新型	叶常青	材料科学与工程学院	2020年4月10日
140	CN201920339670.4	一种室内环境监测装置	实用新型	陈丰	材料科学与工程学院	2020年4月24日
141	CN201921345306.5	基于光子晶体结构色的超温指示器	实用新型	叶常青	材料科学与工程学院	2020年5月26日
142	CN201921345307.X	基于光子晶体结构色的超温指示装置	实用新型	叶常青	材料科学与工程学院	2020年7月3日
143	CN201921345331.3	基于光子晶体结构色的超温指示装置	实用新型	叶常青	材料科学与工程学院	2020年7月3日
144	CN201920530400.1	一种墙面涂抹装置	实用新型	徐云飞	艺术学院	2020年2月7日
145	CN201922400264.7	一种动画专业教学演示板	实用新型	徐云飞	艺术学院	2020年7月3日
146	CN201922433243.5	一种数字媒体用悬挂装置	实用新型	刘彪	艺术学院	2020年7月28日
147	CN201922396770.3	一种动画播放演示仪器	实用新型	徐云飞	艺术学院	2020年8月21日
148	CN201920579500.3	一种用下对执行器活塞铆接卷边的设备	实用新型	仇坤	机械工程学院	2020年1月21日
149	CN201920735560.X	一种手套超声焊接设备	实用新型	刘义生	机械工程学院	2020年1月21日
150	CN201920137791.0	一种纽扣电池碰焊设备	实用新型	吴永忠	机械工程学院	2020年1月21日
151	CN201920579796.9	一种执行器活塞铆接设备	实用新型	谢鸥	机械工程学院	2020年1月21日

续表

序号	专利号	专利名称	类别	第一发明人	所在单位	授权公告日
152	CN201920579800.1	一种支架安装设备	实用新型	谢鸥	机械工程学院	2020年1月21日
153	CN201920716452.8	单喷头彩色3D打印机自动接线装置	实用新型	成果	机械工程学院	2020年1月31日
154	CN201920681731.5	包装用条形泡棉粘贴机	实用新型	尚文	机械工程学院	2020年1月31日
155	CN201920678790.7	一种轮胎胶囊喷涂机	实用新型	尚文	机械工程学院	2020年2月7日
156	CN201920732458.4	一种高深宽比沟槽加工装置	实用新型	张西方	机械工程学院	2020年4月3日
157	CN201920735631.6	一种折弯机	实用新型	刘义生	机械工程学院	2020年4月3日
158	CN201920733291.3	一种球面超声能场辅助微细电解铣削加工装置	实用新型	张西方	机械工程学院	2020年4月3日
159	CN201920227313.9	一种多自由度机械手	实用新型	牛雪梅	机械工程学院	2020年4月14日
160	CN201920271589.7	一种三维复印装置	实用新型	牛雪梅	机械工程学院	2020年4月14日
161	CN201920726890.2	报废轮胎打标机	实用新型	陈靖博	机械工程学院	2020年4月21日
162	CN201920733453.3	一种直线电机测试装置	实用新型	刘义生	机械工程学院	2020年4月24日
163	CN201920579948.5	一种用于执行器的生产线体	实用新型	任坤	机械工程学院	2020年5月22日
164	CN201921318402.0	一种聚焦超声磨料射流复合抛光装置	实用新型	李华	机械工程学院	2020年6月5日

续表

序号	专利号	专利名称	类别	第一发明人	所在单位	授权公告日
165	CN201921316437.0	一种推挽式双弯曲超声椭圆振动切削装置	实用新型	李 华	机械工程学院	2020年7月3日
166	CN201921318455.2	一种超声椭圆振动磨料流体抛光装置	实用新型	李 华	机械工程学院	2020年7月3日
167	CN201921835979.9	一种电动车固定装置及双层停放装置	实用新型	蒋全胜	机械工程学院	2020年7月28日
168	CN202021703236.9	一种打捞船	实用新型	许顺杰	机械工程学院	2020年12月29日
169	CN201930358930.8	卷笔刀	外观设计	张 迪	艺术学院	2020年1月7日
170	CN201930331172.0	动画播放机	外观设计	王福来	艺术学院	2020年1月24日
171	CN201930331177.3	显示器（动画）	外观设计	王福来	艺术学院	2020年1月24日
172	CN201930078222.9	太阳能音响（1）	外观设计	王文瑜	艺术学院	2020年4月24日
173	CN201930634458.6	加湿器	外观设计	梁建飞	艺术学院	2020年5月22日
174	CN201930634457.1	空气净化器（桌面）	外观设计	梁建飞	艺术学院	2020年6月5日
175	CN201930722788.0	虚拟现实控制手柄	外观设计	刘 彪	艺术学院	2020年6月23日
176	CN201930634465.6	取暖器	外观设计	梁建飞	艺术学院	2020年7月31日
177	CN202030075398.1	茶叶包装盒（2）	外观设计	顾国兰	艺术学院	2020年8月4日
178	CN202030075407.7	茶叶包装盒（1）	外观设计	顾国兰	艺术学院	2020年8月4日

2020年度苏州科技大学软件著作权授权情况

2020年度苏州科技大学软件著作权授权情况一览表

（按学院排列、以授权公告日先后为序）

序号	登记号	软著名称	所在单位	第一发明人	登记日期
1	2020SR0163201	装配式建筑混凝土预制构件管理系统*	土木工程学院	祝连波	2019年12月1日
2	2020SRO872850	基于JIT的预制构件生产管理系统V1.0	土木工程学院	祝连波	2020年1月14日
3	2020SR0744405	基于Revit平台的既有建筑加固BIM建模软件（BIMSEBR）	土木工程学院	陈鑫	2020年7月9日
4	2019SR1332331	太阳能路灯光伏板位置跟踪控制系统*	电子与信息工程学院	祝勇俊	2019年10月20日
5	2019SR1275613	水平Desmear线图控系统（多国语言版）*	电子与信息工程学院	陆卫忠	2019年12月4日
6	2019SR1288105	直流有刷电机过热保护软件V1.0*	电子与信息工程学院	高涵文	2019年12月5日
7	2019SR1332321	基于混合核函数的人脸识别系统*	电子与信息工程学院	朱树先	2019年12月10日
8	2019SR1334505	目标检测系统*	电子与信息工程学院	朱树先	2019年12月10日
9	2020SR0250565	条钢生产管理系统V1.2	电子与信息工程学院	王军	2020年3月13日
10	2020SR0661228	基于web的课程作业提交与批改系统	电子与信息工程学院	任建平	2020年6月22日
11	2020SR0661222	电子学院创新创业管理系统	电子与信息工程学院	任建平	2020年6月22日

续表

序号	登记号	软著名称	所在单位	第一发明人	登记日期
12	2020SR1007568	在线教育移动系统（安卓版）	电子与信息工程学院	胡伏原	2020年8月28日
13	2020SR1007608	高校固定资产管理系统（安卓版）	电子与信息工程学院	胡伏原	2020年8月28日
14	2020SR1007567	智慧宝华综合服务平台系统软件（网页版）	电子与信息工程学院	胡伏原	2020年8月28日
15	2020SR1012113	基于面部图像识别的智能监控报警系统	电子与信息工程学院	胡伏原	2020年8月31日
16	2020SR1080668	基于数据智能处理的可视化景点管理软件	电子与信息工程学院	陆悠	2020年9月11日
17	2020SR1080072	基于个性化推荐的音乐播放软件	电子与信息工程学院	陆悠	2020年9月11日
18	2020SR1080017	面向OVA和云架构的网络与容器管理软件	电子与信息工程学院	陆悠	2020年9月11日
19	2020SR1080165	基于个性化推荐的餐饮预订软件	电子与信息工程学院	陆悠	2020年9月11日
20	2020SR1080009	高考规划辅助报名软件	电子与信息工程学院	陆悠	2020年9月11日
21	2020SR1085375	化妆辅助App系统V1.0	电子与信息工程学院	奚雪峰	2020年9月11日
22	2020SR1106459	非标地址标准化语音自动匹配系统V1.0	电子与信息工程学院	奚雪峰	2020年9月16日
23	2020SR1106467	三维模型轻量化转换软件V1.0	电子与信息工程学院	奚雪峰	2020年9月16日
24	2020SR1122398	工业触摸屏数据采集与显示系统V1.2	电子与信息工程学院	王军	2020年9月18日

续表

序号	登记号	软著名称	所在单位	第一发明人	登记日期
25	2020SR1122391	充电桩智能管理系统V1.2	电子与信息工程学院	王　军	2020年9月18日
26	2020SR1122413	自动装箱控制面板系统V1.2	电子与信息工程学院	杨会玲	2020年9月18日
27	2020SR1122405	自动装箱控制系统V1.2	电子与信息工程学院	杨会玲	2020年9月18日
28	2020SR1147610	4G无线通信数据采集系统V1.2	电子与信息工程学院	王　军	2020年9月23日
29	2020SR1147628	小区电动车充电智能管理系统V1.0	电子与信息工程学院	王　军	2020年9月23日
30	2020SR1146909	925M频道车辆电子标签识别系统V1.2	电子与信息工程学院	王　军	2020年9月23日
31	2020SR1147605	电力开关柜智能无人值守系统V1.2	电子与信息工程学院	王　军	2020年9月23日
32	2020SR1146916	电力开关柜无线数据采集系统V1.3	电子与信息工程学院	王　军	2020年9月23日
33	2020SR1147570	宝钢磨砂工段智能化管理系统V1.0	电子与信息工程学院	王　军	2020年9月23日
34	2020SR1147617	数字时钟系统设计软件V1.2	电子与信息工程学院	杨会玲	2020年9月23日
35	2020SR1147622	激光LD植物光源控制软件系统V1.2	电子与信息工程学院	杨会玲	2020年9月23日
36	2020SR1164174	长途汽车信息管理系统（网页版）	电子与信息工程学院	胡伏原	2020年9月25日
37	2020SR1189052	安全帽佩戴自动识别系统	电子与信息工程学院	潘欣裕	2020年9月30日

续表

序号	登记号	软著名称	所在单位	第一发明人	登记日期
38	2020SR1189057	polar 编解码仿真系统	电子与信息工程学院	潘欣裕	2020年9月30日
39	2020SR1189048	基于 STM32 的语音源定位系统	电子与信息工程学院	潘欣裕	2020年9月30日
40	2020SR1244182	基于 MVC 模式居民小区电动车充电 App 系统	电子与信息工程学院	李兴良	2020年10月26日
41	2020SR1244184	基于 SSM 社区医院预约挂号 App 系统	电子与信息工程学院	李兴良	2020年10月26日
42	2020SR1244168	基于 SSM 教育培训机构电子商务信息系统	电子与信息工程学院	李兴良	2020年10月26日
43	2020SR1244222	基于 SSM 社区管理电子政务信息系统	电子与信息工程学院	李兴良	2020年10月26日
44	2020SR1244878	基于 SSM 站点扫描识别巡游 App 系统	电子与信息工程学院	李兴良	2020年10月27日
45	2020SR0563398	智慧车牌识别信息处理系统 V1.0	材料科学与工程学院	陈丰	2020年6月3日
46	2020SR0568034	汽车尾气超标检测系统 V1.0	材料科学与工程学院	陈丰	2020年6月4日
47	2020SR1212659	心理学情绪控制测试分析系统	教育学院	孙长安	2020年10月13日
48	2019SR1156450	矢量多彩数码相框系统 V1.0.0*	艺术学院	吴小勉	2019年11月15日
49	2020SR0178988	电子游戏会员信息化管理系统 V1.0	艺术学院	刘彪	2020年2月26日
50	2020SR0182380	数字化艺术动漫设计培训管理软件 V1.0	艺术学院	刘彪	2020年2月26日

续表

序号	登记号	软著名称	所在单位	第一发明人	登记日期
51	2020SR0178982	动画后期制作应用支撑管理系统	艺术学院	徐云飞	2020年2月26日
52	2020SR0191260	动漫人物设计作品管理系统软件	艺术学院	徐云飞	2020年2月28日
53	2019SR1408188	Brat.aid软件*	外国语学院	张现荣	2019年12月20日
54	2020SR5771203	蜂窝材料超声椭圆振动切削装置优化设计软件	机械工程学院	殷振	2020年8月7日
55	2020SR0887508	超声椭圆振动切削装置中椭圆轨迹模拟软件V1.0	机械工程学院	苗情	2020年10月6日
56	2020SR1608856	圆螺母参数化设计软件	机械工程学院	朱淑梅	2020年11月19日
57	2020SR1608857	方头螺栓参数化设计软件	机械工程学院	朱淑梅	2020年11月19日
58	2020SR1613895	基于OpenCASCADE的多种刀具曲面等参数五轴数控加工刀轨生成软件	机械工程学院	刘威	2020年11月20日
59	2020SR1614048	基于OpenCASCADE的平底刀行距自适应五轴数控加工刀轨生成软件	机械工程学院	刘威	2020年11月20日
60	2020SR1614037	深沟球轴承参数化设计软件	机械工程学院	朱淑梅	2020年11月20日
61	2020SR1624426	基于OpenCASCADE的参数曲面球头刀三轴等残留数控加工刀轨生成软件	机械工程学院	刘威	2020年11月23日

续表

序号	登记号	软著名称	所在单位	第一发明人	登记日期
62	2020SR0124118	企业能耗监测管理系统V1.0	地理科学与测绘工程学院	张志敏	2020年2月10日
63	2020SR0511106	平海排水管网信息采集系统（Android版）V1.0	地理科学与测绘工程学院	张序	2020年4月20日
64	2020SR0511099	平海排水管网信息采集系统V1.0	地理科学与测绘工程学院	张序	2020年4月20日
65	2020SR0760877	城市水体颜色识别提取系统	地理科学与测绘工程学院	唐毅	2020年7月13日
66	2020SR1251934	环境功能管控分区方案的政策精准匹配应用平台V1.0	地理科学与测绘工程学院	余成	2020年7月31日

标"*"者为《苏州科技大学年鉴2020》软件著作权授权情况未收录部分

2020年度苏州科技大学承担省部级以上项目情况

科技项目情况

一、国家自然科学基金项目（31项）

序号	项目批准号	项目名称	负责人	承担单位	资助经费/万元	项目类别	计划完成时间
1	52036006	惯性约束聚变能源靶球高通量制造的多相流动与热质传递机理研究	陈永平	环境科学与工程学院	310	国家自然科学基金重点项目	2025年12月
2	52078318	基于分层级模数网格系统的工业化住宅标准化设计研究	刘长春	建筑与城市规划学院	58	国家自然科学基金面上项目	2024年12月
3	52008279	基于数字技术的历史文化村镇情感记忆空间场所标绘研究	曲蒙	建筑与城市规划学院	24	国家自然科学基金青年项目	2023年12月
4	52008280	景观基因视野下的多尺度中东铁路工业遗产景观空间图式语言体系构建及应用研究	高飞	建筑与城市规划学院	24	国家自然科学基金青年项目	2023年12月
5	52008281	"场所-流动"双重视角下长三角城市群空间结构和规划策略研究	王垚	建筑与城市规划学院	24	国家自然科学基金青年项目	2023年12月
6	22076134	空缺型Fe_3S_4纳米酶参与的菊酯类农药识别反应机理及手机可视化速检应用	王学东	环境科学与工程学院	63	国家自然科学基金面上项目	2024年12月
7	52070137	基于生物电化学系统的藻渣资源回收利用和关键技术研究	黄天寅	环境科学与工程学院	58	国家自然科学基金面上项目	2024年12月
8	52070138	基于功能菌协同的典型表面活性剂约束下多环芳烃强化降解机制研究	许晓毅	环境科学与工程学院	58	国家自然科学基金面上项目	2024年12月

续表

序号	项目批准号	项目名称	负责人	承担单位	资助经费/万元	项目类别	完成时间
9	32071617	三氯生靶向FTO介导的m6A甲基化修饰异常致斑马鱼脂肪代谢紊乱的调控新机制	王慧利	环境科学与工程学院	58	国家自然科学基金面上项目	2024年12月
10	42007130	纳米零价铁复合生物炭固定土壤铬的长期稳定机制研究	陈明	环境科学与工程学院	24	国家自然科学基金青年项目	2023年12月
11	42007131	复合污染体系中重金属钝化锰氧化物氧化活性作用机理及再活化研究	姜晶	环境科学与工程学院	24	国家自然科学基金青年项目	2023年12月
12	52008282	有序介孔复合调湿材料表界面及孔隙的传湿机理及在建筑中的应用研究	周波	环境科学与工程学院	24	国家自然科学基金青年项目	2023年12月
13	52078319	新型钢管束高强混凝土组合剪力墙的力学行为及抗震机理研究	孙国华	土木工程学院	58	国家自然科学基金面上项目	2024年12月
14	12002228	时滞Birkhoff系统动力学建模及其积分方法研究	翟相华	土木工程学院	24	国家自然科学基金青年项目	2023年12月
15	52008283	循环荷载下C-SPW面内剪切-拉力场抗侧力机理及设计实现	齐益	土木工程学院	24	国家自然科学基金青年项目	2023年12月
16	52008284	氯盐/硫酸盐复合作用下混凝土中钢筋腐蚀行为与机理研究	刘国建	土木工程学院	24	国家自然科学基金青年项目	2023年12月
17	62073231	基于对抗强化学习的GPCR药物虚拟筛选方法研究	吴宏杰	电子与信息工程学院	58	国家自然科学基金面上项目	2024年12月
18	62072324	面向大型公共建筑节能的强化学习方法及运行数据框架体系研究	陈建平	电子与信息工程学院	56	国家自然科学基金面上项目	2024年12月

续表

序号	项目批准号	项目名称	负责人	承担单位	资助经费/万元	项目类别	完成时间
19	62002254	虚拟现实中视觉诱导晕动症的研究	夏振平	电子与信息工程学院	24	国家自然科学基金青年项目	2023年12月
20	62003231	网络化半马尔可夫跳变系统的滑模控制及其应用研究	江保平	电子与信息工程学院	24	国家自然科学基金青年项目	2023年12月
21	42001143	乡村旅游地社会组织的空间实践与地方效应研究	杨 莹	商学院	24	国家自然科学基金青年项目	2023年12月
22	12071334	球面空间凸性理论	国 起	数学科学学院	51	国家自然科学基金面上项目	2024年12月
23	12071335	带约束的非凹效用最大化问题在保险中的应用研究	董迎辉	数学科学学院	45	国家自然科学基金面上项目	2024年12月
24	12074282	氧化物表面二维电子气/p型二维过渡金属硫族化合物异质结的新奇物性研究	刘国珍	物理科学与技术学院	62	国家自然科学基金面上项目	2024年12月
25	22008164	大π共轭有机氮杂多并苯材料的构建及其多进制存储性能研究	李 阳	物理科学与技术学院	24	国家自然科学基金青年项目	2023年12月
26	62004136	基于二维异质结的铁电隧道结及相关柔性电子器件的研究	张金磊	物理科学与技术学院	24	国家自然科学基金青年项目	2023年12月
27	22006110	产脲酶菌诱导碳酸盐沉积原位定向修复锰污染的机理与动力学研究	张文超	化学与生命科学学院	24	国家自然科学基金青年项目	2023年12月
28	22075195	基于双功能单原子催化剂的二氧化碳还原级联催化剂制备和催化机理研究	杨鸿斌	材料科学与工程学院	63	国家自然科学基金面上项目	2024年12月

续表

序号	项目批准号	项目名称	负责人	承担单位	资助经费/万元	项目类别	完成时间
29	22001187	金属硫族簇基半导体多重分辨电化学发光	林坚	材料科学与工程学院	24	国家自然科学基金青年项目	2023年12月
30	22002102	氮调控二维铌酸锡耦合金属单原子催化剂用于CO_2光还原机制研究	刘倩倩	材料科学与工程学院	24	国家自然科学基金青年项目	2023年12月
31	22008163	高活性2D/2D异质结光催化材料的构建及其氮氧化物净化抗中毒机制研究	胡俊蝶	材料科学与工程学院	24	国家自然科学基金青年项目	2023年12月

二、江苏省自然科学基金项目（11项）

序号	项目批准号	项目名称	负责人	承担单位	资助经费/万元	项目类别	完成时间
1	BE2020026	干细胞与AI大数据交叉产业前瞻技术研发	陈建平	电子与信息工程学院	120	江苏省重点研发计划（产业前瞻与共性关键技术）项目	2023年6月
2	BE2020662	基于神经网络算法的微量血痕司法鉴定技术研发及应用	刘守清	化学与生命科学学院	50	江苏省重点研发计划(社会发展)项目	2023年6月
3	SBK2020044563	基于流态特征的破碎岩体水泥-水玻璃浆液非线性渗流机理	师文豪	土木工程学院	20	江苏省自然科学基金项目(青年项目)	2023年6月
4	SBK2020044403	纤维增强复合材料夹芯结构界面疲劳剥离机理与寿命预测	史慧媛	土木工程学院	20	江苏省自然科学基金项目(青年项目)	2023年6月

续表

序号	项目批准号	项目名称	负责人	承担单位	资助经费/万元	项目类别	完成时间
5	SBK2020044006	高应力下考虑应力主轴旋转的隧洞围岩开挖扰动和破坏机理研究	姜 玥	土木工程学院	20	江苏省自然科学基金项目（青年项目）	2023年6月
6	SBK2020043890	基于梁端残余变位的轨道交通桥梁震后通行能力快速评估方法研究	张 吉	土木工程学院	20	江苏省自然科学基金项目（青年项目）	2023年6月
7	SBK2020043925	产脲酶微生物矿化去除重金属锰的微观动力学机制及调控研究	张文超	化学与生命科学学院	20	江苏省自然科学基金项目（青年项目）	2023年6月
8	SBK2020042730	半马尔可夫跳变系统的滑模控制及其应用研究	江保平	电子与信息工程学院	20	江苏省自然科学基金项目（青年项目）	2023年6月
9	SBK2020041625	表面改性提升酞菁钴的氧还原和氧析出电催化性能	李静莎	材料科学与工程学院	20	江苏省自然科学基金项目（青年项目）	2023年6月
10	SBK2020041500	虚拟现实中视觉诱导晕动症的研究	夏振平	电子与信息工程学院	20	江苏省自然科学基金项目（青年项目）	2023年6月
11	SBK2020022850	生物炭介导厌氧氨氧化颗粒污泥的多维度强化及耐有机碳源胁迫机制	陈重军	环境科学与工程学院	10	江苏省自然科学基金项目（面上项目）	2023年6月

人文社科项目情况

一、国家社会科学基金项目（7项）

序号	项目批准号	项目名称	负责人	承担单位	资助经费/万元	项目类别
1	20BKS163	数字资本主义社会风险与数字安全的历史唯物主义研究	任栋	电子与信息工程学院	20	一般项目
2	20BGL078	高质量发展背景下企业减税降费的治理效果评估与效能提升研究	段姝	商学院	20	一般项目
3	20BSH057	儿童教养逻辑的现代性转变与高质量照顾支持体系构建研究	陶艳兰	社会发展与公共管理学院	20	一般项目
4	20BZS070	义和团运动时期日本对华战略部署档案资料整理研究	奚伶	社会发展与公共管理学院	20	一般项目
5	20BB021	工尺谱与昆曲传承	鲍开恺	文学院	20	艺术学项目
6	20FZWB040	经典化视野中的当代历史题材小说创作研究	陈娇华	文学院	25	后期资助项目
7	20FYYB038	对比语言学元语言系统的演变研究	苏章海	外国语学院	25	后期资助项目

二、教育部人文社会科学项目（10项）

序号	项目批准号	项目名称	负责人	承担单位	资助经费/万元	项目类别
1	20YJCZH214	"乡村集体性"对珠三角集体工业用地再开发的影响研究：基于新制度经济学视角的分析	姚之浩	建筑与城市规划学院	6	青年项目
2	20YJCZH045	文化消费视角下明清江南地区环境营造技艺的宫廷传播研究	华亦雄	建筑与城市规划学院	6	青年项目
3	20YJCZH211	乡村旅游发展中社会组织的地方嵌入研究：过程、机制与效应	杨莹	商学院	6	青年项目
4	20YJC770045	出土文献与新莽东汉政区问题研究	赵海龙	社会发展与公共管理学院	6	青年项目
5	20YJC770007	欧美政治革命在清末中国的接受史研究	顾少华	社会发展与公共管理学院	6	青年项目
6	20YJC190002	奖赏学习对视觉注意振荡调节的认知机制研究	陈艾睿	教育学院	6	青年项目
7	20YJAZH025	保险中带风险约束和交易策略约束的最优投资问题研究	董迎辉	数理学院	10	一般项目
8	20YJA752006	苏珊·桑塔格小说中的坎普美学研究	柯英	外国语学院	10	一般项目
9	20YJA751016	两宋"论学"研究	陆德海	文学院	10	一般项目
10	20YJA720010	《悲剧的诞生》在英语学界的接受史研究	张典	文学院	10	一般项目

三、江苏省社会科学基金项目（9 项）

序号	项目批准号	项目名称	负责人	承担单位	资助经费/万元	项目类别
1	20GLC003	长三角一体化背景下江苏"5G+文旅"疫后产业复苏与发展研究	孙佼佼	商学院	5	青年项目
2	20GLC014	全球价值链驱动机制变化下的江苏制造业转型升级路径研究	郝良峰	商学院	5	青年项目
3	20SHC009	匿名社交网络中面孔可信度和网络人际信任对自我表露的影响研究	姚远	教育学院	5	青年项目
4	20JYC008	高自闭特质群体的社会性注意机制研究	陈艾睿	教育学院	5	青年项目
5	20YYB004	冯梦龙编《山歌》校注与语言研究	唐丽珍	文学院	5	一般项目
6	20JYD009	智能导学系统示范视频交互学习机制的研究	杨翠蓉	教育学院	0	指导性项目
7	20HQ040	我国基本公共体育服务均等化发展研究	汤际澜	体育部	5	后期资助项目
8	20HQ028	宋词五种类型意象研究	许兴宝	文学院	5	后期资助项目
9	19WMB086	江苏旅游史	邢夫敏	商学院	6	江苏文脉研究专项

2020年度苏州科技大学教师出版著作情况

2020年度苏州科技大学教师出版著作情况一览表

序号	所在单位	类别	作者	名称	出版社	出版日期
1	建筑与城市规划学院	学术专著	赵晓龙	基于微气候效应的寒地城市公园规划设计研究*	科学出版社	2019年12月
2	建筑与城市规划学院	学术专著	张昊雁	清代草原城镇：演化、结构与形态——以漠南地区为例*	中国建筑工业出版社	2020年7月
3	环境科学与工程学院	学术专著	李雅婕	Current Developments in Biotechnology and Bioengineering	Elsevier	2020年3月
4	环境科学与工程学院	教材	李大鹏	环境微生物学	中国石化出版社	2020年7月
5	环境科学与工程学院	教材	吴玮 张维佳	水力学（第三版）	中国建筑工业出版社	2020年8月
6	环境科学与工程学院	教材	盛光遥 李勇 张园	环境学基础	中国石化出版社	2020年9月
7	商学院	学术专著	段姝	私募股权基金议价能力因素研究	江苏人民出版社	2020年6月
8	商学院	学术专著	徐银香	"责任共担"视角下大学生实习权及其权益保障研究	南京大学出版社	2020年9月
9	商学院	教材	徐国泉	仓储管理与库存控制	江苏大学出版社	2020年10月
10	商学院	学术专著	王世文	交易所企业债收益率波动研究	江苏大学出版社	2020年11月

续表

序号	所在单位	类别	作者	名称	出版社	出版日期
11	文学院	教材	徐文	秘书礼仪	北京师范大学出版社	2020年8月
12	文学院	教材	李斌	广播电视概论	化学工业出版社	2020年9月
13	文学院	学术专著	朱全福	明代"四大奇书"论稿	吉林文史出版社	2020年11月
14	文学院	学术专著	丁国祥	张溥评传*	凤凰出版社	2019年12月
15	文学院	学术专著	李正春	元代组诗论稿：以历史文化为视角的考察*	凤凰出版社	2019年12月
16	社会发展与公共管理学院	学术专著	汪诗明	澳大利亚土著问题研究——以种族和解为线索*	社会科学文献出版社	2019年12月
17	社会发展与公共管理学院	教材	张笑川	中国社会史导论	上海教育出版社	2020年8月
18	社会发展与公共管理学院	其他（含译著）	董粉和	独学庐文稿	上海古籍出版社	2020年9月
19	马克思主义学院	学术专著	姚新立	资本空间化的历史图景及其当代批判	苏州大学出版社	2020年7月
20	教育学院	其他（含译著）	宋春蕾	校园冲突应对指南：叙事治疗实践	安徽人民出版社	2020年11月
21	物理科学与技术学院	学术专著	刘宏	21st Century Surface Science—Growth Kinetics of Thin Film Epitaxy	IntechOpen	2020年10月

续表

序号	所在单位	类别	作者	名称	出版社	出版日期
22	物理科学与技术学院	学术专著	张红芳	Functional Ceramics Through Mechanochemical Activation*	IOP Publishing	2019年11月
23	化学与生命科学学院	教材	顾华杰	简明食品毒理学	中国轻工业出版社	2020年8月
24	外国语学院	学术专著	柯英	景观社会的思想者：苏珊·桑塔格视觉艺术文论研究*	南京大学出版社	2019年12月
25	外国语学院	学术专著	祝平	索尔·贝娄小说的伦理指向*	南京大学出版社	2019年12月
26	外国语学院	其他（含译著）	张生祥	《剑桥非洲史》（20世纪卷 1940—1975）*	剑桥大学出版社/浙江人民出版社	2019年12月
27	外国语学院	其他（含译著）	张生祥	《剑桥非洲史》（20世纪卷 1905—1940）*	剑桥大学出版社/浙江人民出版社	2019年12月
28	外国语学院	学术专著	支永碧	外语教学行动研究与教师专业发展	南京大学出版社	2020年4月
29	外国语学院	学术专著	柯英	苏珊·桑塔格：大西洋两侧最智慧的人	华中科技大学出版社	2020年9月
30	外国语学院	其他（含译著）	祝平	解析蕾切尔·卡森《寂静的春天》	上海外语教育出版社	2020年10月
31	外国语学院	其他（含译著）	陈广平	为何资本不从富国流向穷国	上海外语教育出版社	2020年10月
32	外国语学院	其他（含译著）	范丽娟	她们的诗意空间：当代英联邦女性诗歌研究	黑龙江教育出版社	2020年11月
33	音乐学院	画册、VCD、CD专辑	俞飞	秋枫笛韵——俞飞专场音乐会	上海音乐出版社	2020年7月

续表

序号	所在单位	类别	作者	名　称	出版社	出版日期
34	机械工程学院	教材	杨建锋	机械设计	华中科技大学出版社	2020年6月
35	体育部	学术专著	李　鹏	现代大学生体能训练理论与方法研究*	吉林大学出版社	2019年10月
36	体育部	学术专著	王生贵	校园足球课程资源开发与建设研究*	中国书籍出版社	2019年11月
37	体育部	学术专著	孙楠楠	运动员心理训练机制与调控研究	吉林大学出版社	2020年6月
38	体育部	学术专著	钱　锋	韩国体育发展路径研究	东北师范大学出版社	2020年7月
39	体育部	学术专著	孟　良	网球运动开展与教学系统创新研究	吉林大学出版社	2020年8月
40	体育部	学术专著	郁　方	高校健美操运动与教学研究	吉林大学出版社	2020年11月
41	机关	学术专著	高忠芳	创榛辟莽：上海商品检验局研究	花木兰文化事业有限公司	2020年9月

标"*"者为《苏州科技大学年鉴2020》教师出版著作情况未收录部分

教职工队伍情况

教职工人员情况

2020年度苏州科技大学教职工人员一览表

单位：人

类　别		小　计
在职教职工	专任教师	1 309
	行政人员	216
	教辅人员	202
	工勤人员	77
	合计	1 804
其他人员	离退休人员	60

教职工职称结构情况

2020年度苏州科技大学教职工职称结构一览表

单位：人

职称	类　别			
	专任教师	行政人员	教辅人员	离退休人员
正高级	214	7	5	9
副高级	432	37	48	12
中级	614	133	126	22
初级	49	31	21	6
未定职级	0	8	2	11

教职工学历结构情况

2020年度苏州科技大学教职工学历结构一览表

单位：人

学位	职称					
	正高级	副高级	中级	初级	无职称	总计
博士	163	229	326	0	0	718
硕士	38	187	359	70	3	657
学士	25	98	172	18	7	320
其他	0	3	16	13	77	109
合计	226	517	873	101	87	1 804

专任教师职称结构情况

2020年度苏州科技大学专任教师职称结构一览表

单位：人

职称	性别		合计
	男	女	
正高级	161	53	214
副高级	221	211	432
中级	314	300	614
初级	24	25	49

专任教师学历结构情况

2020年度苏州科技大学专任教师学历结构一览表

单位：人

学位	职称				
	正高级	副高级	中级	初级	总计
博士	159	227	324	0	710
硕士	35	143	230	46	454
学士	20	62	60	3	145
合计	214	432	614	49	1 309

专任教师年龄结构情况

2020 年度苏州科技大学专任教师年龄结构一览表

单位：人

年龄段	职称				
	正高级	副高级	中级	初级	总计（其中女）
30 岁以下	0	2	69	45	116（59）
31—35 岁	0	25	186	0	211（94）
36—40 岁	7	64	126	3	200（99）
41—45 岁	33	126	127	1	287（158）
46—50 岁	48	71	69	0	188（79）
51—55 岁	46	69	20	0	135（61）
56—59 岁	67	75	17	0	159（38）
60 岁及以上	13	0	0	0	13（1）
合计	214	432	614	49	1 309（589）

2020 年度苏州科技大学新增各类专家、学术带头人、培养对象情况

2020 年度苏州科技大学新增各类专家、学术带头人、培养对象情况一览表

（按院部排列、以姓氏笔画为序）

类别	姓名	院系、部门
江苏省"双创计划"双创人才	刘波	材料科学与工程学院
江苏省青蓝工程中青年学术带头人	陈珍萍	电子与信息工程学院
	程郁琨	商学院
江苏省青蓝工程优秀青年骨干教师	陈重军	环境科学与工程学院
	吴征天	电子与信息工程学院
	周宇扬	化学与生命科学学院
	郭雯	外国语学院

续表

类　　别	姓　名	院系、部门
江苏省"双创计划"双创博士	裴立东	建筑与城市规划学院
	钱　晶	建筑与城市规划学院
	曲　蒙	建筑与城市规划学院
	陈　明	环境科学与工程学院
	姜　玥	土木工程学院
	刘晨光	土木工程学院
	刘　聪	土木工程学院
	刘国建	土木工程学院
	石　宪	土木工程学院
	杨　莹	商学院
	许美祺	社会发展与公共管理学院
	赵海龙	社会发展与公共管理学院
	董　波	教育学院
	刘云芝	教育学院
	张金磊	物理科学与技术学院
	蒋　莉	化学与生命科学学院
	陈　博	材料科学与工程学院
	李静莎	材料科学与工程学院
	魏　涛	材料科学与工程学院
	张春媚	材料科学与工程学院
	胡俊蝶	材料科学与工程学院
	陈　浩	机械工程学院

2020年度获副高及以上专业技术职称人员名单

1. 环境科学与工程学院
   教　授：王建芳　许晓毅　张干伟
   副教授：丁　静　沈舒苏

2. 土木工程学院
   副教授：马　健　陈旭东　袁　鑫　凌志彬

3. 电子与信息工程学院
   教　授：吴宏杰
   副教授：江保平　傅启明
   高级实验师：祝勇俊

4. 商学院
   教　授：段　姝　程郁琨

5. 文学院
   教　授：王海远　李　斌

6. 社会发展与公共管理学院
   教　授：陈思伟

7. 马克思主义学院
   副教授：陆　畅

8. 教育学院
   副教授：彭杜宏　吴　琼

9. 数学科学学院
   教　授：王开永　董迎辉
   副教授：宋传静　郭艳慧　程　瑶

10. 物理科学与技术学院
    教　授：刘国珍

副教授：方 宇　张加永　陈永强　赵 润

11. 化学与生命科学学院
　　 教　　授：秦粉菊　戴国梁
　　 高级实验师：钱 玮　郭伟强
　　 副教授（思政）：顾姗姗

12. 材料科学与工程学院
　　 副教授：林 坚　胡俊蝶

13. 艺术学院
　　 教　　授：莫军华　潘道生
　　 副教授：杨新华　顾国兰　高 萍　董立惠　蒙建军　戴 斌
　　 高级实验师：顾邦军
　　 副教授（思政）：季海君

14. 音乐学院
　　 副教授：朱小屏

15. 机械工程学院
　　 教　　授：曹自洋

16. 体育部
　　 副教授：王生贵　彭 飞

17. 财务处
　　 高级会计师：吴洁滨
　　 高级工程师：吕 渊

18. 国际合作交流处、港澳台办
　　 副研究员：钱 佳

19. 信息化建设与管理中心
　　 高级工程师：刘志文

2020 年度引进人员情况

2020 年度引进人员情况一览表

序号	姓名	性别	调入部门	职称	学历/学位	来校时间
1	孙旻恺	男	建筑与城市规划学院	中级	研究生/博士	2020年2月
2	程世卓	女	建筑与城市规划学院	中级	研究生/博士	2020年4月
3	芃妍	女	建筑与城市规划学院	初级	研究生/硕士	2020年9月
4	赵盛焕	男	建筑与城市规划学院	中级	研究生/博士	2020年10月
5	吴珊珊	女	建筑与城市规划学院	中级	研究生/博士	2020年11月
6	钱秋慧	女	环境科学与工程学院	中级	研究生/博士	2020年9月
7	冯哲	男	环境科学与工程学院	初级	研究生/硕士	2020年9月
8	李璐	女	环境科学与工程学院	中级	研究生/博士	2020年12月
9	吴林妹	女	土木工程学院	中级	研究生/博士	2020年1月
10	翟相华	女	土木工程学院	中级	研究生/博士	2020年4月
11	李秉宜	男	土木工程学院	中级	研究生/博士	2020年9月
12	霍鹏辉	男	土木工程学院	初级	研究生/硕士	2020年9月
13	姚刚峰	男	土木工程学院	中级	研究生/博士	2020年9月
14	孙岳阳	男	土木工程学院	中级	研究生/博士	2020年9月
15	池斌	男	土木工程学院	中级	研究生/博士	2020年10月
16	徐峰磊	男	电子与信息工程学院	中级	研究生/博士	2020年9月
17	孙佳惟	女	电子与信息工程学院	中级	研究生/博士	2020年9月
18	黄珊	女	电子与信息工程学院	初级	研究生/硕士	2020年9月
19	陈鑫	男	电子与信息工程学院	中级	研究生/博士	2020年9月
20	王蕴哲	女	电子与信息工程学院	中级	研究生/博士	2020年11月
21	张茂军	男	商学院	正高	研究生/博士	2020年1月
22	赵霞	女	商学院	正高	研究生/博士	2020年4月
23	陈骏宇	男	商学院	中级	研究生/博士	2020年4月
24	陈聪	女	商学院	中级	研究生/博士	2020年4月

续表

序号	姓名	性别	调入部门	职称	学历/学位	来校时间
25	于倩雯	女	商学院	中级	研究生/博士	2020年9月
26	唐国平	男	商学院	初级	研究生/硕士	2020年9月
27	李笑	女	商学院	中级	研究生/博士	2020年9月
28	孙红霞	女	商学院	正高	研究生/博士	2020年10月
29	陈祝琴	男	文学院	副高	研究生/博士	2020年9月
30	李洋	男	文学院	初级	研究生/硕士	2020年9月
31	袁鳞	男	文学院	中级	研究生/博士	2020年9月
32	艾志杰	男	文学院	中级	研究生/博士	2020年9月
33	彭永福	男	社会发展与公共管理学院	中级	研究生/博士	2020年4月
34	陈思伟	男	社会发展与公共管理学院	正高	研究生/博士	2020年9月
35	王英	女	社会发展与公共管理学院	中级	研究生/博士	2020年9月
36	王吉彤	女	社会发展与公共管理学院	中级	研究生/博士	2020年10月
37	杜江红	女	教育学院	中级	研究生/博士	2020年9月
38	李薇宇	女	数学科学学院	中级	研究生/博士	2020年9月
39	刘双庆	男	数学科学学院	中级	研究生/博士	2020年9月
40	李龙	男	数学科学学院	中级	研究生/博士	2020年9月
41	楼晓丹	男	数学科学学院	初级	研究生/硕士	2020年9月
42	马茹茹	女	数学科学学院	中级	研究生/博士	2020年9月
43	苏勇	男	数学科学学院	副高	研究生/博士	2020年9月
44	董进衍	女	化学与生命科学学院	初级	研究生/博士	2020年1月
45	齐鑫	女	化学与生命科学学院	中级	研究生/博士	2020年5月
46	谢志翔	男	化学与生命科学学院	副高	研究生/博士	2020年9月
47	吴海涛	男	化学与生命科学学院	中级	研究生/博士	2020年9月
48	朱孟娇	女	化学与生命科学学院	中级	研究生/博士	2020年12月
49	汪昌红	男	材料科学与工程学院	中级	研究生/博士	2020年2月
50	杨晓刚	男	材料科学与工程学院	正高	研究生/博士	2020年4月
51	陈婷	女	材料科学与工程学院	副高	研究生/博士	2020年9月

续表

序号	姓　名	性别	调入部门	职称	学历/学位	来校时间
52	杜 沣	男	材料科学与工程学院	中级	研究生/博士	2020年9月
53	李 琳	女	材料科学与工程学院	中级	研究生/博士	2020年9月
54	胡焱清	男	材料科学与工程学院	中级	研究生/博士	2020年9月
55	张 闪	女	材料科学与工程学院	中级	研究生/博士	2020年11月
56	赵 明	女	材料科学与工程学院	中级	研究生/博士	2020年11月
57	曲家福	男	材料科学与工程学院	中级	研究生/博士	2020年12月
58	薛 娟	女	艺术学院	正高	研究生/博士	2020年9月
59	邹力子	女	艺术学院	初级	研究生/硕士	2020年9月
60	谭亲平	男	外国语学院	初级	研究生/硕士	2020年9月
61	史 琳	女	音乐学院	正高	研究生/硕士	2020年1月
62	马佳佳	女	音乐学院	中级	研究生/博士	2020年1月
63	王馨密	女	音乐学院	中级	研究生/博士	2020年9月
64	苗 情	男	机械工程学院	中级	研究生/博士	2020年9月
65	付贵忠	男	机械工程学院	中级	研究生/博士	2020年12月
66	奚 旭	男	地理科学与测绘工程学院	中级	研究生/博士	2020年7月
67	苏 玲	女	地理科学与测绘工程学院	初级	研究生/硕士	2020年9月
68	杨正军	男	教务处、高教研究所	初级	研究生/硕士	2020年9月
69	沈镱武	男	教务处、高教研究所	初级	研究生/硕士	2020年9月
70	倪德青	女	图书馆	中级	大专	2020年9月

2020年度退休人员情况

2020年度苏州科技大学退休人员名单

序号	部　门	姓　名
1	建筑与城市规划学院	高 安
2	建筑与城市规划学院	朱建文
3	环境科学与工程学院	张 序

续表

序号	部　门	姓　名
4	环境科学与工程学院	白仁碧
5	土木工程学院	朱晓济
6	土木工程学院	邓静娟
7	电子与信息工程学院	郑　颖
8	商学院	万正晓
9	商学院	蔡军卫
10	商学院	刘　华
11	文学院	潘　延
12	社会发展与公共管理学院	殷伟仁
13	马克思主义学院	杨　健
14	教育学院	王玲玲
15	教育学院	李　纲
16	教育学院	鲍谥清
17	数学科学学院	谷建胜
18	数学科学学院	乔占科
19	物理科学与技术学院	潘　涛
20	物理科学与技术学院	刘永奇
21	艺术学院	张晓轩
22	艺术学院	吴晓洵
23	艺术学院	陆霄鹰
24	外国语学院	江沈巨
25	外国语学院	任　瑞
26	音乐学院	刘　湲
27	音乐学院	孙和安
28	党办、校办、保密办	王雪梅
29	党办、校办、保密办	桑勇明
30	财务处	唐　奇

续表

序号	部门	姓名
31	财务处	赵丽晖
32	工会	徐海莺
33	团委	朱依东
34	离退休工作处	顾建芳
35	离退休工作处	杨 萍
36	后勤服务总公司	王 磊
37	后勤服务总公司	朱根元
38	后勤服务总公司	马福林
39	后勤服务总公司	蒋逢珍
40	信息化建设与管理中心	钱 震
41	天平学院	刘 兰

2020年度离休干部情况

2020年度离休干部名单

(按姓氏笔画为序)

丁桂林　　包耕生　　吕 萍　　江 涛　　李文英　　吴蕴馥　　张忠信
范广勋　　费洪启　　徐国樑　　曹寿淦　　潘 昌

国际合作与交流

外籍教师聘用情况

2020年度苏州科技大学外籍教师聘用情况一览表

序号	姓　名	性别	国籍	受聘院系	聘期
1	Marisa Ann Terwilliger	女	美国	外国语学院	一年
2	Barnaby Graham	男	英国	外国语学院	一年
3	Alice Dejia Kong	女	美国	外国语学院	一年
4	Ryan Vincent Higgins	男	英国	外国语学院	一年
5	Abhisek Gadhavi	男	英国	外国语学院	一年（离职）
6	Sierra Ann Brimhall	女	美国	外国语学院	一年（离职）
7	Troy C. Brimhall	男	美国	外国语学院	一年（离职）
8	Niino Masako	女	日本	外国语学院	一年
9	Junko Saito	女	日本	外国语学院	一年（离职）
10	Nicholas Vctri	男	美国	国际教育学院	一年
11	Kelly Ann Grugan	女	美国	国际教育学院	一年
12	陈建平	男	美国	建筑与城市规划学院	五年
13	盛光遥	男	美国	环境科学与工程学院	五年
14	盛胜利	男	加拿大	电子与信息工程学院	五年
15	高振	男	加拿大	电子与信息工程学院	五年
16	郑恩玉	女	韩国籍	人文学院	五年
17	吕梅丝	女	菲律宾	音乐学院	五年（离职）

续表

序号	姓　名	性别	国籍	受聘院系	聘期
18	Jiyeon Kim	女	奥地利	音乐学院	五年
19	杨鸿斌	男	新加坡	材料科学与器件研究院	五年
20	李长明	男	美国	材料科学与器件研究院	五年

2020年苏州科技大学与境外大学交流合作情况

2020年苏州科技大学与境外大学交流合作情况一览表

序号	国家（地区）	合作学校	协议内容	协议期限
1	日本	长崎大学	苏州科技大学与日本长崎大学学术交流协定	5年
2	日本	长崎大学	苏州科技大学与日本长崎大学学生交流合作备忘录	5年
3	丹麦	南丹麦大学学院	苏州科技大学与南丹麦大学学院合作备忘录（续签）	5年
4	芬兰	萨达昆塔应用科技大学	苏州科技大学与萨达昆塔应用科技大学合作备忘录（续签）	5年

校园文化建设

2020年度苏州科技大学教职工文艺活动开展情况

2020年度苏州科技大学教职工文艺活动开展情况一览表

序号	活动名称	活动单位	日期
1	庆祝"三八节"110周年活动	校工会	3月
2	第三届教职工气排球比赛	校工会	9月21—25日
3	校第十八届教职工乒乓球比赛	校工会	10月
4	2020年教职工田径及趣味运动会	校工会	11月5日
5	第十二届教职工羽毛球比赛	校工会	11月11—18日
6	"廉政时评300秒"主题演讲比赛	校工会	11月19日
7	第十一届教职工跳长绳团体赛	校工会	12月2日
8	2020年教职工校园长跑	校工会	12月2日

2020年度苏州科技大学学生集体（社团）文艺活动开展情况

2020年度苏州科技大学学生集体（社团）文艺活动开展情况一览表

序号	活动名称	活动学院（部）、单位	日期
1	"向光而行"抗击疫情系列活动	校学生会	2020年2月8—15日
2	"愿山河无恙，四方安宁"手写加油接力	校学生会	2020年2月19日
3	"幸而有你 致敬最可爱的人"教师节活动	校学生会	2020年9月10日
4	迎新活动	校学生会	2020年9月16—18日
5	2020年苏州科技大学新生球类季篮球赛	校学生会	2020年11月
6	2020年新生辩论赛	校学生会	2020年11月11日—12月6日
7	2020年苏州科技大学新生球类季羽毛球赛	校学生会	2020年11月7日
8	2020"枫起姑苏"迎新晚会	校学生会	2020年11月13日
9	2020年苏州科技大学新生球类季乒乓球赛	校学生会	2020年11月14日
10	2020年苏州科技大学新生球类季排球赛	校学生会	2020年11月14—18日
11	"执意真我，传递新声"第七届校园主持人大赛	校学生会	2020年11月25日—12月5日
12	"爱国主义歌曲"十佳歌手比赛	建筑与城市规划学院	2020年5月10日
13	"廿青葱岁月，始似锦前程"毕业晚会	建筑与城市规划学院	2020年6月16日
14	迎新晚会主持人大赛	建筑与城市规划学院	2020年10月3日
15	"建院2020 乘风飞扬 筑梦起航"迎新晚会	建筑与城市规划学院	2020年10月16日
16	我们在"疫"起线上主题活动	环境科学与工程学院	2020年03月10日
17	新生辩论赛	环境科学与工程学院	2020年10月12日
18	棋社第一次活动	环境科学与工程学院	2020年10月13日
19	主持人大赛	环境科学与工程学院	2020年11月4日
20	青联演讲	环境科学与工程学院	2020年11月9日

续表

序号	活动名称	活动学院（部）、单位	日期
21	学联演讲	环境科学与工程学院	2020年11月9日
22	学生风采展示大会		2020年11月28日
23	学生会团建活动		2020年12月6日
24	冬至民俗节		2020年12月21日
25	"家有歌王，为爱发声"抗击疫情歌唱活动	土木工程学院	2020年3月12日
26	"未来可期"毕业季		2020年6月20日
27	中秋晚会		2020年10月2日
28	重阳节老年公寓文艺汇演		2020年10月23日
29	"枫"华正茂时迎新晚会		2020年11月2日
30	宿舍文化节		2020年11月4日
31	新生演讲比赛		2020年11月5日
32	"三走"活动		2020年11月29日
33	团学大联欢		2020年12月20日
34	视频创作与设计大赛	电子与信息工程学院	2020年2月10—22日
35	"疫情当前，全民动员"抗击疫情线上作品展		2020年2月12日
36	"追光之声"十佳歌手		2020年3月13日
37	学霸笔记大赛		2020年3月15日
38	"科技之光，声援疫情"活动		2020年3月16日
39	"逆境携行，你我同心"心理健康教育活动季		2020年4月1—24日
40	"烹燃心动"厨艺大赛		2020年4月3—9日
41	"疫锤定音，为爱发声"配音大赛		2020年4月10—20日
42	吉祥物设计大赛		2020年5月
43	"驹窗电逝，际幸有你"毕业云晚会		2020年7月13日
44	乒乓球比赛		2020年10月7日

续表

序号	活动名称	活动学院（部）、单位	日期
45	新生辩论赛	电子与信息工程学院	2020年10月11日
46	羽毛球比赛		2020年10月18日
47	拔河比赛		2020年10月21日
48	"持骋梦想，话筒青春"主持人大赛		2020年10月24日
49	"禁毒抗疫记于心，运动健康伴我行"荧光跑活动		2020年10月24日
50	秋季运动会		2020年11月5—6日
51	"山河无恙在我胸"朗诵会		2020年11月18日
52	"红歌代代永相颂，华夏薪火永相传"红歌大合唱		2020年12月14日
53	"奇思妙想趣味生活"之厨艺竞技大赛	商学院	2020年3月5日
54	云开雨霁 歌声战"疫"十佳歌手大赛		2020年3—4月
55	"青春献礼祖国"青年书画摄影作品征集暨展览活动		2020年5月13日
56	苏科夏日校园游		2020年7月7日
57	"持我院风，赛出风采"商学院主持人大赛		2020年10月21—23日
58	流光"艺"彩 新生才艺大赛		2020年11月4—20日
59	群"音"荟萃配音比赛		2020年11月11日
60	弘扬抗疫精神主题演讲比赛		2020年11月25日
61	"当代大学生的责任与担当"信仰公开课节目排演		2020年11月27日
62	"音为梦想，声入人心"十佳歌手大赛		2020年3月20日
63	文学院毕业季系列活动		2020年6月3日
64	新生明信片大改造活动		2020年9月17日

续表

序号	活动名称	活动学院（部）、单位	日期
65	中秋赏月飞花令活动	文学院	2020年10月1日
66	2020新程剧社迎新话剧专场"归程"		2020年10月3日
67	"玖月国学社"新生欢迎会		2020年10月10日
68	SUST镜界摄影社新老社员见面交流会基础摄影讲座		2020年10月21日
69	"光旅"演讲比赛		2020年10月21日
70	2020新程剧社新生实验广场		2020年10月25日
71	文学院主持大赛		2020年10月28日
72	汉之苏州汉服社庚子年汉服科普活动		2020年11月4日
73	第十五届"破晓"短剧大赛		2020年11月19日
74	"江南细节"系列大赛		2020年11月20日
75	SUST镜界摄影社留园采风活动		2020年11月21日
76	兰亭书法协会"浓墨淡雅，铭紫禁六百永固"书法比赛活动		2020年11月29日
77	汉之苏州汉服社手作研习班		2020年12月2日
78	2020新程剧社冬专"尘欲"特别放映会		2020年12月12日
79	汉之苏州汉服社庚子年冬至雅集		2020年12月15日
80	文学院冬至包饺子送温暖活动		2020年12月20日
81	"为爱发声"抗疫歌曲翻唱活动	社会发展与公共管理学院	2020年5月5日
82	"青春绽放，梦想起航"2020线上毕业生晚会		2020年6月19日
83	"学长学姐带你游校园"直播活动		2020年9月13日
84	"澄辉传家韵，华彩绘国昌"中秋国庆集体绘画活动		2020年10月1日
85	"主我风采，驰骋舞台"2020新生主持大赛		2020年10月24日
86	"逐梦前行，新然相遇"2020线上迎新晚会		2020年11月28日
87	"演绎青春，向阳而生"校园心理剧会演		2020年11月29日

续表

序号	活动名称	活动学院（部）、单位	日期
88	马克思主义学院主持人大赛	马克思学院	2020年11月9日
89	马克思主义学院书法比赛		2020年11月25日
90	新生摄影大赛	教育学院	2020年9月25日
91	教师节祝福活动		2020年9月9日
92	双节活动		2020年9月25日
93	新生主持人大赛		2020年10月24日
94	"模拟政协"提案大赛		2020年11月1日
95	红烛引焰活动		2020年11月20日
96	战"疫"云演讲	数学科学学院、物理科学与技术学院	2020年2月28日
97	"疫"见钟情短视频评比活动		2020年3月6日
98	"宅"家晚自习打卡学习活动		2020年3月9日
99	十佳歌手大赛		2020年5月8日
100	毕业晚会		2020年6月15日
101	辩论赛	数学科学学院	2020年10月15日
102	抗疫四部曲活动		2020年11月11日
103	主持人大赛		2020年11月13日
104	"宿舍logo设计"活动		2020年11月16日
105	金秋苏科——脑王争夺赛		2020年11月21日
106	宿舍文化节闭幕晚会	数学科学学院、物理科学与技术学院	2020年12月11日
107	主持人大赛	物理科学与技术学院	2020年11月14日
108	宿舍文化节之文明宿舍评选		2020年11月22日
109	宿舍文化节之抗疫四部曲		2020年12月5日
110	宿舍文化节之宿舍LOGO设计大赛		2020年12月7日
111	宿舍文化节之才艺大赛		2020年12月11日

续表

序号	活动名称	活动学院（部）、单位	日期
112	"心系祖国，以歌传情"线上拉歌	化学与生命科学学院	2020年4月27日
113	献给正值青春的你们——《弄潮儿》		2020年5月10日
114	"请回答2016"因为相遇 万物皆喜		2020年6月18日
115	文艺部招新系列活动之快闪		2020年9月27日
116	庆国庆、迎中秋		2020年10月1日
117	主持人大赛		2020年10月31日
118	拥抱陌生人		2020年11月8日
119	新辰大海，以梦启航		2020年12月19日
120	材料科学与工程学院第一届新生辩论赛	材料科学与工程学院	2020年10月20日
121	材料学院第一届"材子之声"主持人大赛		2020年11月15日
122	材料学院"Plan d"双语演讲大赛		2020年11月26日
123	材料学院第一届"宿说青春"宿舍文化节		2020年12月1日
124	一帧态度vlog大赛	艺术学院	2020年1月4日
125	众志成城抗击疫情设计作品比赛		2020年2月10日
126	有你艺起，温暖三月女生节线上活动		2020年3月7日
127	"一出好戏"线上毕业生晚会		2020年6月24日
128	"为祖国增色"国庆主题活动		2020年9月30日
129	"家国'艺'心"国庆中秋活动		2020年9月30日
130	"悦劳动，越艺术"主题活动		2020年10月10日
131	院级辩论赛选拔赛		2020年10月23日
132	重阳节文化活动		2020年10月25日
133	思想教育引领文化活动		2020年11月4日
134	"文明画室"评比活动		2020年11月6日
135	"宿舍收纳"评比活动		2020年11月6日
136	国际大学生节游戏嘉年华活动		2020年11月11日
137	艺术学院第五届主持人大赛		2020年11月18日

续表

序号	活动名称	活动学院（部）、单位	日期
138	红色基地参观活动	艺术学院	2020年12月13日
139	素质拓展特色活动		2020年12月19日
140	趣味运动会活动		2020年12月19日
141	日语角——留学主题	外国语学院	2020年3月31日
142	日语角——动漫主题		2020年4月7日
143	日语协会日语角：新野老师的一堂课		2020年4月15日
144	"炙热的夏天，我们不说再见"线上毕业季活动		2020年6月
145	外国语学院英语协会万圣节观影活动：《招魂》		2020年10月30日
146	外国语学院英语协会社团金秋苏科之绘本阅读交流会		2020年11月9日
147	英语协会社团双十一观影活动：《爱与童年》		2020年11月13日
148	日语协会《君の名は》主题观影活动		2020年11月13日
149	外国语学院主持人风采大赛		2020年11月14日
150	外国语学院英语协会社团大会暨第一次英语角		2020年11月16日
151	日语协会第九届寿司大会		2020年11月25日
152	11.27英语协会社团观影活动：《科幻世界》		2020年11月27日
153	模拟联合国大会		2020年11月30日
154	日语协会《千与千寻》主题观影活动		2020年12月4日
155	外国语学院2020—2021年度元旦晚会		2020年12月29日
156	抗疫主题歌曲《点亮生命》	音乐学院	2020年2月18日
157	抗疫原创主题歌曲《白衣战场》		2020年2月20日
158	演唱抗疫歌曲《最美逆行者》		2020年3月10日
159	抗疫视频分享		2020年3月12日
160	让我们携手抗疫主题作品分享		2020年3月25日

续表

序号	活动名称	活动学院（部）、单位	日期
161	抗疫原创歌曲《我们是长城》	音乐学院	2020年5月23日
162	抗疫原创歌曲《春消息》		2020年5月26日
163	万人云合唱《我们》		2020年5月27日
164	第十五届中国国际合唱节		2020年10月30日
165	金秋苏科文艺晚会		2020年12月4日
166	《沁园春·雪》刘也愚独唱音乐会		2020年12月18日
167	音师2011观摩音乐会		2020年12月25日
168	"青春无悔，抗'疫'同唱"	机械工程学院	2020年3月7日
169	"逆境携行，你我同心"线上心理剧晚会		2020年5月14日
170	"逆境携行，你我同心""我的抗'疫'微生活"微视频		2020年5月14日
171	"国庆遇中秋，机械迎萌新"主题庆祝活动		2020年10月1日
172	学院辩论赛		2020年11月2日
173	主持人大赛		2020年11月11日
174	宿舍文化节之宿舍vlog大赛		2020年11月23日
175	科技辩论赛		2020年12月4日
176	主持人大赛	地理科学与测绘工程学院	2020年11月11日
177	"地测育芳华 星约新时代"文艺展演暨北极星艺术团成立仪式		2020年12月20日
178	十佳歌手大赛		2021月3月31日
179	专业篮球联赛		2021月3月31日
180	国际教育学院毕业云晚会	国际教育学院	2020年7月13日
181	国际教育学院迎新晚会		2020年11月13日
182	英语歌曲演唱大赛		2020年12月4日

续表

序号	活动名称	活动学院（部）、单位	日期
183	长三角高校书院联盟"青春云战疫"系列活动	敬文书院	2020年2—5月
184	青春云战"疫"——敬文书院山北画社丹青助力武汉		2020年3月14日
185	敬文书院湖畔书社"以艺抗疫"活动		2020年4月15日
186	敬文书院地球日系列活动之"寻找最美地球"摄影大赛		2020年5月10日
187	敬文书院战役云音乐秀		2020年5月11日
188	敬文书院"逆境携行，你我同心"心理征文活动		2020年5月30日
189	敬文书院演说社"萌新大声说"演讲比赛		2020年9月23日
190	敬文书院2020级新生辩论赛		2020年9月28日—10月28日
191	敬文书院演说社"祖国我来颂"朗诵比赛		2020年10月7日
192	敬文大讲堂——初识评弹		2020年10月28日
193	"为梦发声"敬文书院第四届主持人大赛		2020年11月13日
194	敬文大讲堂——写作，让生命更有温度		2020年11月25日
195	"新"动依旧敬文书院2020年联欢晚会		2020年12月4日
196	"赏中华诗词，寻文化基因"敬文书院诗词大会		2020年12月6日
197	"迎冬至，知民俗；同相聚，共温暖"敬文书院冬至民俗体验活动		2020年12月21日
198	中外学生文化"云交流"活动10场	图书馆	2020年1—12月
199	"阅读抗疫，共读一本书"阅读赛及云上分享会		2020年4月
200	"阅读光影"线上&线下观影交流22场		2020年5—12月

续表

序号	活动名称	活动学院（部）、单位	日期
201	石湖讲坛 3 场	图书馆	2020 年 10—11 月
202	读书分享交流会系列活动 6 场		2020 年 10—12 月
203	"扬清风·强廉韵·树正气"廉政书籍推荐及原创书评大赛		2020 年 11 月
204	X·光戏剧社《暗恋桃花源》话剧演出		2020 年 12 月

2020年学生参加各项国家、省市级体育赛事情况

2020年学生参加各项国家、省市级体育赛事情况一览表

项目类别	赛事名称	参与单位	获奖情况
省部级	2020年江苏省大学生跆拳道锦标赛	苏州科技大学	甲B组团体总分第一名 男子甲B组高丽二等奖 男子甲B组58kg第一名 女子甲B组高丽二等奖 女子甲B组62kg第一名 男子甲B组太极六章一等奖 男子甲B组+87kg第二名 男子甲B组太极八章二等奖 男子甲B组80kg第二名 男子甲B组太极四章一等奖 男子甲B组68kg第二名 男子甲B组高丽一等奖 男子甲B组63kg第二名 男子甲B组74kg第一名
省部级	第十一届江苏省大学生龙狮精英赛	苏州科技大学	甲男·舞龙竞速第2名
市级	苏州市第十五届运动会健美操比赛	苏州科技大学	本科院校组舞蹈啦啦操花球自选套路第一名
市级	苏州市第十五届运动会乒乓球比赛	苏州科技大学	本科院校组男子单打第二名
市级	苏州市第十五届运动会羽毛球比赛	苏州科技大学	本科院校组女子双打第一、二名 女子单打第一、二名 男子双打第一、二名 男子单打第一、二名

附 录

2020年苏州科技大学规章制度文件目录

2020年苏州科技大学规章制度文件目录一览表

序号	文 号	文件标题	发文时间
1	苏科委〔2020〕5号	关于印发《苏州科技大学文明校园创建实施方案》的通知	2020年3月3日
2	苏科委〔2020〕11号	关于印发《苏州科技大学"三育人"工作条例(暂行)》的通知	2020年5月14日
3	苏科委〔2020〕12号	关于印发《苏州科技大学"三育人"工作先进集体、先进个人评选办法》的通知	2020年5月14日
4	苏科委〔2020〕16号	关于印发《苏州科技大学新闻宣传管理暂行办法(修订)》的通知	2020年5月29日
5	苏科委〔2020〕17号	关于印发《苏州科技大学部分机构设置调整方案》的通知	2020年6月4日
6	苏科委〔2020〕19号	关于印发《苏州科技大学部分机构的内设机构、领导职数、人员配置调整方案》的通知	2020年6月12日
7	苏科委〔2020〕21号	关于印发《苏州科技大学党政公文处理实施办法》的通知	2020年7月1日
8	苏科委〔2020〕22号	关于印发《苏州科技大学优秀共产党员、优秀党务工作者、先进基层党组织评选表彰办法》的通知	2020年7月1日
9	苏科委〔2020〕34号	关于印发《苏州科技大学第三届党委第四轮巡察工作实施方案》的通知	2020年9月15日

续表

序号	文　号	文件标题	发文时间
10	苏科委〔2020〕39号	关于印发《中共苏州科技大学委员会贯彻落实〈关于加强省属高校领导班子政治建设的若干措施〉实施方案》的通知	2020年10月21日
11	苏科委〔2020〕43号	关于印发《苏州科技大学学生会（研究生会）深化改革实施方案》的通知	2020年10月28日
12	苏科委〔2020〕51号	关于印发《苏州科技大学发展党员工作实施细则》的通知	2020年11月30日
13	苏科委〔2020〕53号	关于印发《苏州科技大学关于落实网络安全工作责任制的实施细则》的通知	2020年12月9日
14	苏科委〔2020〕58号	关于印发《苏州科技大学推优入党工作实施办法（试行）》的通知	2020年12月25日
15	苏科大〔2020〕1号	关于印发《苏州科技大学校属企业财务管理办法（试行）》的通知	2020年1月3日
16	苏科大〔2020〕2号	关于印发《苏州科技大学校属企业国有资本保值增值考核办法（试行）》的通知	2020年1月3日
17	苏科大〔2020〕3号	关于印发《苏州科技大学校属企业利润分配管理办法（试行）》的通知	2020年1月3日
18	苏科大〔2020〕4号	关于印发《苏州科技大学创收分配管理暂行办法》的通知	2020年1月3日
19	苏科大〔2020〕6号	关于印发《苏州科技大学校园和校车安全专项整治工作实施方案》的通知	2020年1月8日
20	苏科大〔2020〕8号	关于印发《苏州科技大学科研成果奖励办法（人文社科类）》的通知	2020年1月8日
21	苏科大〔2020〕9号	关于印发《苏州科技大学纵向科研项目奖励办法（人文社科类）》的通知	2020年1月8日
22	苏科大〔2020〕10号	关于印发《苏州科技大学科研工作量计算办法（人文社科类）》的通知	2020年1月8日

续表

序号	文　号	文件标题	发文时间
23	苏科大〔2020〕11号	关于印发《苏州科技大学核心期刊目录（人文社科类）（2019年修订）》的通知	2020年1月8日
24	苏科大〔2020〕17号	关于印发《关于职称评审工作的补充规定》的通知	2020年3月10日
25	苏科大〔2020〕19号	关于印发《苏州科技大学危险化学品安全管理办法》的通知	2020年3月18日
26	苏科大〔2020〕20号	关于印发《苏州科技大学仪器设备管理办法》的通知	2020年3月18日
27	苏科大〔2020〕21号	关于印发《苏州科技大学大型精密贵重仪器设备管理办法》的通知	2020年3月18日
28	苏科大〔2020〕22号	关于印发《苏州科技大学材料、易耗品、低值设备管理办法》的通知	2020年3月18日
29	苏科大〔2020〕23号	关于印发《苏州科技大学实验室开放管理办法》的通知	2020年3月18日
30	苏科大〔2020〕24号	关于印发《苏州科技大学危险化学品安全综合治理及危险废物处置专项整治实施方案》的通知	2020年3月18日
31	苏科大〔2020〕26号	关于印发《苏州科技大学美育工作实施细则》的通知	2020年3月25日
32	苏科大〔2020〕41号	关于印发《苏州科技大学年度工作考核方案（试行）》的通知	2020年5月11日
33	苏科大〔2020〕44号	关于调整各类校级荣誉和奖项的设置及奖励标准的通知	2020年5月26日
34	苏科大〔2020〕53号	关于印发《苏州科技大学基本建设项目工程变更及签证管理办法（试行）》的通知	2020年6月19日
35	苏科大〔2020〕54号	关于印发《苏州科技大学基建档案管理办法（试行）》的通知	2020年6月19日

续表

序号	文　号	文件标题	发文时间
36	苏科大〔2020〕55号	关于印发《苏州科技大学建设工程项目审计实施办法的补充规定》的通知	2020年6月23日
37	苏科大〔2020〕56号	关于印发《苏州科技大学安全管理工作评先评优管理办法》的通知	2020年6月24日
38	苏科〔2020〕4号	关于印发《苏州科技大学校属企业落实"三重一大"决策制度的实施办法》的通知	2020年7月9日
39	苏科〔2020〕5号	关于印发《苏州科技大学校属企业董事、监事派出与管理办法》的通知	2020年7月9日
40	苏科〔2020〕7号	关于印发《苏州科技大学硕士研究生指导教师招生资格审核办法》的通知	2020年7月14日
41	苏科〔2020〕8号	关于印发《苏州科技大学硕士研究生指导教师遴选办法》的通知	2020年7月14日
42	苏科〔2020〕19号	关于印发《苏州科技大学敬文书院学生转出转入实施办法》的通知	2020年9月8日
43	苏科〔2020〕21号	关于印发《苏州科技大学编制"十四五"事业发展规划的工作方案》的通知	2020年9月15日
44	苏科〔2020〕23号	关于印发《苏州科技大学安全专项整治三年行动实施方案》的通知	2020年9月22日
45	苏科〔2020〕29号	关于印发《苏州科技大学后勤安全检查工作实施方案》的通知	2020年10月13日
46	苏科〔2020〕41号	关于印发《苏州科技大学教职工退休管理办法（修订）》的通知	2020年11月9日
47	苏科〔2020〕42号	关于印发《苏州科技大学内部审计工作规定》的通知	2020年11月10日
48	苏科〔2020〕43号	关于印发《苏州科技大学本科学生创新创业训练计划实施管理办法（试行）》的通知	2020年11月10日

续表

序号	文　号	文件标题	发文时间
49	苏科〔2020〕44号	关于印发《苏州科技大学研究基地管理办法（人文社科类）》的通知	2020年11月11日
50	苏科〔2020〕45号	关于印发《苏州科技大学学术不端行为认定办法（试行）》的通知	2020年11月16日
51	苏科〔2020〕49号	关于印发《苏州科技大学全面预算绩效管理实施办法（试行）》的通知	2020年11月18日
52	苏科〔2020〕51号	关于印发《苏州科技大学教职工医疗互助基金管理办法》的通知	2020年11月20日
53	苏科〔2020〕55号	关于印发《苏州科技大学"以劳育德、文明修身"主题教育活动方案》的通知	2020年11月23日
54	苏科〔2020〕61号	关于印发《苏州科技大学网络安全监测预警实施办法》的通知	2020年12月9日
55	苏科〔2020〕62号	关于印发《苏州科技大学网络安全事件应急预案》的通知	2020年12月9日
56	苏科〔2020〕63号	关于印发《苏州科技大学网络与信息安全管理规定》的通知	2020年12月9日
57	苏科〔2020〕69号	关于印发《苏州科技大学劳动教育实施方案》的通知	2020年12月31日
58	苏科大研〔2020〕5号	关于印发《苏州科技大学2020年硕士研究生招生复试录取工作办法》的通知	2020年5月18日
59	苏科党办〔2020〕1号	关于印发《苏州科技大学学院（部）公文处理有关规定》的通知	2020年7月10日

2020年苏州科技大学机构设置文件目录

2020年苏州科技大学机构设置文件目录一览表

序号	文号	文件标题	发文时间
1	苏科委〔2020〕2号	苏州科技大学关于进一步健全完善疫情防控工作领导小组及职责的通知	2020年2月6日
2	苏科委〔2020〕6号	关于成立学校党的建设工作领导小组的通知	2020年4月28日
3	苏科委〔2020〕10号	关于调整苏州科技大学民族宗教工作领导小组的通知	2020年4月30日
4	苏科委〔2020〕13号	关于调整苏州科技大学"三育人"工作领导小组成员的通知	2020年5月14日
5	苏科委〔2020〕24号	关于新组建学院党组织设置的通知	2020年7月15日
6	苏科委〔2020〕32号	关于新组建学院党组织委员会组成的通知	2020年9月9日
7	苏科委〔2020〕35号	关于成立落实省高校综合考核工作领导小组的通知	2020年9月24日
8	苏科委〔2020〕36号	关于成立苏州科技大学第四届第三次教职工代表大会筹备工作领导小组的通知	2020年9月25日
9	苏科委〔2020〕40号	关于调整部分学院党组织设置的通知	2020年10月22日
10	苏科委〔2020〕49号	关于成立党风廉政建设和反腐败工作协调小组的通知	2020年11月25日
11	苏科大〔2020〕7号	关于成立苏州科技大学校园和校车安全专项整治工作领导小组的通知	2020年1月8日

续表

序号	文 号	文件标题	发文时间
12	苏科大〔2020〕12号	苏州科技大学关于成立新型冠状病毒感染的肺炎疫情防控工作领导小组的通知	2020年1月27日
13	苏科大〔2020〕13号	苏州科技大学关于成立新冠肺炎疫情防控突击队的通知	2020年2月15日
14	苏科大〔2020〕16号	关于成立苏州科技大学疫情防控期间本科线上教学工作领导小组的通知	2020年2月29日
15	苏科大〔2020〕25号	关于成立苏州科技大学美育工作领导小组的通知	2020年3月25日
16	苏科大〔2020〕37号	关于成立苏州科技大学"省市共建项目"实施工作小组的通知	2020年4月22日
17	苏科大〔2020〕49号	关于成立苏州科技大学消费扶贫工作领导小组的通知	2020年6月9日
18	苏科〔2020〕24号	关于成立苏州科技大学安全专项整治三年行动领导小组和工作专班的通知	2020年9月22日
19	苏科〔2020〕27号	关于成立苏州科技大学第七次全国人口普查工作领导小组的通知	2020年9月29日
20	苏科〔2020〕28号	关于调整苏州科技大学学位评定委员会的通知	2020年10月8日
21	苏科〔2020〕30号	关于成立苏州科技大学迎接省高校后勤安全检查工作领导小组的通知	2020年10月13日
22	苏科〔2020〕48号	关于调整苏州科技大学教学委员会工作小组成员的通知	2020年11月17日
23	苏科〔2020〕70号	关于成立苏州科技大学劳动教育指导委员会的通知	2020年12月31日

2020年苏州科技大学人事任免文件目录

2020年苏州科技大学人事任免文件目录一览表

序号	文 号	文件标题	发文时间
1	苏科委〔2020〕1号	关于卫艳阳等50名同志任职的通知	2020年1月12日
2	苏科委〔2020〕14号	关于唐柏鉴等同志任职的通知	2020年5月27日
3	苏科委〔2020〕15号	关于张开发等同志任职的通知	2020年5月27日
4	苏科委〔2020〕25号	关于孟蓓琪等同志免职的通知	2020年7月15日
5	苏科委〔2020〕26号	关于刘强等同志职务任免的通知	2020年7月15日
6	苏科委〔2020〕27号	关于李长明、郭春显同志聘任的通知	2020年7月15日
7	苏科委〔2020〕29号	关于林炬屹、谭志凯同志免职的通知	2020年7月15日
8	苏科委〔2020〕30号	关于陈琰等同志职务任免的通知	2020年7月22日
9	苏科委〔2020〕41号	关于张铮、李永丹同志任职的通知	2020年10月27日
10	苏科委〔2020〕52号	关于章鸣、段姝同志职务任免的通知	2020年12月2日
11	苏科大〔2020〕31号	关于聘任江苏省生态道路技术产业化工程研究中心主任及副主任的通知	2020年4月9日
12	苏科人〔2020〕1号	关于王开永等五十四名同志具备高级专业技术职务任职资格的通知	2020年7月16日
13	苏科人〔2020〕2号	关于吴伟莹等三十二名同志具备中级专业技术职务任职资格的通知	2020年7月16日
14	苏科人〔2020〕5号	关于吴洁演同志具备高级专业技术资格的通知	2020年11月9日
15	苏科人〔2020〕6号	关于刘宇舒等三十九名同志认定讲师专业技术资格的通知	2020年11月9日
16	苏科人〔2020〕7号	关于认定曲蒙等五十七名同志具备相应专业技术资格的通知	2020年11月9日
17	苏科人〔2020〕8号	关于吕渊等两人具备高级专业技术资格的通知	2020年12月28日

2020年市级以上媒体关于苏州科技大学的报道统计

2020年市级以上媒体关于苏州科技大学的报道统计一览表

序号	新闻标题	媒体	日期
1	省内高校音乐学院院长会聚苏州论育才	《现代快报》	2020年1月2日
2	聚力新思想 扛起高质量发展"苏州责任"	《苏州日报》	2020年1月2日
3	双塔市集为何能成爆款	《姑苏晚报》、引力播	2020年1月7日
4	承开放包容之势能 谱写现代国际大都市新华章	《苏州日报》	2020年1月7日
5	两会报道丨苏州市政协委员姜正平：给学生、家长减负，禁止校外培训机构开展义务教育阶段的课业辅导班	中国网·美丽苏州	2020年1月8日
6	两会报道丨苏州市政协常委殷新：加快城区老新村宜居改造高质量建设	中国网·美丽苏州	2020年1月8日
7	两会报道丨苏州市政协委员侯爱敏：大力推进苏州内部深度一体化进程	中国网·美丽苏州	2020年1月8日
8	苏科大：奋力书写立德树人的新时代答卷	学习强国	2020年1月9日
9	聚焦两会丨十指握拳 加快推进苏州一体化进程	看苏州	2020年1月9日
10	两会现场丨加快区域融合 推进苏州一体化进程	看苏州	2020年1月9日
11	发展与地方同步 服务与地方共赢——苏州科技大学积极融入"苏州开放再出发"新航程	《苏州日报》	2020年1月9日

续表

序号	新闻标题	媒体	日期
12	苏州市政协委员施琴芬：加大对本土高校的投入，精准对接苏州核心产业	紫牛新闻	2020年1月11日
13	苏州市政协委员殷新：加快城区老新村宜居高质量改造建设	紫牛新闻	2020年1月11日
14	苏州"超级列车"奋力挺进高质量发展最前列	《新华日报》	2020年1月12日
15	鑫口中学与苏州科技大学签订共建实践教学基地协议	引力播	2020年1月12日
16	苏州代表委员建议城市升格 "2万亿"能级地级市寻求改革突破口	21世纪经济报道	2020年1月16日
17	"城门挂春联 苏州开门红"揭联启幕 十大城门"挂联迎春"打造新民俗	交汇点	2020年1月19日
18	苏科大电子与信息工程学院党委南京送温暖	中国网·美丽苏州	2020年1月20日
19	苏州科技大学以需求导向融入地方发展全局 服务高质量发展交上精彩答卷	《新华日报》	2020年1月23日
20	应对新型冠状病毒感染的肺炎疫情 苏州科技大学及天平学院发布紧急通知	引力播	2020年1月28日
21	苏州科技大学推迟2020年高水平运动队招生体育专项测试工作	引力播	2020年1月28日
22	《丰收的锣鼓》	中国教育电视台	2020年1月28日
23	《行走的热力图》，我校商学院王世文教授接受栏目专访	看苏州	2020年1月31日
24	"战'疫'有我!" 苏科大开通防疫心理支持热线	交汇点	2020年2月3日
25	《你笑起来真好看》——苏州科技大学老师教你居家健身操	现代快报网	2020年2月4日

续表

序号	新闻标题	媒体	日期
26	苏州科技大学全国冠军教你来做健身操	紫牛新闻网	2020年2月4日
27	苏州科技大学：多措并举做好校园疫情防控工作	现代快报网	2020年2月4日
28	吹响战"疫"集结号！苏州科技大学联防联控牢筑校园疫情"防火墙"	交汇点	2020年2月4日
29	学生在家"宅"着如何锻炼身体？苏州"冠军"老师"支招"啦	看苏州	2020年2月4日
30	《你笑起来真好看》——苏州科技大学老师教你居家健身操	现代快报网	2020年2月4日
31	苏州科技大学：多措并举做好校园疫情防控工作	现代快报网	2020年2月4日
32	学生宅在家里如何锻炼 苏州科技大学全国冠军来支招！	中国网·美丽苏州	2020年2月5日
33	苏州科技大学多措并举抓实抓细校园疫情防控工作	引力播	2020年2月5日
34	为战"疫"鼓劲加油 苏州学子的这些作品燃！	看苏州	2020年2月6日
35	为战"疫"鼓劲加油 苏科大学子举办原创艺术作品线上展	引力播	2020年2月6日
36	苏州科技大学师生党员们为武汉加油打气！	看苏州	2020年2月6日
37	奋力吹响同心战"疫"集结号 苏州科技大学多措并举抓实抓细校园疫情防控工作	光明网	2020年2月6日
38	"宅"家创作艺术作品，苏州这些学子的作品很"燃"！	看苏州	2020年2月7日
39	武汉籍学子日记：等母亲平安归来，盼城市春暖花开……	看苏州	2020年2月7日

续表

序号	新闻标题	媒体	日期
40	有滋有味"宅"生活丨全国健美操冠军教你跳操	学习强国	2020年2月7日
41	苏州战疫,他们冲在最前面!	《苏州日报》官方微信	2020年2月8日
42	战"疫"时刻 党员在一线——苏科大机关党工委第五党支部发出党员行动倡议书	中国网·美丽苏州	2020年2月8日
43	我校音乐学院研究生徐木之星演唱歌曲《最美逆行者》	学习强国	2020年2月8日
44	为战"疫"鼓劲加油 大学生原创艺术作品线上展出	学习强国	2020年2月9日
45	苏科大师生以"艺"战"疫" 220余件作品汇聚共克时艰正能量	紫牛新闻	2020年2月11日
46	疫情防控期间高校辅导员角色的再定位	中国网·美丽苏州	2020年2月11日
47	当好排头兵 心连心在一起 苏科大学工系统全力打好疫情防控阻击战	现代快报网	2020年2月12日
48	苏科大90后选调生:在战"疫"中诠释基层党员干部的使命与担当	引力播	2020年2月12日
49	苏科大90后选调生在战"疫"中绽放光芒	名城新闻网	2020年2月12日
50	苏州科技大学:以"艺"战"疫",汇聚共克时艰正能量	学习强国	2020年2月12日
51	诠释基层党员使命与担当 苏科大"90后"选调生战疫一线显身手	紫牛新闻	2020年2月12日
52	苏州科技大学师生以"艺"战"疫"汇聚共克时艰正能量	中国网·美丽苏州	2020年2月12日
53	苏科大志愿者贡献抗疫"青春力量":爱让我们彼此相连	交汇点	2020年2月13日

续表

序号	新闻标题	媒体	日期
54	苏州大学生寒假这波"实习上岗",赞!	看苏州	2020年2月13日
55	全民战"疫" 苏科大志愿者"疫"不容辞贡献青春力量	紫牛新闻	2020年2月13日
56	苏科大90后选调生们在战"疫"中绽放光芒	现代快报网	2020年2月13日
57	全民战"疫" 苏科大学生志愿者这么做!	文明苏州	2020年2月14日
58	苏州战疫先锋丨疫情面前我们是新郎新娘,也是党员、教师	紫牛新闻	2020年2月15日
59	"撕纸奇人"为抗"疫"硬核加油	看苏州	2020年2月17日
60	为抗"疫"硬核加油!苏科大非遗撕纸传承人创作主题作品	紫牛新闻	2020年2月17日
61	苏州科技大学抗疫主题歌曲《点亮生命》温暖发布	引力播	2020年2月18日
62	苏州科技大学非遗"撕纸"女孩:撕开"疫霾" 为抗"疫"硬核加油	学习强国	2020年2月18日
63	苏科大"撕纸"女孩非遗绝活助战"疫"	新华日报	2020年2月21日
64	苏科大青年原创MV《我们的愿望》致敬最美逆行者	紫牛新闻	2020年2月22日
65	苏科大青年原创MV《我们的愿望》 致敬抗疫一线的最美逆行者	引力播	2020年2月22日
66	苏科大加拿大校友会驰援武汉抗击疫情	现代快报网	2020年2月23日
67	匠心巧手,"艺"心抗"疫"	交汇点	2020年2月24日
68	苏科大建筑学院:共克时艰,一次特殊的主题党日活动	引力播	2020年2月24日
69	线下不开学 线上不停学 苏城多所高校今天"开学"	引力播	2020年2月25日

续表

序号	新闻标题	媒体	日期
70	新学期 新气象 苏科大学子开启"云学习"模式	现代快报网	2020年2月25日
71	苏科大学子线上"报到""云学习"模式让学生停课不停学	交汇点	2020年2月25日
72	苏科大学子开启新学期"云学习"模式	紫牛新闻	2020年2月25日
73	停课不停教 停课不停学——苏科大学子"云学习"模式开启	中国网美丽苏州	2020年2月26日
74	"线上春风行动"+"云招聘" 苏州科技大学全力以赴做好毕业生就业工作	紫牛新闻	2020年3月3日
75	3万余个岗位虚席以待！苏科大2020届毕业生春季网络招聘会很给力	引力播	2020年3月4日
76	最美党员奶奶捐款万元抗疫情	看苏州	2020年3月4日
77	苏科大心理学教师做贴"心"人 助力战"疫"	引力播	2020年3月4日
78	苏州科技大学教育学院发挥专业优势用"心"抗"疫"	现代快报网	2020年3月4日
79	暖心！苏科大85岁退休老党员心系战"疫"慷慨捐款万元	现代快报网	2020年3月4日
80	苏州科技大学教育学院发挥专业优势用"心"抗"疫"	现代快报网	2020年3月4日
81	爱心汇暖流 苏州科技大学踊跃捐款同心战"疫"	现代快报网	2020年3月6日
82	爱心汇暖流 苏州科技大学踊跃捐款同心战"疫"	引力播	2020年3月6日
83	苏州科技大学2 000余名党员师生捐款同心战"疫"	紫牛新闻	2020年3月9日
84	太有才！苏科大物理老师用这招给网课助攻	看苏州	2020年3月9日

续表

序号	新闻标题	媒体	日期
85	爱心汇暖流 苏科大踊跃捐款同心战"疫"	《苏州日报》	2020年3月9日
86	苏科大组织师生在线收看教育部疫情防控思政大课 师生反响热烈	紫牛新闻	2020年3月9日
87	同上一堂疫情防控思政大课：磨难压不垮 奋起正当时	中国教育电视台	2020年3月11日
88	磨难压不垮 奋起正当时，苏科大师生热议"思政大课"	看苏州	2020年3月11日
89	纪念入党69周年 苏州科技大学88岁高龄退休教师为抗疫捐款	紫牛新闻	2020年3月11日
90	苏科大组织师生在线收看教育部疫情防控思政大课 师生反响热烈	现代快报网	2020年3月11日
91	苏州88岁退休教师捐出一份心意，里面还藏着一个秘密	看苏州	2020年3月12日
92	苏科大学子演绎歌曲登上"学习强国" 师生用音乐抗疫为爱发声	引力播	2020年3月12日
93	苏科大学子深情演绎抗疫歌曲《最美逆行者》	紫牛新闻	2020年3月12日
94	"筑"力战疫 苏州科技大学校友勇担当	中国网·美丽苏州	2020年3月13日
95	园区斜塘街道大学生志愿者投身防疫一线 擦亮青春底色	引力播	2020年3月18日
96	同心战"疫"，苏州科技大学辅导员争做冲锋在前的战斗员	现代快报网	2020年3月18日
97	打好线上育人"云战疫" 苏州科技大学召开主题"云班会"	现代快报网	2020年3月20日
98	苏科大教师谱写原创歌曲《白衣战场》献给"最美逆行者"	引力播	2020年3月21日
99	"青"力"青"为绽放青春之花 苏州科技大学信仰公开课之战"疫"云讲演开讲	现代快报网	2020年3月21日

续表

序号	新闻标题	媒体	日期
100	苏州科技大学信仰公开课之战"疫"云讲演开讲	紫牛新闻	2020年3月21日
101	写字者·夜姑苏｜别浪费苏州大运河的夜魅力	看苏州	2020年3月30日
102	高校青年"爱心云辅导" 助力中学生复学复课	引力播	2020年3月30日
103	"云"招聘、"云"服务、"云"签约 苏科大助力毕业生充分高质量就业	紫牛新闻	2020年3月31日
104	"云"招聘、"云"服务、"云"签约 苏科大助力毕业生充分高质量就业	现代快报网	2020年4月1日
105	offer，快来吧吧吧！为了毕业生们，苏州这所大学跟"云"杠上了！	看苏州	2020年4月2日
106	苏州市政协"委员讲堂"第一讲开讲	看苏州	2020年4月3日
107	委员讲委员听，市政协"委员讲堂"开讲	苏州政协官网	2020年4月3日
108	苏科大学子创作手绘视频《热干面的抗疫故事》致敬战"疫"逆行者	紫牛新闻	2020年4月6日
109	苏科大学子手绘成视频 用"热干面"致敬战"疫"逆行者	引力播	2020年4月6日
110	写字者·夜姑苏｜汽灯下的夜生活，有什么不一样？	看苏州	2020年4月12日
111	百村调研行｜苏州高新区树山村：蝶变，在"驻村规划师"到来之后	交汇点	2020年4月12日
112	苏州科技大学商学院开展"朋辈云助力"线上学风建设活动	紫牛新闻	2020年4月13日
113	苏州科技大学借力云平台，开展线上学风建设	中国科技网	2020年4月13日

续表

序号	新闻标题	媒体	日期
114	苏科大学子获省级"优秀志愿者"荣誉称号 全省大学生仅4名	引力播	2020年4月13日
115	苏州科技大学商学院开展"朋辈云助力"线上学风建设活动	中国网·美丽苏州	2020年4月14日
116	苏科大开学公告发了！4月22日起分批返校	引力播	2020年4月14日
117	蝶变，在"驻村规划师"到来之后	《新华日报》	2020年4月16日
118	百村调研行｜苏州高新区树山村：蝶变，在"驻村规划师"到来之后	学习强国	2020年4月16日
119	苏科大开学在即 学生返校报到演练来了	引力播	2020年4月17日
120	苏科大土木学院打造"云就业"服务平台 近六千岗位助力大学生就业	引力播	2020年4月18日
121	驻村规划师 让树山村越变越美丽	看苏州	2020年4月20日
122	苏州科技大学宋青教授受聘首届国家特邀自然资源监察专员	名城苏州网	2020年4月21日
123	247次听课、8期督导简报、12篇教学简介 苏科大"云督导"保障教学质量	引力播	2020年4月22日
124	苏科大教授创作歌曲《春消息》 祝愿祖国春色常在	引力播	2020年4月22日
125	用歌述情 以曲播"疫"——苏科大教授创作歌曲《春消息》祝愿祖国春色常在	中国网·美丽苏州	2020年4月22日
126	247！8！12！苏科大这些数字背后的故事	看苏州	2020年4月22日
127	苏州科技大学宋青教授受聘首届国家特邀自然资源监察专员	现代快报网	2020年4月22日
128	复工复学伊始，苏州词曲名家联手动情打造一曲《春消息》	名城苏州网	2020年4月23日

续表

序号	新闻标题	媒体	日期
129	大学生因疫滞留学校 收到学校温馨大礼包	引力播	2020年4月24日
130	苏州将建应急管理研究院 引进国内国际的先进理念、理论与方法	引力播	2020年4月25日
131	世界读书日献爱心，合力援建山区图书室	看苏州	2020年4月25日
132	来自苏州的《春消息》，动听极了！	看苏州	2020年4月25日
133	开展朋辈教育 提高学习实效——苏科大商学院举办线上"我的青春故事分享会"	中国网·美丽苏州	2020年4月27日
134	为了口罩上方那灵动的双眼——各地新招迭出保复学	《科技日报》	2020年4月30日
135	虎丘街道来运社区开展垃圾分类宣传	引力播	2020年4月30日
136	苏科大建筑城规学院举办线上爱国励志歌曲大赛	引力播	2020年5月1日
137	苏科大斩获2020年美国大学生数学建模竞赛一等奖	紫牛新闻	2020年5月1日
138	苏州学子喜获这个国际大赛一等奖！	看苏州	2020年5月1日
139	"五四精神 传承有我" 苏科大开展线上主题团日活动	引力播	2020年5月6日
140	苏州科技大学开展主题云团日活动	《中国青年报》客户端	2020年5月7日
141	堵住抗生素污染源头需从多方面发力	《科技日报》	2020年5月7日
142	姑苏平江：抗疫歌曲《我们是长城》	学习强国	2020年5月8日
143	苏科大辅导员化身"快递小哥"，为学生寄出100多个爱心包裹	看苏州	2020年5月15日
144	练就多门"武功" 苏科大教师这样上网课	引力播	2020年5月15日
145	练就四项教学"武功"，打造精品网络课程 苏州科技大学教师王贝精心开展网络教学实践	中国网	2020年5月16日

续表

序号	新闻标题	媒体	日期
146	常态防疫与复工复学两手抓 苏科大迎来2020年春季学期第二阶段学生返校	中国网	2020年5月19日
147	大学生主动投身抗疫一线 苏州科技大学收到一叠《表扬信》	江南时报网	2020年5月21日
148	全国政协委员宋青建议：推进野生动物保护法修订，建立分级清单	《现代快报》	2020年5月22日
149	全国政协委员宋青：推进绿色发展的"实力派"	中国环境网	2020年5月22日
150	苏科大心理健康季，解开象牙塔里的"心事"	中国科技网	2020年5月25日
151	大学生心理健康日：苏科大开展"逆境携行，你我同心"心理健康季系列活动	紫牛新闻	2020年5月26日
152	苏科大继续教育学院"现场教学基地"在新鹿幼儿园揭牌	名城苏州网	2020年5月29日
153	坚持人民至上 不断造福人民	《光明日报》两会专刊	2020年5月29日
154	苏州市委宣传部与苏州科技大学签约共建"苏州新时代文明实践研究院"	中国网	2020年5月30日
155	全省首个新时代文明实践研究院在苏成立	引力播	2020年5月30日
156	看苏州：打造新时代文明实践"苏州样本" 苏州新时代文明实践研究院成立	看苏州	2020年5月30日
157	全省首个新时代文明实践研究院在苏州科技大学签约揭牌	交汇点	2020年5月30日
158	苏州成立新时代文明实践研究院	《新华日报》	2020年5月31日
159	苏州成立江苏省首个新时代文明实践研究院	中国科技网	2020年5月31日
160	苏州新时代文明实践研究院成立 为文明实践提供人才"加油站"	学习强国	2020年5月31日

续表

序号	新闻标题	媒体	日期
161	苏州科技大学"一站式"线上服务为毕业生保驾护航	中国网	2020年6月9日
162	苏州科技大学线上"一站式"服务,助力大学生就业	名城苏州网	2020年6月9日
163	为了毕业生,苏州这所高校真拼!	看苏州	2020年6月9日
164	"云招聘""云服务""云签约" 苏州科技大学"一站式"服务助力毕业生就业	交汇点	2020年6月9日
165	关注"节能减排环保" 苏州科技大学举办社会实践与科技竞赛	引力播	2020年6月9日
166	苏州科技大学积极应对疫情影响 "云"服务为毕业生架起"就业桥"	《新华日报》	2020年6月12日
167	苏州高新区树山村:"驻村规划师"带来乡村蝶变	《光明日报》头版	2020年6月13日
168	太湖蓝藻局部发生,该如何确保"安全度夏"?	《科技日报》官方微信	2020年6月14日
169	蓝藻局部发生 太湖安全度夏面临考验	《科技日报》	2020年6月15日
170	思政小课堂"牵手"社会大课堂	《光明日报》	2020年6月15日
171	教育部副部长翁铁慧一行赴苏州科技大学调研指导工作	中国网	2020年6月16日
172	苏州科技大学举行2020届学生毕业典礼暨学位授予仪式	中国网	2020年6月19日
173	云端告别!今天,苏科大这群"后浪"毕业啦~	看苏州	2020年6月19日
174	我们毕业啦!未来,你好!	看苏州	2020年6月19日
175	苏科大2020届"后浪"们毕业了,今年的毕业典礼有点特别……	苏州电视台	2020年6月19日

续表

序号	新闻标题	媒体	日期
176	"今日不能同迎毕业 明日都有各自风华" 苏科大5 929名学子毕业了	引力播	2020年6月19日
177	苏科大811名2020届学子考取硕士研究生 比去年增长35.62%	引力播	2020年6月19日
178	苏州科技大学积极开展"课程思政"建设	中国网	2020年6月20日
179	苏州科技大学：思政小课堂"牵手"社会大课堂	看苏州	2020年6月20日
180	苏州科技大学2020届毕业生在"我爱苏科大"标志物前合影留念	《中国青年报》	2020年6月22日
181	疫情挡不住温情，送给毕业生的独家记忆	江苏新闻网	2020年6月22日
182	苏科大"00后"原创校园歌曲 唱响诚信之歌	引力播	2020年6月23日
183	"考试季"唱响诚信之歌 苏科大00后学生原创歌曲传递青春正能量	交汇点	2020年6月23日
184	怀抱西部梦 在青藏高原燃烧青春	《中国青年报》客户端	2020年6月24日
185	苏州科技大学：思政小课堂"牵手"社会大课堂	江苏教育网	2020年6月24日
186	留学生社区度端午	引力播	2020年6月25日
187	直播｜未来你好，苏科大"毕业歌2020"云演唱会来啦！	看苏州	2020年6月27日
188	全国万人跨越时空同唱毕业歌 苏科大学子"云演唱"致敬未来	引力播	2020年6月27日
189	教学楼师生大合唱《后来》	《人民日报》官方微信	2020年6月27日
190	毕业季·校长寄语｜苏州科技大学校长陈永平：涵养家国情怀，肩负时代使命	中国江苏网	2020年6月27日
191	苏科大毕业生亮相毕业歌2020云演唱会	引力播	2020年6月28日

续表

序号	新闻标题	媒体	日期
192	引爆全网！苏州一所高校内，这场"告白"太走心了！	看苏州	2020年6月28日
193	超强明星阵容 百所高校线上联动——苏科大毕业生唱响未来你好"毕业歌2020"云演唱会	中国网	2020年6月28日
194	苏州科技大学受邀参加"未来你好"毕业歌2020云演唱会	紫牛新闻	2020年6月28日
195	云毕业季：一场致青春的特别"欢送会"	光明网图片	2020年6月29日
196	"未来你好——毕业歌2020"云演唱会收获亮眼成绩单	学习强国	2020年6月29日
197	苏州科技大学深化"课程思政"建设 "立德树人"融入全部专业各类环节	《新华日报》	2020年6月30日
198	江苏苏州科技大学毕业生怀抱西部梦 在青藏高原燃烧青春	学习强国	2020年7月1日
199	名城保护研究院深入基层社区开展七一主题活动	看苏州	2020年7月2日
200	苏科大名城保护研究院乡建工作室揭牌	引力播	2020年7月2日
201	《"中国100城"城市创新生态指数报告》发布 苏州南京跻身十强	交汇点	2020年7月10日
202	为诚信颁奖原创《诚信之歌》 苏州校园里诚信教育"有料又实在"	苏州电视台教育频道	2020年7月10日
203	"中国100城"城市创新生态指数发布 苏州排名第四	看苏州	2020年7月10日
204	"城市创新生态论坛（苏州）"召开暨《"中国100城"城市创新生态指数》发布	中国财富网	2020年7月10日
205	城市创新大咖汇集，京苏两地切换直播	中国财富网	2020年7月10日
206	未来的城市与城市的未来	学习强国	2020年7月11日
207	一封特殊的西部来信	《中国青年报》	2020年7月13日

续表

序号	新闻标题	媒体	日期
208	来"人间天堂"读书吧！17日起锁定招考部落直播，与苏科大17位院长零距离	紫牛新闻	2020年7月16日
209	2020上好大学丨苏州科技大学：建筑、环境、师范专业优势明显，在江苏省扩招100余人	紫牛新闻	2020年7月21日
210	苏州科技大学：遇见我们成就新梦想	《现代快报》	2020年7月26日
211	苏科大教师团队为苏州夜色打造一曲《夜苏州　夜未央》	交汇点	2020年8月6日
212	响应"姑苏八点半"　苏科大打造的这首夜曲太好听！	引力播	2020年8月6日
213	画面太美歌好听！苏科大教师团队打造歌曲《夜苏州　夜未央》	紫牛新闻	2020年8月7日
214	助力乡村振兴！苏科大筑梦团队"科技支农"实践活动走进泰州	人民日报网、中央广电总台国际在线	2020年8月8日
215	画面美歌好听！苏科大教师团队打造歌曲《夜苏州　夜未央》	学习强国	2020年8月10日
216	苏科大学子奔赴三省五地，寻访抗疫英雄	中国江苏网	2020年8月12日
217	精准把脉，为创新发展开出"良方"	交汇点	2020年8月14日
218	国内研究机构携手在苏州创立"城市创新生态指数"	学习强国	2020年8月14日
219	苏科大建院：寻访90后选调生战"疫"行动	引力播	2020年8月16日
220	苏州科技大学梦想征集团队来泰寻访抗疫中的科技力量	人民日报网	2020年8月17日
221	喜获"双优"！苏科大艺术学院这些同学的社会实践太赞啦~	看苏州	2020年8月17日
222	苏科大社工学子走进家乡，感悟"后疫情时代"社区新治理	江苏新闻网	2020年8月17日

续表

序号	新闻标题	媒体	日期
223	原创歌曲《夜苏州 夜未央》	学习强国	2020年8月17日
224	汇聚"金点子"引领古城复兴之路 苏州古城保护建筑设计工作营正式开营	交汇点	2020年8月18日
225	选调生干得咋样？苏科大学生组团"探真经"	引力播	2020年8月21日
226	弘扬战疫精神 苏科大"学通社暑期实践团"寻访身边抗疫英雄	引力播	2020年8月21日
227	苏科大实践团走访13城 寻找身边的战"疫"英雄	交汇点	2020年8月21日
228	苏州科技大学：开展针对选调生社会调研，鼓励青年投身为民服务事业	学习强国	2020年8月23日
229	"文化恒善·臻美乡村"苏科大学子助力横扇乡村振兴	看苏州	2020年8月24日
230	致敬发光的"逆行者"——苏科大"蒲公英"有话说	看苏州	2020年8月24日
231	抗疫精神寻访步履不停，青春力量守护不离	看苏州	2020年8月24日
232	苏科大机械院实践团暑期开展"探寻红色基因，传承红色文化"系列活动	交汇点	2020年8月24日
233	苏州科技大学机械工程学院开展"抗疫最前线 大国重'器'"系列活动	中国网	2020年8月25日
234	苏科大敬文书院开展抗疫"大寻访"专项活动	名城苏州网	2020年8月28日
235	寻抗疫使者，学先进个人，扬时代精神	看苏州	2020年8月31日
236	开展梦想征集筑梦调研 积极助力实现中国梦	海外网	2020年9月1日
237	开展梦想征集筑梦调研 积极助力实现"中国梦"	央广网	2020年9月2日

续表

序号	新闻标题	媒体	日期
238	苏科大学子开展暑期实践 寻访"身边的战疫逆行者"	引力播	2020年9月6日
239	开学第一天 苏州科技大学举办首次全校性课程思政示范公开课	看苏州	2020年9月7日
240	开学第一天 这所高校迎来首次全校性课程思政示范公开课	引力播	2020年9月7日
241	惊不惊喜意不意外？报到首日苏科大为新生过生日	名城苏州网	2020年9月16日
242	苏科大6 100余名萌新"向未来报到"	引力播	2020年9月17日
243	"神仙学校"！报到首日，苏科大为萌新开起生日派对~	看苏州	2020年9月17日
244	欢迎萌新！大一学子报到日集体庆生，暖了爱了！	看苏州	2020年9月17日
245	校长为8名萌新过生日 苏州科技大学喜迎6 100余名新生	紫牛新闻	2020年9月17日
246	苏科大建筑与城市规划学院花式迎"新" "心"意满满	看苏州	2020年9月18日
247	苏科大6 100余名新生报到 8名萌新集体庆生	《姑苏晚报》	2020年9月18日
248	定制床铺让新生感受学校关爱	《苏州日报》	2020年9月18日
249	又是一年迎新季！苏州科技大学6 100余名新生踏入校园	交汇点	2020年9月18日
250	高校新生报到现场迎来个性"00后"：高一考到AOW潜水员资格证，14岁时走遍大半个中国	紫牛新闻	2020年9月18日
251	苏科大这个18岁新生女孩可牛了	《扬子晚报》	2020年9月19日
252	贡献集体智慧 共享优势资源 集体备课让"课程思政"落地落实	引力播	2020年9月19日

续表

序号	新闻标题	媒体	日期
253	苏州科技大学开展"课程思政"集体备课活动 推动课程思政建设落地见效	交汇点	2020年9月19日
254	走心了！苏科大温情迎来2020级新生	《现代快报》	2020年9月21日
255	聚焦文化传承·健康发展 第二届水网地区城乡发展与规划国际会议圆满落幕	引力播	2020年9月21日
256	聚焦文化传承·健康发展 苏科大主办第二届水网地区城乡发展与规划国际会议	中国网	2020年9月21日
257	苏科大"云端"主办国际学术会议	《现代快报》	2020年9月25日
258	带着"作业"来报到 苏科大社会发展与公共管理学院谱写新生入学教育"三重奏"	紫牛新闻	2020年9月29日
259	"同生日 共成长" 苏科大师生讲述"我与祖国"的故事	引力播	2020年9月30日
260	千余名苏州高校新生歌唱祖国迎国庆	引力播	2020年9月30日
261	从"40后"到"00后" 苏科大举行"我与共和国同生日，我与祖国共成长！"活动	现代快报网	2020年9月30日
262	"40后"到"00后"，苏州这群人与祖国太有"缘"了	看苏州	2020年9月30日
263	筑牢理想信念 厚植爱国情怀 强化责任担当 苏州科技大学举行"祖国在我心中"主题升旗仪式	《光明日报》客户端	2020年9月30日
264	从"40后"到"00后" 苏科大这群师生与祖国同生日、共成长	紫牛新闻	2020年10月1日
265	超级震撼！苏科大数千新生齐唱《歌唱祖国》	紫牛新闻	2020年10月1日
266	从"40后"到"00后" 苏科大师生讲述"我与祖国"的故事	交汇点	2020年10月1日
267	为祖国庆生！苏州科技大学举行主题升旗仪式	交汇点	2020年10月1日

续表

序号	新闻标题	媒体	日期
268	苏科大"祖国在我心中"主题升旗仪式厚植爱国情怀	《中国青年报》客户端	2020年10月1日
269	祖国在我心中	《新华日报》	2020年10月2日
270	我与祖国同生日 苏州科技大学为共和国同龄人举办集体生日会	学习强国	2020年10月4日
271	"崇尚奋斗精神 成就无悔青春"苏科大举行2020级新生开学典礼	引力播	2020年10月5日
272	苏州科技大学举办新生开学典礼 5 477名新生踏入校园	交汇点	2020年10月6日
273	勇担使命 在尽责中成长 苏科大举行2020级新生开学典礼	《苏州日报》	2020年10月6日
274	写一首英文小诗歌颂祖国	《苏州日报》	2020年10月7日
275	他们有一个共同的生日：10月1日	《现代快报》	2020年10月9日
276	大学喜迎新	《新华日报》	2020年10月9日
277	苏州科技大学：开展课程思政集体备课 落实课程思政集体教研制度	学习强国	2020年10月10日
278	2020级新生开学典礼	《现代快报》	2020年10月13日
279	苏科大新生迎来书记"开学第一课"	引力播	2020年10月15日
280	苏州科技大学党委书记张庆奎为新生讲授"开学第一课"	紫牛新闻	2020年10月15日
281	苏科大社会发展与公共管理学院举办博雅"四史"论坛	紫牛新闻	2020年10月21日
282	苏科大土木工程学院：不一样的"团员第一课"	引力播	2020年10月23日
283	苏科大马克思主义学院与苏大附一院呼吸科联合举办主题党日活动	现代快报网	2020年10月23日
284	弘扬抗疫精神 激发爱国热情 高校和医院联合举办主题党日活动	引力播	2020年10月23日

续表

序号	新闻标题	媒体	日期
285	苏州科技大学城市发展智库研究员徐天舒：只是工业总量超过上海，苏州要头脑冷静	《21世纪经济报道》	2020年10月23日
286	大学生志愿者开展"捡垃圾 美公园"活动	引力播	2020年10月24日
287	共庆重阳佳节 苏州科技大学举办集体祝寿活动	现代快报网、中国网	2020年10月25日
288	苏州科技大学大学生艺术团成立大会暨领航·开学第一课成功举办	现代快报网、中国网	2020年10月28日
289	习近平给中国戏曲学院师生回信引苏州艺术类师生热议	苏州电视台教育频道	2020年10月28日
290	苏州科技大学大学生艺术团成立 领航·开学第一课成功举办	紫牛新闻	2020年10月29日
291	同谱禁毒和谐曲，共筑幸福中国梦——苏州科技大学商学院"青盾"在行动	看苏州	2020年11月1日
292	温度·"驻村规划师"的"陪伴式乡建"	新华社客户端	2020年11月1日
293	江苏省研究生"金融服务经济高质量发展"学术创新论坛在苏科大举办	紫牛新闻、现代快报网、中国网	2020年11月2日
294	论道"金融服务经济高质量发展" 江苏省研究生学术创新论坛在苏举办	引力播	2020年11月2日
295	苏州高新区树山村："驻村规划师"到来后的蝶变	新华日报强国号	2020年11月2日
296	2020年江苏省研究生"金融服务经济高质量发展"学术创新 论坛在苏州科技大学举办	交汇点	2020年11月3日
297	New look, new life! Village in east China gets facelift with help of landscape planner	Xinhua News	2020年11月3日
298	苏州科技大学第五次学生代表大会召开	引力播、看苏州	2020年11月6日

续表

序号	新闻标题	媒体	日期
299	苏州科技大学献礼祖国	交汇点	2020年11月7日
300	燃！苏科大500多名大学生上演大型团体操 队形拼出中国地图	紫牛新闻	2020年11月7日
301	高校第二课堂课程思政实施的必要性和可行性初探	学习强国	2020年11月9日
302	苏科大560名学子 拼成"中国"地图	《扬子晚报》	2020年11月13日
303	苏科大跆拳道队荣获江苏省大学生跆拳道锦标赛团体冠军	紫牛新闻、引力播、中国网	2020年11月13日
304	苏科大志愿服务基地获"阳光行动"省级示范服务基地	紫牛新闻、引力播、中国网	2020年11月14日
305	深秋的苏州校园如此撩人，美翻了！	看苏州	2020年11月16日
306	这群苏州大学生，被团中央点名表扬！	看苏州	2020年11月18日
307	苏州科技大学这群大学生喜获团中央表彰	中国网	2020年11月18日
308	苏州科技大学大学生暑期"三下乡"社会实践活动喜获团中央表彰	紫牛新闻、现代快报网、引力播、名城苏州网	2020年11月18日
309	致敬抗美援朝 苏科大举办信仰公开课主题活动	引力播	2020年11月19日
310	空中英雄施光礼走进苏科大，为大学生上信仰公开课	中国网、名城苏州网	2020年11月19日
311	为长三角一体化发展贡献"智库"力量 江苏智库学者沙龙吴江专场活动举行	引力播	2020年11月19日
312	苏科大承办江苏智库学者沙龙"长三角一体化与美丽江苏建设"吴江专场	中国网	2020年11月20日
313	江苏智库学者沙龙"长三角一体化与美丽江苏建设"吴江专场举行	紫牛新闻	2020年11月21日
314	苏科大"牵手"吴江承办江苏智库学者沙龙 长三角生态绿色一体化发展示范区（汾湖）调研基地揭牌	交汇点	2020年11月22日

续表

序号	新闻标题	媒体	日期
315	苏科大学子在第十一届全国软件和信息技术专业人才大赛全国总决赛中获佳绩	中国网、现代快报网	2020年11月23日
316	苏州科技大学：全周期服务催生创新创业之花	《光明日报》	2020年11月23日
317	苏州科技大学：全周期服务催生创新创业之花	江苏省教育厅官网	2020年11月25日
318	2020年度全国高等院校大学生乡村规划方案竞赛江苏苏州基地评选活动顺利举行	中国网	2020年11月26日
319	凝聚智慧力量，助推示范区建设	《新华日报》	2020年11月27日
320	苏科大三个大学生实践团队喜获全国"最美团队"称号	苏州电视台教育频道	2020年11月27日
321	苏州科技大学2019大学生年度人物评选结果揭晓	现代快报网、中国网	2020年11月28日
322	苏州科技大学"当代大学生的责任与担当"信仰公开课示范课开讲	中国网、现代快报网	2020年11月28日
323	苏州科技大学"信仰公开课"在树山村开讲 将思政课堂搬进乡村田野	交汇点	2020年11月30日
324	将思政课堂搬进乡村田野 苏科大"信仰公开课"在树山村开讲	《现代快报》	2020年12月2日
325	苏州科技大学：谋划"双创"体系 赋能人才培养	《中国教育报》	2020年12月2日
326	不在课表的口语课，苏州这位老师太"宝藏"了！	新华社客户端	2020年12月3日
327	今天，市长李亚平走进苏科大，与学生们同上一堂课	引力播	2020年12月3日
328	李亚平赴苏州科技大学专题调研思想政治工作开展情况	看苏州	2020年12月3日

续表

序号	新闻标题	媒体	日期
329	苏州高新区树山村：将思政课堂搬进乡村田野	学习强国	2020年12月3日
330	苏州科技大学"牵手"9家单位打造水处理技术与材料协同创新中心	《新华日报》	2020年12月4日
331	"学习新思想，启航新时代" 苏科大外国语学院举办信仰公开课示范课	引力播	2020年12月5日
332	"呦呦鹿鸣，共学共长"："学长制"引领大一新生快速适应校园生活	江苏新闻网	2020年12月7日
333	构建电子信息类创新创业人才培养模式	海外网	2020年12月8日
334	苏州科技大学：电子信息类创新创业人才培养模式成效显著	海外网	2020年12月9日
335	苏科大土木学院开展竞赛强技能	引力播	2020年12月9日
336	李亚平市长专题调研苏州科技大学思想政治工作	现代快报网	2020年12月10日
337	苏科大土木学院举办"信仰公开课"系列讲座 厚植家国素养	引力播	2020年12月10日
338	苏州福彩30万元捐助60名困难学生	引力播	2020年12月10日
339	苏州科技大学师生研读《习近平与大学生朋友们》	中央广电总台国际在线	2020年12月11日
340	新冠疫情下青年如何担当 苏科大化生学院举办信仰公开课示范课	引力播	2020年12月11日
341	一堂生动的思政示范课在苏科大精彩开讲	《扬子晚报》	2020年12月11日
342	2020年全国高等院校乡村规划竞赛：苏州科技大学创佳绩	紫牛新闻	2020年12月11日
343	全国高等院校乡村规划竞赛落下帷幕 苏科大8组作品全部获奖	《现代快报》	2020年12月11日
344	我见过最美的银杏，在苏州科技大学！	交汇点	2020年12月15日
345	构建协同创新长效机制 苏科大举办"百企走进苏科大"产学研对接会	引力播	2020年12月15日

续表

序号	新闻标题	媒体	日期
346	苏科大举办"百企走进苏科大"产学研对接会 促进校企深度合作	交汇点	2020年12月16日
347	苏州科技大学在第二十二届中国机器人及人工智能大赛中斩获全国总决赛一等奖	中国网、现代快报网	2020年12月17日
348	腾空翻滚、金鸡独立！苏科大斩获机器人及人工智能大赛全国总决赛一等奖	紫牛新闻	2020年12月18日
349	60余个"奇思妙想"大PK！苏州这群学生"脑洞"开大~	看苏州	2020年12月18日
350	苏科大：深化课程思政建设 提升"三全育人"成效	引力播	2020年12月18日
351	可观山赏湖的新网红打卡地！走入苏科大的"塔影阁"	中国网	2020年12月18日
352	感恩母校 致敬祖国《沁园春·雪》刘也愚独唱音乐会"唱响"	引力播	2020年12月18日
353	可观山可赏湖的"塔影阁"，苏科大又多了一个网红打卡地！	交汇点	2020年12月18日
354	深化课程思政建设 提升"三全育人"成效——苏州科技大学召开课程思政建设工作总结大会	交汇点、中国网	2020年12月18日
355	深情演绎 向建党百年献礼 《沁园春·雪》刘也愚独唱音乐会举行	《苏州日报》	2020年12月19日
356	苏科大举办刘也愚个人独唱音乐会："我用歌声感恩母校"	交汇点	2020年12月20日
357	苏州科技大学召开课程思政建设工作总结大会	现代快报网、名城苏州网	2020年12月20日
358	中国机器人及人工智能大赛 苏科大获全国总决赛一等奖	《现代快报》	2020年12月21日
359	情暖冬至——赴一场苏科大的"小团圆"	交汇点、引力播	2020年12月21日
360	首届全国大学生物理实验竞赛苏州科技大学获佳绩	紫牛新闻	2020年12月22日

续表

序号	新闻标题	媒体	日期
361	苏州科技大学在首届全国大学生物理实验竞赛中获佳绩	中国网	2020年12月22日
362	牛！首次参赛就捧回三项全国大奖！	看苏州	2020年12月22日
363	苏州科技大学举办第二十届"金秋苏科大"校园科技文化节作品成果展	中国网	2020年12月23日
364	科技筑梦未来 青春展现风采 苏科大60余项科创文化成果亮相	交汇点、引力播	2020年12月24日
365	60余件科创文化成果亮相 苏科大举办第二十届校园科技文化节作品成果展	紫牛新闻	2020年12月24日
366	科技筑梦未来 青春展现风采 苏科大举办第二十届校园科技文化节作品成果展	《现代快报》	2020年12月25日
367	榜样先行 追梦奋进 苏科大年度优秀学生表彰大会来了！	引力播	2020年12月26日
368	苏州科技大学喜获第二届大学生自然资源科技作品大赛一等奖	紫牛新闻、引力播、中国网	2020年12月26日
369	深化课程思政建设 提升"三全育人"成效 苏州科技大学召开课程思政建设工作总结大会	《扬子晚报》	2020年12月26日
370	苏州科技大学举行2019—2020学年优秀学生表彰大会	紫牛新闻、中国网	2020年12月27日
371	机关党建助力营商环境 提升品牌美誉度	《苏州日报》、引力播	2020年12月29日
372	扶困助学，我们在行动丨苏州科技大学：构建精准资助体系 全面推进资助育人	学习强国	2020年12月31日
373	苏州科技大学举行"上善环境科技奖励基金"颁奖仪式	现代快报网、中国网	2020年12月31日

后 记

《苏州科技大学年鉴2021》本着尊重历史、尊重事实的原则,将2020年苏州科技大学的各种信息汇编成集,包括学校教学、科研、学科学位建设、管理等方面的内容。本年鉴力求全面、系统、科学地记载学校2020年的主要工作、重大事件、发展特色等,尽量全面地反映学校各方面发展的成果,为苏州科技大学的教职员工及学生提供学校的基本文献、基本数据、科研成果,同时也为兄弟院校和社会各界提供了解苏州科技大学的窗口,供学校及社会各方面查考、借鉴、比较。

《苏州科技大学年鉴2021》共设八个栏目,分别为学校综述,重要文献,2020年大事记,机构设置、机构负责人及有关人员名单,院(部)简介,表彰与奖励,重要资料及统计,附录。年鉴的内容表述有专文、条目、图片、附录等几种形式,以条目为主。

《苏州科技大学年鉴2021》选取发生在2020年1月1日至2020年12月31日间的重大事件、重要活动及各领域的新进展、新成果、新信息,本年鉴的统计数据除注明外,截止时间均为2020年12月31日。

《苏州科技大学年鉴2021》所刊内容由各单位确定专人撰稿,并经本单位负责人审定。

《苏州科技大学年鉴2021》在编委会的指导下,由党委办公室、校长办公室组织编写,本年鉴在编写过程中得到领导的关心与大力支持,各学院(部)、各部门、各单位的积极配合与通力协作,在此表示诚挚的谢意!

《苏州科技大学年鉴2021》在编写过程中,党委办公室、校长办公室的全体工作人员,综合档案室的熊彩虹以及各教学单位办公室的相关同志都参加了编写工作,并为此付出了辛勤的劳动,使编辑工作顺利完成。

本年鉴在编写过程中力求资料完整、数据准确、内容翔实,但因面广量多,可能会有疏漏,不妥之处,敬请读者批评指正。

编 者

2021年10月